守护精神家园

非遗老王的读书笔记

王淼 著

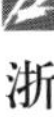

浙江科学技术出版社

图书在版编目（CIP）数据

守护精神家园 : 非遗老王的读书笔记 / 王淼著 . --
杭州 : 浙江科学技术出版社 , 2019.3

ISBN 978-7-5341-8652-3

Ⅰ . ①守… Ⅱ . ①王… Ⅲ . ①非物质文化遗产—保护—中国—文集 Ⅳ . ① G122-53

中国版本图书馆 CIP 数据核字（2019）第 047590 号

书　名	守护精神家园　非遗老王的读书笔记
著　者	王　淼
出版发行	浙江科学技术出版社 网址：www.zkpress.com 杭州市体育场路 347 号 邮政编码：310006 销售部电话：0571-85176040 编辑部电话：0571-85152719 E-mail：zkpress@zkpress.com
排　版	杭州万方图书有限公司
印　刷	浙江新华印刷技术有限公司
经　销	全国各地新华书店

开　本	710 × 1 000　1/16	印　张	24.5
字　数	380 000		
版　次	2019 年 3 月第 1 版		2019 年 3 月第 1 次印刷
书　号	ISBN 978-7-5341-8652-3	定　价	58.00 元

责任编辑　杜宇洁　　**责任美编**　金　晖

责任校对　顾旻波　　**责任印务**　崔文红

序言

陈瑶

王淼将历年来的读书笔记集结成册，书名为“守护精神家园”，我觉得这书名好！

文化是民族的血脉，是人民的精神家园。习总书记说，“优秀传统文化可以说是中华民族永远不能离别的精神家园”。精神家园，是让人心灵充实的基石，是我们心驰神往的灵魂栖息地，也是我们在现代化道路上奋勇前行的力量源泉。

在这个时代，有这么一群人，这是一群有坚定信仰，饱含着情怀，讲理想、讲奉献、讲艰苦奋斗、讲为人民服务的人。为了祖国母亲的微笑，为了精神家园，这些富有情怀的人们，夙兴夜寐，不辞辛劳，殚精竭虑，忘我工作。在我省许多同志身上都有着这样的精神，无论是我们的非遗工作者、非遗传承人，还是专家学者、乡土饱学，甚至我们的媒体人。广袤的精神麦田处处留下他们守护的身影，闪烁着他们辛勤的汗滴，收获着那沉甸甸的麦穗。

王淼代表着我们非遗人的一种精神：面对使命和责任，敢于担当，勇创一流！

我2008年调任省文化厅副厅长，2009年接管非遗工作，之后有两年多到省文物局，在文物局期间的工作，与非遗有一些共性的。后来回到厅里，仍然兼管非遗工作，所以是浙江非遗保护发展历程的亲历者，我全力支持王淼他们的开拓和创新，与大家一道开疆拓土，播山耕海，乃至建功立业！

新世纪以来，浙江非遗工作，从非遗普查浙江模式、非遗名录浙江现象、非遗保护浙江经验，一直到成为全国非遗保护的示范，特别是党的十八大以来，“美丽非遗”在浙江绽放：濒危剧种守护行动，唱响“浙江好腔调”；推进城乡非遗馆建设，浙江进入“文化四馆”时代，浙江非遗亮点频频，继续领跑全国。

非遗保护看浙江，在全国非遗界说起王淼，认可度很高。他们当时开玩笑说，全国非遗大家伙，听两个人的话，一个是文化部管非遗的副部长的话要听，还有一个是王淼的话要听的。这些年，兄弟省市来浙江参观考察取经的，一直络绎不绝。

王淼，最让我感动的就是他的一腔情怀，他做的所有事情都是对于传统文化、对于非遗的情怀。

做文化这事情，不大容易看出显绩来，文化靠日积月累、靠潜移默化，要慢工出细活。如果只是做做表面文章，文化也可以弄得很热闹，搞活动就行。但是真正要做事情，还非得有真正的热爱，就是这种情怀。

保护非遗，关键在于保护传承人。王淼策划在全省实施服务传承人“八个一”措施，已经连续实施了11年，在全社会营造尊重传承人、关心传承人、爱护传承人的氛围。王淼对保护传承人这个事情容不得半点亵渎，全力地去维护传承人的权益。关于泰顺药发木偶传承人被拘留的事情，他一边不停地跟地方有关部门去沟通，一边起草报告向文化部反映，同时写文章在工作简报上、媒体上呼吁，得到了有关领导的批示，促进了事件的妥善处理和解决。

我们希望为传承人争取到一个符合实际的、相对宽松的、实事求是的传承环境。为此，省文化厅还出台了“三必报，五必访”制度，其中要求各地“发现有严重阻碍传承人传习活动的必报”。

还有浙江非遗保护工作机构和队伍建设。早在2012年，当时《中华人民共和国非物质文化遗产法》出台，才实施一年；地方法规《浙江省非物质文化遗产保护条例》出台，也只有五六年。在这么短短几年，在非遗保护机构建设没有刚性、硬性和明确的要求情况下，通过努力，全省非遗保护工作机构从“0”到省市县三级全覆盖，做到了“一个不漏”。

王淼坚持没有一支队伍是不行的。我也很赞同他这个想法，干事得有人！我们借着省人大常委会对于文化“一法六条例”执法检查这样一个机会，人大督查、法律督查这样的一面大旗，我们就跟地方的党政领导去见面，提要求。我们又会同省编制办公室调研考察了解基层非遗机构队伍情况，对于非遗保护或者机构设置弱的地方，都去走一遍，去沟通，去推进。经过几番努力之后，在党的十八大之前，我们真的做到了。

王淼非常重视非遗队伍的培养锻炼，也比较护犊子，像老母鸡护小鸡，对基层队伍建设很用心。这支队伍由他带出来，把基层的干部选送到文化部非遗司去，把下面的干部抽上来，到我们非遗处挂职，白加黑，五加二，特别能吃苦。这支队伍，忠诚于党的事业，使命感、责任感很强，集体荣誉感很强，干在实处，走在前列，勇立潮头。王淼不但带领非遗队伍干出了超常业绩，而且带出了一支超常的队伍！

我曾在大会上表扬他，我说我们全体非遗工作者要向王淼学习，学习他的精神，学习他的一腔情怀，很执着，一根筋地去钻研。我跟王淼讲过，像你这样的在行政岗位上做成了专家，不多的，很少见的。他就在行政岗位上做成了专家，全国非遗专家。非遗其实是一门学问，没有他这样一根筋地去钻研，是做不到的。他就是执着。

我对他一直比较欣赏，也比较了解他。2014年10月底的一天，厅里在开党组会，他本来有个议题要汇报，却昏倒在会议室前，当时就送到医院抢救，生命垂危，最后还是缓过来了，但是四肢瘫痪了。那段时间他刚刚被抢救过来，我去医院看他。大家都叫我劝他不要再想着工作了。我说你们不了解王淼，工作就是王淼的良药。他爱人袁园也说，陈厅，还是你了解他。

第二次，2016年，他呼吸衰竭，又一次被送去抢救，非遗处李虹给我打电话，都哭出声来了，说不行了。我和金厅长马上赶到医院，那时候医生就说要不要切气管，当时他的爱人袁园有点想放弃了。而且于情于理她放弃我们都没人会责怪她的，那种情况下医生判断插管也是植物人，只是延缓所谓的活着的时间，没有意义的。不插管，过去就过去了，真没有人会责备她的。袁园有多辛苦，王淼从病倒到现在，袁园老了多少，真的是一把辛酸泪。

后来奇迹出现了！他昏迷了20多天，居然醒来了，而且脑子还很清醒，思维照样清晰。他后来居然能够拔管，出院，说话，还能上班，真的没有人相信。浙医二院医生也说，这是奇迹。

有一次我去王淼办公室看他，他说，陈厅啊，实在觉得时间不够用。我说，对的，但为了有更多的时间，你现在必须要腾出一点时间来调养调养，也不是不工作，你一边工作一边调养，要考虑自己的身体，你现在这种身体状况，你现在拼命工作，没命地工作，一口气过去了，那就真的没时间了。一边工作一边调养，还能够为你争取时间。我跟他也很直白的：你是呼吸问题，哪一天一口气上不来就过去了，你过去了，不就真没时间了，什么活都干不了了？！

王淼说他有太多的心得要写出来，他说他还有许多的事情没有做完。其实，他不是停留在自己写回顾总结上，他还是非常与时俱进的。

他有一点我特别佩服，就是他特别的敏锐，抓住中央、省委的主要精神，迅速贯彻落实。党的十八大召开，提出了建设"美丽中国"的愿景，十八大胜利闭幕才十多天，我们就在桐庐召开全省美丽乡村建设中非遗保护现场会，我们提出"美丽中国从美丽乡村开始，美丽乡村从美丽非遗开始"，当年就启动和打响了"美丽非遗"的品牌。后来，又先后在景宁、天台召开现场会。他脑袋瓜好使。中央出台实施乡村振兴战略文件，我们今年3月在松阳召开全省实施乡村振兴战略非遗保护推进会，他又关注这个事情，他开公众号，发表推文，我马上就将他的文章转到朋友圈里，我这个朋友圈也是给他点了很多个赞。他一直关切着非遗事业的发展，他比一般人更加敏锐。

王淼善于学习，勤于学习。党的十九大召开后，王淼认真学习十九大报告，学习习近平总书记关于传承发展优秀传统文化等治国理政思想，领会精神要义和丰富内涵，并且把自己摆进去，密切联系思想和工作实际，撰写了系列学习体会。他撰写的《担负起新的文化使命》《现代化进程中的非遗保护》《守护精神家园》《乡村振兴，非遗先行》等十多篇体会文章，上接天气，下接地气，在上下结合上下功夫，在落实上想办法，在创新上出主意，在公众号"非遗老王"上连续推送，很受欢迎。

在王淼的筹划下，这些年，浙江省文化厅会同中国文化报举办了“美丽中国与美丽非遗”“文化强国与海洋文化”“传统文化与精神家园”等系列全国性论坛。后一个论坛，2017年6月在德清举办，这是王淼呼吸衰竭切了气管，再一次死里逃生、重新回岗上班后具体组织举办的。我让他作为浙江的专家做主旨演讲。他在论坛上讲演：“建设精神家园，让你成为一棵根深叶茂参天大树的绿叶，而不是现代化浪潮中随波逐流的漂萍！”

我们厅里有一个小伙子，他写过一篇稿子，参加微型党课讲演，意思王淼是“文化界的霍金”！王淼只要不在睡眠的状态，脑子里全是工作，他就是这样。了解他的人都会被他感动。

王淼是浙江非遗事业的开拓者，精神家园的守护者，我把王淼的非遗人生概括为“八个一”：一腔情怀，一门心思，一股韧劲，一副傲骨，一身正气，一把轮椅，一台电脑，一个传奇！

陈瑶

2018年7月28日

（陈瑶，时任浙江省文化厅党组副书记，副厅长；现任浙江省文联党组书记，副主席，书记处常务书记）

自序

坚守为了什么

历史只会眷顾坚定者、奋进者、搏击者，而不会等待犹豫者、懈怠者、畏难者。

——习近平

一

2017年7月10日　星期一　把加班进行到底

我四肢瘫痪，在住院，但还是坚持上班，与大家错位，时间上约好每天下午3点，一直到晚上9点下班，把加班进行到底。

有人劝我，不要来办公室了，你是先进人物，你这个样子还来上班，领导会批评我们太残忍了；有的说，身体要紧，工作上还管它干什么？也有的说，到单位来坐坐也挺好，老是蹲医院也不行，到单位来换换环境，换换心情。还有的说，工作对于王淼是最好的良药，支持来上班，但不要太拼命。

我说，现在不是工作需要我，而是我需要工作。在医院里看看电视看看天花板，这不是我的生活。我感觉我的生命进入倒计时，能坚守多少时间也不知道，我要抓紧时间做我该做的想做的事情。我一定要找到人生的意义或者说活着的意义所在，否则我活不下去。

我来厅里上班，做几件事：一是做点力所能及的实事；二是整理研究非遗文献；三是读点书。

2017年6月，协助配合做了两件事。一是《中国文化报》、浙江省文化厅等联合举办第四届中国非遗保护德清论坛，以“传统文化与精神家园”为论题。中央提出，“文化是民族的血脉，是人民的精神家园”“建设中华民族共有精神家园”。精神家园建设是一个重大的文化命题，但当下在研究上还很欠缺，也是个难点。我参与论坛整个筹备，作为浙江非遗专家在论坛作主旨演讲，并执笔起草“共建共享精神家园（德清）共识”，经大会通过在媒体发布。

二是浙江省文化厅、杭州拱墅区政府合作共建浙江省非遗文献馆。这是我提议并参与促成的，是借鸡生蛋。这是全国非遗领域第一个文献馆，也是浙江这个文化之邦第一个文献馆。陈瑶副厅长将之定位定名为文献馆，好，高明！

这两件事，是六月份的工作，也是我今年上半年主要的工作。

这两件事，意义不言而喻。

坚守是为了做实事，但有时候务虚更重要，做点“客里空”的事，描绘前瞻性愿景，对于现实很重要，思路清才能方向明。

二

2018年3月5日　星期一　面对新时代的使命召唤

“在新时代坚持和发展中国特色社会主义，要求全党来一个大学习。”党的十九大闭幕不久，习近平总书记在十九届中共中央政治局第一次集体学习时发出鲜明号召。

越是重大历史关头，越要重视和抓紧学习！

习近平新时代中国特色社会主义思想既坚持“老祖宗”，又谱写新篇章。这些“新”是全党智慧的结晶、是5年来历史性变革和成就的经验、是马克思主义中国化的发展。我们要用新思想武装头脑、指导实践，推动工作。

老王认真学习党的十九大报告，反复研读，努力掌握思想原旨，提高思想觉悟和政治水平。党的十九大精神的生命力，在于植根实践，在于落实。老王着眼于上接天线，下接地气，在上下结合中努力做到学深悟透、学以致知、学以力行。

老王撰写了《实施乡村振兴战略，非遗怎么干？老王为你支几招！》

《现代化进程中的非遗保护，老王为你献上三十六计》《守护精神家园》《非遗保护进入新的时代》《从九个案例谈政府在非遗保护中的作用》等文章，或宏观或微观，或务虚或务实，或立足新起点创造性转化，着力于将党的十九大精神学习好、贯彻好、落实好，尽一份微小的努力！

党的最新重大成果得来不易，面对新时代的使命召唤，作为一名共产党员，应该认真地、系统地、实际地学。学出一份忠诚，学出一份担当，学出自信与能力。

三

2017 年 9 月 30 日　星期六　前辈先贤 明于道路

这一阶段，热衷于看点书。

费孝通是个热点人物，他提出了“文化自觉”和“各美其美、美美与共”的理念，中央领导人在多个场合提及和强调。我读了《全球化与文化自觉 —— 费孝通晚年文选》，这是一部包容世界、历史的著作。我开始了解和粗略研究费老的不平凡人生。对于费老的专题研究有很多，但多数是关于他某一方面或者某一点学术思想的研究，对于他的思想轨迹演变发展的研究还欠缺。

我将费老的一生，用三个关键词来提炼和概括：

我觉得，费老一生第一个关键词：自觉。一辈子倡导人生自觉、社会自觉、文化自觉。但结果百度上检索，没有“人生自觉”的词条，“社会自觉”的词条也仅有一条，也没有提及与费孝通的关系，对此我很惊讶。我还是坚持将“人生自觉”“社会自觉”与“文化自觉”并列，作为费老的思想予以阐述，当然文章中我有立论依据。

再如，我发现，费老一生还有一个关键词：志愿。就是“志愿”精神。他一辈子志在富民，志在启迪民智，志在报国。而在百度上检索，只看到关于费老志在富民的一些研究，也没看到关于费老启迪民智、志在报国的文章或专论。

又如，我概括，费老一生还有一个关键词：坚持。坚持顶层设计，坚持问题导向，坚持不忘初心。前两个坚持，在费老身上体现得太淋漓尽致了，他穷其一生都在探究和追问一个个国计民生问题，他胸中有蓝图，一直做的是顶层设计的文章，为中央建言献策；我们现在讲的不忘初心，在费老身上体现得鲜明通彻。他一生执着的乡土情怀，一辈子饱满的家国情怀。

但是，在百度上提到费孝通“顶层设计”的文章仅有一篇，关于费孝通“问题导向”的文章一篇也没有，写费老“不忘初心”的也没看见。本来以为自己这些只是寻常的概括，但是没想到，老王这些概括却都是新的发现。对此老王非常惊讶！

费老是社会学家、人类学家，还没有人说他是文化学家、文化大家。当今文化人，哪位有他的眼光、胸襟和思想贡献？

梁漱溟，中国最后的儒家，他与毛泽东主席的交集和“叫板”，成为一段历史公案。梁漱溟儒释道三家通吃，学问了得，他在54岁的时候出版了《中国文化要义》，出版时间为1949年，中华人民共和国成立前夕。我干了一辈子文化，前八年从大队俱乐部到文化站到文化馆再到文化厅，其间还在中央文化管理干部学院学习两年；之后调省文化厅工作了30年。今年我已虚长56岁，之前竟然没有读过《中国文化要义》。老王浅薄至此，惭愧至极。

梁漱溟先生对文化言必有中，他的分析能力极强，不管问题多复杂总能切中肯綮。

我又发现，随着非遗保护风生水起，非遗专家如雨后春笋不断涌现，但是对于重量级非遗专家的研究又何其少也。

譬如王文章先生，是中国非遗保护史上“里程碑”式的人物。他的呼吁与行动，影响和推动了我国非遗保护进程。

王文章先生新世纪以来一直参与和具体主持我国非遗保护工作，他在全国“两会”上接受媒体的专访，在全国性非遗会议、论坛上的讲话，是非遗保护公开的“武林秘籍”，他的思想观点不断开启中国非遗保护的新路径、新局面。王文章先生的专著《非物质文化遗产保护研究》出版，我再次认真阅读，温故而知新，联想起往昔的工作实践，感慨良多。

再如，刘魁立先生、乌丙安先生是非遗领域的大家，但研究文章不多。

我通过自己的阅读，将刘魁立先生的观点提炼出两点：一是善于抽象地给非遗新现象贴标签，如契约意识、工厂意识等；二是善于形象地对非遗新现象生动表达。乌丙安先生的事功与学问都是着眼于非遗保护的思路与出路，讲究实际，不尚空谈。

冯骥才先生是个牛人，他有时满怀激情地大声疾呼，有时慷慨激昂地据理力争，一份执着、一行脚印、一路跋涉、一串功绩。

先贤前辈，明于道路！

还有一个重要发现，关于文化大家、非遗学家的非遗学说的研究，从总体上说还是个空白。这样看来，我今天在做的这件事具有开拓性，更显意义。

四

2017年2月28日　星期二　构筑共有的精神家园

精神家园是意识形态的概念，是形而上的精神文化。精神文化，包括无形的精神现象和有形的文化产品。

省委党刊《今日浙江》对非遗保护很有识见，专门开设了“美丽非遗”专栏，每期两个版面，每年24期，已连续三四个年头。其中开设了“浙江韵味”“传统戏剧”“匠心逐梦”等专题，我有幸遵嘱撰写短小精悍的卷首语，借这一重要平台发出声音，导向一下。

省文化厅这几年组织了不少非遗方面专题征文征稿活动，我们一般一事一了，进行汇集或选编，撰写个前言、后记，对相关的热点、焦点问题进行评论，有声音有立场。

一方水土一方文化，非遗呈现的是一方水土的文脉和气韵，是考察和了解一方水土和一方人民的窗口。孔老夫子当年有曰：入乡应问禁观俗。

在这个物质化时代，有这么一群人，精神家园的守望者，他们白天解放思想实事求是与时俱进开拓创新，推进非遗事业发展繁荣，晚上兢兢业业勤勤恳恳乐于奉献勇于牺牲，梳理、总结和盘点民间记忆、民俗风情，编撰出版非遗大观、文集、作品集等。有集体的，也有个人的。文化在于积累，文化在于继承。这些人的努力意义不凡。

钱穆先生在《国史大纲》中指出，任何一国之国民，对其本国已经历史，应该略有所知，从而对本国历史怀有温情与敬意。由此，国家乃再有向前发展之希望。一国如是，一省一市一县又何尝不是如此？！人民应对一国一地之历史“略有所知”，更何况为治国理政者！

翻阅非遗大观之类的集成志书，感受岁月流年，感受巷陌村野，感受民间的勃勃生机，想来不但是别有风趣，更多的是激起寸心的所思所感和为民情怀。

有些地方有些作者他们嘱我作序，有相识的也有不相识的，有的乡土专家看过我的书后写信过来或者托非遗线上的同事让我为他的文集作序。我虽然才疏学浅，但承蒙信任，觉得义不容辞，不揣浅陋领命。

我是认真的人，从来没有在代拟稿上挂个名了事，从来都是自己一本正经写文章。给基层撰写的序言，我都是用心思考，文章力求不写一句空，有针对性、指导性。

这本读书笔记，附录收入了“浙江非遗保护工作三部曲”《把根留住》《风生水起》《金声玉振》的评论以及读后感。我亲历了新世纪以来非遗保护不平凡的历程，一路奋进，一路感动，我手写我心，撰写了大量文章，与大家分享其中的发现和兴奋。浙江非遗工作缘何一直走在全国前列，答案尽在其中。多位领导作序评价，多位师友撰文推荐，说明了这“三部曲”值得一读；基层同事热情寄来读后感，说明了这“三部曲”基层需要，读了还有用。

我一直建议：人这一辈子，除了要做点有意义的事情，让后人去记叙；也要写点有意思的文章，让人家去读。

五

2017年5月19日　星期五　问大地谁是英雄

在一项事业砥砺前行的时候，总希望有一盏灯引领，指点迷津、指引方向。在蹭蹬人生中，总希望有一种力量在背后推动着我们，让你站直了别趴下，倒下了站起来，让你坚强不屈，坚定不移！

理想信念是人生航船的灯塔，榜样楷模是印刻心里的支撑。

我重新阅读《钢铁是怎样炼成的》，保尔四肢瘫痪、眼睛失明，肉体、精神承受各种煎熬。我在思考保尔为什么顽强坚守？他是坚强的布尔什维克，他觉得只要他还活着，就要战斗到生命的最后一分钟。战场战争不需要他了，但是他要将这场严酷的战争记录下来，还有正义与邪恶的战斗不仅在战场，他也要告诉大家。

我在思考霍金为什么灿烂地微笑，霍金有微笑吗？他仅能够手指动动、眼皮子动动，但是我在画报上见到过霍金的微笑，很灿烂。是画像，不是照片。我经常会脑海里出现霍金，他总是歪斜着头，嘴角挂着点涎，灿烂地笑。他斜着歪着，身体不难受吗？不胸闷吗？他怎么生活？又怎么生存？他奇思妙想，异想天开，好玩，有趣。

2017年4月，霍金再次提出“人工智能威胁论”。他说，人工智能计算机可能在接下来的100年之内将人类取而代之，人工智能的崛起可能是人类文明的终结。

张海迪是时代楷模，是我们的榜样。年轻的时候是，现在同样是，以后也是！

保尔、霍金、张海迪，是坐着轮椅奋斗的巨人和勇士。

有他们为榜样，我觉得什么样的艰难困苦，我都能够接受都能够挺住！

罗曼·罗兰说的，只有一种英雄主义，就是在认清生活真相之后依然热爱生活。

我觉得，真正的残疾，是心理残疾，不是身体残疾。身体只是躯壳，有信仰信念依然有生活的智慧和阳光。

我的同事中，其中一位有个女儿在读小学，一位有个男孩在读小学。他们的学校分别布置了一篇作文：心目中的英雄，写真实的人。女孩写了一位大伯伯的事迹，老师表扬写得好，让女孩在班上朗读；男孩也写了一个大伯伯，作文发下来，其他同学的作文有分，这男孩的作文没有打分，老师说要写真人，男孩说这是我爸爸的同事，是真的。老师给他打满分。

我非常荣幸成为这位女孩、这位男孩笔下的大伯伯，成了他们心目中的英雄。

我是女儿他爹，又是两个小朋友心中的英雄，我必须坚强，不负“众”望。

诺妈嘲笑，你现在沦落为小朋友心中的英雄，这个社会已经把你忘了。好伤心啊！

我哈哈一笑！

六

2018 年 4 月 16 日　星期一　为了母亲的微笑

上午，做康复训练的时候，康复训练师说我也是霍金。

我说，霍金是天人，我是凡人，但我们凡人也要有天人的精神。

这个精神，就是忍、熬，就是坚持。坚持，是因为心怀信念！

有时，我都感觉自己也成为一个双面人。我对诺妈说，我在人前装模做样，坐在椅子上，靠两手撑着背靠着腰顶着还有装着，蛮有精神的样子；谁知道我在人后豆腐渣一样，先不说四肢瘫痪带来的艰难，单是膈肌丧失功能就够我痛苦的。有时就像一条活鱼扔在石板上，有时瘫在轮椅上腰直不起来，头抬不起来，一累连气也喘不上来。

有的时候，为了自己，真的想放弃，因为实在太累了；为了诺妈，也真的想放弃，她实在太辛苦，四年多了她每天回不了家，睡觉只能睡在一张折叠椅上。五十多岁的人了，又腰圆体胖，真难为了她。

但是，为了母亲，我不能放弃，儿子瘫痪了，但还能乐观地活着，还能坚持工作，她的心里也许不至于非常难过。妈妈说，本来她跟大家一起干吗干吗都很开心的，但人家一问起王淼怎么样了，还好吗？她的心里就恐慌，就害怕，心脏就“别别”跳，吃不消！

当然，为了还有许多好人、亲人，关心关怀关爱我的人，我应当坚持，应当乐观，快乐地活着。

祖国，亲爱的母亲。我拿什么奉献给你，我的祖国？我残疾不等于残废，我四肢瘫痪了，但脑子还好用。这个脑子，是靠时间换来的，是多少年来每天想着工作积累的，是每天思考工作所磨砺出来的！这一点聪明才智，我应当继续奉献给祖国母亲。

为了母亲的微笑，为了大地的丰收，这是我倔强坚守的原因。

我是一滴水，只有汇入大海才有磅礴的力量！

每一个微小的努力，都能够汇成磅礴的力量！

七

2019 年 3 月 16 日 星期六　致敬传统 为了面向未来

这本书的出版，一拖再拖，有主观原因，也有客观原因。我不便于说客观，从主观上讲，主要有三个问题：

一是要与时俱进。做事需要一气呵成，形势在发展，工作重点在转移，往往一耽搁，黄花菜都凉了。作为一部著作，也要与时俱进，与形势相适应，与中心工作步调一致。

二是知识恐慌，本领恐慌。个人学养不够，学然后知不足，发现自己太浅薄，缺少历史积累，缺少厚度，也没有文学细胞，缺少才气、灵气，想写出既丰厚、又有识见，还有点可读性的文章，想想不容易，做做更难。为此不断“磨洋工”，也耽搁事。

三是有想法，要去做，要有时间。表面看，老王没啥具体工作分工，有的是时间；但实际上，我毕竟要依靠助手才能够学习和将自己的思想观点通过文字表达出来，有些时候身不由己，因为所以等等原因，没有人帮助的时候，我只能眼睁睁看着时间哗哗哗流走，好心疼！

着手整理编辑这本读书笔记，已有两三年，一再耽搁，为此“前言”也一再补笔。这段时间，我个人的情况也有了很大变化，因为晚上睡觉用上了呼吸机，睡眠状态大大改善，睡好才能精神好，让我有精神和精力坚持做点事。

2018年3月下旬，我在助手帮助下开设了微信公众号“非遗老王”，这样，我的思考和建言，可以通过这一渠道向更多的同事和朋友传递、分享。

我虽然囿于一隅，但“江湖”上还记着我曾经做过的那些事，把我推选为CSR中国文化奖杰出贡献人物、中国非遗年度人物，多家媒体做专门报道。

组织上一直关心关怀着我，在浙江省文化和旅游厅组建前夕，我被任命为厅副巡视员。

浙江的同志去北京开会，参加全国会议，不时有人问王淼同志还在么？还好么？向他问好！公众号“非遗老王”十几天没有更新就有朋友留言或电话，询问老王还好吗？

我不能辜负，不能辜负新时代，不能辜负好时光，不能辜负组织上和领导的关怀，不能辜负大家的深情厚谊！

历经新世纪近20年的奔跑与积淀，浙江历史文脉得以绵延不绝，传统文化焕发蓬勃生机，精神家园建设呈现出“春色满园”，成为文化浙江、诗画浙江的重要内涵和美丽表情。

浙江文旅新政，谋篇布局、排兵布阵，在文化高度、旅游深度上精耕细作，展现了新领导层的文旅方略。浙江大花园，处处都是魅力新景点！

大时代的机遇与挑战，火热的实践在召唤，我们躬逢其盛，有幸与历史进程同生共长，一定奋发有为，一定会大有可为！

这些日子，我就像孩子功课拉下来，身体好点了，更要争分夺秒，争取多学习多思考。

我不能掉链子，要奋起直追，永葆初心。隐形的翅膀，也要飞出创新“加速度”，老树发新芽！

目录

第二编
用好书　学是为了用　读书是为了创造

第三编
读好书　读书明志　读书明理

第六编 评好书 有情怀 有担当

第七编
缘好书　豆腐渣身体　钢铁般意志

附录
充好书　行成于思　行胜于思　知行合一

第一编

学与思

用党的十九大精神
引领非遗工作

各位朋友：

党的十九大报告，您学了几遍？如何切实学懂弄通做实党的十九大精神？

您从中领悟和感受到的思想精髓是什么？有没有写体会文章？

党的十九大的思想灵魂、精髓要义，集中体现在新时代、新思想、新目标、新征程这“四新”上。

学习党的十九大精神：八个明确，十四个坚持。

党的十九大提出了实现人民对美好幸福生活向往的新目标。

党的十九大思想上的意义和地位，可概括为“统一认识、统一思想、统一行动”。

要充分认识党的十九大开创性、里程碑和划时代的意义。

习总书记指出：“文化兴国运兴，文化强民族强。没有高度的文化自信，没有文化的繁荣兴盛，就没有中华民族伟大复兴。”

习总书记强调，要培育和践行社会主义核心价值观，深入挖掘中华优秀传统文化内涵。

习总书记在报告中指出，加强思想道德建设，“人民有信仰，国家有力量，民族有希望”。

党的十九大，让中国拥有了面向全球、面向未来的更加高远的视野。

党的十九大为中国未来发展制定了大战略，勾画出了一幅千帆竞发的发展画卷。

习近平新时代中国特色社会主义思想，指引人民对生活的美好向往。

让理想照进现实，照亮前行的路；

让新思想照亮我们生活的每一天。

观大势，谋全局，干实事。

我们不仅要“致敬传统”，更要“面向未来”。

有天空才能飞翔，发展给你腾飞的冲动。

站在新的历史起点，面对新时代的使命召唤，

让我们乘上理想之马，挥鞭从此起程！

路上春色正好……

在党的97岁华诞，我们怎样纪念？怎样庆贺和祝福？

“非遗老王”公众号，推送老王学习党的十九大报告的系列心得体会，与大家交流分享，请指导教正！

2018年7月1日

这是一个最好的时代

今天上午，习近平总书记代表第十八届中央委员会在中国共产党第十九次全国代表大会上向大会作报告:《决胜全面建成小康社会　夺取新时代中国特色社会主义伟大胜利》。

大会的主题是：不忘初心，牢记使命，高举中国特色社会主义伟大旗帜，决胜全面建成小康社会，夺取新时代中国特色社会主义伟大胜利，为实现中华民族伟大复兴的中国梦不懈奋斗。

习近平总书记所作的党的十九大报告，主题鲜明、思想深邃，内涵丰富、博大精深，气势恢宏、催人奋进，通篇闪耀着马克思主义真理的光芒。

观看党的十九大开幕会，聆听习近平总书记作报告，我与会议代表一样心潮起伏，初步感受有六点。

一、党的十八大以来五年非凡成就，在于有了以习近平同志为核心的党中央的坚强领导

党的十八大以来，以习近平同志为核心的党中央，统筹推进“五位一体”总体布局，协调推进“四个全面”战略布局，提出了一系列新理念新思想新战略，开拓了一系列“创新”，实现了一系列“不可能”，攻克了一个又一个看似不可攻克的难关，创造了一个又一个彪炳史册的人间奇迹。党和国家面貌焕然一新，党和国家事业取得了历史性和举世瞩目的成就，得到全党全军全国各族人民及全世界的称赞。在我们党的历史、中华人民共和国历史、中华民族历史上具有里程碑意义。

之所以取得举世瞩目的成就，最重要、最关键的是，我们党有了习近平总书记这个核心，有了以习近平同志为核心的党中央的坚强领导。作为一名共产党员，我为有这样的总书记、为有这样伟大的党而自豪和骄傲。

二、习近平新时代中国特色社会主义思想，是我们必须长期坚持的指导思想

以习近平同志为主要代表的中国共产党人，进行着划时代的理论创新、实践创新，创立了习近平新时代中国特色社会主义思想。这是马克思主义中国化的最新成果，是中国特色社会主义理论体系的重要组成部分，是被实践证明了的科学真理，是我们必须长期坚持的指导思想。这是党的十九大最大的亮点，是对党的发展的历史性贡献。

党的十九大报告提出，中国特色社会主义进入新时代，这是对党和国家发展历史方位的精辟概括。报告深刻回答了新时代坚持和发展中国特色社会主义的一系列重大理论和实践问题，这是一个举旗帜、指方向、明方略、绘蓝图的好报告，是一篇光辉的马克思主义纲领性文献，是我们党迈向新时代、开启新征程、续写新篇章的政治宣言和行动纲领。我们一定要认真学习领会，坚决贯彻落实。

三、习总书记报告鼓舞人心，全国人民更加意气风发

感觉我们党和国家更加自信，全国人民更加意气风发。报告中有些用词，特别是在国际舞台上中国的表现，真的都是所有中国人的共同感受。“中华民族迎来了从站起来、富起来到强起来的伟大飞跃。”“乘势而上开启全面建设社会主义现代化国家新征程，向第二个百年奋斗目标进军。”这是“我国日益走近世界舞台中央、不断为人类作出更大贡献的时代”。“中华民族将以更加昂扬的姿态屹立于世界民族之林”。会议代表都以热烈的掌声回应总书记的讲话。我在观看电视转播时，也是心潮澎湃，热血沸腾。

四、坚守中华文化立场，建设社会主义文化强国

党的十九大报告特别强调：“中国共产党从成立之日起，既是中国先进文化的积极引领者和践行者，又是中华优秀传统文化的忠实传承者和弘扬者。”“文化是一个国家、一个民族的灵魂。文化兴国运兴，文化强民族强。没

有高度的文化自信，没有文化的繁荣兴盛，就没有中华民族伟大复兴。”“满足人民过上美好生活的新期待，必须提供丰富的精神食粮。”“加强文物保护利用和文化遗产保护传承。”

我国社会主义现代化建设正站在新的历史起点上。“世界多极化、经济全球化、社会信息化、文化多样化深入发展”，我国文化生态环境发生巨大变化，面对建设现代化强国以及文化强国、美丽中国的时代要求，作为一位文化工作者，位卑未敢忘忧国，国家兴亡匹夫有责，将更加认真履行岗位职责，担负起新的文化使命。既尽力而为，又量力而行，做出自己应有的奉献和贡献。

五、发展残疾人事业，实施健康中国战略

习总书记在党的十九大报告中强调，“实施健康中国战略”，并指出：“发展残疾人事业，加强残疾康复服务。”党和国家事情千头万绪，一个行业一个系统近于无限的工作，在总书记的报告中有一句话甚至几个字体现，都已经很幸运了。残疾人事业在其中有两句，我作为残疾人，感到很温暖。现场直播中，看到台上台下各有一位坐轮椅的代表，台上的是张海迪。

六、报告的句子很实在，体现了总书记的亲民

譬如“坚持房子是用来住的、不是用来炒的定位”“让军人成为全社会尊崇的职业”“军队是要准备打仗的”“中华民族伟大复兴，绝不是轻轻松松、敲锣打鼓就能实现的”“有事好商量”等。

这是一个最好的时代。我们要在以习近平同志为核心的党中央领导下，顺应历史大势、共担民族大义，不忘初心，牢记使命，意气风发向前看，共创中华民族伟大复兴的美好未来！

2017年10月18日

文化是灵魂

习总书记在党的十九大报告中指出:“文化是一个国家、一个民族的灵魂。”强调“文化兴国运兴,文化强民族强”,号召“建设社会主义文化强国”。

习总书记在浙江任省委书记时,就对文化建设有深刻认识。我打开习总书记的著作《之江新语》,他在2005年8月12日《浙江日报》发表了一篇短论《文化是灵魂》。文章说:“政治是骨骼,经济是血肉,文化是灵魂。这一比喻形象地说明了文化对人类社会发展所起的作用。”

习总书记指出,文化的力量,或者我们称之为构成综合竞争力的文化软实力,总是“润物细无声”地融入经济力量、政治力量、社会力量之中,成为经济发展的“助推器”、政治文明的“导航灯”、社会和谐的“黏合剂”。

习书记的评论,应是有感而发。

2005年3月,国务院办公厅下发了《关于加强我国非物质文化遗产保护工作的意见》,文件中有不少触目惊心的用词,譬如“流失境外”“遭到损毁”“濒临消亡”“不断消失”“随意滥用”“过度开发”等,呼唤非遗保护形势严峻,“刻不容缓”!

5月初,习书记在国务院办公厅下发的《关于加强我国非物质文化遗产保护工作的意见》上作了重要批示:“我省也要做好非物质文化遗产保护工作。”之后,在关于浙江省非遗保护、传统工艺保护,以及传统村落、昆曲保护、传承人保护方面,连续作出重要批示。

在5月4日到6月2日不到30天的时间里,习书记对非遗保护6次作出批示。这么短的时间,这么高的频率,为一项工作连续作出批示,发出一个信号:非遗保护很重要!

习书记的系列批示,从整体的非遗保护工作到传统工艺等专项保护,从传统村落这个传统文化土壤的保护到非遗具体项目的保护,从传统表演艺术保护到传统工艺保护,从非遗形态保护到传承人的保护等,都作了强调,体现了要全面、系统抓好非遗保护的思想以及工作要求。

习总书记在党的十九大报告中，强调中国共产党人“是中华优秀传统文化的忠实传承者和弘扬者”，又强调要“加强文物保护利用和文化遗产保护传承”。

文化是灵魂，有灵魂就朝气蓬勃，就充满生机活力，就洋溢着精气神！

2017年10月19日

有一种温暖叫习总书记的关怀

习总书记在党的十九大报告中强调："发展残疾人事业，加强残疾康复服务。"各行各业在党的十九大报告中有一句话都已经很荣幸了，关于残疾人居然有两句话，让我感到意外，也倍感温暖。

我国的残疾康复事业起步至今大概也就一二十年光景，但真正得到关切也就最近数年。这三年，我在多家医院穿梭住院，对此深有感受。今年六、七月间，我住在浙江省人民医院，听说台州一家民营医院一次性就录用了在省人民医院实习、表现不错的六七个康复治疗专业大学生。

残疾康复是个系统工程，我这个重残病人切身感受有几点：一是医院要有良好的康复条件，包括场所、设备、环境等；二是康复训练的专业队伍培养；三是残疾康复知识的普及；四是康复治疗的分级制度；五是康复治疗项目纳入医保的结构调整优化；六是残疾康复的心理治疗，有时心理强大才是关键；七是残疾康复的理念问题，譬如应当鼓励边康复边工作，自立自强，回到岗位走向社会；八是残疾康复科学治疗研究，譬如不是所有的残疾病人都适用针灸治疗；等等。

我们这个社会，越来越富有，越来越美好。对于残疾人，彼此一起多做锦上添花之事，少为雪上加霜之举。

2017年10月20日

担负起新的文化使命

党的十九大闭幕会今天上午在人民大会堂举行。

中国特色社会主义进入了新时代，建设社会主义文化强国的先行基础是文化遗产的保护。现代化浪潮滚滚而来，信息社会也以不可阻挡之势到来，有着千百年历史的各式各样的非遗，是否能呼应时代，推动时代，继续焕发历久弥新的生机活力和经久不衰的魅力，留住民族的根与魂，是摆在非遗人面前的最大的课题。

习近平新时代中国特色社会主义思想既坚持了“老祖宗”，又谱写了新篇章，要真正用解放思想的态度去学习，用党的十九大精神和习近平新时代中国特色社会主义思想指导我们的工作，让新时代文化保护传承和文化繁荣兴盛有新气象新作为。

文化自信步履的从容，系于文化复兴蓝图的展开。身处习近平新时代中国特色社会主义思想重要萌发地的浙江文化工作者对此最有感触。

要审时度势，洞悉社会发展趋势，判断国家、民族、社会需要什么样的精神文化。然后谋篇布局，做好顶层设计。

国家对于生态文明的提倡，看得见山，望得见水，记得住乡愁的呼唤，让城市化进程中的文物保护和文化传承问题得到高度关切。

美丽中国从美丽乡村开始，美丽乡村从美丽非遗开始，发展新区，保护旧城，传统村落有机更新，像保护眼睛一样保护文化遗产。

人民大众的文化需求在上升，文化自信对于整个国家的贡献在加大，这对非遗事业提出了更高的要求。

“保护为主，抢救第一”的八字使命，当下不少人困惑，八字使命在新时代是否过时？

尽管非遗历史悠久，但时下的年轻人未必完全了解。我们有必要向更多的人讲述非遗的历史以及正在演绎的故事。

没有必要去迎合所有人的需求，但必须要赢得年轻人的认同，因为他们是国家和民族的未来，也是非遗的未来。

在传统文化向现代文化转型中，这些传统优势需要找到更多与当下需求结合的点。

也要清醒地看到，新的时代面临新的需求，要善于把内容打造成各种各样的产品，探索让内容成为产业的可能性，否则非遗的生命力不会长久。

非遗凝练而成的精神力量，在当下中国现代知识传播和现代文化进程中发挥的作用依然没有改变，并且已经渗透进每个中国人的骨子里。

民族振兴，文化引领，非遗先行。非遗的力量，传递着中华民族的侠骨柔情和勇敢担当，展现着华夏子孙的铮铮铁骨。

传承弘扬优秀传统文化，提高国家文化软实力，固民族之本，补精神之钙，启民众之智，兴道德之风，讲中国故事，赢世界之赞。这些都是时代所呈现的需要我们去破解的课题。

未来的世界是文化之争，谁将打赢全球文化战争？每个国家、民族都要坚守自己的文化和价值观，而这，也是当代非遗人应当承担起的历史使命。

“一带一路”将改变世界，“一带一路”跟浙江有密切关系，与非遗直接相关，浙江非遗随“一带一路”走向世界，融入全球，大有可为。

随着春节、孔子、龙舞、越剧等中国文化为世界各国所广泛接受和吸收，非遗保护传承使命需要有新的解读。

非遗工作者要有大胸怀、大情怀，要把自己的智慧才干与生长在这个土地上的人民、与国家和民族的命运甚至与整个人类社会相结合。

中华文化复兴潮起泱泱之际，也正是中华民族复兴雄鸡高唱之时。

让我们怀揣梦想，担当使命，再度起航，重新出发。

2017年10月24日

党的十九大精神学习感受多

上午，党的十九届一次会议选出新一届中央领导集体，习总书记和各位中央政治局常委与新闻记者见面，当然也就是和全国人民见面。这是国之盛事，更是民之喜事。

记得党的十八大召开的时候，新一届中央政治局常委与中外记者见面，中共中央总书记习近平说："人民对美好生活的向往，就是我们的奋斗目标。"这句经典的话语，已经成为中国共产党人的圭臬！

习总书记在十九届中央政治局常委同中外记者见面时说，从中共十九大到二十大的5年，"第一个百年目标要实现，第二个百年奋斗目标要开篇。这其中有一些重要的时间节点，是我们工作的坐标。"

习总书记说："新时代要有新气象更要有新作为，中国人民生活一定会一年更比一年好。"

习总书记指出："历史是人民书写的，一切成就归功于人民。"

习总书记强调："全面从严治党永远在路上，不能有任何喘口气、歇歇脚的念头。"

以习近平同志为核心的新一届中央领导集体，领导我们踏上新征程，开启中国特色社会主义新时代！

作为共产党员，要忠诚于党，报效国家，服务人民，献身使命，崇尚荣誉，鞠躬尽瘁。

一是学习领会党的十九大精神，学习领会党的十九大报告的新思想、新论断、新提法、新举措。

二是根据党的十九大报告提出的三步走战略目标，和党的十九大报告提出的全面小康、美丽中国、文化强国、现代化强国等目标概念，琢磨和研究非遗与这些目标概念的关系，如何促进和推进这些战略目标的实现。

三是重点思考和研究如何落实党的十九大报告提出的相关工作，如"实施乡村振兴战略”，非遗怎么干？“加强文物保护利用和文化遗产保护传承”，非遗怎么干？“满足人民过上美好生活的新期待，必须提供丰富的精神食粮”，非遗怎么干？

四是要宣传党的十九大精神。肯定要思考，写文章，肯定要传播，找途径。

五是怎么样更好地参与火热的实践？我怎么参与？

党的十九大报告指出：“中华民族伟大复兴，绝不是轻轻松松、敲锣打鼓就能实现的。”这句话很生动，老王也不能只在边上敲敲边鼓，虽然四肢瘫痪了，不能冲锋陷阵，但脑子还好使，嘴巴还能侃，还能为非遗保护传承和文化繁荣兴盛建言献策，摇旗呐喊！

2017年10月25日

文化担当，永远在路上

下午，召开非遗处支部会暨处务会，厅党组副书记、副厅长陈瑶出席，处党支部书记、处长胡雁主持。

党的十九大，于10月24日胜利闭幕。昨天上午，习总书记和新一届领导集体与新闻记者见面。全国人民与会议代表一样，也都沉浸在热烈喜庆的气氛之中。

学习党的十九大精神，是当下和今后一个时期的重中之重。胡雁处长及时组织本支部党员学习交流。胡处介绍了他的心得体会，给大家以启发。支部各位同志都认真交流了学习心得，有共性的感受，也有各自角度的思考和收获。我也谈了四点初步的感受。

一是教育者应该先受教育，要做一个有灵魂的人。习总书记在十九大报告中指出："文化是一个国家、一个民族的灵魂。"我们文化工作者是灵魂的工程师，首先要做一个有灵魂的人。作为共产党员，作为文化工作者，我们的灵魂就是党的十九大精神，就是习近平新时代中国特色社会主义思想。所以我们要认真学习、要带头学习党的十九大报告，学习习总书记重要思想，武装头脑，举旗引路。要原原本本学，全面系统学，深入持久学，带着感情学，联系实际学，还要逐条逐句去思想思考思索。

二是文化强国需要文化强人。文化强国首先应该是人强。党的十九大报告提出了"建设社会主义文化强国"的目标，作为文化工作者更要自身强，做一个有本领的人。有本领，不单指业务要强，工作能力要强，更要有战略眼光，有远见卓识，有智慧和方法。习总书记高瞻远瞩，深谋远虑，远见卓识，雄才伟略，十九大报告和习近平新时代中国特色社会主义思想，博大精深，是我们的思想宝库、精神动力，有世界观，有方法论，我们学了就要用，指导实践，推动工作。

三是新开始，新征程，要做一个有担当的人。党的十九大提出了新时代的新思想、新目标、新征程，新时代三步走的战略目标令人期待和向往，美好生活不是等来的，而是干出来的！奋斗者是幸福的，奋斗本身就是一种幸福，奋斗的人生更精彩！我们要继承老非遗的精神，敢于担当，勇创一流，发扬优良传统，争取更大光荣！

四是要跳出非遗看非遗，要做一个有情怀的人。什么叫有情怀？就是天下为公，就是无穷的人群、无限的远方都在我心中。十九大报告指出："文化兴国运兴，文化强民族强。"作为共产党员，要有国家兴亡、匹夫有责的担当，以天下为己任。作为非遗工作者，也要天下为公，要围绕中心胸怀大局，要立足浙江胸怀祖国放眼世界。非遗里边有政治，要体现社会主义核心价值观；非遗里边有大局，非遗跟全面小康有关系，非遗要为脱贫致富奔小康做贡献！非遗是美丽中国的表情，非遗更是文化强国的重要组成，非遗与"一带一路"的关系源远流长，非遗与人民群众的美好生活、幸福生活息息相关！

陈瑶副厅长刚从省里开会回来，一下车就来到会议室，参加处支部会。陈副厅长是本支部党员，又是厅直属机关党委书记，所以既是参会，也是出席。

陈副厅长介绍了省委书记车俊传达的十九大主要精神。车书记的传达和学习思考，既全面，又简洁；思路清晰，重点突出；着眼浙江，放眼国内外；结合现实，面向未来。

车书记说，浙江是红船精神的发源地，是习近平思想的重要萌发地，我们要做好中国特色社会主义现代化进程中的排头兵。

陈副厅长对今后工作提出了方向性的要求。强调以习近平新时代中国特色社会主义思想为指导，认真贯彻党的十九大精神，学用结合，知行合一，不忘初心，砥砺前行，勇立潮头，为建设"文化浙江"做贡献，为中华民族的文化复兴做贡献！

传承文化，我们永远在路上。按照党的十九大指引的方向，大踏步前进，一步一个脚印，积小胜为大胜，积跬步以至千里。

2017年10月26日

新时代呼唤文化学家

党的十九大，开启了社会主义现代化新进程。习总书记说："这种前无古人的伟大实践，必将给理论创造、学术繁荣提供强大动力和广阔空间。"

这一阶段，我看了一些书。认真读《习近平谈治国理政》《之江新语》之外，还有梁漱溟先生、费孝通先生这样的文化大家的书，也有王文章先生、冯骥才先生、刘魁立先生、乌丙安先生，我称之为"中国非遗四大家"的书。

这些论著，帮助我打开了观察和感知优秀传统文化、非物质文化的窗口，让我更加全面地了解祖国的传统文化，更加客观地看待传统文化，更加理性地读懂传统文化。

梁漱溟先生对儒释道全通的渊博的学识，对文化要义精到的剖析；费孝通先生的乡土情怀和实证精神，一生探寻"中国方案"；王文章先生的文集处处充盈真知灼见，足以丰厚的多方面的学养为支撑；冯骥才一路慷慨激昂大声疾呼，思想火花迭出；刘魁立既为非遗贴上抽象标签，又赋予非遗以诗意；乌丙安创造性提出非遗保护的思路和出路。

先贤前辈，明于道路。

这些精神至上主义者，几十年如一日，坚持着理想信念，倾情关注人类文明的生存和生态，倾心投入历史文脉的传承和传扬。

这些先贤前辈，他们对人世与命运的悲悯情怀，对人类的精神梦想与终极关怀，洋溢着中国情怀又超越于中国情怀。

新时代兴起了文化热，"文化兴国运兴，文化强民族强。"文化自觉、文化自信，成为热门词。但是，百度上却没有"文化学家"的词条，对于费孝通先生也都是介绍为"社会学家""人类学家"，没有人称之为"文化学家"。

新世纪非遗保护风生水起风起云涌，对于非遗的研究如雨后春笋比比皆是，但是对于非遗学家的研究却是何其少也。

我们正在建设社会主义现代化强国，建设文化强国，怎么能没有文化学家、非遗学家呢？

习总书记说："这是一个需要理论而且一定能够产生理论的时代，这是一个需要思想而且一定能够产生思想的时代。我们不能辜负了这个时代。"这是2016年5月，习总书记在哲学社会科学工作座谈会上的召唤。

习总书记在党的十九大报告中指出："实践没有止境，理论创新也没有止境。""我们必须在理论上跟上时代，不断认识规律，不断推进理论创新、实践创新、制度创新、文化创新以及其他各方面创新。"诚哉斯言。

当社会的发展已然成为一种卓然的现实成果，那么，文化本身的建树与传播就必然成为题中应有之义，而且，还必须是一种相得益彰的呼应甚至引领。

中国历史上曾涌现出无数的文化学家，新时代更需要呼唤和产生有着高度文化自觉和文化自信的文化学家。

这很重要。

2017年10月27日

坚持非遗保护中心“保护”的定位

习总书记所做的党的十九大报告，博大精深，气势恢宏，而有些句子却是很朴实的。总书记强调：“坚持房子是用来住的、不是用来炒的定位。”会场上响起一片笑声和热烈的掌声，我们看现场直播的各位同胞也都开心一笑。

我当时突然联想起各级非遗保护中心的定位，国家、省、市、县(市、区)非遗保护中心，顾名思义也好，说文解字也好，它的职能都是“保护”，这肯定是毋庸置疑、无可争议的。

但在实际非遗工作运行中，有些非遗保护中心找不到北，或者说找不到方位，找不到坐标体系。或者没有大局观，不知道该干些什么；或者为搞活动而活动；或者“工作单打一”，工作重心放在搞博览会上，只关注大师，只关注手工艺热门项目。

非遗保护中心该干什么？习总书记在党的十九大报告中强调，中国共产党“是中华优秀传统文化的忠实传承者和弘扬者”，并指出，要“加强文物保护利用和文化遗产保护传承”。

锦上添花的事可以做，但更应当多做雪中送炭的事。那些缺少市场效益的非遗项目，没有多少人愿意传承的项目，小微非遗项目，要重点去保护，去传承弘扬。政府是“守夜人”，非遗保护中心是政府办的公益性文化事业单位，是法定的履行非遗保护职责的单位，要不忘留住乡愁。

市场的、产业的，人家会去做，商人企业家的眼光脑子比你还要精。

不要丢了自己的一亩三分地，种了人家的田荒了自己的地。要管好做好自己的事。

浙江非遗保护“三个八”行动：国遗省遗项目“八个一”保护措施，服务传承人月“八个一”服务措施，非遗传承传播“八大类”基地。实践证明，这些措施行之有效，卓有成效，要继续着力施行。

党的十九大报告指出，“中国特色社会主义进入新时代，我国社会主要矛盾已经转化为人民日益增长的美好生活需要和不平衡不充分的发展之间的矛盾”。我们要考虑基层的需要，在乎群众的需求，研究传承人的愿望，感知新时代的脉搏，立足于解决好发展不平衡不充分的问题，立足于满足人民的美丽情愫美好生活需求。

保护为主，抢救第一，依然是非遗保护的重中之重；保护传承，依然是新时代非遗保护中心的主要职责。

要“不忘初心，牢记使命”。

2017年10月28日

让传承人成为全社会尊崇的职业

学习党的十九大报告，常学常新，一遍遍学，一遍一遍不断有新感受。既有大政大局方面的感悟，也有具体具象的启迪。

习总书记说，“让军人成为全社会尊崇的职业”，这有利于在全社会激发、传递强军正能量，引发全国人民强烈共鸣。

我受到启发，联系自己所从事的非遗保护工作，觉得也应该“让传承人成为全社会尊崇的职业”。

非物质文化遗产依托于人本身而存在，以声音、形象和技艺为表现手段，并以身口相传作为文化链而得以延续，是“活”的文化，并是传统文化中最脆弱的部分。因此，对于非物质文化遗产传承的过程来说，人就显得尤为重要。

非遗传承人，作为非物质文化遗产最重要的活态载体，在非物质文化遗产的传承、保护、延续、发展中，具有公认的代表性、权威性与影响力，起着超乎常人的特殊重要作用。

他们中，有的是大师，有的是能工巧匠，他们中绝大多数没有高学历、高职称，属于民间高人、草根人才、乡土奇士，但他们专一行，精一行，身为平凡人，却干出不平凡的事业。

“传承人就是站在今天坚实的土地上，左手拉着历史，右手又伸向未来。”“不能把祖先留下的东西带到棺材中去，传承人身上这种文化自觉意识值得钦佩。”

浙江省自2008年以来，每年的元旦至元宵节期间，开展服务传承人月“八个一”系列活动。具体活动内容是：进行走访慰问，发放政府补贴，召开座谈会，组织体检活动，举办技艺展示，组织专题报道，落实传习措施，制订一年传承活动计划。

各级文化部门认真落实措施，主动服务，感动服务，亲情服务，人文服务，让传承人切实感受到党和政府及社会各界的关怀与温暖，推进非物质文化遗产的保护和传承。

传承人作为非物质文化遗产的创造者、承载者和传递者，他们虽然也许是普通人，但为祖国文化遗产的保护传承，作出了重要的贡献，理应受到尊重，得到尊敬。

愿各级政府再多一点远见卓识，社会各界对传承人多一点倾心相助。

愿非物质文化遗产薪火相传，绵延不绝，生生不息，风景万千。

2017年10月29日

畅谈党的十九大时光

今天下午，浙江省文化厅召开学习宣传贯彻党的十九大精神系统大会。党的十九大代表、副厅长兼浙江音乐学院党委书记褚子育做报告，厅党组副书记陈瑶主持会议并讲话。

褚厅长就党的十九大盛况、十九大报告形成过程及内容、审议通过《中国共产党章程（修正案）》等方面，全面传达了党的十九大精神。

褚厅长指出，党的十九大报告中“坚定文化自信，推动社会主义文化繁荣兴盛”内容占了较大篇幅，报告中有79处提到“文化”两字。

褚厅长强调，浙江是中国革命红船的起航地，是中国改革开放的先行地，也是习近平新时代中国特色社会主义思想的重要萌发地。我们一定要始终怀着对习近平总书记的深厚感情，牢固树立“四个意识”，争当学习贯彻党的十九大精神的排头兵。

褚厅长畅谈了思想、认识和感受。

陈厅长介绍了厅党组学习宣传贯彻党的十九大精神的共识，要围绕党的十九大报告新成就、新时代、新使命、新思想、新方略、新矛盾和新目标七个重要方面，深化学习，武装头脑，指导实践，推动工作。

陈厅长强调，我们要不忘初心，不辱使命，坚定不移按照党的十九大指引的方向，沿着“八八战略”的路子走下去，秉持浙江精神，干在实处、走在前列、勇立潮头。

2017年10月30日

美丽中国建设也有我的贡献

党的十九大报告强调，“必须树立和践行绿水青山就是金山银山的理念”，要求“像对待生命一样对待生态环境”。提出坚持人与自然和谐共生，建设美丽中国。

党的十九大报告指出，在全面建成小康社会的基础上，也就是到2035年基本实现社会主义现代化时，美丽中国目标基本实现。

“美丽中国”这个充满诗意的目标，是我党在十八大报告中提出的。当时，全国人民都很兴奋，对美丽中国的未来充满憧憬。

我第一时间反应，美丽中国与非遗有关，非遗是最美丽的，美丽中国离不开美丽非遗！

虽然美丽中国是在生态环境板块提出的，但是美丽中国应该包括中华大地的所有！不但有山川河流、碧海青天，还有历史文脉、优秀传统，等等。

2012年11月14日，党的十八大胜利闭幕，11月26日，浙江省文化厅在桐庐县召开浙江省美丽乡村建设中非遗保护现场会。会上，厅长金兴盛提出了“美丽中国从美丽乡村开始，美丽乡村从美丽非遗开始”的重要理念。与会的20位村支书、村主任，共同起草了一份《“守护美丽非遗 建设美丽乡村”倡议书》，倡议村民像呵护土地一样呵护文化遗产。

党的十八大提出美丽中国这个概念不到半个月，浙江迅猛反应，召开全省性会议，部署和推进美丽非遗建设的各项工作，从历史人文和文化建设的角度，介入和深入美丽中国建设，率先率为，有首创贡献！

2013年，浙江继续打造打响“美丽非遗”品牌。省文化厅推出“2013最美中国年·浙江年俗”寻访活动，评选出26个最有年味的浙江省春节文化特色地区。在景宁召开第二届浙江省美丽乡村建设中非遗保护现场会，以“美丽非遗与文化礼堂”为主题。在全省畲族文化乡镇长座谈会上，与会的39个乡镇长发出《用绚丽多彩的民族文化打造幸福畲乡》的倡议。

举办第二届中国非遗保护论坛，纵论“美丽中国与美丽非遗”，讨论通过《非遗让美丽中国更加美丽》的余杭倡议。

新闻媒体重彩浓墨地宣传浙江的“美丽非遗”:《中国文化报》开辟“美丽非遗浙江行”专栏;《浙江日报》开辟“浙江文化新新现象观察”，开篇为《浙江：非遗大美，拾遗十年》; 省委党刊《今日浙江》开设“美丽非遗”专栏，成为版式最好看的栏目。

“美丽非遗”就像一朵蒲公英，随风飘荡，飘向浙江大地。

2014年及之后，美丽非遗不断发酵，浙江大地处处盛开美丽非遗花。

可是，有一点遗憾，百度一下“美丽非遗”，浙江之外，难得有地方运用“美丽非遗”这个词。

至今，“美丽非遗”没有成为全国文化部门的通用词、常用词。文化部文件、领导讲话、会议报道，都没有运用“美丽非遗”这个词。

美丽非遗不是与我们无关。

非遗，丰富多彩，形式多样，斑斓多姿，千姿百态，万紫千红！

非遗，是乡土文化、草根文化、百姓文化、生活文化、民族文化！

非遗，是民族文化的精华，民族智慧的象征，民族精神的结晶！

非遗，是文化的源泉，是精品的沃土，是精神的家园！

美丽中国不是与我们无关。

美丽中国需要美丽非遗。

非遗，是美丽中国最重要的表情。

非遗，让美丽中国更加美丽。

我畅想，到2035年我国基本实现社会主义现代化，也就是美丽中国目标基本实现时，我会大声说：“美丽中国实现了，建设美丽中国也有我的贡献！”

我为美丽中国的实现，为推进美丽非遗建设，尽了自己最大的努力，我无愧于这么说。

让美丽非遗之花在美丽乡村朵朵绽放，让美丽非遗在浙江大地繁花似锦，让美丽非遗成为美丽中国最亮丽的表情。这是我的心愿，也希望是你的心愿。

大家还有无数的生命旅程，我时日无多，不知道还有多少天，也许随时会走。等到山花烂漫时，咱会在丛中笑。

2017年11月10日

乡村振兴 非遗先行

“实施乡村振兴战略”，是习近平总书记在党的十九大报告中所强调的，并写入了党章。

这两天，中央农村工作会议在京举行，习总书记出席会议并做了重要讲话，会议提出“全面实施乡村振兴战略”，并作为农村工作总纲。浙江省委也在省委全会上对“全面实施乡村振兴战略”做了部署和要求。

我国历史上长期是农耕社会，即使在今天迈向社会主义现代化进程中，“三农”问题依然是重中之重。农业更强、农民更富、农村更美是乡村之幸，也是全中国的期待。

乡村振兴战略包括政治、经济、文化、社会、生态和党的建设等种种，文化遗产的保护传承，当然是题中之意、必然选择。会议指出，我国“有底蕴深厚的农耕文化”。农耕文化是非遗的土壤，是非遗的传统表达，是现代化进程中人们心灵的麦田，让你成为根深叶茂大树的绿叶，而不是现代化浪潮中随波逐流的漂萍。

美丽中国从美丽乡村开始，美丽乡村从美丽非遗开始，浙江的理念和生动实践诠释了乡村振兴的文化内涵，体现了农村群众对美好生活的愿望和追求。

实施浙江省美丽非遗乡村行动，统筹美丽乡村非遗保护传承，让每一项非遗起码在一个村存活，活起来，传下去；让优秀传统文化所蕴含的核心价值得到充分彰显和弘扬。

继续大力推进美丽非遗进礼堂，美丽非遗赶大集，美丽非遗上舞台，念好“进赶上”三字经。我们应当抓纲布点，大力推进各级各类非遗传承宣传基地建设，继续推进民俗文化特色旅游村和非遗特色小镇建设。

开展农村文化创造力计划。非遗是中华民族天才的创造，是民族智慧的象征。非遗是传统文化表现形式，也是传统生产生活方式。非遗的保护传承和创新发展空间巨大，效益无限。要落实大众创业，万众创新，进一步激发人民群众蕴藏着的无限蓬勃的文化创造力，让千万人来保护传承非遗，让千万人来参与非遗的创造性转化和创新性发展，两手抓，两手硬。

乡村是一个自然地理概念，也是文化概念。它包括了自然生态，也包括文化生态；有物质文化，也有非物质文化。要注重乡村文化和自然生态的全面维护。

乡村振兴，文化引领，非遗先行。非遗不但能让人民群众在精神生活上不断有获得感、幸福感，而且非遗也是生产力，将释放出巨大的能量。

推进美丽非遗乡村行动的实施，让浙江大地星罗棋布，布局非遗火种，让全省乡村千姿百态，万紫千红。

2017年12月30日

赋予传统文化新的时代内涵

赏非遗技艺，过文化大年。春节期间，各地非遗项目纷繁登台亮相，引来人们的阵阵惊叹，而且非遗项目也纷纷走出国门发扬光大。

起航新时代，如何让包括非遗在内的优秀传统文化活起来、热起来、火起来，让传统文化走得更远？让传统文化和现代文化更好地融合，重焕光彩？

党的十九大报告指出："加强文物保护利用和文化遗产保护传承。"并强调，要"深入挖掘中华优秀传统文化蕴含的思想观念、人文精神、道德规范，结合时代要求继承创新，让中华文化展现出永久魅力和时代风采"。

讲好中国故事要从娃娃抓起。浙江省非遗文献馆启动"少年非遗说"浙江传说故事讲述大赛，以各地流传的名人故事、历史典故、民间传说等为题材，让孩子们通过讲故事这一传统的文化形式传递传统价值观，助推文化浙江建设。

非遗为新时代文艺繁荣提供了基因库、题材库、故事库，为文艺精品的蓬勃涌现提供了广阔的创作空间。

"凝心聚力、奋勇前行"，常山喝彩歌谣进农村文化礼堂宣传党的十九大精神演出，赢得在场村民阵阵欢呼喝彩。喝彩歌谣宣讲党的十九大，凝聚乡音乡情触动心灵。村民说："通过文艺演出的形式宣讲党的十九大精神，我们听得进、听得懂，非常棒！"

嘉兴非遗实验音乐剧《五色螺》首演，全方位呈现嘉兴吴风越韵的独特地域文化，展示秀美嘉兴。将非遗民间传说用音乐剧的形式搬上舞台，这是嘉兴市将本地优秀传统文化进行创造性转化的探索和实践。

龙舞闹新春，鼓舞新时代。各地新春龙腾狮跃，龙舟竞渡，张灯结彩，喜气洋洋。

余姚现代姚剧《浪漫村庄》，讲述了海归村官张子民与乡亲们共建"古村落科技养生保护区"，走上绿色、文明、富裕之路的故事。以轻松欢快的抒情喜剧手法，展现了一个新时代的浪漫村庄。

姚剧《王阳明》在京演出，反响热烈。姚剧《王阳明》通过悟理、剿匪、立功、吏治、传道等篇章，以传记体的方式，讲述了王阳明文治武功、跌宕起伏的一生，体现了阳明先生“知行合一”“致良知”“明德亲民”的思想精髓。

曲艺是“文艺轻骑兵”，相比较戏剧，曲艺花钱少，反映时代特征更快。

国家级传承人周志华一直坚持深入生活，以多年来播报新闻养成的敏锐感，捕捉当下百姓关注的时事，从鲜活的生活素材入手，进而反映社会主义核心价值观。

他创作的滑稽戏《爆炸滑稽音乐会》，在全国巡演3000多场，获中国人口文化奖。创作了滑稽戏《究竟谁是爹》《美好家园》《钱塘阿哥》《小皮匠传奇》；创作了小热昏《毛病在哪里》《婚礼变奏曲》《没有拆迁的拆迁户》；创作了莲花落《110与120》《天地良心》《现身说法》《心中的梦想》等。让曲艺在现代故事的讲述中得到传承，让曲艺在新时代里闪光。

武术作为中华民族的瑰宝，深深地影响着一代又一代的中国人。在建设健康中国的时代号角下，健身功能是武术的应有之义。真正的中国武术，外御强敌强体魄，内养生命精气神。真正的传统实战武术不具观赏性，一般只有一个回合，伸手见高低。武术作为一种中国本土的文化产物有着自身独特丰富的体系，在新的时代应该以新的面貌展现在世人面前。

近期央视科教频道推出的纪录片《手艺》第五季，讲述了一批当代承袭手艺的创新青年，他们勇于开拓创新，将经典发扬光大。纪录片在给观众带来强烈时代气息的同时，也让大家通过他们的青春和梦想看到了工艺之美与人生经历的交织，看到了传统文化的蓬勃生机，看到了“工匠精神”的沿袭。

文化部在新疆哈密设立全国首个传统工艺工作站。工作站集哈密传统刺绣非遗传承人群培养、实训、研发、成果孵化、展示、品牌导入、市场推广等多元化功能于一体。品牌公司、美术学院和地方政府签订合作协议，以“密作”为公用品牌，共同致力于传统刺绣的工艺保护传承和市场开发。

当古老的哈密维吾尔传统刺绣文化与现代时尚文化碰撞时，当淳朴的维吾尔族绣娘与时尚前沿的设计师团队邂逅时，智慧光华和艺术魅力同时迸发，哈密“密作”刺绣迎来了锦绣新天地。

文化部已建立七个传统工艺工作站，其中浙江东阳（传统民居营造技艺）

是第七个。我们需要美丽山川，也需要美丽民居。在全国新一轮城乡改造、美丽乡村建设以及浙江省委提出浙派民居概念之后，东阳工作站应该大胆设想，大有作为。

纪录片《舌尖上的中国》，以轻松快捷的叙述节奏和精巧细腻的画面，向观众尤其是海外观众，展示了中国的日常饮食流变、中国人在饮食中积累的丰富经验、千差万别的饮食习惯和独特的味觉审美，以及上升到生存智慧层面的东方生活价值观。

"乡愁"是一种无法割舍的情怀，不管是从南方到北方，从国内到海外，所谓最好吃的菜是妈妈做的菜，最好的东西是故乡的东西，最好的回忆是童年的回忆。

戊戌狗年春节，全国非遗活动的热烈热闹是空前的，各地的庙会、灯会、花会竞相绽放，争奇斗艳，很热闹。不是说晚上在家看个春晚就叫过年，真正的活动有很多。从舞龙舞狮等表演艺术，捏糖人爆米花等手工技艺，回娘家拜财神等民俗风情，到各类民间风味小吃，到处很热闹，真正的过大年！

包括春节、元宵、清明、端午、七夕、中秋、重阳等传统节庆如何适应现当代，适应新时代人民群众的精神文化需求？反映人民群众对美好生活的向往？如何找准传统文化的时代生长点，找到传统文化呈现新时代风貌的突破口？

党的十九大报告指出，要坚持为人民服务、为社会主义服务，坚持百花齐放、百家争鸣，坚持创造性转化、创新性发展，不断铸就中华文化新辉煌。

2018年2月20日

非遗与文化强国

党的十九大报告指出:“文化是一个国家、一个民族的灵魂。文化兴国运兴,文化强民族强。”并强调“要坚持中国特色社会主义文化发展道路,激发全民族文化创新创造活力,建设社会主义文化强国”。

今年春节,通过电视机这么一个窗口,我可以了解和感受全国各地的春节,感受各地非遗活动的繁荣兴盛,感受这个喜庆热烈的世界。我觉得可以用“空前”这两个字来概括我的感受。

第一个,央视等媒体对非遗的宣传是空前的。

第二个,全国各地非遗活动的热烈热闹是空前的。

第三个,国外对中国春节的反响和热烈程度是空前的。

我想,这一方面是习总书记、党中央重视传统文化传承弘扬,中共中央办公厅、国务院办公厅实施中华优秀传统文化传承发展工程这个精神的具体的体现和反映;第二方面是起航新时代,我们人民群众欢欣鼓舞的一种表达和风貌的展现;第三方面是让陈列在广阔大地上的文化遗产都活起来,留住乡愁,得到了人民群众真切的拥护和欢迎。

前些年,包括春节在内的各种传统节庆传统文化式微了,春节也就吃点饺子,大家饭店里团聚一下吃餐饭,回家看央视春晚,鞭炮也不能放了,氛围也没了,今年整个文化生态重新焕发活力,发生了正向的和巨大的变化,这是一个好趋势好现象。

春节,是中国最大的非遗,是优秀传统文化的集中表达,是中国人民精神风貌的表情,也是起航新时代的中国的驿站。

我国各民族各地的传统节庆无以计数,除春节、清明、端午、中秋四大法定传统节日之外,藏族雪顿节、新疆社火、蒙古族那达慕大会、彝族火把节、傣族泼水节、开渔节、谢洋节、开犁节、劝农节等等成千上万。

民俗是非遗的集大成。抓好各民族各地区各类民俗保护传承,对于非遗传承发展至关重要。

非遗包罗万象，譬如民间文学、传统音乐、传统舞蹈、传统戏剧、曲艺、传统武术、竞技与杂技、传统美术、传统技艺、传统中医药、民俗等等，各式各样非遗呈现出百花争艳、千姿百态、万紫千红的景象。

推进文化强国的建设，体现在非遗精品迭出，人才辈出，事业兴盛，产业兴旺，生态平衡，融入生活，满足人民群众多方面、多层次、多样性的精神文化需求，提升人民群众的获得感幸福感。

推进文化强国的建设，国家文化主管部门是龙头，做好统筹工作，做好顶层设计，通体构思，整体设计，系统思考，总体部署。省是关键，市是依托，县是重点，乡是基础，村是根本。县是宏观微观的结合点，是一个中枢，承上启下，至关重要。

推进文化强国的建设，应当在非遗保护工作中强理念，强谋划，强基础，强载体，强平台，强实践，强效益，强氛围，强科研，强制度，在这十个方面做强。

推进文化强国的建设，必须坚持以习近平中国特色社会主义思想为指导，坚持以人民为中心，坚持以开放为取向，坚持以人才为根本，坚持文化内容建设，坚持传统文化创造性转化、创造性发展。

文化是人创造的。推进文化强国的建设，关键在于增强全民族文化创造活力，有灿若群星的文化人才作代表。

人民群众是文化的创造者，也是文化成果的享受者。文化强国建设的意义所在和主要目的，是让人民享有健康丰富的精神文化生活，满足人民过上美好生活的新期待。

非遗是民族历史文化的“基因”，是一个民族本身得到传承发展的“根”。优秀传统文化“既需要薪火相传、代代守护，也需要与时俱进、推陈出新”。

民族的也是世界的。我们要打好非遗牌，展示中华文化的风采，传递“中国梦”的热度和魅力，让全世界都羡慕！

2018年2月25日

习总书记的金句在流传

媒体报道，习总书记在全国两会期间“六下团组频问计，一枝一叶总关情”。总书记在各代表团讲话中，有不少金句在流传，譬如：

3月5日，在参加内蒙古代表团审议时，习近平强调，内蒙古产业发展不能只盯着羊、煤、土、气，要大力培育新产业、新动能、新增长极。

3月7日，习近平总书记在参加广东代表团审议时强调：“共产党就是为人民谋幸福的，人民群众什么方面感觉不幸福、不快乐、不满意，我们就在哪方面下功夫，千方百计为群众排忧解难。”

习近平在参加广东代表团审议时谈到城镇化，指出：“在现代化进程中，我们要引导人们注重修养品德、保持良知、增强爱心，给所有需要帮助的人提供关爱和帮助。”

3月8日，在参加山东代表团审议时，习近平说，“功成不必在我”，既要做让老百姓看得见、摸得着、得实惠的实事，也要做为后人作铺垫、打基础、利长远的好事，既要做显功，也要做潜功，不计较个人功名，追求人民群众的好口碑、历史沉淀之后真正的评价。

习近平在参加山东代表团审议时谈及企业发展，指出：“凡是成功的企业，要攀登到事业顶峰，都要靠心无旁骛攻主业。”

习近平在参加山东代表团审议时谈教育问题，强调：“我们的学校特别是中小学校，要多讲传统文化，不能最后教出一批数典忘祖的人，这方面的教育工作要继续加强。”

3月12日，在出席十三届全国人大一次会议解放军和武警部队代表团全体会议时，习近平说：“谁是最可爱的人，不要让英雄既流血又流泪，让军人受到尊崇，这是最基本的，这个要保障。”

习总书记还指出，“红色基因就是要传承。”“我们的工作必须夯实基层。”“要多积尺寸之功。”“发展是第一要务，人才是第一资源，创新是第一动力。”“如果思维方式还停留在过去的老套路上，不仅难有出路，还会坐失良机。”

总书记的话语亲切质朴、平易近人，这些金句却又直抵人心，让人寻味、思考，让人感受到这些金句背后的温情与智慧。

习近平的“下团组”时间，是观察中国政治生活的一扇重要窗口。透过这扇窗口，可以看到夙夜在公的剪影，可以听到大国前行的脚步，可以闻见春临枝头的气息。

2018年3月12日

第二编

用好书

学是为了用
读书是为了创造

实施乡村振兴战略，非遗怎么干

浙江省乡村振兴中非遗保护现场会将在松阳县召开，我因为坐轮椅，还有睡眠需用氧气、呼吸机，不便参会和参加现场考察。但我心向往。

无论社会怎么发展，都还会有个农村。城乡二元结构不会变，也不能变。乡村，是城里人心灵诗意栖息的精神麦田，也是非遗滋养的根脉和土壤。实施乡村振兴战略，是“五位一体”总体布局在乡村领域的具体落实，也是优秀传统文化传承发展的重大机遇。作为老非遗，我也一直在思考，将心得体会，与大家分享。

经历过大喜大悲，更能认清自己，经历过大起大落，更能看清世界。经历过几番死生，老王已不是原先的老王，经历过几番死生，老王还是原先的老王，一片赤诚不变。

岭外村实在太平凡，名人故居、名胜古迹、产业业态，一样都没有。离县城又远，没有区位优势。这样的乡村在中国遍地都是，怎样实现乡村振兴，寻找“致富密码”？

为了深化美丽乡村建设中非遗保护，推进乡村振兴，实施“美丽非遗乡村行动”。要做到统筹兼顾，突出重点，有计划有步骤，有重点有序地推进。

第一招，宣传鼓动，形成共识

首先，科学思想武装头脑。认真学习习近平新时代中国特色社会主义思想，学习领会党的十九大精神以及中央有关决策部署，深入了解乡村振兴战略是啥，有哪些主要精神，有哪些目标任务。

其次，要研究文化、非遗在乡村振兴战略实施中的重要地位。十九大报告对乡村振兴战略提出了“产业兴旺、生态宜居、乡风文明、治理有效、生活富裕”的20字总要求，“五位一体”。

绿水青山就是金山银山。望得见山，看得见水，记得住乡愁。让陈列在广阔大地的遗产都活起来。像珍惜眼睛、珍惜生命那样珍惜文化遗产。文化是灵魂；文化是民族的血脉，是人民的精神家园。

还有，美丽中国从美丽乡村开始，美丽乡村从美丽非遗开始。要有美丽山川，还要有美丽民居，美丽乡愁。没有文化的小康，不是真正的小康。乡村振兴，文化引领，非遗先行。文化是意识形态，是思想观念，解放思想黄金万两，观念一变天地宽。文化引领乡村振兴，文化也是乡村振兴的最终的成果体现。就好像人类历史发展，最后沉淀下来的结晶就是文化。经济、社会、政治，最后的呈现、最高的境界是文化，是生态。

以前说不抓经济没地位，不抓文化没品位，文化仅仅是品位；现在是不抓经济没地位，不抓文化既没品位，更没地位。

再次，宣传文化在其中的重要性。中央关于乡村振兴对于文化的表达和精神，要不断鼓吹，不断宣传，反复宣传，要深入人心，要家喻户晓，要形成共识。重要的话可以说三遍，说三十遍都没问题，强调一百次都不为过。统一思想统一认识。只有思想到位，才有行动的自觉。特别要注重向“关键少数”宣传，还要向人民大众宣传。

第二招，摸清家底，盘活存量

做一件最基础的工作，摸清家底。发掘乡村文化资源，发现乡村文化之美。

每个村都做到“八个一”：一个生动、精彩、让人印象深刻的民间故事，一个可以展示乡村风采的非遗表演项目，一个传统手工技艺，一个具有特色的传统节庆，一项让人难忘的传统风味小吃，一个让人听过会有点感动或感触的历史人物，一段体现传统价值观的族规家训，一处体现乡村历史的遗址遗迹。

这八个一，是对所有村的要求，每个村都能够尽量去做的，这是一个规定动作。这八个一，就是你这个村的历史、文脉、个性、特色，是你这个村的乡愁和风情、魅力。盘活各类资源，让“乡村振兴”底气更足。

在盘清历史文化资源“家底”的基础上，找准问题，明确方向，制订规划，加强措施。整个规划，“差异化”是核心词。规划解决的是顶层设计，具体还得看落地。

第三招，一村一品，凸显优势

不能千村一面，千篇一律，要有个性，有特色，你的与众不同，就是你最大的优势，也是未来发展最大的潜能。

找到村里最大的优势，要走自己的路。我国广袤大地地理风貌千差万别，资源禀赋各有千秋，所以要实事求是，因地制宜，扬长避短，发挥优势。

非遗要重点抓一村一品，一招鲜，吃遍天。东挖挖西挖挖，挖井多处，不如精准发力，深挖一处，定有甘泉涌出。

“一村一品”这个项目怎么选，我觉得要“高大上”。第一，高呢，是能够成为更高级别项目，成为市一级，省一级，甚至国家级非遗项目。还要高点站位找优势，譬如说，各地都有剪纸，你怎么样有风格，跟人家错位竞争。举个例子，桐庐剪纸，以前什么都剪，没有风格，淹没在全国众多的剪纸群体中，后来凸显山水风光，风光剪纸成为品牌，在全国独树一帜。第二，大呢，做大。规模做大，体量做大，产值做大，影响做大。第三，上，是上档次上水平，土的也要土得有水平，要能够拉出来溜溜，可以展示的，可以上舞台的，可以上博览会的，这个上呢要有戏，有名堂，有品牌，让百姓觉得好看，或者好吃，或者好玩，有幸福感、获得感。

“一村一品”怎么选，人无我有，人有我特，人特我好，人好我转。不对，人好我也不转，我做得更好！

当然这个“一品”，可以是一个小项目做大，也可以是一个村，形成为特色村。你有条件成为历史文化名村、传统文化村落，或者民俗文化村之类的被立项更好。

第四招，保护传承，留住乡愁

一村一品，可以先参照国遗、省遗项目“八个一”保护措施，抓好保护传承。国家级、省级非物质文化遗产项目“八个一”保护措施，是指每个项目都要有“一个保护方案、一个专家指导组、一个工作班子、一个传承基地、一个展示平台、一套完备档案、一册普及读本、一项配套政策”。一项一策，分类指导，加强管理，确保保护工作落到实处。

怎样彰显一村一品，核心抓三点：

一要有个基地，留住乡愁。中国美丽乡村安吉，调动民间力量，探索出一村一馆新模式，拥有35个没有围墙的乡村非遗馆，这些非遗馆，将全县各地同一非遗种类相关的资源集聚在一个村展示，丰富内涵，放大效应。安吉县乡村非遗馆的模式，值得借鉴。

非遗传承基地，要有机构、有人、有场所、有内容、有经费，务实做实。

二要抓一支非遗传承人群体，或者非遗保护志愿者群体。要组织起来，譬如合村绣花鞋合作社、岭根草编合作社、张三寨七七会理事会。

三要有活动展示平台。庆元乡村村晚、江山村歌、泰顺百家宴、衢州柯城立春祭、开化草龙会等等，一年一度，延续传统，留住乡愁，当然也是放大效应。所谓体育靠比赛，卫生靠检查，科技靠普及，教育靠考试，文化靠活动。每个行当都有自己的路径。

第五招，融合发展，打造品牌

打造品牌，主要和产业、旅游、互联网三结合。

第一，非遗产业要做大，发展一个产业，带动一方经济，富裕一方百姓。加强非遗生产性保护，让非遗成为乡村脱贫致富奔小康、拉动内需促发展的重要途径，让非遗成为新的经济增长点。桐庐县合村大力探索绣花鞋产业发展之路，设立研发中心，建设专题非遗展馆，还在昭德水街，打造合村绣花鞋布鞋融设计、线上线下展示销售、旅游体验为一体的非遗一条街。

发展非遗产业，要注重传统文化的创造性转化。桐庐传统的稻草人守望麦田，今天转化为稻草牛以及稻草卡通人物形象，栩栩如生，稻草牛就卖出了真牛价，牛！

第二要强化特色，融入旅游。旅游是内容产业，旅游也是以“特”制胜的产业，要强化风格，把特色进一步彰显出来。越强化你的特色越有优势。

列夫·托尔斯泰曾经说过：“一切伟大的文学都可以分为两个故事；一个人

在去旅行的途中，或一个陌生人来到某个小镇。”旅游要有体验，有故事，而非遗包含了丰富的故事。中国人喜欢听故事，外国人也是。

旅游宣传，要有口号，要提炼一句让人能够迅速产生旅游动机的口号，当然这不容易。可以借势造势，譬如“四川有个九寨沟，杭州有个山沟沟”“杭州有个太子湾，桐庐有个孝子湾”。太子太多，天下大乱，孝子多，社会和谐。

第三，运用互联网宣传。金华创意举行“海外名校学子走进古村落”活动，从195个传统村落中遴选了琐园、寺平2个村，制作了宣传视频，在全球著名视频网站发布。两个小村半年前还藏在深山人未知，现在声名鹊起，最多的时候一天游客上万，真是不可思议！

运用互联网宣传，线下要有内容，网上要有窗口，掌上要有表达。

第六招，非遗铸魂，引领振兴

如果说非遗的保护传承、产业发展、旅游体验，还有线上掌上宣传，都大力助推乡村振兴，非遗还有一个重要功能，或者说最本质的特点，是为乡村振兴提供思想保证、舆论支持、精神动力、文化条件。

要念好“进赶上”三字经。

一是“美丽非遗进礼堂”，非遗基地、非遗传人、非遗演出、非遗展览、非遗展馆、经典祖训、人生礼俗、非遗信息化八进礼堂，发挥文化礼堂思想引导、道德教化、礼仪培养、文化熏陶等功能。

二是“美丽非遗赶大集”，非遗不单是在农村赶大集，还要赶城里的大集，参加各种非遗博览会、非遗节庆、非遗活动。

三是“美丽非遗上舞台”，既上乡村小舞台，也要进城上城里的大舞台，还要有志气有信心上央视舞台，上国际舞台，宣传展示乡土文化新风貌，展示新时代中国农民的新风采。

文化是灵魂，是精神家园。非遗不但是传统文化表现形式，是传统生产生活方式，它背后蕴含着民族文化的精华，蕴藏着民族的精神。民间故事、传统戏剧、民俗等等蕴含着忠孝节义礼义廉耻，是真善美，是正能量，是传统价值观，也是与今天我们所提倡的社会主义核心价值观相一致的，它是生产力，也是凝聚力创造力向心力，引领乡村振兴！

第七招，借势借力，共享共赢

好风凭借力。中央高度重视乡村振兴，中央各部委以及各地将会密集出台相应相关的政策措施，里面有真金白银，有方法论，要密切关注，要认真领悟，要积极争取，要正确运用。

乡村振兴当中的非遗保护，谁来干？县乡文化干部当仁不让！但是，一个县就这么几位非遗干部，一个乡镇就这么几个文化干事，一块铁打不了几颗钉，要靠大家。

各地大力推进乡村文化礼堂建设，配置了文化礼堂专管员。譬如温州市为农村文化礼堂配置建立了八大员，包括时政宣讲员、文体辅导员、文明督导员、科普指导员、文保管理员、法制协理员、舆情信息员、网络宣传员“八大员”队伍。目前，活跃在当地的文化礼堂“八大员”已经达2472人。八大员的职能职责都与非遗保护相关，这里我就不一一对应解释了。这支队伍，是当地非遗保护的有生力量！八仙过海，各显神通，工作一起做，成绩各自报。

乡村振兴中的非遗保护，要在地方党委、政府领导下，依靠村两委，依靠传承人，依靠“五老”，特别是要激发和动员广大青年朋友的投入和奋斗，要激发全社会动能，开放抓非遗，各路英杰为我所用，唤起农工千百万！

在乡村振兴大背景下，非遗将得到大发展，繁花似锦，花团锦簇！

非遗的传承发展，将成为撬动乡村振兴的新支点！

2018年3月22日

县域非遗保护怎么干

——以浙江省常山县为例

在我们国家的行政体系中，县域是个重点。

古时候，县令，对上是芝麻官，对下是父母官。在朝廷中，知县是七品芝麻官，但在百姓眼里，是县官大老爷、青天大老爷！因为某个地方一切的大小事务都是由他说了算。

县级政府处于承上启下的位置，县是宏观微观的结合点，是城乡接合部，它是直接管理和间接管理的接合部，至关重要。

中央的英明决策部署，顶层设计，需要各地结合实际贯彻实施。习近平指出，县委是我们党执政兴国的“一线指挥部”，县委书记就是“一线总指挥”。

县里除了外交、军队等一些关于国家安全的特殊领域之外，基本上什么都管，党政军民学，东西南北中，工农商学兵，农林牧副渔，科教文卫体，老少工青妇，老少边远贫，党纪组宣统，公检法司安，等等。

县级是一个基础的政治、经济、文化的战略单元，是党的路线、方针、政策在农村和城镇得以贯彻落实的枢纽。

县域的决策既上应中央，又直接关系民生，县域抓好了，全盘皆活。

浙江大学常山宣传文化干部培训班，邀请老王讲课，非遗保护怎么干？老王以常山为例，直接切入县域非遗保护怎么干，力求有针对性、指导性、可操作性。

讲课效果还蛮好，课堂气氛蛮活跃，笑声也不少，大家觉得实用、开窍、受启发，打开了思路。可惜当时还没有开设“非遗老王”公众号，否则粉丝大涨！

课分“八讲”，讲了两个半小时，根据录音整理成文字，蛮蛮长，“八讲”那就分成八天在“非遗老王”公众号上连载，请各位朋友分享，并指教！

好汉不提当年勇，现在周惠老师把老王曾经的这些荣誉再提起来讲，说明好汉已经过气了。浙江非遗在全国的地位很高，有我这个带头的一分子的作用，更有全省各市各县大家的齐心协力，我们全省23万普查员参与了非遗普查，之后，我们在国务院公布的国家级非遗名录中蝉联四连冠，我们在抢救、保护、传承、弘扬非遗方面有功，功归组织、功归大家。军功章上也有我们常山人的贡献，特别是今天在座的费斐、张正浩，曾经上挂省文化厅非遗处工作，付出了许多的辛劳。这两位是我的弟子，都是很善良很正直的人。我也通过他们更多地了解常山人，所以能够来和你们交流，我真的很高兴！

我想先简单地讲一下什么是非物质文化遗产。老天爷留下来的叫自然遗产，老祖宗留下来的叫文化遗产，文化遗产分为两个方面，一方面是物质文化遗产，还有一方面是非物质文化遗产。物质文化遗产，包括各类大遗址、遗迹、遗存、遗物，也包括古城、古镇、古村，还有博物馆或者民间留存的古董、古玩、古物等。其他的都是非物质文化遗产。打个比方，房子是物质遗产，造房的技术是非物质文化遗产。纸、剪纸作品，是物质的，但是剪纸的技艺是非物质的，各地的剪纸风格不一样，剪纸的技能技艺也有不一样，各地的剪纸传承人对于剪纸有共性的也有个性的追求，也不一样。酒缸、酒，是物质的，但是酿酒技术是非物质的。物质遗产是东西，非物质遗产不是东西，它靠人去传承，口传心授，口传身授，言传身教去传承，人就是传承主体。传承人去世了，这个技艺如果没有传承下去，就消失了。前些年，温家宝总理说，非物质文化遗产是民族文化的精华，民族智慧的象征，民族精神的结晶。讲得好！我是狗续貂尾，又添加了三句，非物质文化遗产也是民族历史的见证，是民族身份的标志，是民族基因的宝库。我们讲中华五千年，这些非遗，让我们成为吾国吾乡人，而不是他国他乡人；让我们成为中国人，而不是日本人、韩国人。虽然东亚人长得有点像，但是本质上不一样，两回事。非遗保护，是民族记忆的保护，是文化多样化的保护。生物有多样化，文化也有多样化。

这堂课的命题是“非遗保护与发展”，这个题目很大。我想还是把它落到一个点上，我们就以常山为例，这样更有针对性、指导性。我想从八个方面去讲。

一、高站位，找优势。跳出常山看常山，别开生面

21世纪初，2003年，习总书记时任浙江省委书记的时候，在省委全会上作出了重大战略部署，提出浙江面向未来发展，要发挥八个方面的优势、推进八个方面的举措，简称"八八战略"。"八八战略"长计划，短安排，有计划有步骤推进，一直引领着浙江干在实处，走在前列，勇立潮头！

这个思路，我们要好好研究，我们平常都说"站得高，看得远""会当凌绝顶，一览众山小""欲穷千里目，更上一层楼""六盘山上高峰，红旗漫卷西风"。只有站得高才能看得远。还有些话，"身为兵卒，胸为帅谋""位卑未敢忘忧国"，小人物不忘国家大事。用我们现在的话说，要有"看齐意识"，要经常地主动地向党中央看齐，向党的理论和路线方针政策看齐。如何高站位？我们一直讲要"围绕中心，服务大局"，我们县里的宣传文化干部，要站在县委书记、县长的角度考虑问题；同时作为国家公务员，我们甚至可以像总理一样考虑我们的国家大事。这个很重要。"八八战略"从区位、生态、经济、人文角度去考虑，其中第八条是发挥人文优势，建设科教强省，建设文化大省。

如果我们站高来看常山，会看到一个别开生面的常山。

先打开一张地图，是常山地图。在我们的眼里，山还是那个山，水还是那个水，熟悉的地方没风景，也许我们看不出常山有什么特别的地方。

再打开第二张地图，是衢州地图，我们平常司空见惯或者想当然的事情，会变得不一样了。我在百度上查到"国家东部公园"的概念解释："以整个开化和龙游作为大公园、大景区来规划和建设，把开化打造成一个全国的生态休闲、养生的地方。"这里有两个问题，一是"以整个开化和龙游作为大公园、大景区来规划和建设"，那常山在开化和龙游中间，"国家东部公园"不是天桥，不能凌空建设，怎么能够越过常山跨空建设呢？你们应该向国家有关部门申请将常山一并列入国家东部公园范畴。二是这个国家东部公园概念后的一句解释，"把开化打造成一个全国的生态休闲、养生的地方"，那龙游又到哪里去了？从衢州地图可以看出来，国家东部公园应该是衢州大部分地区共同参与

建设和分享的！大家可以百度一下“国家东部公园”，概念解释有点不可思议，匪夷所思。

我们打开第三张地图，是浙江地图，我们会发现：常山，也是钱塘江的源头！关于钱塘江源头，现在一般认为开化是钱塘江源头，那常山是不是？百度上关于“钱塘江流域”的解释：“钱塘江流域位于浙江省西部，有南、北两源。”关于“常山港”的解释：“常山港是钱塘江南源，衢江主源，为钱塘江水系最长的支流，常山港主河道长59.8公里，流域面积2287.5平方公里。”大家注意，第一，常山是钱塘江“南源”，南源也是源！第二，常山港是“钱塘江水系最长的支流”，在钱塘江中是水系“老大”。

从全省来看，开化、常山共同是钱塘江源头。你们当仁不让也要做钱塘江源头文章。

还有，开化的钱塘江，是潺潺流水，泉水叮咚；常山是“钱塘江起航的地方”“可以乘船的地方”，是“钱塘江流域最长的地方”“千里钱塘江，最美在常山”。你们要把自己最有特点的拎出来进行宣传。

还有，现在关于钱塘江，全省居然没人做文章。浙江也叫“之江”，之江就是钱塘江，钱塘江是浙江省第一大河，是浙江的母亲河。钱塘江流域，涉及省内杭州、衢州、金华、绍兴、丽水5个设区市，共20多个县（市、区）。涉及人口1600多万人。滚滚钱江潮，代表了浙江精神。但是居然没人做“钱塘江”这个大文章！常山能不能挺身而出，起个头，或者搭个桥，或者搞个节，钱塘江文化节。

然后，我们打开第四张地图，是中国地图，常山是“四省边界”，用你们自己的话，是“四省通衢，两浙首站”，两浙是浙南浙西，四省是浙江、安徽、江西、福建。理论上说，除了浙江，旁邻的安徽、江西、福建三个省的资源，还有智慧，你们都可以采用拿来主义，借力借势为我所用。

我们要“跳出常山看常山”，横看成岭侧成峰，远近高低各不同。

从全国来讲，常山相比浙江多数地方，有着独特的多边的区位优势，所谓“金角银边”，你们就是！

处于金角银边地区的人民，有个优势，就是“杂交”优势。常山人民，能够融会浙闽皖赣四省人民的个性特点，具有复合集合优势，常山人都是复合型人才！

常山，与江西接壤，常山人饮食上与江西比较相近，吃辣。不吃辣不革命，毛主席喜欢吃辣椒，喜欢吃红烧肉，特别是辣椒。他经常把吃辣椒当作阐述革命思想的道具，他说“不吃辣椒不革命”！吃辣，是井冈山精神，是革命加拼命精神！你们会不会说闽南话？（台下不少人点头表示会）会说闽南话，就有了与港澳台、东南亚直接交流的优势，有利于改革开放！常山也靠近安徽，常山的建筑风格，农家小院，靠近徽派建筑，常山人的生活也有接近安徽的一面，安逸、悠闲、和谐，所以常山要打造“国际慢城”！

特别强调一点，你们是浙江人，头脑是浙江的。浙江人的特点：聪明、能干。浙江人脑子好使，有智慧，还有实干。

常山人，有江西人的“革命精神”，有闽南人的“开放意识”，有安徽人的“宁静致远”，悠远思考，特别是有浙江人的“聪明、能干”，还有什么事情干不成？还有什么事情干不好？

常山人有“杂交优势”，浙江人中，常山人最牛！（台下掌声一片）大家想想自我感觉都变好了！

希望在30年以后，大家说：“中国的常山人，牛！”外国人说：“中国的常山人，number one。”

习总书记说，“文化自信是更基础、更广泛、更深厚的自信。”

这种自信，对提升境界、振奋精神，推动社会变革和发展，有特殊的意义。信心足了，自我感觉好了，什么活干不好？！

二、搞规划，做概念。六个浙江，都与非遗息息相关

规划很重要，不谋全局，不足以谋一域。我们都说规划引领，谋定而后动；万事预则立，不预则废。规划是个大口袋，什么都往里面装。的确，做规划的时候，你要上非遗馆，要搞非遗节非遗博览会，要建非遗特色小镇，建非遗景区，要把什么搞进去，要把工作理想设想在规划上体现出来，因为规划是纸上的，往往比较容易通过。但你如果说，文化局计划外甚至计划内要搞一个活动，要上一个项目，你想要多少钱，估计就比较难，一下子到财政、到县长那里不一定批得出来。

第二个，要把小规划写进大规划。一个部门的规划，包括我们乡镇的规

划，你要想办法进入县委、县政府的大规划，有的时候有一句话也行。我举个例子，2003年，习总书记时任浙江省委书记，当时省里建立了浙江生态省建设领导小组，省委书记是组长；下设办公室，省环保厅长兼办公室主任。省生态办来省文化厅，商量怎么样做好生态省建设文化宣传。在会上，我发言说，生态省宣传，省文化厅要做好两项工作，一个是宣传生态文化，还有一个是要保护文化生态。我说，现在这个城市化工业化现代化，对文化生态的冲击影响很大，古镇古村都要搞没了，那些草编竹编、打铁酿酒、各种戏曲曲艺，还有传统节日习俗都快没了，抢救时不我待，刻不容缓！我说，保护文化生态，也是生态浙江建设的重要内容，题中之意！我的一番发言，引起强烈共鸣。

后来，省生态办在制定《浙江生态省建设规划纲要》时，在“发展文化产业”板块，加了一句：“实施浙江省民族民间艺术保护工程，保护和挖掘历史文化遗产，整合开发文化资源……”

2003年8月，省政府印发《浙江生态省建设规划纲要》，浙江生态省建设由此拉开大幕，非物质文化遗产保护，当时叫民族民间艺术保护也正式拉开大幕。当月，省文化厅在诸暨召开全省民族民间艺术保护工程工作会议，对此项工作进行全面部署和推进。

后来，省生态办又要求对生态省规划纲要的实施具体化项目化，要对实施项目进行目标管理和考核，我们省文物局后来也把有关工作整合进来，整个文化遗产保护工作到年底考评考核的时候，被生态省领导小组评为先进。

我们浙江非遗工作做得好，关键是省委省政府高度重视。我们“十一五”“十二五”都制定了全省非遗保护发展规划，而且这两个非遗规划的主要内容，都成为省两办（省委办、省府办）印发的文化大省、文化强省建设的“子规划”。

我们要从全国、全省发展大局出发，坚持系统性思维，大格局搞好规划。

浙江省第十四次党代会，提出了“六个浙江”，富强浙江、法治浙江、文化浙江、平安浙江、美丽浙江、清廉浙江。非遗和这“六个浙江”是什么关系？

第一个是“富强浙江”。各行各业都要强，非遗也要强，要从非遗大省向非遗强省跨越。我在《浙江蓝皮书·文化卷》上，提出了“非遗强省”要实现“十个强”：强理念、强谋划、强基础、强载体、强活动、强声势、强科研、强保障、强实践、强效益。

第二个是“法治浙江”。法治浙江和我们有什么关系？法治中国，就文化来说，目前只有两个法律，一个“文物法”，一个“非遗法”，还有国家的和地方的文化法规，譬如非遗，我们浙江有《浙江省非物质文化遗产保护条例》这一地方法规。《中华人民共和国非物质文化遗产法》2011年出台的时候，我写了一篇文章《有法可依 有法必依 依法行政 依法保护》，在《中国文化报》上整版刊登。我们省里的《浙江省非物质文化遗产保护条例》，2007年出台。我们浙江很多方面都是率先的，但是我们这个条例是全国各省份中第七个出台的，但我们有后发优势，我们研究和整合了前面六个省份条例的所有刚性的硬性的有含金量的有新意的表述，最大可能彰显非遗保护地方法规的能量和力量！这个条例出台，五年时间，我省省市县三级非遗保护机构实现全覆盖，满堂红！

第三个是“文化浙江”。文化大省、文化强省，与文化浙江之间是什么关系？我认为，首先是“文化大省”，浙江是地域小省，但是文化资源大省，要促进文化大发展大繁荣。然后是“文化强省”，要在文化大省的基础上，大力推动文化强省建设。“强”体现在哪里？一是“强身健体”，文化干部要强，自身素质要强；文化设施、各种文化载体要强！二是“发愤图强”，强势推进文化建设，文化作品、产品要强，文化事业产业要强；公共文化服务能力要更强，为人民服务的意识要加强！三是“革新图强”，改革激发创新活力，激发最强动力。最后是“文化浙江”，这里的“文化”是个动词。文化大省、文化强省，可以侧重于“文”的建设；“文化浙江”更强调“化”。这是以“文化引领浙江发展”这一理念的体现，将更好发挥文化在“五位一体”中的重要和特殊的功能和作用。这是浙江文化发展方式的全面转型升级，也是新时代浙江新发展的新思路新蓝图。

第四个是“平安浙江”。平安浙江也和文化有密切关系。文化也好非遗也好，都要搞大活动，活动是文化的生命力所在。搞大活动，有句行话：是否出彩看表演，是否热闹看宣传，是否圆满看接待，是否成功看安全。除了文化活动的安全，还有各类文化、文物场所的防火防盗等等，安全是一根高压线，人民的生命财产安全高于一切！这里我特别要提醒的是，在非遗保护方面，还有一种“安全”关系到“国家文化安全”，譬如国务院文件特别指出，“大量有历史、文化价值的珍贵实物与资料遭到毁弃或流失境外”。譬如早些年，安徽宣纸制作技艺在浙江临安一个乡镇企业被泄密，被日本人把整个技艺、材料、配方、工艺流程全部摄像带走，这是改革开放初期一个重大的泄密事件！还有，一个日本老太把桐乡蓝印花布的老底子作品全部搜罗走，据说包括一件清朝的蓝印花布旗袍，“旗袍旗袍，旗人穿的袍”。国务院强调，要“从维护国家文化安全的高度”，加强文化遗产保护工作！文化安全，在“平安浙江”建设中应当有所体现，有所强调。

第五个是“美丽浙江”。党的十八大，提出了“美丽中国”这个充满诗意的愿景，全国人民都很兴奋！这个“美丽中国”有浙江的元素，有浙江的贡献。2003年，习总书记在浙江任省委书记时，在全省实施“千村示范、万村整治”工程，造就了万千美丽乡村。“美丽中国从美丽乡村开始，美丽乡村从美丽非遗开始”。在乡村自然环境得到根本改善的同时，更要注重人文环境的营造和建设。我们要有美丽山川，还要有美丽民居、美丽乡愁。非物质文化遗产，丰富多彩，形式多样，斑斓多姿，千姿百态，非遗最美丽！在浙江，“美丽非遗”精彩绽放，“美丽非遗”成为“美丽浙江”的表情，“美丽非遗”成为“美丽浙江”的重要品牌！

第六个是“清廉浙江”。在浙江大地，历史上涌现出不少清官好官。淳安县令海瑞，遂昌县令汤显祖，永嘉县令谢灵运，杭州太守苏东坡、白居易，诸葛亮，这些大家都很熟悉。还有，明嘉靖年间，浙江巡抚胡宗宪等。武将岳飞、韩世忠、戚继光、于谦，文韬武略，精忠报国。“文官不贪财、武将不怕死，不患天下不太平！”这句话是岳飞说的。

“清廉浙江”建设，就是要培育一批清正廉明、干净干事的好干部好官，在全省培育和营造一个风清气正的政治生态环境。我们要充分发掘历史资源，运用各种文艺手段包括各种非遗表现手段，反映和讴歌历史上清官好官廉洁奉公、心系百姓、刚正不阿、高风亮节、一廉如水的事迹；我们要老瓶装新酒，赋予传统文化新的时代内涵，激励、教育当代广大干部群众进一步增强崇廉尚洁意识。

事业发展规划编制工作是一项系统工程。要强化系统性思维，要跳出山区思维，要树立山顶思维，欲穷千里目，更上一层楼，六盘山上高峰，一览众山小，不断拓宽视野，要立足全局、着眼长远搞好规划。

同时，要立足常山发展实际，要充分挖掘常山丰厚的文化底蕴，立足传统文化、畲族文化、红色文化和现代文化优势，运用“大写意”规划大非遗，充分体现常山人民坚定的文化自信和恢弘的历史气派。

在制定当地非遗事业发展规划的时候，要把“概念”放进去，把“标签”贴上去，把品牌立起来。

概念很重要，概念是创造开拓事业的前提。做事情，你首先要有方向，要有目标，这是规划，然后你想干吗？你想干成什么样？这是项目！具体项目是形，概念是神，缺少概念，你就很难标识化，找不到凝聚点，虚无缥缈，记不住。譬如全省各种小吃多多，你想办个“非遗大食堂”，这是概念；你还可以更加具体明确点，你可以取名字为“浙西味道”，这就是标签，或者说商标。要想方设法创造概念，贴上标签，抢占高地，脱颖而出。

我现在回过头来发现，在我们工作中，有许多东西都可以讲“概念”，都可以贴上“标签”。譬如说“文化礼堂”，文化礼堂其实就是原来的农村文化中心，当然，新的概念更有一种凝重感，同时又有一种新时代的内涵，从“文化礼堂·精神家园”的角度，这个名词真好！现在又提出了“城市书房”，城市书房就是24小时新华书店；“乡村春晚”这个标签也很好，过年过节搞几个节目，组织新年新春联欢活动，新的概念赋予这些活动新的意象，燃起了老百姓新的热情，这个品牌很好，已在全国星火燎原！这几年，“五水共治”“三改一拆”“浙商回归”，这些都是工作部署，概括成一个概念一个品牌。

一个好的规划，应该从“大写意”到“工笔画”，规划的具体表达要概念化、标签化、品牌化，努力把我们发展的蓝图描绘得更加科学、更加美丽。

三、抓机遇，用政策。机遇之鸟在肩膀上了，不要发呆

宁波话，宁波的经济发展靠什么？改革开放初，宁波市长在北京开全国人代会的时候开了个“外向型经济发展”新闻发布会，要两个翻译，一个是宁波话翻译成普通话，一个是普通话翻译成英文。市长在那边讲，介绍宁波的发展。他说，宁波经济的发展咋地咋地，这个宁波口音让底下记者听得迷迷糊糊等到宁波话翻译成普通话后，大家才明白，市长讲的是：宁波的发展，一靠机遇，二靠政策；宁波有北仑区、北仑港、江北区、海曙区等。大家恍然大悟！

不单是宁波的发展，不单是经济的发展，经济社会所有的发展，都要靠机遇，靠政策。党的十九大和中央提出的新思想、新理念、新战略、新部署，都

是机遇，都是大机遇。我们的事业发展，面临历史性机遇，机遇之鸟在肩膀上了，要抓住，不要发呆！

首先一个，我认为要争取成为“试点”。中央和省里开始一项新的工作部署，往往要试点先行，试点就是机会，要赶紧争取把这个试点抢过来，先行先试，先行一步。浙江被文化部列为全国非遗保护综合试点省，浙江的非遗工作就要大胆开拓，出成绩出经验！省委省政府也会对你更加重视和支持！2005年浙江省政府在全国率先公布省级非遗名录，2006年浙江省委办省府办在全国率先印发“十一五”省级非遗保护发展规划，2007年浙江省财政在全国最早对省级传承人颁发政府津贴，这样的率先，在浙江非遗保护历程中比比皆是。浙江干什么工作都是比别人早了一步，这就是习总书记要求的“走在前列”！

做试点，不但“春江水暖鸭先知”，而且有“实惠”。刚才讲到中央提出的一些新概念，要积极响应和落地实施，要把概念变成生动的实践！松阳被定为全国“拯救老屋行动”试点县，中国文物保护基金会资助了4000万元实施拯救行动，2017年2000万元，2018年2000万元，我想中央其他相关部门也会予以支持！所以，机会很多，中央要实施的优秀传统文化传承发展工程，有许多项目，也会有许多试点，这是事业发展和地方发展的可贵的难得的机遇，而且总会有经费跟进和支持，多少总有一点。

再一个就是中央一些政策要充分运用，也要创造性运用。规定动作做好，自选动作创新。譬如《浙江省非物质文化遗产保护条例》这个地方法规里有一句话：“县级以上人民政府应当根据需要建立非物质文化遗产保护机构”，这句话有“刚性”，但是也可以有多种理解。我们就拿这句话做文章，就拿是否“需要”这两个字做文章。中央和省委、省政府对非遗保护这么重视，老百姓这么拥护和支持，你说非遗保护“需要”吗？当然需要！后来在五年的时间里，2007年到2012年，党的十八大召开之前，省市县三级都建立了非遗保护中心，全覆盖，满堂红！五年时间，我们全省非遗保护有了一个体制性保障。

我们全省有56个传统戏剧项目，我们制作了一幅“56个传统戏剧分布有声地图”，里边没有常山，常山连婺剧保护地都不是。常山没有传统戏剧吗？这次给你们讲课备课，我在网上发现，常山有一个“乔装戏”，但没有具体介绍，你们也没有报上来。看到这个项目，我很兴奋，因为在全省56个戏剧项目里边没有乔装戏，这个名称有独特性。我不知道这个项目怎么样，但是就这名称来看，乔装打扮，粉墨登场，有点意思。这几年，国家和省里对传统戏剧项目重点补助，省里每个项目每年补助20万元，先定三年；国家级项目，一次补助五六十万元。传统戏剧很重要，曲艺也很重要。

曲艺，常山有个“道情”。道情是个很普遍的曲艺项目，以前多数是盲人、要饭的唱道情。你说这些盲人唱什么，帝王将相，才子佳人，爱恨情仇，但这里边肯定都有体现忠孝节义、家国情怀、精忠报国的东西。唱道情，有唱老底子传下来长篇的唱词，也有艺人即兴唱，唱到你家门口，比如你这人对他们好点，他就唱你好，把你祖上的功德都唱出来；你要是抠门，给他白眼，赶他走，他就可能唱你不好，骂你为富不仁，没有一点慈善的心肠。艺人唱道情，走街串巷，也会坐在街口、村头唱新闻，把所见所闻用道情娓娓道来，告诉大家，广而告之。

所以我们说，道情也可以唱我们今天的时代，歌唱新时代。曲艺艺术，是说唱艺术，譬如温州鼓词、象山唱新闻、杭州小热昏、绍兴莲花落等等，这些东西都是用方言唱的，用方言传承下来的，都很珍贵。常山道情，你们要保护好、传承好、发展好！在传统戏剧、濒危剧种抢救保护取得阶段性成效之后，省里下一步将重点抓一下曲艺，要抓住机遇，运用好政策，乘势而上、迎难而上、大干快上！

我觉得要提醒大家，就是领导来考察，这是个宝贵的机会，是个重要的机遇。经常会有底下的文化局长告诉我，什么时候有哪位大领导来视察考察或者调研，领导说了什么什么，给他们的工作高度评价、充分肯定。我也很高兴，百度上查一下，有报道，但讲的都是经济，没你什么事！再问他们有没有工作简报报道过，也没有。

上级领导来调研来考察，肯定会随机交流、即兴讲话，在边上的人记录下来很重要，即使不能在身边，事后了解和补记个大致内容也好。有许多“指示”没记下来，没报道，也就随风飘逝了。领导的讲话和要求，有时或者说许多时候，对推动我们的工作很重要！

举个例子，有一年我们浙江承办第七届中国艺术节，其中搞了一台晚会《风从东海来》，是浙江的非遗，当时叫民族民间艺术精品大展示。看的领导很多，看了这台晚会，都很兴奋，赞不绝口！晚会散场后，我们马上向陪同省部领导的厅里领导，了解各位领导都说了啥，然后我们回到办公室，马上整理，连夜整理，当时“七艺节”宣传组24小时昼夜有人值班，我们要连夜出简报，传达指示不过夜。

吕祖善省长说，看了晚会，发现我们省里非遗资源很丰富，抢救保护工作很有成效，每年财政投入500万元花得值得，要继续加大对非遗的投入力度。有吕省长这句话，有简报作为凭证，我们向省财政争取“十一五”省级非遗专项资金额度的时候，就有了底气，就有了依据，也得到了省财政的大力支持。领导的批示，领导考察的时候说的话，把它记录下来，简报发掉，留给历史，也为推进非遗事业呐喊助威，锦上添花，或者雪中送炭。

浙江非遗很出彩，在国务院公布的国家级非遗名录中蝉联四连冠，在世界级非遗项目中也是名列全国各省份榜首，为此，省政府给予大规模记功表彰，给予嘉奖，记一等功10个，二等功26个，专家特别贡献奖10个；省委省政府隆重召开表彰大会，葛慧君部长讲话，郑继伟副省长主持。

为什么我们记功这么多？工作出成绩，工作业绩很突出，走在全国前列！非遗普查浙江模式，非遗名录浙江现象，非遗保护浙江经验，确立了浙江非遗工作在全国红旗、标兵、领头羊的地位。还有，省委书记批示很多，表扬很多。省委赵洪祝书记批示：“首先应当感谢文化系统的同志们围绕非遗保护做了大量卓有成效的工作。它不但是全省全国的工作，而且是世界人类文明的传承工作，意义重大。要继续深入抓好。”做了“大量”又“卓有成效”的工作，所以受表彰。省领导的重要批示，这些就是机遇，要运用好做文章。

现在最大的机遇到了，党的十九大10月18日召开，离现在还有一个多月，宣传部门都很关注，全国全世界都很关注，将影响和决定中国的未来，将为中国的未来发展指明方向！大政方针，与各行各业、每个人都密切相关，切身相关！机遇之鸟在你的肩膀上，不要发呆！

四、靓项目，打品牌。让文化成为城市“主打品牌”

靓项目，首先要有项目。常山有哪些项目，可以做成项目，可以打品牌？这个题目本来应该作为讲课作业，出给你们做，但是想想老王既然来讲课，总要为你们出出点子、出出主意，所以，我就自己出题目，自己做！

一是要发挥常山的人文优势，做足“千载古县”的文章

“千载古县”这个词，百度上关于“常山”的简介上就有，但是具体的介绍，只有一句话“境内古道古渡、古街古村不胜枚举”。不胜枚举是多少？这种表达太含糊了，到底有多少？

这个概念可以做得很大，国家关于古村牌子很多，有中国传统村落，还有国家级历史文化名镇、名村，历史文化街区，还有中国民间艺术之乡，中国最美小镇等表述和牌子！省级的牌子就更多了，叫法都不一样。这些金字招牌，很有含金量，大家都在争，你们有哪些古街古村都说不清楚，太可惜了！

二是要做非遗项目的文章

刚才讲了，国务院公布了四批国家级非遗项目，我们浙江蝉联四连冠，每一批都是第一，都是遥遥领先。浙江有国遗项目217个，我们常山只有一个“喝彩歌谣”上榜，到底是老祖宗没给我们留多少东西，还是我们都干吗去了？这个大家要反思，要重视。

金华市人大常委会主任阎寿根阎主任，现在他已经退了。他对非遗保护很重视，很有情怀。前几年，他拍了许多乡土文化的照片，拍了许多传承人照片、婺剧照片，出版了乡土建筑摄影集、民间艺术摄影集、婺剧摄影集，记录和保存了大量珍贵的历史文化影像资料和信息。作为市主要领导，对乡土文化这么重视，带头示范效应很大。

婺剧摄影集出版的时候搞了个首发式，点名一定要我参加。我赶到金华，当时在台上说，阎主任，一个人当上一个正厅级领导不简单，成为一个摄影家不容易，成为一个精神家园的守护者不寻常，一个人能够将这三方面集于一身，那是了不起！我又说，第二批“国遗项目”公布，金华市有22个上榜，文化局长说，这跟市人大阎寿根主任等领导高度重视分不开！我说，金衢金衢金华衢州是一家，金华成绩很突出，但是你们隔壁的衢州，第二批国遗项目公示了，是个0，是个圈，是个鸡蛋，是个烧饼！我当时一时兴奋，口无遮拦，得罪了衢州人民！首发式结束，下面是婺剧演出。我下来以后，有领导说，王处长，我是衢州市人大副主任，分管文教卫，衢州的非遗工作没做好，我回去以后督促文化局好好抓一抓！这位衢州的人大常委会主任工作很实，回去以后，就跟文化局研究，文化局新局长上任，这位局长也是做事的人，后来衢州的非遗工作大有起色，也蓬勃开展。所以，干事靠人。常山的非遗工作也水涨船高，浪花朵朵。

我查了一下省市两级非遗名录，就从民俗项目讲，常山只有两个项目，常山球川庙会、常山传统婚俗。我问一下大家，开化有多少个民俗项目？你们当然不知道，可能也想不到，省市两级非遗中，开化有10个民俗项目！常山和开化怎么项目数量相差这么多？常山的非遗项目都到哪里去了？

开化民俗项目有两类，一类是祭祀，有伐木祭山神、拜谷神、拜村神、夏原吉祭祖（主要成就是治河）、灶君、做四福；另一类是民俗节庆，有开秧节、苏庄平坑保苗节、三月三庙会、七月十八丰收节（待客节，白吃白喝还白送）、大溪边祈水节、唐头古佛节。开化有10多个民俗项目，每一个项目都很好，我觉得每一个项目都可以申报国遗，如果有人去弄。

我们常山文化部门的同事都干吗去了？是没有资源，还是工作不到位？我们常山就被动了，我们在座的同志们，什么是非遗，非遗有哪些门类，再去村里面找找看。有好项目没把它发掘出来，把它淹没了，从历史上消失了，对不起列祖列宗！

三是要做好常山历史名人的文章

“常山发布”介绍，常山有不少名人。“常山发布”介绍了7个历史人物：“尚书汪韶、贤相赵鼎施政有方、贤良王氏、清简樊莹名垂青史、铁面御史赵抃留迹赵公岩、理学大师朱熹赐名古镇球川、南宋诗人曾几《三衢道中》脍炙人口。”有些是常山人，有些在常山干过，有些是走过路过，反正走过路过不放过。这位南宋诗人曾几，曾经担任浙西提刑等职务，大概为正四品官，他的学生陆游全国人民都知道，陆游为老师曾几作《墓志铭》。

有人说，一个民族一个地方没有名人，是悲哀的。有历史名人，有仁人志士、英雄豪杰，后人不去纪念他、表彰他，更是悲哀的！我们的后人后辈，去纪念他缅怀他，这个活动就是祭祀。三门有个项目叫“三门祭冬”，开始叫杨家祭冬，杨氏子孙把冬至祭祖作为尊祖敬宗的头等大事，逐渐形成一套隆重的仪式。“三门祭冬”，三年时间从省遗到国遗，再到入选世界级非遗项目。中国申报的“二十四节气——中国人通过观察太阳周年运动而形成的时间知识体系及其实践”，2016年11月通过联合国教科文组织评审，列入“人类非物质文化遗产代表作”。杨家祭冬作为冬至典型表现形式，跟“二十四节气”搭牢，成为“二十四节气”九个半项目之一。这个项目三年时间三级跳，成为世界级非遗。你们能不能从“三门祭冬”受到一点启发，发掘优势，从名人文化和民间习俗中整出一个世界级非遗？

四是项目有了，怎么把它做大做靓

首先是保护好，“八个一”保护。省文化厅在全省国遗省遗项目中实施“八个一”保护措施。每一个国遗、省遗项目，都要有“一个保护方案、一个专家指导组、一个工作班子、一个传承基地、一个展示平台、一套完备档案、一册普及读本、一项配套政策”。譬如说一本普及读本，我们国家级项目有217个，每个项目一本书，全部正式出版。保护好是非遗的基础工作，是根本，是前提。

然后是做大。这里举一下常山地方特产，包括特色小吃。百度百科“常山”词条介绍，常山特产有：常山胡柚，常山猴头菇，常山山茶油，常山麦香饼，常山贡面，球川豆腐，球川雪片糕，常山“扁食”。这里罗列了八种，当然相信肯定还有许多。这些特产、小吃，都是非遗。

每一个项目都可以做大，譬如常山猴头菇。常山猴头菇我不了解，先说说庆元香菇。一个小小香菇，却是大有文章可做。庆元“香菇砍花法栽培技艺”，成为非遗；“香菇功夫”也成为省级非遗，香菇功夫包括扁担功、板凳功、斧头花、香菇拳，还有五花八门刀等等，菇民随身带、身边有的东西都可以成为护身武器，或者打击敌人，而且每一种功夫都很有套路，什么“老鹞翻身”“双龙出洞”“山羊翘角”“水牛跑角”……当地菇民还创造了“菇民戏”“菇民山歌”“山寮白话”等非遗，“白话”就是“黑话”，只有菇民之间才听得懂的语言，防止泄密，行业护照！当地还有“朝圣香菇始祖吴三公”等习俗，这些都成为传播和继承香菇文明的珍贵遗产。

庆元香菇文化系统，成功申报为中国重要农业文化遗产；庆元已经连续举办了九届中国香菇文化节。“常山猴头菇”怎么做大，怎么做靓，有没有启发？

常山特色小吃木佬佬，怎么做大？常山麦香饼、贡面、球川豆腐、球川雪片糕、扁食，能够做多大？贡面产量能不能上千斤上万斤？上千斤应该没问题！

大家知道，金华有酥饼，你们衢州有邵永丰麻饼，丽水有缙云烧饼，还有嘉兴五芳斋粽子，湖州周生记馄饨，名气都很大。湖州周生记馄饨店一天卖的鸡爪，你知道卖多少？听说，一天2吨，你信吗？世界杯的时候，更不得了！

那天去金华调研，又去缙云，观看缙云婺剧《轩辕飞天》，吃饭的时候，我和县委书记说，缙云烧饼这么好吃，为什么不做品牌？金华酥饼五六千人在做，就两个传承人，一个国家级、一个省级传承人，然后弄培训班，三五天一批，不像木匠出师要三年，滚雪球，现在全国各地包括高速公路上到处都有金华酥饼，一年产值将近3.5个亿。书记一听，说这个建议好，要建立一个缙云烧饼领导小组，打造缙云烧饼品牌，推销缙云烧饼！后来，果然缙云成立了烧饼领导小组，成立了烧饼办，烧饼办和文化局专门来找我，听取意见，商讨怎么把它做大做透。

一两年时间，缙云烧饼店大发展，在杭州遍布城市角角落落。百度一下，2015年，缙云累计培训烧饼师傅6000人，从业一万人，营业收入7个亿。大有赶超甚至超过金华酥饼的景象。

“常山麦香饼”有没有赶超金华酥饼、缙云烧饼的魄力和志气？走着瞧！

五、搭平台，创载体。最能代表常山的声音，要打响，要唱响

平台和载体，有共同点，也有区别。平台，是展示平台，是活动平台，譬如跳水运动员站在平台上起跳，演员在舞台上表演，精彩亮相、闪亮登场。载体，是个物质依托，譬如非遗馆建设，非物质文化也要物质支撑！还有，载体是事物发展的依靠依托，譬如各种非遗基地，是要落地生根、开花结果的。

这里，“平台”是讲“活动平台”，“载体”是讲“各种基地”。

活动，对文化很重要，活动是文化的生命力所在。科教文卫体，教育靠考试，卫生靠检查，体育靠比赛，文化靠活动，科技靠咨询。搞文化，我们要把领导搞乐，把群众搞笑（笑呵呵的，开心），把钱搞光（资金使用率达100%，资金使用绩效高），把自己搞累，把事业搞红火！

“载体”，浙江有“八大基地”。我们以前讲抓“四个基”：国家有“四项基本原则”，指坚持社会主义道路，坚持人民民主专政，坚持中国共产党领导，坚持马克思列宁主义、毛泽东思想。四项基本原则是我们的立国、治国之本。公共文化领域也有“四个基”，基本设施、基本队伍、基本活动内容、基本活动方式；非遗也是“四个基”，要“抓基层，打基础，建基地，练基本功”。

浙江非遗有八大基地：非遗研究基地，非遗传承基地，非遗传承教学基地，非遗生产性保护基地，传统节日保护基地，非遗宣传展示基地，非遗旅游景区，非遗保护生态区。这八大基地，早在2006年省委办、省府办“两办”

印发的《浙江省文化保护工程实施方案》中就作为重点项目做了明确，作为“十一五”浙江非遗保护发展的着力点和落脚点，这是“非遗+”在浙江的创造和生动实践。今天，这八大基地依然是浙江非遗保护发展的基点和亮点。

这里我们以“常山喝彩歌谣”为例，就打造活动展示平台，夯实传承发展载体，一起交流探讨。“喝彩歌谣”是常山唯一的国遗项目，这个项目很有色彩，有特色，有名堂！

一是要注重系统保护，落实“三个八”措施

开展非遗工作要有系统保护意识，我们实施浙江非遗保护“三个八”行动，包括：国遗省遗项目“八个一”保护措施，每年的服务传承人月“八个一”服务措施，还有浙江非遗“八大类”基地。国务院先后公布了四批国家级非遗项目，我省共有217个国遗项目，“喝彩歌谣”是其中之一；省政府公布了五批省级非遗项目，常山有9个项目入选。这些国遗省遗项目都要按照省里“三个八”行动要求，落实措施，把实事办好，把好事办实！

二是要踊跃参加国家的省里的上级的活动平台，展演展示。

2017年，是首个“文化与自然遗产日”，有第十二届浙江省非物质文化遗产节，第九届中国·浙江非物质文化遗产博览会，第四届中国非遗保护德清论坛，还有浙江好腔调等许多活动。省里的基地也好，活动也好，要争取榜上有名，精彩亮相，闪亮登场。省里各种活动的开幕式，你们去争取去申请吼几声！

“江山村歌”唱进了人民大会堂，常山的“喝彩歌谣”什么时候也能唱进北京？！并且希望“喝彩歌谣”能唱进维也纳金色大厅。

我觉得“喝彩歌谣”特别适合“快闪”活动，快闪走进机场、走进商场、走上广场，还有走进大学校园。进中小学扰乱秩序不好，要批准过。

三是要搭建响亮的活动平台，你搭台，让人家来唱戏，来共同唱戏

常山、江山，还有江西的玉山，有个三山艺术节。我第一次到常山参加三山艺术节，到现在快30年了。那一次是坐火车去，坐错站了，半夜里稀里糊涂在金华下了，常山王局长在衢州火车站接我。我们错位了，那时候也没手机，无法联系，结果我到了常山，局长还在衢州。三山艺术节今年第32届，坚持做下来，很不容易！要总结一下，这是人民群众在精神生活上的获得感、幸福感，这三地人民的友谊像山一样牢固！

“喝彩歌谣”，要当作平台做，当作品牌做。前面讲到可以举办“常山·浙江喝彩文化节”，以后搞“中国喝彩文化节”。常山喝彩不单要喝彩常山，还要“喝彩中国”！

“常山·浙江喝彩文化节”，可以跟浙江音乐学院、浙江之声合作。跟音乐学院合作，是高层次的普及推广；跟浙江之声合作，是高频率的宣传传播。以后搞“中国喝彩文化节”，让全省全国都来喝彩，为常山喝彩，为中国喝彩！

还可以考虑举办“浙江钱塘江文化节”，钱塘江是浙江的母亲河，钱塘江以及钱塘江流域沿岸的文化艺术、风土人情、自然景观等等，都可以做文章，做大文章，大做文章！

不管是传统活动平台还是新型活动平台，要想脱颖而出，先得造出声势，提升影响力。要加强全过程、全方位的宣传和引导，注重体验性和参与感，吸引更多人尤其是年轻人的关注。

四是要选出歌谣代表作

每个表演艺术项目都应当有代表作，譬如越剧梁祝《十八相送》、红楼梦《天下掉下个林妹妹》，黄梅戏《夫妻双双把家还》，人人会唱，人人会哼上几口，这些经典唱段一响起，大家就知道唱的是什么。常山喝彩歌谣，要在收集整理传统歌谣的基础上，提炼出代表喝彩歌谣的经典唱段，在常山要人人会唱，大力推广。可以与浙江音乐学院合作。不出代表作，没有精品，就上不了“大堂”，推广不了。只有把歌谣片段、经典唱段唱响了，唱红了，喝彩歌谣才能红！

要鼓励新创作。“喝彩”这个词好彩头，建议组织力量创作一首“喝彩中国”！这首歌，要唱出新时代新景象，唱出新风尚新面貌，要像唱“华阴老腔”一样，粗犷一些，野性一点，把“喝彩歌谣”的草根味道、传统韵味唱出来，把喝彩的喜庆场景和热烈气氛唱出来！上梁的时候，结婚的时候，过年的时候，开工竣工的时候，开张开业的时候，在各种背景中来喝彩中国；不同职业，各种人群，老师唱，学生唱，工人兄弟来唱，老农民戴着斗笠穿着蓑衣唱，各种场景，拍成MV。常山县委宣传部费斐、张正浩同志，你们两位会作词会作曲会演唱，在舞台上“光芒四射”，这个时候不挺身而出，还在等什么？要责无旁贷，在所不辞，要不负时代，不负这历史性机遇！

五是要培养喝彩大师

所谓“喝彩大师”，要善于即兴创作，即兴发挥，现场发挥，临场发挥。譬如要因人而异，此婚礼非彼婚礼，要对新郎新娘的情况和背景了解清楚，能够即兴编排、即兴调侃、即兴创作、即兴演唱。要善于临场发挥，发挥得好，你把人家比下去了，你就是大师。

你们有没有会唱“喝彩歌谣”的？（喝彩歌谣代表性传承人喜爷曾祥泰站起来演唱，全班学员齐声喝彩响应，一唱一和，一唱三叹，喝彩阵阵，场面热烈！）

没想到传承人喜爷也在，大驾光临！没想到常山的宣传文化干部人人会喝彩，人人都是传承人！喜爷一开口，把我震住了；全场一开口，真让我蒙住了。全体都这么兴奋、这么亢奋，常山人民多壮志，牛！

我在网上看到，今年4月，你们县委宣传部等单位举办了“常山喝彩歌谣”传承人喝彩技艺海选活动，有130多位“喝彩歌谣”传承人参加海选，海选优胜者将参加全县“喝彩大会”，并评出“十大民间彩师”。搞得好！

想唱就唱，要唱就唱得响亮！

六是让歌谣扎根民间，让歌谣成为生活方式

这有两个方面，一方面，是各行各业都要尽可能把“喝彩歌谣”融合进去，譬如常山有个里东坑修路节，开工竣工是不是要喝彩？修路过程中是不是要喝彩？就好像四川嘉陵江上的纤夫要喊号子，舟山渔民拉网要喊号子。

另一方面，喝彩歌谣也要“村村通”，也要“满山唱”，最好常山每个乡村、漫山遍野都有人唱歌谣，不吼上几声不过瘾，每天吼上几声，增加肺活量。我们浙江“美丽非遗”如火如荼，其中，美丽非遗“进礼堂”，美丽非遗“赶大集”，美丽非遗“上舞台”，“进赶上”，浙江美丽非遗乡村行动，常山喝彩歌谣应当先声夺人，成为表率。

喝彩歌谣要“大家唱”，要注重代表性传承人培养，也要注重喝彩人群培养，你们建立了喝彩艺术团、喝彩协会，很好，很重要。好歌手在民间！高手在民间！

打造有影响力的优势载体，要以“特色”为抓手，这是根本！同时要注重落地生根，建立各种非遗基地、非遗作坊、非遗传习所、非遗学校、非遗景区、非遗小镇、非遗乡村、非遗协会，要重视全周期跟踪和对接，拉长产业链和价值链，把潜在的活动影响力转化为实际的项目和落地的成果。

在这个过程中，文化主管部门和非遗工作部门要增强服务意识，做好保障工作，既不能“大包大揽”，也不能做“甩手掌柜”，形成政府引导、社会主体、多方协作、基地支撑、多元化运作的常态长效机制。

七是信息化保存和传播

信息化时代就是信息产生价值的时代，在这个信息化时代，不重视信息化，你就不可能做大做强，不抓信息化建设，你将死路一条，你就自娱自乐吧！不抓信息化建设，你就流于一般，没有影响力。抓住信息化发展，不能有任何迟疑和懈怠！具体你们去研究，要重视多媒体宣传，重视新媒体宣传。

做品牌，要通体构思，整体设计，系统思考，不能零打碎敲、鸡零狗碎。

要注意，品牌的打造，要系列化、组合化、模块化。

六、善转化，促效益。把非遗资源优势转化为发展优势

中央提出“传承发展中华优秀传统文化，要坚持创造性转化和创新性发展”。这个概念意味深长，2014年9月，习总书记出席孔子诞辰纪念大会，指出“优秀传统文化是一个国家、一个民族传承和发展的根本，如果丢掉了，就割断了精神命脉”。我们要善于把弘扬优秀传统文化和发展现实文化有机统一起来，紧密结合起来，在继承中发展，在发展中继承。努力实现传统文化的创造性转化、创新性发展，使之与现实文化相融相通，共同服务于文化人的时代任务。

人的认识是有缺陷的，你今天觉得好的，也许是糟粕，你今天觉得糟粕的，也许它是好的，所以对非遗保护，我们先要积极地保存下来。

中华上下五千年，包括非遗等各种传统文化，一代一代传到今天，经过了多少艰难沧桑，不容易，说明它禁得起历史的考验，你说它是精华还是糟粕？我们不能轻易轻率下结论说它是糟粕，我们没有这个权力和资格抛弃它、删除它和轻易改造它！

非遗的资源很多，这些资源也许保护传承得很好，也有些传承不下去，怎么办？能不能转化一下思路，转化工作方法，让它在新的时代存活？活起来传下去？这就需要进行传统文化的创造性转化。

文化部有个概念，建立“传统工艺工作站”。譬如说“贵州刺绣”，这个刺绣比较土，不大有人买，现在高校美术学院来帮它重新设计，再请品牌服装公司来帮助创新设计，请非遗的专家来把握尺度把握分寸，让一些时尚的东西加上传统的元素，或者传统的东西怎么样和时尚结合，旧貌换新颜。文化部提出改善材料、改进设计、改良制作、提高品质、拓展市场、扩大就业，帮助当地培育品牌，建立非遗的展示展销基地。

现在全国已经有六个国家级传统工艺工作站，浙江还没有，文化部希望浙江有大动作，计划把东阳的传统民居营造技艺搞成工作站，这个和其他项目完全是两回事，是大手笔、大写意。东阳是建筑之乡，名气很大；是传统工艺之乡，有东阳木雕、竹编，名气也很大。传统村落传统民居营造法式的推广，在我们国家新农村建设中能够发挥作用，这个题目就很大了。

文化部强调，工作站开展工作要尊重当地文化，尊重民族传统，尊重手工艺人，尊重和保护当地手工艺人的知识产权。

我们一些非遗项目，能不能主动提出希望文化厅能够牵线搭桥，帮忙对接高校、企业和专家，对项目进行分析研究，帮助拉郎配、找亲家，南水北调，山海协作，优势互补，皆大欢喜。

原先我们想弄一个非遗图书馆，拱墅区图书馆搬新馆，老馆腾空后空置房干什么？我听说后提出来，省区合作，省文化厅和拱墅区合作，将拱墅区图书馆老馆搞成浙江省非遗图书馆，这样我们全省海量的非遗文献资料和出版物就有了出路，有了集中宣传展示的地方；拱墅区有了一个省级特色图书馆。后来，陈瑶厅长说改为非遗文献馆，这主意好，高明！这样，我们就有了浙江省乃至全国的首个非遗文献馆。这个馆在2017年的“文化和自然遗产日”已经开馆。拱墅区图书馆变身为省非遗图书馆，省非遗图书馆转身为非遗文献馆，这都是“创造性转化”。

中央今年关于传统文化、关于非遗保护，连续下达了数个文件：一是中共中央办公厅、国务院办公厅发布《关于实施中华优秀传统文化传承发展工程的意见》；二是国务院办公厅转发文化部等部门实施“中国传统工艺振兴计划”的通知；三是文化部印发“中国非遗传承人群研修研习计划”；四是中宣部等四部门出台关于“戏曲进校园”的实施意见。实际上，后三个文件都是落实第一个文件精神的具体化项目化。

跟以前相比，以往中央的文件相对比较宏观，而2017年中办国办实施“中华优秀传统文化传承发展工程”的意见，本身就是“工程”，在这个大工程之中，我在文件中搜罗罗列了一下，有21个子工程，包括实施“中国传统工艺振兴计划”、实施“戏曲振兴工程”、实施“中国传统节日振兴工程”等等；建设中国“历史文化名城名镇名村”“建设一批国家文化公园”等等，文件中没有直接用工程、计划表达的还有许多，都不算其内。这些与工程相关的内容要一个个去研究，去实施落实，事情木佬佬。

中央以及中央部门文件工程化、项目化、具体化，表面上看，这是表达内容和表达方式上的变化，实际上，这是一种政治话语体系的转换，是新时代求真务实执政理念的体现和反映。从中透露出的新气象，成为当下中国政界的一个大“亮点”。

这些密集下发的文件，都特别强调“传统文化的创造性转化和创新性发展”，这是理念和思路，也是做法和途径。

桐庐县非遗保护传承，是我省县域传统文化创造性转化和创新性发展的范本。桐庐合村的绣花鞋，名气很大，之前也就几个老太大妈在做布鞋，后来省非遗办挂名会同搞了一个全省绣花鞋文化创意设计大赛，美院师生、文化设计公司、文化馆站美术干部等参加，绣花鞋花式品种五花八门，大开眼界。虎头鞋、婚礼鞋等等，打开了市场销路，在上海世博会上成为抢手货，虎头鞋很中国化，2010年刚好是虎年。

桐庐剪纸，通过数年的“桐庐·中国剪纸大赛”和“十大神剪评选活动”，崭露头角，脱颖而出，桐庐风光剪纸，异军突起，成为剪纸重要品牌，与乐清细纹刻纸一样成为剪纸重要品类。桐庐举办全国剪纸创意大赛，参赛作品题材新颖，剪纸形式打破传统风格，把剪纸元素运用到服装、印刷、工艺品、装饰品、箱包、日用品等方面，在剪纸的应用性和实用性上做尝试，让大家耳目一新，大开眼界。

2012年11月，党的十八大闭幕不到半个月，省文化厅就在桐庐召开了浙江省美丽乡村建设中非遗保护现场会。金兴盛厅长提出了“美丽中国要从美丽乡村开始，美丽乡村要从美丽非遗开始”的重要理念，乡村最美丽的肯定是非遗，当时请了20个村书记和村主任参加，这20位村干部向全省农民兄弟发出要“像呵护土地那样呵护我们的文化遗产”，然后大家一个个自报家门，一个个签字。当时来了很多媒体。

这次现场会，有两个参观点，一个是荻浦，一个是深奥，两个村。我们去荻浦村打前站，调查摸底的时候，这个村冷冷清清，街上没几个人，我们向非遗中心主任徐小龙"龙哥"提出建议，把这个村老底子做冻米糖的、打麻糍的、酿酒的、竹编艺人等都召集起来，把老底子的手艺都恢复起来，把整个村都布点起来。没想到开现场会的时候荻浦村已然红红火火，热气腾腾。

现在，这个村有20多家饭店，以前一家都没有；做冻米糖的师傅据说一年收入有30多万元，现在这个村做冻米糖的有十多个铺子。

荻浦村举办了一次稻草人编织技艺大赛，把获奖作品放在"荻浦花海"中展出，姹紫嫣红的鲜花，与各种惟妙惟肖的稻草卡通形象组合，相映成趣、相得益彰，每天赶来游玩体验和拍照合影的人络绎不绝。

桐庐一头"稻草牛"卖出了7000元的高价，稻草牛卖出了真牛价，稻草变成了金条！"让非遗传承人，成为美丽乡村致富领头人。"一项项非遗保护传承、文化创意活动，改变了一批非遗传人民间艺人的事业轨迹，一个独特的市场，焕发出了蓬勃的生机和活力！

这就是传统文化创造性转化的效果和魅力！我们要认真贯彻落实中央关于传承发展中华优秀传统文化的决策部署，立足自身禀赋和发展基础，深入挖掘自身特有的优秀传统文化资源，大力实施中华优秀传统文化传承发展工程，坚持以社会主义核心价值观为引领，坚持创造性转化、创新性发展，不断赋予传统文化新的时代内涵，传统文化的现代表达，不断增强优秀传统文化的生命力和影响力，努力把优秀传统文化发扬光大。

我们要不断研究和打造弘扬优秀传统文化的新平台，不仅要优化平台形态，更要创新业态和生态，推动文化资源优势向发展优势、竞争优势的转化，推动和带动经济社会转型升级和城乡转型发展。

七、强理念，快行动。2020年快到了，要快马加鞭

党的十八大提出了四个概念，一个叫"美丽中国"，一个叫"文化强国"，一个叫"优秀传统文化传承体系"，一个叫"精神家园"。这几个概念，都与非遗密切相关，休戚相关，我们要抓住这四个概念做好文章。

这四大文化重大命题，我们设想，一个命题搞一个论坛。

首先设想举办“美丽中国与美丽非遗”论坛。刚好余杭的文化局长找我，他们想弄个余杭殿堂壁画的论坛，北京请了谁谁谁，想请厅里出面主办。我说赶紧做大。余杭的良渚又称为“美丽洲”，建议由余杭来承办“美丽中国与美丽非遗”论坛，相得益彰！殿堂壁画可以作为其中一个分论坛，良渚美丽洲也可以作为其中一个分论坛。

2013年6月，以“美丽中国与美丽非遗”为主题的第二届中国非遗保护余杭论坛隆重举行，“美丽中国需要美丽非遗”“美丽非遗是美丽中国的表情”“非遗让美丽中国更美好”成为媒体热词，新华社、中新社都发了通稿。论坛发出了《非遗让美丽中国更美丽》的余杭倡议。

2013年7月，习近平总书记对杭州作出重要指示和要求：努力成为美丽中国建设的样本。

2014年9月，省文化厅会同中国文化报在岱山举办了以“文化强国与海洋文化”为主题的第三届中国非遗保护舟山论坛。舟山是“海上丝绸之路”的重要通道，鉴真东渡、遣唐使往来、郑和下西洋，都曾将舟山作为始发站或中转站；这里还有徐福东渡的故事和传说，是海洋文化交流的重要枢纽。浙江有长达6000多千米的海岸线和3000多个沿海岛屿，有着丰富的海洋资源，孕育了丰富的海洋文化。

这个论坛，重点总结交流我国涉海省份非遗保护和文化建设的经验，研究探讨海洋文化保护和开发利用规律，强调海洋文化生态的整体保护和可持续发展。论坛发布了《美丽海疆文化保护行动》的倡议，呼吁“保护海洋，人人有责”。

常山开门是大山，山花烂漫；岱山面朝大海，春暖花开。要山海协作，缺啥补啥，资源共享，优势互补，互促互进，共同发展！

2017年6月，第四届中国非物质文化遗产保护论坛在德清举行，第四届论坛以“传统文化与精神家园”为主题。大家达成共识：“无论是龙泉青瓷等手工艺品，还是戏曲等表演形式，都美化了我们的生活，增强了我们的幸福感。”“精神家园的核心要义是人人向往的地方，是家国情怀，是正能量，是幸福感。”

论坛发布了《共建共享精神家园（德清）共识》，指出：“传统文化把我们和本民族久远的历史连接起来，使我们仿佛是一棵根深叶茂的大树上的翠绿的叶子，而不是现代化大潮之上随波逐流的轻轻飘萍。”

浙江是文化部确定的全国非遗保护综合试点省，应当在引领和推动全国非遗保护理念和工作上有所担当和作为。理论搞清很重要，我们不能以己昏昏，使人昭昭！理论比技能更重要，无论是宏观理论还是基础理论，特别是宏观理论，是管方向、管路线的，思路清才能方向明，找准了方向，才能行稳致远。

常山人缺少文化理念，不是我批评你们，而是你们在宣传上文化意识不够。百度介绍“常山”，常山的词条里边没有文化板块，而且其他的板块也不大看得见文化！“常山”词条有“社会事业”，其中包含了教育、卫生、体育、社会保障，但没有“文化”；教文卫体，独缺文化。词条有“人文景观”，里边讲的都是文化遗址遗迹、古宅古建筑，但是没有非遗，也没有现代文化。词条有“地方特产”，胡柚、香菇、茶油，还有小吃，喝彩歌谣、十番锣鼓、钢叉舞、洗马舞，还有木杆秤制作等等，不都是常山地方特产吗？“国际慢城”介绍，也没提及“文化”。

我在备课时，百度上查阅了一下常山非遗，常山非遗工作做得很好！县里高度重视非遗保护和发展，建立了“保护、传承、展示、信息”四大平台，大力推进非遗的传承弘扬。我概括，常山非遗工作保护好、传承好、利用好，三好！

一是“保护好”，已经列入常山县级非遗名录的项目有140项，9个项目列入省遗，“喝彩歌谣”上了国家非遗榜单。常山被列为省级非遗数字化试点县，做好抢救性记录和数字化保存；同时编纂出版了“常山历史文化丛书”和“金川浪花文化丛书”，两套丛书各有侧重，一套管总，包括《非遗集锦》《民俗大观》等9册；另一套做小，出版《常山四贤》《琼奴与苕郎》《喝彩歌谣》《武当太乙拳》等具体项目。这事做得好，历史文献的保存保护很重要。

二是“传承好”，县文广局与传承人签订了“非遗传承发展工作责任书”，明确责任任务和权利义务，促进传承人与学校、企业开展联姻，培育特色文化校园、非遗传承基地。县里公布了非遗传承教学基地20多个，其中有一个入选省级非遗传承教学基地。以学校为阵地，让传承优秀传统文化落到实处，做得好！

三是“利用好”。利用非遗资源和旧校舍、祠堂、农村文化礼堂，全县建办了各类非遗展示馆(厅)十多个，其中设在县文化馆的县级综合性非遗展厅，如传统榨油展示馆、武当太乙拳馆，颇有影响；里坑村被评为省级民俗文化旅游村，被列为省级非遗景区。

常山非遗工作做得好，说明有文化自觉，但是在宣传上文化意识还不够。

党的十八大提出了“五位一体”，经济、政治、文化、社会、生态，全面小康。以前说，不抓教育要误人，不抓体育要丢人，不抓卫生要死人，不抓计划生育要超人，不抓文化呢，不烦人，一说要重视文化，文化单位就来要钱，烦！当然，现在是不抓文化不繁荣。以前讲，不抓经济没地位，不抓文化没品位。今天呢，不抓文化既没品位，更没地位！中央指出：“文化是民族的血脉，是人民的精神家园。”中央强调，要五位一体全面小康！你不重视文化，行吗？对吗？

“全面小康”有几个重要理念。

一是“没有农村的小康，就没有全面小康”。

全面小康，贫困县要统统摘帽！农村的小康，全面小康，不单是物质小康，也应该是精神小康，是物质富裕、精神富有的两富中国，这个精神富有就是精神家园建设。

非遗扶贫、精准扶贫，扶贫路上，绝不让一个贫困户掉队，一个不能少。非遗要为常山人民脱贫致富奔小康、拉动内需促发展作出贡献。不少非遗项目藏在深山人未知，酒香也怕巷子深，怎么样把好东西、把宝贝推销出去，利用展销会，利用网店，开设常山传统手工艺实体店等等，推销！还有不少非遗项目太老土，现在的年轻人没有兴趣，能不能改造一下，创新一下，与文化创意结合，在某些方面时尚一点，现代一点，漂亮一点，土洋结合，传统+时尚、现代+古典，噱头噱脑一下，搞不好就打开销路了。非遗作品的宣传展销，不单是传承人的事，也是我们非遗干部的事，我们要搭好平台，要采取措施，要承担责任，要有担当。

二是“没有全民的健康，就没有全面小康”。

这个健康包括身心健康，不单身体要健康，心理也要健康，心态要好，要阳光。还有这个健康也应该包括社会心态的健康，这个心态健康就是精神家园建设。我这人四肢残疾了，但是我心态很健康。现在提出了“健康中国”，包括医院里看病的“生命健康”、食品安全“食品健康”、体育运动“全民健身”，也包括心态的健康，心态健康与文化有关，而且关系大了去了。

身心健康，才是人的真正健康！毛主席说，“欲文明其精神，先自野蛮其体魄”。学生时代，要求“德智体美劳”全面发展，这就是身心健康。非遗，大有益于身心健康！各种表演艺术，让你欢欣鼓舞，载歌载舞，喜气洋洋，有益于健康。譬如说“喝彩歌谣”，歌谣一声吼，精神抖擞闯九州！还有各种手工技艺，身心劳作，手脚并用，益智益脑。这是一个体力活，也是个技术活，更是个脑力活，当然有益于健康。还有，各种名人传说、民间故事，各种民俗事象、传统节日，以文化人，寓教于乐。孔老夫子说，礼失而求诸野。意思是，如果礼制濒临消亡，那就要到民间去访求。把非遗搞好了，保护好、传承好、利用好，三好，人民大众也就身心康泰，大大的好！

三是“没有绿色的小康，必然是不长久的小康”。

什么是绿色的小康？就是绿水青山。绿水青山就是金山银山；宁要绿水青山，不要金山银山。习总书记要求，要望得见山，看得见水，记得住乡愁。对于绿色的小康，要全面理解。这个绿色，包括自然生态，也包括文化生态；包括自然环境，也包括文化环境。我们要重视文化生态的整体性保护，既要宣传生态文化，也要保护文化生态。这点，对于常山，对于开化尤其重要。国家东部公园，要有自然、文化生态双重保护的理念，要用绿色的理念和方法来指导生活和生产，统筹推进经济、政治、文化全面发展。

四是“没有文化的小康，不是真正意义上的小康”。

文化是一个民族的根脉和灵魂。文化是凝聚力，是创造力，是辐射力，是重要的竞争力，也是重要的生产力。一个国家和一个区域的发展，要有思想保障、精神动力、文化条件和舆论氛围，需要凝聚共识和力量，这些都依靠文化的力量。

我们浙江提出来，浙江文化进入“四馆”时代，这个理念太重要了。什么是四馆呢？以前是文化馆、图书馆、博物馆，现在要有“非遗馆”，你要是没有非遗馆，你就落后啦。这实际上不单是概念，也是理念。常山在文化馆建了一个非遗展示厅，条件局限，这是不够的，要规划建设一个县非遗馆。三年内，全面小康社会到来时，常山县非遗馆能否落地竣工开放？

文化四馆都要建设好，然后还有乡村文化礼堂、社区文化家园建设；传统村落要保护好利用好，老院老宅老街区要改造转化利用好；常山的胡柚文化、香菇文化、茶油文化、小吃文化、宗祠文化、孝道文化、古村文化、森林文化、江河文化、名人文化、红色文化、畲族文化、琼苕文化、武术文化，还有四省通衢文化……这些特色文化，要将文化优势转化为发展优势。

文化建设要重在建设，要有项目，要有工程，要具体化、实体化。非遗是非物质，但也要有物质载体支撑，无形文化也要有形化，软文化要有硬实力支撑，虚功要实做，软件要硬抓。

小康路上，要补齐文化短板；以“文化小康”推进“全面小康”。这些理念，应该更多进入宣传文化部门的话语体系，进入党委政府的话语体系。

快要全面小康了，有梦想就要快行动！抓住机遇，大干快上！

八、有情怀，敢担当。心无百姓莫为官，为官避事平生耻

什么是情怀？情怀就是无私奉献。诸葛亮，“鞠躬尽瘁、死而后已”；焦裕禄，“为人民而死，虽死犹荣”；雷锋，“为人民服务”……奉献就是“春蚕到死丝方尽，蜡炬成灰泪始干”。

情怀就是有怜悯之心，为民担当。孔老夫子，“使老有所终，壮有所用，幼有所长，鳏寡孤独废疾者皆有所养”；杜甫，“朱门酒肉臭，路有冻死骨”“安得广厦千万间，大庇天下寒士俱欢颜”。

情怀就是以天下为己任。范仲淹，“先天下之忧而忧，后天下之乐而乐”；马克思，“盼天下劳苦大众都得解放”；习总书记，推进“一带一路”，推动构建“人类命运共同体”，建设一个更加美好的世界！

什么是情怀？“无限的远方，无数的人们，都与我有关”。据说这句话是鲁迅先生说的。

所谓有情怀，有担当，就是自加压力，自讨苦吃，自作多情，自取灭亡，再创辉煌！这个自取灭亡，就是不怕牺牲的精神，就是下定决心，不怕牺牲，排除万难，去争取胜利！

古人说：“心无百姓莫为官”“为官避事平生耻”。彭德怀元帅说：“当官不为民做主，不如回家卖红薯。”党员干部就要时刻牢记“以民忧为己忧，以民难为己难，以百姓之心为己心”！

白求恩去世的时候，毛主席写了一篇文章《纪念白求恩》，“白求恩同志是加拿大共产党员，五十多岁了，为了帮助中国的抗日战争，受加拿大共产党和美国共产党的派遣，不远万里，来到中国。去年春上到延安，后来到五台山工作，不幸以身殉职。一个外国人，毫无利己的动机，把中国人民的解放事业当作他自己的事业，这是什么精神？这是国际主义的精神，这是共产主义的精神，每一个中国共产党员都要学习这种精神。”情怀，白求恩最有情怀，国际主义共产主义的情怀。

毛主席的“老三篇”，可能我们在座的上年纪的领导都会背。抗战时期，中央警卫团有个战士叫张思德去世了，中央警卫团召开追悼会，毛主席参加，发表了《为人民服务》的演讲，主席说：“人总是要死的，但死的意义有不同。中国古时候有个文学家叫做司马迁的说过：‘人固有一死，或重于泰山，或轻于鸿毛。’为人民利益而死，就比泰山还重……”

“老三篇”中还有一篇为《愚公移山》，讲的是：古时候，有一个叫华北的地方，有个老人叫愚公，他的房前有两座大山挡住了去路，一座叫太行山，一座叫王屋山，愚公和他的儿子们每天挖山，有人嘲笑，这么大的山，你挖到猴年马月呀，愚公说，山不会长高，我子子孙孙无穷尽，为什么不可能。他的话感动了上天，老天派了两个神仙把山给移走。

毛主席说，现在挡在我们面前的有两座大山，一座是帝国主义，一座是封建主义，只要我们坚定不移，也会感动上天的。这个上天是谁呢，就是我们广大的人民群众，只要人民群众跟我们一起，两座大山就一定会搬走！

白求恩，是“以天下为己任”的情怀；张思德，是为人民服务、无私奉献的情怀；愚公移山，是一心为公、造福子孙的使命担当。

习总书记提出了“一带一路”，太伟大了，一个是陆上丝绸之路，一个是海上丝绸之路。老底子的时候，中国青瓷、茶叶、丝绸运出去，运到世界各地，我们浙江是陆上丝绸之路和海上的丝绸之路发源地。今天的丝绸之路“一带一路”，重新让我们和世界相遇，“一带一路”，高铁，互联网，世界就在眼前，眼前就是世界！

现在高铁开通了，高铁通，百业通。手指一点，连接世界，互联网让全世界没有距离，零距离。“一带一路”给世界带来了新景象。

习近平总书记提出了“人类命运共同体”的概念，指明了人类文明的前进方向。费孝通提出："各美其美，美人之美，美美与共，天下大同。"关键在个"共"字，共享！改革开放40年，中国人民走出了自己的发展道路，但同时我们还要与世界各国共享发展成果，致力于"天下大同"，这就是共产主义的境界，共产主义的精神！

拥有大情怀，就拥有大格局！

我们常山人民也有"情怀"，提出建设"国际慢城"。百度了一下，这是发源于意大利的一个新的城市哲学概念，这个哲学就是"慢生活"，也是一种新的城市模式。这个世界发展越来越快，瞬息万变，现代化程度越高，人的心理问题越大，人就好像飘萍，随波逐流。慢城生活，寻求一种将现代化技术与传统生活方式的结合，人在享有现代化便捷的同时，享有更有诗意的生活，尽情享受生活的美好。

常山的国际慢城建设，有几个问题要注意。

一是慢城规划范围33平方千米，这么小的地方，乌龟爬爬都没几天，在这么小的空间转悠，会憋死。百度查了一下，慢城面积没有要求，只要求人口5万以下。要做慢城，规划范围内要体现慢城的哲学理念，体现慢城的生活形态；更要强调，我们要有"全域慢城""全县慢城"的概念，就好像"全域旅游"的概念一样，总不能走出了这个33平方千米，就不是慢城了，就天壤之别了，就另一番天地了。

"何处心安，慢城常山"，这句口号很好，整个常山就是慢城，都是国际慢城！

二是常山国际慢城建设，要求强化尊重自然、尊重历史、尊重文化的理念，特别主张保护当地美学与美食传统，保护本土手工业、文化和传统，保护当地特色和特色产品，保护地方传统就是保护家园之根！

也就是说，国际慢城建设，要求做好自然生态保护，做好传统文化保护，特别强调做好非遗保护。我们要把慢城的理念，运用到常山县非遗保护上来。

三是建设国际慢城，要弄点国际活动。你叫国际慢城，三年了一个外国人没见到总不行。要请进来走出去。

习近平总书记指出，人民群众对美好生活的向往，就是我们的奋斗目标。

总书记要求，秉持浙江精神，干在实处，走在前列，勇立潮头。

情怀，无数的远方，无限的人群，都跟我有关。我们虽然在县里，在乡村，但是站位要高，要看得远，格局要大，情怀就是敢想，担当就是敢干。人生苦短，该做的事情要抓紧。

我有位老领导曾经说："人生在世，能做好几件事，甚至做好一件事都是很不容易的。我们要珍惜做事的机会。"我一直把他的话当作座右铭。有人问我，你革命加拼命，搞成现在这个样子，你后悔不后悔？我说，如果能用自己的生命换来非遗的繁荣，我不后悔。待到山花烂漫时，我在丛中笑。浙江日报当时的报道，"他用时间赢得了时间"。我们这批非遗人用争分夺秒、用只争朝夕赢得了抢救保护非遗的时间，我们不辱使命不负重托，这是我们的光荣！当时国务院文件用的词都是些触目惊心的词：不断消失、濒临消亡、遭到损毁、流失境外、随意滥用、过度开发、形势严峻、刻不容缓。这样的词摆在面前，时不我待，刻不容缓，迫在眉睫，要与时间赛跑，要抢救保护，我和我的同事们兢兢业业勤勤恳恳，倾注了全部的力量投入到非遗保护工作中，最后我倒下了，醒来四肢瘫痪了。我这辈子，重症监护室去了三趟。常山的费斐、张正浩，这些弟子都非常善良，很正直，在我最困难的时候，对我不离不弃，都有情怀有担当！有人说，人有没有后眼，一个干部退下来，退下来后人家对他的态度大不一样。我说我有两个弟子，很善良，很好，这样的人可以相交一辈子，谢谢常山的领导培养了这样的好干部！

谢谢大家！

2017年9月13日，在浙江大学常山宣传文化干部培训班上的讲课

现代化进程中的非遗保护

春风吹，战鼓擂，党的十九大吹响了中国全面建设社会主义现代化强国的号角，中国进入了一个新时代。

在迈向现代化的进程中，加强非遗保护传承，这是个重大命题。需要国家以及各级文化主管部门及时加以研究，做好顶层设计，并部署实施。国家兴亡，匹夫有责。老王愿意就这一重大命题，建言献策，抛砖引玉。

撰就稿子，自我感觉良好，题目宏大，但是文章实在，有针对性、指导性和操作性。正是觉得因为题目宏大，恐怕让人认为不接地气，难以吸引读者朋友关注。为此，我也做个标题党，加上“老王为你献上三十六计”！

文章分四个板块，分别是“三基并重”“三生共进”“三个面向”“三力齐发”；每个板块各有三个大点，三四十二点；然后十二个大点各有三个小点，那就是三十六计。老王试着在文稿中用一、二、三……标注下去，但发现这样有点碎片化，文稿的气脉也会不畅。因此，三十六计就麻烦朋友们自己寻找啦。请各位朋友原谅老王在标题中噱头噱脑了。

“非遗老王”，得到各位朋友的热情关注和勉励，老王很高兴！

2017年10月18日，在习近平总书记所作的党的十九大报告中，“现代化”成为高频词，出现47次。十九大吹响了中国全面建设社会主义现代化强国的号角。

我国在2020年全面建成小康社会的基础上，奋斗十五年，基本实现现代化；再奋斗十五年，到中华人民共和国成立一百年时，把我国建成社会主义现代化国家。

现代化，既是人类从现实社会向理想社会迈进的历史过程，也是人类文明发展的前沿。第一次，从农业社会向工业社会。第二次，从工业社会向知识社会。

现代化的一个重要体现，是技术的大爆炸。高铁、云计算、物联网、大数据、人工智能、移动互联网、转基因、克隆、纳米、航天等等，现代化扑面而来，时代发展突飞猛进，日新月异，新词迭出。

现代化，让人充分感受到高科技和生活的便捷，让人的物质生活水平不断攀升，让人们的物质家园越来越繁华。

现代化，使人们的物质生活极大丰富，可精神世界却缺少了关照。现代化生活的快节奏，又使人们在体力上、精神上受到极大的压力，让人有点无所适从，找不到北，人们对自然的回归与崇尚需求日益强烈。

随着工业化、城镇化的大力推进，许多历史文化底蕴深厚的村落正在凋敝，一些传统乡村文化正在流失。不少城市用硬化地面阻断了大地的呼吸，在这片土地上，再也长不出庄稼，滋生不出清脆的鸟鸣！

现代化，人会迷失自我，需要把根留住，有定海神针。

传统文化就是我们心中的定力，因此传统文化的回归是社会发展的必然。传统文化看似与社会生活疏离，但它其实流淌在每个人的血液中。

习近平总书记在中央城镇化建设工作会议上强调，“要依托现有山水脉络等独特风光，让城市融入大自然，让居民望得见山，看得见水，留得住乡愁”。引起了全国共鸣！保护传统文化，留住美丽乡愁，成为全国人民共同的愿望和行动。

习总书记在党的十九大报告中强调，中国共产党“既是中国先进文化的积极引领者和践行者，又是中华优秀传统文化的忠实传承者和弘扬者”。十九大对文化建设领域，提出发展面向现代化、面向世界、面向未来的，民族的科学的大众的社会主义文化。

非遗是优秀传统文化的重要组成部分，是先进文化的源流和给养，也是社会主义文化的基础和支撑。

我们要认真贯彻落实中华优秀传统文化传承发展工程的有关部署和要求，打基础，立支柱，建架构。

一、“三基并重”，夯实非遗保护三大基础

（一）继续实施非遗保护“三个八”行动，夯实非遗项目保护传承基础。

继续推进深化国遗省遗项目“八个一”保护措施，服务传承人月“八个一”服务措施，非遗保护传承八大类基地建设，让那些有代表性的典型性的，有重要价值的、优秀的非遗项目落地生根，开花结果。

具有五千多年历史的文明古国，中国非物质文化遗产可谓是种类繁多，并且个个都是光彩夺目的，每一个都是中华文化的瑰宝，每一个都值得我们去保护和传承。

（二）实施美丽非遗乡村行动，夯实非遗保护传承的人文土壤基础。

中央发出了实施乡村振兴战略的号召，不管发展到什么时候，都不能忘了有个农村。我们不但要有美丽山川，还要有美丽民居，还得有美丽非遗。美丽中国要从美丽乡村开始，美丽乡村要从美丽非遗开始。这些理念还得要继续重申和强调。浙江倡导和率先实践的“美丽非遗”，不仅是一个概念，也是非遗保护的一种理念和思想。我们的美丽非遗“进赶上”（进礼堂、赶大集、上舞台）行动等，要继续推进；美丽非遗的乡村创造力计划，要部署实施；等等。

保护传统文化村落，延续乡村文脉，发掘乡村振兴的文化元素，实现留住乡愁与发展乡村共生共赢，这是一个重要而深远的课题。

（三）实施优秀传统文化进校园行动，夯实非遗保护传承的人才基础，为学生的全面发展和终生发展奠定基础。

学校教育是传承中华优秀传统文化的主阵地，让优秀传统文化融入立德树人目标和价值追求，融入到课程与教学改革，融入教师发展和学校管理。“诵经典、祭先贤、兴礼乐、开讲坛、习六艺、传家风、研学游、过节庆、讲故事、做君子。”

教育的本色是文化，中华优秀传统文化必将为学生的成长打上中国底色。特别是职业技术院校非遗专业的建设，对于培养非遗传承人才至关要紧。

二、“三生共进”，推动生产、生活、生态良性循环发展

（一）修复和维护文化生态。要将我们的二十四节气、传统的节庆和节俗这

个生物链重新链接起来。中华民族农耕文化有它重要的辩证的科学的思想和实践，二十四节气、各种节庆、各种民俗，要把它们的生态完整修复。浙江陆域面积不大，但地理风貌丰富，有山区、海岛、平原、丘陵，历史上所谓十里不同风，百里不同俗。要依照自然、人文、历史以及现代发展定位，勾画色彩斑斓的浙江文化生态地图，并实施分类保护。

（二）进一步重视各种非遗生产性保护和非遗经典产业的发展。非遗，有一种保护叫生产。要扩大生产，扩大传播，要继续为脱贫致富奔小康，拉动内需促发展做贡献，让非遗成为国民经济发展的支柱产业。

（三）让非遗进一步融入生活，融入社会。我们要让“留住乡愁”“非遗就在身边”“非遗是人民美好生活的一部分”“非遗人人保护，人人参与，人人共享”等理念深入人心，让传统文化表现形式逐渐形成为一种时尚的生活方式。

三、“三个面向”，构建面向现代化、面向世界、面向未来的非遗传承发展体系

（一）现代化进程中要有文化自觉。看得见山，望得见水，记得住乡愁，这是一份精神追求，也是一种发展境界。

从一定意义上说，传统文化教育就是塑造中国人的精神信仰，将家国情怀教育、核心价值教育、中华美德教育、人文知识教育有机地融为一体，让我们成为根深叶茂大树的绿叶，而不是现代化浪潮中随波逐流的漂萍。

现代化不仅是经济问题，更是一个文化的问题，传统文化在现代化进程中的特殊和重要作用无可替代！

（二）世界看好“中国梦”。在物质空前丰富的年代，全世界的精彩都走进了中国；文化走出去，新年俗让全世界过上中国时间。

非遗是中国作为文明古国最鲜明的国际“名片”。我们不仅要让非遗源源不断走出去，传送到各地，传送到国外，通过“一带一路”，通过高铁，通过互联网，走向世界，还要吸引更多的世界人民来中国，过一种“中国式的文化生活”。

讲好中国故事，展现真实、立体、全面的中国，彰显鲜明的中国特色、中国风格、中国气派，向世界传输中国式的观念价值和思维智慧，推进人类命运

共同体建设。

（三）面向未来，我们充满了更多的期待。

现代化既是进步，也是选择，更是淘汰。创新—选择—淘汰，构成现代化的三个音符，它们不断组合，形成发展大合唱。这种发展性淘汰，就像生物进化，物竞天择，适者生存。

要赋予传统文化新的时代内涵，传统文化现代表达，要重视非遗创造性转化，创新性发展，结合实践，对传统文化进行创新，使其进一步丰富与发展，在实践创造中进行文化创造，在历史进步中实现文化进步！

要大力彰显中华文化的独特魅力和当代价值。非遗不单是文化表现形式，不单是传统生产生活方式，它更是蕴含着一个民族所特有的精神价值、思维方式、想象力和文化意识，文化传统可以造就一个民族的自尊心、自豪感和自强精神。

四、“三力齐发”，加快实施中华优秀传统文化传承发展战略

（一）增强凝聚力。凝聚就是力量。

一是广泛凝聚社会力量，全省只有几百号非遗专职干部，能打几个钉？必须唤起农工千百万，动员社会各方力量，人人保护人人参与人人共享！《浙江省非物质文化遗产保护条例》总则里规定，“任何单位和个人都有保护非物质文化遗产的义务”，“任何”就是你我他全覆盖，这不是某个人的事，是全社会的事，是党的事业，国家利益，民族大业，大家都有责任。

二是工作要找准凝聚点，找准发力点，工作到位到点做实做好。

三是激发中华民族凝聚力，这个随时都不能忘，这是我们工作的出发点和落脚点。

（二）增强行动力。重在行动，贵在坚持。

一个行动赛过十打纲领，要撸起袖子加油干。要解放思想，实事求是，与时俱进，开拓创新。要干在实处，走在前列，勇立潮头。我不大喜欢光有“计划”，喜欢的是“行动”，浙江是非遗保护的行动派，要长计划短安排，有计划有步骤。行成于思，行胜于思，知行合一。

（三）扩大影响力。

要与新闻媒体合作，要注重网络宣传，手机这个领域要进一步重视，掌上非遗平台要渗透。我们开展的各类各项各种非遗活动，要多种形式宣传，让更多的人了解，让更多的人参与，让更多的人有获得感、幸福感。残联系统有一句行话，叫作“不是不人道，而是不知道；不是不理解，而是不了解”。所以宣传很重要！

建设现代化强国，要靠战略规划，顶层设计，也要靠我们不务空名，脚踏实地地奋斗。

任何民族在走向现代化的过程中，都不能忽视优秀文化的传承。“中华民族创造了源远流长的中华文化，中华民族也一定能够创造出中华文化新的辉煌！”

时间是最客观的见证者。我们正一天天变得强大，让世界见证了我们中国的发展，目睹了一个民族的奋斗和一个时代的磅礴！

在时代前行的洪流中，我们当在习近平新时代中国特色社会主义思想和党的十九大精神指引下，不忘初心，牢记使命，书写中华民族发展的新篇章！

2018年3月29日

非遗保护进入新的时代

新世纪以来，非遗事业如火如荼、风起云涌，非遗成为社会的热门词，成为新闻媒体的焦点，成为百姓生活的重要组成部分，成为脱贫致富奔小康、拉动内需促发展的重要途径。党的十八大以来，习近平总书记关于继承弘扬优秀传统文化发表了一系列重要讲话，强调要“让居民望得见山、看得见水、记得住乡愁”“让收藏在博物馆里的文物、陈列在广阔大地上的遗产、书写在古籍里的文字都活起来”“要像爱惜自己的生命一样保护好城市历史文化遗产”。习总书记的讲话，高屋建瓴、立意深远，为新时期文化遗产工作指明了方向和目标，赋予了非遗事业跨越式发展的新机遇和新使命。观照全国非遗事业发展趋势及浙江非遗保护的生动实践，未来一个时期我们应当以十个非遗为主抓手，打造非遗保护工作的升级版。

一、法治非遗

这里先说一下法制和法治的概念和含义。法制指法律和制度；法制的基本要求是各项工作都法律化、制度化；法治则意味着不仅要有完备的法律体系和制度，而且要求树立法律的权威，严格依法办事，做到有法可依、有法必依、执法必严、违法必究。法制和法治是既有区别又有联系的两个概念，不容混淆。

2011年2月25日颁布出台、6月1日起施行的《中华人民共和国非物质文化遗产法》（以下简称“非遗法”），为非物质文化遗产保护政策的长期实施和有效运行提供了坚实的法律保障。从此，全国性的非物质文化遗产保护工作进入了依法保护的新阶段。在国家“非遗法”颁布之前，云南、贵州、广西、福建、江苏、浙江、宁夏等7个省(自治区)人大常委会分别通过了本省(自治区)的《非物质文化遗产保护条例》;“非遗法”颁布之后，广东、新疆、河北、山西、内蒙古、湖北等省(自治区)也相继颁布了《非物质文化遗产保护条例》。非物质文化遗产法制建设逐步健全和加强。

党的十八届三中全会提出了“建设法治中国”的新目标，并首次提出了“推进国家治理体系和治理能力现代化建设”的战略任务。这为以法治思维和法治手段推进非遗事业发展指明了方向。非遗有法律、法规保障了，有法可依了，关键还在于有法必依，依法行政、依法保护，加快推进我国非遗事业的制度化、规范化、程序化建设，强化非遗法律、法规执法的刚性和权威性，强化对非遗法律、法规实施情况的监督检查，更好地发挥法治的激励、惩戒作用。重点在于进一步增强推进法治非遗建设的责任感和紧迫感，研究制定更加系统完善的法治非遗建设举措，进一步提高法治非遗建设水平，提升依法行政水平，切实把法治非遗建设引向深入。根本在于以法治思维和法治方式，着力构建科学合理、运行顺畅、充满活力的法治非遗建设体制机制，凝聚全民共识、推动非遗事业发展、促进优秀传统文化的传承弘扬。

二、活力非遗

让陈列在广阔大地上的文化遗产活起来、传下去，这是中央的要求，也是全国非遗工作者的历史使命和责任担当。

在全国非遗保护历程中，在文化部的统一部署下，各地开展了非遗大普查，构建非遗名录体系，认定非遗代表性传承人，建立各类非遗保护基地，举办文化遗产日等各类非遗展演展示活动，全面恢复民族传统节日，建设非物质文化遗产馆等各类非遗保护载体，进行文化生态实验区试点，等等，非遗活态传承焕发蓬勃生机，非遗事业发展呈现兴旺景象。

浙江省部署实施国家级非遗项目及省级非遗项目“八个一”保护措施，每个项目的保护，要求做到：有“一个保护方案、一个专家指导组、一个工作班子、一个传承基地、一个展示平台、一套完备档案、一册普及读本、一项配套政策”。实行一项一策，把握非遗保护工作的规律和特点，找准工作切入点和突破口，探索有效做法，务求保护实效。

浙江省自2008年以来，每年的元旦至元宵节期间，开展服务传承人月"八个一"系列活动，要求："对传承人进行一次走访慰问，发放一笔传承人政府补贴，召开一次传承人座谈会，组织一次传承人体检活动，举办一次传承人技艺展示活动，组织一次传承人专题采访报道，落实一项传承传习措施，制订一年传习活动计划"。让传承人切实感受到党和政府及社会各界的关怀与温暖，促进传承人开展传习活动，推进非物质文化遗产保护和传承。

浙江省积极探索保护途径，精心创设载体，在全省开展"非遗研究基地、非遗传承基地、非遗传承教学基地、非遗生产性保护基地、传统节日保护基地、非遗宣传展示基地、非遗旅游景区、非遗保护生态区"八大类基地建设工作，实施分类指导，系统推进事业发展。

"非遗"到底该如何保护与传承弘扬？非遗保护的最好方式，不是简单弄条街、整几个铺面就能解决的，也不是把非遗项目列入国遗、省遗名录体系，就大功告成了；而在于顺应非遗保护规律，逐渐找到适合非遗项目的保护、传承与发展的路径，让更多的非遗项目焕发出强大生命力，让非遗重新融入生活，惠及寻常百姓。

三、美丽非遗

党的十八大提出了"美丽中国"这一充满诗意的愿景，浙江省文化厅于十八大闭幕的半个月后，召开了全省美丽乡村建设中非遗保护现场会，提出了"美丽中国要从美丽乡村开始，美丽乡村要从美丽非遗开始"的重要理念。在2013年，浙江率先打造打响"美丽非遗"品牌，形成热潮。

在开展非遗活动上，浙江省委宣传部、省委外宣办、省文化厅、省广电集团联合举办2013浙江省"美丽非遗"电视春晚；中国非遗保护中心、浙江省文化厅联合举办以"刻画神州风韵，描绘美丽中国"为主题的第五届中国（桐庐）剪纸大赛；省文化厅举办以"彰显美丽非遗，定格美丽瞬间"为主题的浙江省"美丽非遗"摄影大赛；举办以"唱响美丽非遗，讴歌非遗风采"为主题的浙江省非遗主题歌曲征集和评选活动；启动以"美丽非遗·魅力戏剧"为主题的浙江省濒危剧种守护行动。美丽非遗系列活动，彰显了地域风情特色，让广大人民群众充分领略和感受非遗经久不衰的魅力。

在推进非遗事业上，中国非遗保护中心、中国文化报社、浙江省文化厅联合举办以“美丽中国与美丽非遗”为主题的第二届中国非遗保护（余杭）论坛，与会代表发表《非遗让美丽中国更加美丽》的倡议书。省文化厅举行以“美丽非遗与文化礼堂”为主题的第二届浙江省美丽乡村建设中非遗保护现场会；召开全省畲族文化乡（镇）长座谈会上，与会39个乡（镇）长发出《用绚丽多彩的民族文化打造幸福畲乡》倡议。省文化厅举行浙江省非遗志愿者社团建设现场会，启动浙江省美丽非遗志愿服务行动，发出“美丽非遗你我他、保护传承靠大家”的倡议。理论指导实践，理念引领现实，美丽非遗提升了非遗事业的境界。

在营造舆论氛围上，中央和浙江新闻媒体为“美丽非遗”推波助澜。《中国文化报》开辟“美丽非遗·浙江行”专栏；《浙江日报》开辟“浙江文化新现象观察”专栏，开篇为《浙江：非遗大美，拾遗十年》；省委党刊《今日浙江》（半月刊）全年开设“美丽非遗”专栏；与浙江电视台合作开辟“美丽非遗”电视栏目，举办非遗电视春晚。在浙江，美丽非遗热情高涨、热潮翻滚。

四、智慧非遗

目前，全国许多城市开展了智慧城市规划、设计与建设工作。智慧城市将重点对公共服务信息化应用系统建设、相关支撑系统建设以及数据资源与交换系统建设，进行系统和全面的构架以及综合运用。特别是智慧城市相关技术支撑，如物联网、云计算、移动互联网、大数据、超级计算、4G、宽带等，已经进入快速发展期，并成为推动经济快速发展和社会文明进步的重要途径和渠道。

智慧非遗建设，是智慧城市建设的题中应有之义，更是推进非遗资源数字化、非遗管理现代化、非遗服务网络化和推动非遗事业转型升级发展的必然途径。我们必须站在新的高度，充分认识智慧非遗建设的重要意义。

浙江省文化厅于2012年12月召开了全省非遗信息化建设工作推进会，印发了《浙江省非遗信息化建设实施方案》。省级非遗信息化建设平台系统构架，包括普查资源数据库、项目管理数据库、事业管理数据库、集成志书数据库、影像视听数据库和管理平台数据库这六大数据库，初步构建了覆盖全省、上下联动、功能齐全的非遗数字化保护体系；非遗信息化平台的功能运用，包括数据存储平台、运用管理平台、服务共享平台、宣传展示平台、文化惠民平台、电子商务平台“六大平台”，初步构建起全面覆盖、以人为本、服务先行的非遗数字化综合平台体系。浙江的非遗信息化保护平台建设，已迈出扎实的步伐。

智慧非遗的本质，在于非遗与信息化的高度融合，是非遗信息化向更高层级发展的表现，是非遗事业发展的新兴模式。智慧非遗建设必然以信息技术应用为主线，以物联网、云计算、移动互联和大数据等新兴热点技术为核心和代表。智慧非遗建设，是一项极为复杂的系统工程，不能忽略其顶层设计，要立足科学性、可操作性和普适性原则，分步建设、逐步递进，形成非遗数据多媒体集成交互及开发应用。智慧非遗建设运用的结果，将促使非遗事业管理更加智慧地运行，促进信息技术与非遗资源要素的优化配置并共同发生作用，推进非遗保护传承方式的变革，推动非遗更好地融入人民群众的生活，其终极表现为让广大人民群众享有更加美好的生活。

当前，智慧非遗建设要着重加强几方面工作：一是加强组织领导，把智慧非遗建设摆上重要位置；二是加强技术装备配置，夯实智慧非遗建设基础，把非遗保护传承拓展到大数据领域；三是加强信息技术和业务技能的学习和提升，提高非遗工作人员的信息化应用水平；四是加强服务平台建设，切实提高智慧非遗的综合运用和服务水平；五是加快非遗事业转型升级步伐，推进非遗事业借助信息化的快车道跨越式发展，插上科技的翅膀腾飞。

五、设施非遗

欧洲、日本等提出了“设施农业(Protected Agriculture)”这一概念。设施农业是个新的生产技术体系，是指采用人工技术手段，改变自然光温条件，创造优化动植物生长的环境因子，使之能够全天候生长的设施工程。

“设施非遗”这一概念，借鉴了“设施农业”的概念，将这一概念应用到非遗领域。设施非遗，为非遗传承人的传承创造一个良好的环境，为非遗的集中展演展示搭建一个平台，为非遗的正常化、经常化、日常化服务公众提供体验、感受和交流的场所。

《中国文化报》在2014年2月24日头版头条刊发了《浙江步入文化“四

馆”时代》的报道。在浙江，各地在抓好文化馆、图书馆、博物馆建设的同时，大力推进非遗馆建设，从三馆变为四馆。浙江11个市、90个县(市、区)，坐拥443座非遗馆，基本形成省域全覆盖。为加快和推进浙江文化强省建设，浙江省委、省政府决定建造一批重大文化设施项目，其中综合性的浙江省非物质文化遗产馆列入了建设规划。在浙江城乡，将非遗馆建设纳入了公共文化服务体系范畴，已形成共识。

设施是事业的主架。非物质文化遗产作为无形文化，也应当有形化，要虚功实做，软件硬抓，软实力要硬打造。目前浙江各地的非遗馆建设，在建设理念、建设类型、建设途径以及布展手段、运作管理、功能发挥等方面，呈现出类型多样、主题多样、门类多样、功能多样4个鲜明特点。不管是官办的、民办的，综合性的、专题性的，动态的、静态的，有围墙的、没围墙的，探索多种途径办馆，有条件上，没有条件要创造条件上。建设非遗馆的理念在浙江已深入人心。

浙江各地在重点推进非遗馆建设的同时，积极推动书场、戏台、文化礼堂建设，四大非遗设施，成龙配套，形成体系。特别是在省委、省政府的高度重视下，浙江每年建设1000个乡村文化礼堂，省文化厅部署开展“美丽非遗进礼堂”工作，要求将每个农村文化礼堂都建设为乡村非遗馆。

各类非遗设施，已成为浙江各地地方非遗资源集中展示的空间、非遗项目活态传承的基地，成为弘扬优秀传统文化的重要载体、大中小学生爱乡爱国教育的课堂、城乡居民寄托乡愁的精神家园，也成为现代社会文明进步的重要标志。

六、生态非遗

生态非遗，既是原生态非遗的概念，也是非遗生存环境整体性保护的概念。在非遗资源很丰富或者非遗有鲜明特色的特定区域，应当采取综合保护措施，让非遗原状地保存在其所属的区域及环境中，并在相对良好的环境中自然生长和发展。这是一个具有动态性、开放性、整体性的特点，并相互作用的完整体系。

《国家“十一五”时期文化发展规划纲要》提出了建立民族民间文化生态

保护区的目标。文化部根据不同的文化形态，先后公布了闽南文化生态保护实验区、徽州文化生态保护实验区、热贡文化生态保护实验区、羌族文化生态保护实验区、客家文化（梅州）生态保护实验区、武陵山区（湘西）土家族苗族文化生态保护实验区、海洋渔文化（象山）生态保护实验区、陕北文化生态实验保护区等12个国家文化生态保护实验区。目前文化生态整体性保护，仍处在试验性阶段，因此各保护区暂定为“文化生态保护实验区”，将在以后条件成熟时正式命名为“文化生态保护区”。

为了探索文化生态整体性保护的有效途径，浙江按照国家文化部的部署，并根据《浙江省非物质文化遗产保护条例》《浙江生态省建设规划纲要》精神，自2008年开始，开展了非物质文化遗产生态保护区试点，按照各地文化形态不一、各有特色，在指导非遗生态区保护方式上也各有所重。公布了杭嘉湖蚕桑丝织文化、象山海洋渔俗文化、金华婺文化、绍兴越文化、景宁畲族文化、乐清工艺美术文化、江山廿八都文化、普陀山观音文化、龙泉青瓷文化共9个省级非物质文化遗产生态保护区试点。通过发挥各自文化优势，利用地域文化的独特价值、文化内涵、地方特色，探索不同条件下文化生态整体性保护的模式，维护文化的整体性、多样性。

保护文化生态，宣传生态文化，是文化部门的重要任务。推进文化生态保护区建设，加强重点文化区域的整体性保护，是我国非遗保护实践的一大着力点。生态非遗建设，既要强化政府的主导地位，更要强化保护区人民的文化认同和主体作用，不断提高保护区人民的文化自豪感，提升人民群众参与保护区建设的文化自觉。

七、银幕非遗

2014年5月中旬，刘奇葆在浙江调研时强调，“要大力发展电影事业，把中国梦作为电影创作的重要主题，推出更多精品力作，推动我国由电影大国向电影强国迈进”。

中国电影要走向世界，必须注重中国人文元素的挖掘和弘扬，民族的才是世界的。运用非遗元素、非遗题材、非遗项目，拍摄电影，逐渐成为电影市场一个新的热点和增长点，也成为扩大非遗宣传展示的一种重要途径。

重庆酉阳土家族苗族自治县，投拍了一部以国家级非遗项目“土家族摆手舞”为题材的电影《摆手舞之恋》；福建寿宁县投拍了一部以非物质文化遗产和民俗景观为背景的影片《爱在廊桥》；陕西紫阳县拍摄了一部以国家级非遗项目“紫阳民歌”为题材的电影《郎在对门唱山歌》；福建晋江市拍摄了一部再现“高甲戏”柯派丑行表演艺术的创始人柯贤溪传奇一生的电影《高甲第一丑》；河北蔚县拍摄了一部聚焦国家级非遗项目“打树花”和“剪纸”艺术的电影《窗花》。这些影片，引起了社会的广泛关注。

浙江，进入了非遗的银幕时代。近年来，浙江成系列投入拍摄非遗题材的电影，海宁的非遗电影《皮影王》、桐乡的《蓝印花布包裹的纯真岁月》、龙泉的《情系龙泉剑》、宁海的《十里红妆》、平阳的《木偶情缘》、苍南的《夹缬之恋》、泰顺的《廊桥1937》、庆元的《情缘廊桥》、舟山的《不肯去观音》、定海的《鼓舞海天》等，各地已经拍摄并播映了10多部非遗电影。

这些非遗电影，以故事片的形式，以非遗代表性传承人的传奇人生为脉络，将当地传统的、乡土的、民间的、草根的非遗项目融入其中，让观众领略和感受鲜活独特的乡风民俗和人文精神。这些影片，具有良好的精神导向和艺术价值，成为电影市场的黑马。通过电影传播方式，唤起全社会对“非遗”的关注。

银幕非遗很重要。这是在推进非遗多媒体数字化记录、非遗电视纪录片荧幕播放基础上的一个新跨越。从荧幕非遗到银幕非遗，标志着非遗的大宣传以一种新的方式得以呈现，也将引起更多的年轻人通过电影了解非遗，为非遗所吸引和打动。

八、印象非遗

印象系列，为张艺谋所倡导和打造。张艺谋“印象”系列好像已经有七部:《印象·刘三姐》《印象·丽江》《印象·西湖》《印象·海南岛》《印象·大红袍》《印象·普陀》《印象·武隆》。张艺谋的“印象”系列，引起了很大的关注，当然很赚钱。张艺谋的“印象”，到底给大家留下了一些什么？到底是“好印象”还是“坏印象”？张艺谋的“印象”品牌还能红多久？虽然褒贬不一，但“印象”的确成为了景区的招牌，成为了当地的城市名片。

张艺谋的“印象”，也在浙江复制,《印象·西湖》《印象·普陀》，先后上演。“印象”这股风，也影响了非遗领域。各地的非遗资源都很多，地域特色都很鲜明，将非遗资源通过通体构思、艺术加工、综合组合、整体推出，成为浙江各地一种风潮。浙江景宁畲族自治县的《千年山哈》、云和县的《童话云和》、天台县的《佛道音乐》、金华的《仙山婺水金华人》、舟山的《渔都风情》、宁波的《十里红妆》、丽水的《处州古韵》等，虽然不一定冠以“印象”之名，但多少有点“印象”的风格。浙江2013年、2014年非遗电视春晚，一定意义上讲，也属于“印象非遗”系列。

张艺谋的“印象”系列，为实景演出，依托于自然风貌，展现地域风情，当地的非物质文化遗产往往成为其中的主要演出题材和元素。这些演出，当然不拘泥于展现民土民风，更注重娱乐性，特别是奇特的时空交错感、轻松愉悦、梦幻浪漫的观演感受，是这些演出的一大亮点。

浙江各地的“印象非遗”，既注重当地民风民俗的整体包装推出，又注重一个个非遗项目的精彩呈现；既注重艺术性、观赏性的提升，又注重原汁原味原生态原真性的表达；既注重文化表现形式，也注重灯光舞美音响和道具的改良和整体效果。特别是，相比于张艺谋的豪华投入，动辄上亿元，各地草根的“印象非遗”，往往投资十几万、几十万元，最多也就上百万元。

浙江各地积极探索非遗与旅游的实质性融合。浙江省文化厅会同省旅游局公布了一批非遗旅游景区和民俗文化旅游村，大力推进传统表演艺术项目和传统手工艺项目进景区，大力推动民俗文化的全面恢复和弘扬，大力推动民间传说故事的发掘整理和在旅游景区的运用。草根的“印象非遗”，成为人们群众感受和了解非遗的好渠道、好途径。非遗丰富了旅游景区的文化内涵，旅游景区让非遗扩大了传播；非遗让景区增添魅力，旅游让非遗增强活力；非遗使景区的人文价值大为提高，景区使非遗的商业景气不断提升。

九、志愿非遗

2014年4月21日，中央文明委召开全国推进志愿服务制度化电视电话会议，中央政治局委员、中宣部部长刘奇葆作重要讲话。4月23日，浙江省文化厅在德清县召开浙江省非遗志愿者社团建设现场经验交流会，并全面启动浙江省美丽非遗志愿服务行动，进一步推进全省非遗保护志愿者队伍建设，推动非遗志愿服务规范化、制度化、常态化发展。

新世纪兴起了非遗保护热潮，浙江大力促进构筑省、市、县（市、区）、镇、村五级网络的非遗保护志愿服务团队，广泛招募具有文化情怀、文化艺术专业技能和研究水平，热心于传统文化的非遗保护志愿者。目前，浙江有10多所高校、8个市、30多个县（市、区）建立了非遗保护志愿服务组织，全省非遗志愿者社团注册会员15700多人，各地参与非遗普查和保护的志愿者达23万人。省文化厅业务主管的就有浙江省民俗文化促进会、省民间艺术研究会、省戏剧发展促进会、省婺剧发展促进会、省非遗保护协会、省企业家振兴民族文化促进会、省民俗摄影协会7个非遗保护社团。特别是以宗馥莉为代表的浙江省新生代企业家联谊会，会同省文化厅启动浙江省濒危剧种守护行动，向全省“创二代”发出了《关注非物质文化遗产、复兴中华传统文化的倡议书》，引起新闻媒体热切关注。浙江省非遗志愿者队伍涵盖大学教授、文史专家、社科学者、文化工作者、中小学教师、大学生、企业家、农民等群体。浙江省非遗保护志愿者队伍已日益成为非遗保护的重要力量和非遗保护的坚实基础。

浙江各地充分调动非遗志愿者参与大型非遗展演展示活动、非遗普查保护资料整理和成果编撰、传统文化知识普及教育、传统文化艺术技能辅导、非遗馆讲解、文化礼堂服务等形式多样的非遗志愿服务活动。全省各地形成了一批不同类别、不同风格、特色鲜明的非物质文化遗产志愿服务活动品牌。

浙江组织开展了两批省级“非遗保护十大新闻人物”评选活动，组织开展了浙江省“精神家园守护者”评选活动，共有50名非遗保护志愿者获得荣誉。通过立典型、树形象和表彰先进，激励社会各界踊跃参与非遗志愿服务活动。全省形成了志愿参与非遗保护，非遗保护人人有责、人人参与、人人贡献的浓厚氛围。

十、共享非遗

共享非遗，就是文化部门从大局出发，与相关部门加强开放合作，与社会各领域融合发展，与对外文化交流战略相结合，让非遗资源得到最大程度的使用，让社会共享非遗保护成果，让中华文明更广泛传播。

相关部门的合力共建共享。省文化厅与省教育厅联合公布了一批省级非遗传承教学基地，推进校园非遗建设；与省旅游局联合公布了一批省级非遗旅游景区和民俗文化旅游村，共同开展“美丽非遗赶大集”系列活动；与省委宣传部共同推进“美丽非遗进礼堂”行动；与省文明办共同推进浙江美丽非遗志愿服务行动；与省委外宣办（网信办）共同开展网络寻访美丽非遗活动；与省政协文史委员会共同推进非遗多媒体数字化抢救性记录；与省政协文卫体委员会共同推进浙江省濒危剧种守护行动。相关部门齐抓共管、形成合力，资源共享、优势互补，互促互进、共同提高，真正做到在共建中共享、在共享中共建。

全省各地的合力共建共享。浙江开展以“共筑中国梦想，同护精神家园”为主题的“美丽非遗赶大集”系列活动，运用文化遗产日、传统节日、文化节庆活动，以人民群众喜闻乐见、具有广泛参与性的方式，展示和传播非物质文化遗产。浙江公布了46个省级传统节日保护示范基地，促进传统节日全面恢复和振兴，展示浓郁地方风情，弘扬优秀传统文化。浙江各地各类非遗节庆活动星罗棋布，各类非遗博览会特色鲜明，各类专题活动新颖别致，形成与历史文化传统相承接、与时代发展相一致的新民俗，让优秀传统文化在新的时代条件下不断发扬光大。

城乡群众的合力共建共享。浙江在全省部署开展“美丽非遗进礼堂”系列活动，包括非遗基地进礼堂、非遗传人进礼堂、非遗演出进礼堂、非遗展览进礼堂、人生礼俗进礼堂、经典祖训进礼堂、非遗馆进文化礼堂、非遗信息化进礼堂等非遗“八进”礼堂活动。通过非遗八进礼堂，丰富文化礼堂内涵，充实文化礼堂活动，增强农民群众对文化礼堂的亲切感和认同感。更好地发挥文化礼堂在思想引导、道德教化、礼仪培养、文化熏陶等方面的功能作用，建设农民群众的精神家园。

跨越国度的合力共建共享。浙江认真执行文化部的对外文化交流任务，并自主实施丰富多彩的文化交流项目，积极推进非遗资源对外文化交流和传播。近年来，浙江各地的许多非遗项目频繁出现在世界各地的文化交流活动中。积极组派团组参与海外“欢乐春节”活动、“中国文化年·浙江周”活动和国际友好城市交流活动。其中，长兴百叶龙先后赴马来西亚、新加坡、法国、韩国、俄罗斯、瑞士等众多国家展演，受到了广泛赞誉。临安的10多个非遗项目，多次赴国外表演，从乡村走向世界。仅2013年统计，浙江组织了15个非遗交流团赴外展示，有35个非遗项目随团交流，访问了12个国家。“文明因交流而多彩，文明因互鉴而丰富”。诸多的非遗项目，从本来的一个家庭家族拥有，到一个民族拥有，到世界共同拥有。非遗国际化，各美其美、美美与共。这些交流活动，把天涯变成毗邻，成为宣传中华文化的重要渠道，成为加强与各国人民友谊的桥梁。

“等闲识得东风面，万紫千红总是春。”非物质文化遗产，延续着一个国家和民族的精神血脉。既需要薪火相传、代代守护，更需要激活其生命力，为社会文明进步提供精神指引和精神动力。为此，广大非遗工作者应当“乐担当、敢担当、能担当、善担当”，既要担得起当下，又要担得起未来，肩负使命和责任，推进非遗事业与时俱进，实现加快发展、转型发展、科学发展。

原载2014年6月12日《中国文化报》理论版

从非遗大省迈向非遗强省

党的十八大提出了“扎实推进社会主义文化强国建设”的战略目标。浙江省第十三次党代会提出了“加快建设文化强省”的奋斗目标。浙江从非遗大省向非遗强省迈进，是立足非遗工作现实基础，是非遗事业转型升级的必然要求，是推进文化发展繁荣的有效途径，是满足人民群众精神文化需求的热切愿望，是文化强省建设的重要支撑，是两富浙江的基本要求，是提升文化软实力的题中之意，是转变经济发展方式的战略选择，也是营造中华民族精神家园的重要内容。

提出从非遗大省迈向非遗强省，或者提出非遗大省向非遗强省的跨越，前提是我们浙江算不算非遗大省。十年以前，我们不敢自诩为非遗大省。浙江地域不大，人口也不多，常住人口5443万。浙江民族成分也相对单一，少数民族聚集区很少，就一个畲族自治县。跟一些文化资源大省如河南、山西、陕西等省份比较，还有与一些多民族省份比较，无论资源存量和文化多样性，浙江都算不上非遗大省。但是今天，我们可以说，浙江已成为非遗大省。

所谓非遗大省，应该有一些衡量指标，比如上榜项目多，传承弘扬好；乡村非遗美，民俗风情浓；活动品牌响，影响范围广；事业发展快，工作基础实；保护成效大，社会氛围热；发展路子新，全国地位高。联合国教科文组织公布的人类非物质文化遗产，我省有9项，其中7项列入人类非遗代表作名录，2项列入急需保护的名录。国务院先后公布了三批国家级非物质文化遗产名录，我省第一批是44个，第二批是85个，第三批是58个，一共187个，三批上榜项目数量都是名列榜首。当然我们的抢救保护工作更是卓有成效，成果累累，成绩斐然。文化部于2008年11月在我省象山召开全国非遗普查工作现场会，2011年12月在宁波召开全国非遗保护工作会议。为此，可以自我评价，浙江已经是名副其实的非遗大省。后十年，我们的目标应该是从非遗大省向非遗强省跨越。

关于非遗强省建设，应该在十个方面做强。

第一，强理念。理念，就是理性化的想法，就是思想观念，它是灵魂，是统帅。观念一变天地宽，解放思想，黄金万两，脑筋急转弯，豁然开朗。只有思想到位，才有行动的自觉。思想观念是最重要的。

中国改革开放三十多年，取得了举世瞩目的成就，靠的就是邓小平理论，靠的就是思想观念上的突破。民间概括邓小平理论为：一块石头，两只猫，三条鱼，四只鸡。所谓“一块石头”，指的是邓小平说过：改革开放和搞经济特区前无古人，允许大家摸着石头过河；所谓“两只猫”，指的是不管白猫黑猫，抓住老鼠就是好猫；所谓“三条鱼”，指的是邓小平提出的三个有利于（鱼的谐音）的检验标准，只要符合三个有利于，任何事情都能干；所谓“四只鸡”，指的是四项基本原则（鸡的谐音）。党的十七大提出了一新、两大、三个更加。一新就是掀起文化建设新高潮；两大就是推动文化的大发展、大繁荣；三个更加就是使人民群众的基本文化权益得到更好保障，使人民群众的精神文化生活更加丰富多彩，使人民群众的精神风貌更加昂扬向上。党的十八大提出了建设优秀传统文化传承体系，努力建设美丽中国，建设文化强国，营造中华民族共有精神家园。这是在科学发展观指引下，我党在新时期形成的新的文化发展理念，充分强调了文化在中华民族伟大复兴中的特别重要的地位和作用。现在我们的文化工作地位很高，特别是我们的非遗工作很有社会影响，我们自己要有自豪感，要有自信心。

习近平总书记在浙江任省委书记的时候，曾经在2005年5月4日到6月2日，不到30天的时间内，6次对非遗工作作出重要批示，对我们的工作高度评价，充分肯定，提出希望，提出要求。赵洪祝书记来到浙江不久就作出重要批示，要继续将非遗工作向前推进一步。2010年1月，赵书记再次批示：“首先应当感谢文化系统的同志们围绕非遗保护做了大量的卓有成效的工作。它不但是全省的全国的工作，而且是世界人类文明的传承工作，意义十分重大。要继续深入抓好。”夏宝龙书记任省长时，亲自为浙江省非遗代表作丛书撰写总序。他强调：进一步保护好、传承好、弘扬好非物质文化遗产，这不仅是一种文化自觉，是对人民文化创造者的尊重，更是我们必须担当和完成的历史使命。

新时期应当树立起这样的理念，包括非遗在内的文化建设，是社会主义事业“五位一体”的重要组成部分。文化是软实力，但不是软任务，软实力要硬打造，要由硬实力来支撑，要作为硬任务来抓好抓实。

第二，强谋划。古语有云：不谋全局者不足以谋一域，不谋万世者不足以谋一时。谋划就是要构想未来，描绘愿景，以此为奋斗的坐标系。要坚持发展是硬道理的战略思想，科学谋划，超前谋划，精心谋划。谋划就是事业要有规划，工作要有系统。思路清，才能方向明。

党的十八大提出：要“建设优秀传统文化传承体系，弘扬中华优秀传统文化”；要“建设面向现代化、面向世界、面向未来的，民族的科学的大众的社会主义文化”。我们要依照这一目标，理清发展思路，科学谋划工作。我们浙江非遗工作为什么一直走在前列，很重要的方面就是有规划意识。2006年，省委办公厅、省政府办公厅下发了《浙江省文化遗产保护工程实施方案》，其中文物一部分、非遗一部分。在非遗部分的规划思路上，提出了初步构建非遗保护五大体系，提出了非遗保护的八大重点项目。现在回过头来看，当时提出的所有工作，除了省级非遗馆，其他所有工作全部完成。2011年，省文化厅制定出台了《浙江非遗事业发展“十二五”规划》。2012年，省委办公厅、省政府办公厅下发了《浙江省文化遗产传承计划实施方案》。我省“十二五”规划提出三大目标，一是从非遗抢救保护向融入社会各领域跨越，我们不是自我保护，要服务社会，服务群众，服务人民。二是从非遗大省向非遗强省跨越。三是从全国非遗保护重要地区向全国非遗保护示范地区跨越。规划提出了要完善非遗保护五大体系，实施八大行动计划。

规划是个纲，纲举目张。通体构思，整体设计很重要。要立足当前谋长远，立足区域谋全局，立足非遗谋共赢。非遗涉及面很广，牵一发而动全身，是文化领域的新拓展。各市、县也要有非遗事业发展的整体规划。长计划，短安排，有计划、有步骤、有重点、有序地推进非遗保护和传承事业的发展。

第三，强基础。这里讲的基础，不是我们平常讲的人、财、物。主要强调非遗普查、名录体系、服务传承人三大基础性业务工作。国家非物质文化遗产法对此作了充分阐述和强调。

一是非遗普查。我省非遗大普查，可谓可歌可泣，普查的历程，是一段激情燃烧的岁月。简单概括一下，依据“全面性、代表性、真实性”的普查工作原则，当时是地毯式、拉网式进行，纵向到底，横向到边。我们当时提出目标“四个不漏”——不漏村镇，不漏项目，不漏艺人，不漏种类。全省据统计，23万人参与了普查，获得线索270多万条，重点调查了15万多个项目，硕果累累。有国家级专家赞叹，浙江非遗普查在中国非遗保护史上有它无法磨灭的印记，在世界上都是一个可感可叹的事例。

二是项目保护。人类非遗项目，浙江有9个，包括蚕桑丝织技艺、金石篆刻、龙泉青瓷烧制技艺、乐清剪纸、昆曲、浙派古琴艺术、海宁皮影戏，还有列入亟须保护项目的廊桥营造技艺、木活字印刷术。国家级非遗项目，浙江是三连冠，共有187个项目上榜。省政府公布了四批省级非遗名录，有788个项目入围。市、县两级，都公布了三至五批名录。我省逐步建立健全了非遗名录体系。我省在全省部署实施国遗项目“八个一”保护措施，推进重要非遗项目保护取得扎实成效。

三是服务传承人。非物质文化遗产，它是以人为载体，通过口传身授、言传身教去传承。传承人是保护主体。非遗要薪火相传，要发扬光大，关键在传承人。只有调动传承人的积极性和主观能动性，给他们做好服务，这才是根本和关键。我们在服务传承人上有许多举措，比如从2008年开始，每年开展服务传承人月活动，看望传承人，送上政府津贴，安排体检，了解他们的需求，落实带徒传艺措施等。另外，省文化厅下发文件，进一步明确传承人的权益和义务。传承人享有一定的权益，也要承担一定的义务。通过这些举措，让传承人的权益得到切实尊重和保障，进一步提升传承人的地位，让社会认可他们的贡献，扩大影响力。

第四，强载体。党的十八大报告提出，要坚持全覆盖、保基本、多层次、可持续的方针，坚持贴近实际、贴近生活、贴近群众的原则。我省在非遗保护实践中，重点加强三个载体建设，第一是非遗馆，第二是各类非遗基地，第三是文化生态区。

一是非遗馆建设。省非遗馆已经列入了“十二五”文化强省建设的十大重点建设项目。温州市、绍兴市和乐清市、绍兴县等地的非遗馆已建成开放，不少市县的非遗馆已在规划建设之中。非遗馆建设要跟文化馆、博物馆、图书馆、科技馆、体育馆一样列入公共化服务体系建设的范畴，成龙配套，形成体系。非物质文化遗产是无形文化，但要坚持虚功实做，软件硬抓。

二是各类基地建设。各种各类的非遗基地建设，是浙江非遗工作的亮点。

我省积极探索，创新实践，开辟了一系列的非遗保护传承基地。有非遗传承基地，落地保护，保护责任主体或者是剧团，或者是作坊，或者是村里，或者是企业。有非遗传承教学基地，教学基地一般落实在学校，包括大中小学，是一种实践、实验、实习性质的基地。其他还有传统节日保护基地、非遗生产性保护基地、非遗宣传展示基地、非遗旅游景区、高校非遗研究基地等。

三是文化生态区建设。党的十八大提出，必须树立尊重自然、顺应自然、保护自然的生态文明理念，把生态文明建设放在突出地位。文化系统要宣传生态文化，也要保护好文化生态。文化生态区建设是一个理念，是一个社会理想，也是非遗保护工作的趋势。浙江省目前有9个文化生态保护区，包括绍兴越文化、金华婺文化、象山海洋渔文化、景宁畲族文化、杭嘉湖蚕桑丝织文化、乐清工艺美术文化、普陀山观音文化、龙泉青瓷文化、江山廿八都文化。不同层级、不同类型的文化生态区，构成了多元的文化生态系统。特别是象山海洋渔文化生态区，已经列为国家级文化生态保护实验区。

从非遗馆到各类基地，再到文化生态区，非遗保护工作逐步深入深化，延伸拓展，转型升级。

第五，强活动。党的十八大提出："让人民享有健康丰富的精神文化生活""引导群众在文化建设中自我表现、自我教育、自我服务。"人民群众是文化的创造者，也是文化成果的享受者。我们的目标是，人人参与，人人共享。通过开展各种类型的活动，让人民群众共享非遗保护成果。

一是文化遗产日。从2006年设立文化遗产日开始，全国上下呼应，举办各种各样的展示活动。浙江每年一届，举办非物质文化遗产节，已办了七届。每年的浙江省非物质文化遗产节都有一个主题，都有一个切入点，形成一个系列。比如，今年是非遗进校园，去年是民俗文化保护传承，前年是传统表演艺术，都有一系列安排。明年重点围绕非遗十年做文章，推进非遗宣传工作。"频道"不变，内容转换，做深做透，确保成效。

二是传统节日。省文化厅公布了20个浙江省传统节日保护示范基地，包括春节、元宵、清明、端午、七夕、中秋、重阳等。这些传统节日，是节日体系中的核心节庆，成为中华民族自我认同的一个文化符号，也成为凝聚民族情感的重要力量。每个传统节日都有两个主题，比如春节，蕴含辞旧迎新、合家团圆的意义；比如清明，一个是寻祖溯源、祭祀先人，还有一个就是迎春踏青的意义；重阳，是登高、敬老的意义。几乎无一例外，每个传统节日都包含了丰富的文化背景及历史渊源。我们如何在现在的条件下去过传统节日，找回传统节日原本的意义？只有国人的传统意识提高了，节日的气氛回归了，传统节日才能被好好保护下来。

三是文化节庆。各地的文化节庆，多数打的是非遗牌。比如东阳木雕节、青田石雕节、龙泉青瓷宝剑节、象山开渔节、岱山谢洋节、遂昌劝农节、云和开犁节等，这样的节庆很多，可谓星罗棋布。这些文化节庆，在继承传统的基础上有新的创造，在维护传统基因的基础上有新的发展。

各行各业，各有招数。教育靠考试，体育靠比赛，卫生靠检查，科技靠咨询，文化靠活动。这一说法不一定准确，但还是有一定道理。活动是文化的生命力所在，非遗的展示宣传也一样，通过活动放大效应，扩大影响。

第六，强声势。要形成政府、民间合力，形成主流舆论，形成强大声势，努力营造非遗保护的浓厚氛围。

一是媒体造势。这些年来，非遗工作如火如荼、风起云涌，与新闻媒体的推波助澜是分不开的。这几年，我们的许多活动，比如非遗普查十大新发现评选，非遗保护十大新闻人物评选，网络寻访非遗活动，非遗进校园活动季等等，都与省主流媒体联合举办。今年11月，省文化厅在桐庐召开浙江省美丽乡村建设中非遗保护工作现场推进会，有12家省级以上媒体参加，而且都对这次会议高度关注，进行了重点宣传报道。从联合国教科文组织颁布《保护非物质文化遗产公约》开始算，明年是非遗十年，我们将会同各主流媒体，包括新兴媒体，共同策划和组织一系列非遗展示宣传活动。

二是各界借势。非物质文化遗产涉及面广，与各行各业都有密切的关系，大家相互搭车，工作一起做，成绩各自报。比如我们与教育部门相互搭车，推进非遗进校园；我们与旅游部门相互搭车，旅游靠非遗丰富内涵，非遗靠旅游扩大传播；经贸部门也一样，打非遗牌子，扩大品牌影响；生态保护区借助非遗彰显特色，文化部门借助生态区建设，加大文化生态保护力度。相互之间借力，借题发挥、借梯登高，达到双赢、多赢、共赢的目的。

三是社会团体助势。党的十八大强调，要“引导社会组织健康有序发展，充分发挥群众参与社会管理的基础作用”。省文化厅作为业务主管的有关非遗保护的社团已经有6个，包括省民俗文化促进会、民间艺术研究会、婺剧文化促进会、戏剧发展促进会、非遗保护协会、浙江省企业家振兴民族文化促进会。宁波市成立了非遗保护志愿者联合会，余杭、开化等地建立了非遗保护协会，有些地方还延伸到乡镇和村，也成立了非遗保护社团。我们要充分发挥学会、协会等社团组织作用，壮大非遗事业管理的能力和合力。

第七，强科研。任何一项事业的发展，都要强化科研意识，提升科研水平，并且树立研究与推广并重的思想，以实现质量最优化，效果最大化。

一是集成志书的编纂。宁波149个乡镇，每个乡镇编撰一本非遗集成，共149本，全部由出版社正式出版。全省各市、县，多数已经出版非遗大观或非遗丛书，或者正在编撰之中，即将出版。省里重点编撰出版非遗代表作丛书，187个国遗项目，每个项目一本，形成系列。根据省方志办的统一安排，省文化厅已着手浙江通志非遗卷的编撰组织工作，并着手浙江省非遗工作丛书的编撰工作。

二是理论指导。党的十八大指出，“实践发展永无止境，认识真理永无止境，理论创新永无止境”。这一精神，在非遗领域同样很有针对性和指导性。省文化厅会同浙江大学、浙江师范大学等八所高校分别建立了省级非遗研究基地。高校非遗研究基地，对“上”回答问题，对“下”解决问题。围绕全省非遗事业进程中带有全局性、综合性和前瞻性的问题，开展发展性研究，针对各市、县非遗保护中的疑难杂症，开展对策性研究。为非遗事业发展制定决策提供重要参考。研究始于问题，衡量科研工作的价值，关键在于看其成果是否源于实践、指导实践。在加强非遗基础理论研究，发展战略研究的同时，我省召开了浙江省高校非遗学科建设研讨会，加快推进非遗学科建设。

三是创新管理。非遗信息化建设，是非遗科研的重要内容，也是非遗事业创新管理的重要途径。2011年12月，省文化厅召开了浙江省非遗数字化建设推进会；2012年3月，召开了全省非遗数字化建设试点县工作会议，并出台了《浙江省非遗数字化试点县建设指导意见》。省级非遗数字化平台，重点构建六大数据库，包括普查资料数据库、名录体系数据库、事业管理数据库、集成志书数据库、影视视听数据库和数字平台数据库。非遗数字化的加强和推进，将为非遗事业插上科技的翅膀腾飞。

第八，强保障。这个保障，归根结底还是人、财、物的建设和法规制度的建设。

一是加强非遗工作机构与队伍建设。干事业以人为本，人是生产力中最活跃的因素；方针政策确定以后，干部是决定因素。党的十八大提出，要“营造有利于高素质文化人才大量涌现、健康成长的良好环境，造就一批名家大师和民族文化代表人物，表彰有杰出贡献的文化工作者”。要认真贯彻这一精神，推进非遗保护工作机构建设，定编、定人、定岗位；加强非遗传承人队伍建设和培养，造就一批非遗事业的领军人物和拔尖人才；大力表彰非遗保护领域有突出贡献者和精神家园守护者。

二是加强非遗保护的财力保障。2002年，省政府出台加强农村文化建设的政策性文件，明确每年安排500万元专项资金用于民族民间艺术保护传承。由此，我省先于全国启动了民族民间艺术保护工程。省文化厅会同省财政厅组织实施民族民间艺术保护工程和之后的非物质文化遗产保护工作，有力保障和支撑非遗事业的蓬勃发展。在新的形势新的条件下，非遗事业新的跨越发展，亟须加大财政投入。既要体现“分级负责，以县为主”的原则，也要发挥省级财政四两拨千斤的作用；既要做大蛋糕，也要切好分好蛋糕；既要集中财力办大事，也要研究出台政策促进社会资金的投入。

三是非遗基本设施建设。这既涉及非遗保护机构办公场地问题，也包括非遗展示馆建设问题。特别是各级非物质文化遗产馆，是非遗事业的主架，有条件要上，没有条件也要创造条件上。官办的，民办的；综合性的，专题性的；静态展示的，活态传承的；传统方式的，现代表达的；有围墙的，没围墙的。要多种途径、多种思路办馆。非遗馆的建设要加快步伐，要形成体系，要发挥功能作用，要服务社会服务人民。

四是法规制度的保障。十八大强调，要推进实践创新、理论创新和制度创新。三者要有机地统一起来，相互促进、相互支撑。非遗事业既古老又年轻，非遗十年了，不断积累经验，不断探寻规律，先发展再规范，当前和将来要在制度层面上、在法律规范上再上台阶。我省要认真实施《中华人民共和国非物质文化遗产法》，并根据新的发展态势和趋势，修订《浙江省非物质文化遗产保护条例》，加强依法保护、依法行政。要研究出台一系列的规章制度，包括建设优秀传统文化传承体系的指标体系、非遗事业发展评价体系以及考核办法、奖惩机制等，也包括推进事业发展的规范性指导性文件。非遗事业的健康和可持续发展，必须依靠制度。

第九，强实践。党的十八大强调，建设文化强国，“关键是增强全民族文化创造活力”“尊重人民首创精神，使人民群众积极性、主动性、创造性进一步发挥”。

浙江按照习总书记“干在实处，走在前列”的要求，扎实推进事业的发展。我省非遗事业的推进，省是龙头，市是依托，县是关键，乡是基础，村是根本。省里做好统筹工作，做好顶层设计，通体构思，整体设计，系统思考，总体部署。县是宏观微观的结合点，是一个中枢，承上启下，至关重要。省文化厅公布了17个非遗保护综合试点县，下发了《关于加强浙江省非物质文化遗产综合试点县建设的指导意见》。全省涌现了一批开拓进取、争先创优的县级区域非遗保护典型。今年4月，省文化厅在开化县召开了县级区域非遗保护工作现场经验交流会，推广先进经验，推广有效做法。乡村非遗保护是非遗保护的重中之重。非遗是农耕文化的产物，是乡土文化、草根文化、民间文化、百姓文化、生活文化。村抓好了，我们的非遗工作才算真正抓好。今年11月，省文化厅在桐庐县召开了浙江省美丽乡村建设中非遗保护工作现场会，对贯彻省委省政府一系列指示精神，传承历史文脉，彰显乡村特色，进行了全面部署。与会的20位村书记、村主任代表村民共同向全省发出倡议：像呵护土地那样呵护我们的文化遗产，让非遗保护传承与美丽乡村建设相得益彰。

我们本着解放思想、实事求是、与时俱进、开拓创新的精神，走出了一条以创新为主要特点的区域非遗事业发展之路。面向未来，非遗工作依然要秉承这一精神，推进非遗事业又好又快发展。

第十，强效益。党的十八大指出：“要坚持把社会效益放在首位，社会效益和经济效益相统一，推动文化事业全面繁荣、文化产业快速发展。”并提出了“努力建设美丽中国，实现中华民族永续发展”的战略目标。

一是要彰显美丽非遗。一方水土，一方文化，十里不同风，百里不同俗。非遗具有地域特色，具有文化特征，具有个性特点。非遗丰富多彩，形式多样，斑斓多姿。原汁原味、原生态、原真性的非遗，很美，经过改造、改编、改良，也许更美。非遗保护既要保持传统，也可以推陈出新。要让非遗更好看，要让非遗更加美丽起来，要让人民群众来共享，也要走出浙江走向世界，向世人展示中国文化的美。

二是要塑造美丽心灵。社会主义核心价值体系是兴国之魂。我省大力宣传“最美浙江人”，促进公民道德素质的全面提高。时下有评论，国人不缺钱，缺德，缺精神。物质富裕不等于精神富有。非遗蕴含着忠孝节义、礼义廉耻等传统美德，非遗活动的开展，非遗的传承传播，起到润物无声、潜移默化、寓教于乐的教化作用，对于弘扬中华传统美德，弘扬真善美，发挥着极其重要的独特作用。

三是要装点美丽生活。提高生活质量，文化是显著标志；衡量幸福指数，文化是重要尺度。我们要在实践中开拓非遗保护、传承与合理利用的新途径，使非遗更好地融入社会、融入群众、融入生活，使非遗充分发挥引领风尚、教育人民、服务社会、推动发展的作用。

四是要开拓美丽产业。各地的非遗项目，特征鲜明，品牌独特。开展非遗生产性保护，要做足优势资源，做好与旅游的结合、融合文章，其产业增长势头以及在未来的发展潜力不容低估，其在推动地方经济发展中的作用将会成倍放大，实现经济效益与社会效益的“双赢”。要研究出台扶持非遗产业发展的政策措施，促进非遗产业的做大做强。

要推进非遗大省向非遗强省跨越，个人观点，体现在这十个强上。怎么样实现这十个强？概括为十句话：要以两富战略强理念，以转型升级强谋划，以依法保护强基础，以构建网络强载体，以特色品牌强活动，以拓展渠道强声势，以创新思维强科研，以抢抓机遇强保障，以率先发展强实践，以服务民生强效益。总之，把根留住强保护，风生水起强发展。

今后十年非遗事业发展的愿景，应当努力争取做到十个全覆盖。前五年，做到全省县级区域非遗基地全覆盖，非遗馆全覆盖，保护机构全覆盖，志愿者社团全覆盖，信息化全覆盖；后五年，做到美丽乡村全覆盖，国遗项目全覆盖，非遗品牌活动全覆盖，学校乡土教材全覆盖，非遗职业化队伍全覆盖。

党的十八大指出：“建设文化强国，是关系人民福祉、关乎民族未来的长远大计。”非遗事业发展要与之相适应，顺势而为，乘势而上。从非遗大省迈向非遗强省，建设和建成非遗强省，功在当代，利在千秋。我们面临着非遗事业重要的发展机遇期，也面临着非遗事业发展的攻坚突破期、整体推进期、加速转型期。我们要准确判断非遗事业发展新的历史时期的内涵和条件的变化，树立高度的文化自觉和文化自信，全面把握机遇，沉着应对挑战，赢得主动，赢得优势，赢得未来。推进非遗大省向非遗强省跨越，这一共识已经写在浙江人的心坎，也正在变成看得见的风景。

原载《浙江蓝皮书　2013年浙江发展报告》(文化卷)

转型期浙江非物质文化遗产的保护实践

内容摘要： 本文针对目前浙江省在非物质文化遗产保护与传承中的成就以及存在的问题，分析当下非遗保护的形势与任务。通过对“非物质文化遗产”这一关键概念的深度阐释，对非遗保护工作中出现的一些具体问题的探讨，以及对未来非遗工作的展望与规划，不但可以使各级非遗保护工作者对此有针对性的深入了解，还为更好地开展非遗保护工作提供方法途径，拓宽思路。

关键词： 浙江省；非物质文化遗产保护；形势；任务

浙江省的非遗保护工作目前可以说是走在了全国的前列。浙江非遗普查创新模式，已在全国推广。在国务院公布的两批国家级非物质文化遗产项目中，浙江省均名列榜首。文化部已公示第三批国家级名录推荐项目，浙江上榜项目继续名列榜首，有望实现“三连冠”。浙江非遗保护工作创新机制，通过多种载体和平台，融入社会，融入生活，融入民众，取得了显著成效。这些成绩的取得，一是要归功于祖先，给我们留下了丰厚的文化遗产；二是归功于组织，主要是各级领导的高度重视；三是归功于老百姓，广大人民群众的真切拥护和热情支持；四是归功于社会各界，包括浙师大等在内的高等院校的智力支持，专家学者的奉献和贡献，对我们非遗保护工作的科学把握和有效指导都发挥了重要作用。当然，还有政府主管部门的主观努力，各级文化部门和非遗干部付出了无数艰辛的劳动。政府主导，社会参与，在各方的共同努力下，才有我们今天卓有成效的工作成果。

本文主要探讨以下三个问题：第一，什么是非物质文化遗产？非遗作为一个关键概念，需要深入地加以阐释；第二，当下非物质文化遗产保护的形势，其中既包括做出成就的一面，也包括有待加强的一面；第三，谈谈目前非遗保护中已经做了的具体工作，进而展望未来计划要做的工作，将有助于大家了解、参与和指导非遗工作。

一、何为非物质文化遗产

在讨论“非物质文化遗产”之前，首先涉及的是“遗产”这个概念。联合国教科文组织提出的“遗产”包括两方面内容，即自然遗产和文化遗产。自然遗产指大自然留给我们的东西，包括山川河流、江河湖海等。文化遗产是历史上各民族的先辈留下来的产物，其中包括物质遗产和非物质文化遗产两部分。通俗地讲，“物质遗产”指看得见、摸得着的东西，比如浙江省良渚文化遗址、河姆渡文化遗址、马家浜文化遗址以及古城、古镇、古村等遗址遗迹遗存，还有博物馆中展示的和民间留存的古董古物古玩等。而“非物质文化遗产”指的是世代传承的、与人民群众生产生活密切相关的文化表现形式与文化空间。我用几个关键词进行概括。

1. 非物质性

我们知道，房屋是物质的，造房屋的技艺是非物质的；剪纸是以物质的形态呈现的，而剪纸技艺具有非物质性。同样是剪纸，不同艺术家创作的作品，呈现不同的风格；地域不同，文化形态也会相应地不同。再如，酒是物质形态的，但酿酒的技艺却是非物质形态的。绍兴黄酒可以分为很多的种类，如花雕酒、女儿红、加饭酒等，各有自己独特的配方和工艺。不仅仅酿酒的技艺不一样，每一种酒还具有独特的文化蕴含，包括与其相关的民间习俗。在宁绍一带，如果哪户人家生了女儿，家里就要为女儿酿一坛酒埋藏在地下，等女儿出阁时，把这坛酒取出来运到夫家。这坛酒酿制的质量如何，便预示着新婚夫妇婚姻生活的幸福程度。宁绍平原的“十里红妆”更是家喻户晓，它既是传说，也是手工技艺，还是民俗事象。有专家说，物质是东西，非物质文化遗产不是东西。非物质文化遗产主要体现为技艺、技能、技术、技巧，体现为情感智慧和天才创造。

2. 口传心授

传统的典籍志书中对于非物质文化遗产内容的记载十分有限。非物质文化遗产在历史上并不受到重视。文献典籍当中主要记载的是上流精英的文化，如帝王将相文化、才子佳人文化，这都属于社会主流文化。而非物质文化遗产属于民族民间文化，即草根文化、乡土文化、百姓文化，或称生活文化。这类文化在历史中是很少受到眷顾的。精英文化和民间文化，都是民族文化的重要组成部分。有专家说，精英文化是父亲文化，草根文化是母亲文化，父亲文化影响社会进程，而母亲文化滋养大地、滋养心灵、滋养情感。

另外，典籍志书即使要记载非物质文化遗产的内容，在当时条件下，技术上也是不可行的。非物质文化遗产是以人为主体的，是活态呈现的，如一位民间表演艺术家的身段、着装、道具、表情等，用语言描述和记载是体现不出其原真性的。而同样一个角色，由不同艺术家去演，所达到的艺术效果又是各不相同的。以前缺乏现代社会的高科技设备，如录音机、照相机、摄像机等，没有办法形象、直观、生动、真切和立体地进行记录。

非物质文化遗产以口传心授、言传身教为基本特征，往往采取父子相承、师徒相承的方法传承。在师徒传承中，师父往往会留一手，俗话说“徒弟出山，师父讨饭”。为了维持生计，防止徒弟和自己抢活干，师傅不得不有所保留。这样的例子比比皆是。

3. 世代相传

在非遗保护中，还有一个重要工作，即探究非遗项目的起源、发展演变和传承路径，进行追根溯源和刨根问底的研究。在非遗名录当中我们需要弄清楚每一个非遗项目的历史渊源和传承谱系。国家级非遗项目需要有百年以上的历史，即辛亥革命以前就落地生根的非物质文化遗产，省级非遗项目要求其在中华人民共和国成立前就已经存在，市县级也有其时间上的一定限制。这样的规定有其合理性。以东北的二人转为例，东北二人转是国家级非遗项目，已有几百年历史，但如果说有一位金华籍的年轻人去东北向赵本山学了几招，回来在金华申报二人转为非物质文化遗产项目，这是不合理的，因为二人转在金华没有历史。如果此后60年，二人转在金华已经落地生根、生根发芽、开花结果，那么到那时金华也可以去申报二人转为非遗项目。非物质文化遗产具有世代相传的基本特征。

余杭的良渚玉雕在申报非物质文化遗产时，没有通过，主要因为在其历史发展过程中出现了文化断层，致使学者们目前暂时无法去考究和验证。萧山的微雕艺术也很著名，但是由于找不到其历史上的传承脉络，也就不能将其纳入非遗项目中来。这些民间匠人可以在一颗小小米粒上、在一根头发上雕刻一首唐诗，但由于没有文化发展脉络，所以我们可以给这些艺人评定为“民间艺术家”“工艺美术大师”，但不能认定为非遗项目以及认定为传承人。有专家说，物质遗产是鱼干，而非物质遗产是活鱼。物质遗产是一个标本，是一个标识，是历史的见证，而非物质文化遗产则是活鱼，要求源远流长、一脉相承，要薪火相传、继承发展、发扬光大。

4. 文化空间

在非物质文化遗产的定义中，提到了“文化空间”这个概念。学术界对于文化空间有自己的定义。“文化空间”指的是“在特殊时间特殊地点举行的具有特殊意义的特殊活动”。以端午节为例，中国的56个民族中有30多个过端午节。各地端午节的节日内容和民间习俗有共性，也有个性。有的地方端午仪式保留得比较完整，节日内容体现得比较丰富。如浙江嘉兴的端午节，举办活动规模比较大，内容丰富，在全国有一定知名度。春节、元宵、清明、端午、七夕、中秋、重阳等重要的民族传统节日，以及各地具有地域特色的民族民间节庆，都是典型的节日型文化空间。还有，那些民间庙会、祭祀，譬如普陀山香会、永康方岩庙会、秀洲网船会、缙云祭轩辕氏、绍兴祭大禹、衢州祭孔子、杭州临安祭钱王、兰溪祭诸葛亮、青田和文成祭刘伯温等，也属于文化空间的范畴。

5. 生产生活方式

我们知道非物质文化遗产是与人们生产生活密切相关的。首先，从生活方面看，我们每一个人从出生的“抓周”礼仪开始，经过婚丧嫁娶，直至老病而死，这些都属于非物质文化遗产。古代的人们重视丧俗，一般只有那些地位比较高的、有辈分的、德高望重的人，才能操办极为隆重的丧事。据说孔老夫子就做过丧俗的主持。民间由于受到儒释道的影响，在丧葬习俗中既有佛教祭祀，也有道教祭祀，许多地方的丧俗中还保留着一些远古文化的因素，是弥足珍贵的。在非遗普查中，有位文化站长为了收集有关丧葬的资料，总是第一时间赶到丧葬现场，其举动往往不能够被人所理解。但是作为一个敬业的非遗工作者，他是值得学习和尊敬的。

除此之外，生活当中的“衣食住行”也属于非物质文化遗产。衣着上，如宁波的中山装、杭州的旗袍，在民国时期就很有名气。饮食上，“油盐酱醋茶”的制作技艺，都属于非遗的范畴，“色香味形器”充分体现了中国菜肴的文化内涵。住房上，兰溪诸葛八卦村和俞源古建筑营造技艺，体现了中国传统民居“天人合一”的营造理念。传统造桥、铺路、修凉亭的技艺，也是非遗的内容。

从传统生产方式来讲，“农林牧副渔”也都属于非物质文化遗产。遂昌的汤显祖劝农节、云和的开犁节、衢州的喝山节、开化的保苗节，与农业、林业生产和生态保护息息相关。在渔业当中，象山的开渔节、岱山的谢洋节，还有鱼制品的晒制和渔网的制作，也都属于非遗。俗话说“三百六十行，行行出状元”，每一个行业都有自己的祖师，加上每一行业都有独特的技艺、行规以及祭祀方式，这些内容都属于非遗。因此，非遗与我们传统生产、生活息息相关。

非物质文化遗产包含的内容很宽泛，上至天文地理，下至鸡毛蒜皮，几乎无所不包。由于非遗概念的边界是比较模糊的，也有待于专家学者们去进一步界定和梳理。

二、非物质文化遗产保护的形势

就浙江省的非物质文化遗产保护形势而言，主要谈两个方面，一方面是非物质文化遗产保护赢得了党委政府的高度重视，赢得了广泛的社会共识；另一方面是需要注意的、有待进一步加强的一些问题。

首先，新世纪以来，国际社会对非遗保护达成共识，我国党和政府也高度重视非物质文化遗产保护工作。2003年，联合国教科文组织出台了《保护非物质文化遗产公约》，2004年，全国人大常委会批准了中国加入《保护非物质文化遗产公约》，中国成为缔约国之一。2005年，国务院出台了两个关于非遗的文件，国务院办公厅下发了《关于加强我国非物质文化遗产保护工作的意见》，国务院下发了《关于加强文化遗产保护的通知》，非遗保护工作提上了国家的议事日程。2007年，胡锦涛总书记在党的十七大报告中强调，要加强文物和非物质文化遗产的保护工作，营造中华民族共有的精神家园。温家宝总理对非物质文化遗产有深刻认识。在文化部举办的中国非物质文化遗产大展中，温总理谈了自己对于非物质文化遗产的理解：第一，它是民族文化的精华；第二，它是民族智慧的象征；第三，它是民族精神的结晶。如果展开来谈，再加两条我自己的认识；第四，它是民族身份的标志；第五，它是民族历史的见证。比如，由于地域自然环境以及文化底蕴不同，造就了南方人与北方人的文化不一样，中国人与外国人也各不相同，都体现了非物质文化遗产具有民族身份标志的特征。中国五千年的历史文化底蕴，在我们当今的非物质文化遗产上打下了深深的烙印。

2005年，时任浙江省委书记的习近平，在短短的一个月内对非物质文化遗产做出了6次重要批示，充分体现了省委对于非遗工作的高度重视。2008年年初，浙江省委书记赵洪祝批示“要将非遗保护工作向前推进一步”。2009年年初，赵书记对非遗工作做出重要批示：“应当首先感谢文化系统的同志们，围绕非遗保护做了大量卓有成效的工作。它不但是全省、全国的工作，而且是世界人类文明的传承工作，意义十分重大。要继续深入抓好。”这是赵书记对我省非遗工作的充分肯定，同时也是对我们今后非遗工作提出的殷切期望。吕祖善省长对于非遗工作给予了特别的关心和关怀。当前，浙江省非遗保护的氛围很好，各地党委、政府对非遗保护工作都给予极大的支持。

我省各级文化部门和广大非遗工作者，抓住机遇，乘势而上，奋发有为，开拓进取，为抢救、保护非物质文化遗产，为弘扬民族优秀文化传统，为营造民族共有的精神家园，做出了不懈的努力。

但同时，我省非遗保护工作也面临着严峻的形势，仍存在有待提高的方面。这也是全国非遗保护工作中普遍面临的问题。我用几个关键词来进行概括。

1. 现代化的冲击

当前，城市化、现代化和工业化等浪潮，旧城改造、旧村改造等热潮，大呼隆、一刀切、齐步走，推土机摧枯拉朽、破旧立新、大破大立，造成千城一面、千村一面、千篇一律的现象，致使城市以及乡村个性特色消弭殆尽，所谓“没有拆迁就没有新中国”。城乡一体化改变了城乡二元结构。城就是城，乡就是乡，干吗要一体化？即便是城乡一体化，也应该是公共服务一体化，社会保障一体化，而不是文化一体化。非物质文化遗产所呈现的是一个区域的历史文脉，呈现的是一个地方的个性、特色和韵味。非物质文化遗产让这个地方与那个地方与众不同。非物质文化是农耕文化的产物，农村盲目改造严重破坏了文化植根的土壤。皮之不存，毛将焉附？

2. 人亡艺绝

传统手工技艺都掌握在老人手里，如果不及时地进行抢救记录，老人一旦去世，传统手工技艺就消失了。举个例子，宁波原有个名叫“雀咚咚”的曲艺项目，在20世纪80年代组织的调查中榜上有名，但因当时技术条件限制，仅有寥寥数语的文字记述。本次非遗普查之初，据说还有四位老人能够演唱。但是，当文化局前往实地调查时，却发现四位老人都已去世。后来，听说某敬老院里还有一位能演唱“雀咚咚”的老人，当地文化局组织人员急忙携带设备前往记录和采集。后来，老人还参加了“宁波曲艺大汇串”，闪亮登场、精彩亮相。当地电视台还组织拍摄了老人的生平纪录片。虽然老人不久后便去世了，但“雀咚咚”的相关资料得以及时的保留。在现实生活中，有许多非遗项目没有保留下来。有专家感叹“每一分钟都有一个老艺人去世，每一分钟都有一项民间艺术项目消亡”。这不是危言耸听，而是说明：非遗保护时不我待，刻不容缓，迫在眉睫，要只争朝夕，要与时间赛跑。

3. 实物资料的流失

这一现象是很普遍的。在过去的百年间，我国宝贵的文化遗产被侵略者大量掠夺，比如英法联军对圆明园的洗劫和掠夺。法国大作家雨果曾在给巴特勒上尉的信中这样写道：“一天，两个强盗走进了圆明园，一个抢劫，一个放火，一起彻底毁灭了圆明园。这两个强盗，一个叫法兰西，一个叫英吉利。这两个强盗，都将被钉在人类历史的耻辱柱上。”雨果的伟大，正在于他的正直。在和平年代，依然有珍贵的文化遗产实物资料不断地流失。曾经我们省里举办首届民族民间艺术博览会，要求桐乡选送传统蓝印花布参展，结果发现桐乡的传统蓝印花布制作设备和老的蓝印花布，已全数被一位日本老太收购，并在上海建立了蓝印花布博物馆。改革开放30年了，请问你们家里还有30年前的老东西吗？

4. 关乎国家文化安全

国务院文件强调，要从对历史和民族负责的高度，要从维护国家文化安全的高度，重视非物质文化遗产保护工作。战争年代，余则成“潜伏”，冒着生命危险传递情报，在互联网时代，几乎无密可保。美国的防范意识和防范技术肯定是超强的，但不少核心机密轻易地被“维基”解密了。非物质文化遗产的一些核心技术和知识产权，也同样面临着巨大威胁。日本人利用中国民众对非遗保护的淡薄意识，伺机窃走了宣纸、青瓷等制作技艺和材料配方。我们不少同志宣传意识很强，但保密意识不强，保密意识很淡薄。

还有，外来文化的侵入值得警惕，洋节、洋片、洋薯，不可小视。每逢圣诞节，商家和媒体推波助澜，老外来了宾至如归，我们好像置身异国他乡。据说法国有家报纸头版头条通栏标题：祝中国人圣诞节快乐！你快乐吗？美国大片大家都喜欢看，但它传递的是美国的文化理念，传递的是美国的核心价值观。小小洋薯条蛮好吃的，但肯德基、麦当劳传递的是西方的生活方式。抵御欧美的生活方式对我国入侵，也从娃娃抓起，潜移默化的影响，不能不防。

非遗保护工作，成绩很大，问题也不少，既要唱赞歌，也要敲警钟。盛世危言，警钟长鸣！

三、非物质文化遗产保护工作的主要任务

介绍一下我们已经做的工作和将要做的工作。我们已经做的工作，我用几个关键词来概括。

1. 发现、发掘

罗丹有一句名言："这世上不是缺少美，而是缺少发现美的眼睛。"我省非遗大普查，纵向到底，横向到边，地毯式、拉网式进行，按照全面性、真实性、完整性的"三性"要求，按照不漏村镇、不漏项目、不漏艺人、不漏线索的"四不漏"要求，发动老艺人、老工匠、老土地、老教师、老干部"五老"参与，全省动员了23万人参与。全省普查出230多万条线索，重点调查了15万多个项目，其中新发现5万多个项目，登记传承人16.5万人。全省汇编普查资料6400多册，调查文字记录2亿多字，做到乡镇有汇编，并相应做了录音录像照片等音像记录，收集相关实物资料2.3万余件。成果丰硕，成绩巨大。为推进普查工作的开展，我们先后举办了7次会议，下发了32个文件，全过程指导，全过程质量监控。文化部在浙江象山召开全国非遗普查现场会，会上，省文化厅厅长的报告用数字说话，同时我们配合会议搞了一个大型展览，这个展览用事实讲话。在这个会议上真正确立了浙江非遗工作的地位，与会代表用"感动、震撼"来评价，用浙江的工作"不得了、了不起"来评价。在《中国文化报》头版头条，以"非遗普查看浙江"为题报道了浙江的非遗工作。文章中出现了对浙江普查工作"叹为观止、做到极致"的评价。浙江精神官方用语概括为"自强不息、坚忍不拔、勇于创新、讲求实效"，用民间的语言来概括浙江精神就是"五个千"：千山万水、千言万语、千辛万苦、千方百计，最后赚得千金万银。

浙江的非遗普查就是“五个千”精神的体现。这个发现就是大普查，这个发掘就是重点调查。这个“金银”就是大量的非遗项目很有价值，具有相当的含金量、含银量。

2. 保存、保护

保存，指用文字、录音、录像、数字化多媒体等手段，对保护对象进行真实、全面、系统的记录，并积极搜集有关实物资料，妥善保存，留给历史、留给后人，并积极合理利用。保护，指采取切实可行的具体措施，以保证非物质文化遗产及其智力成果得到传承和发展，保护该项遗产的传承人(团体)对其世代相传的文化表现形式和文化空间所享有的权益，尤其要防止对非物质文化遗产的误解、歪曲或滥用。保护重点包含两个方面，一是项目保护，即保护好每一个国家级、省级非遗项目。我们为每个非遗项目都建立专家组、命名首席专家制度。从保护计划的修订、保护措施、保护成果等，要全过程参与指导和促进落实。二是整体性保护。不单是一个个项目的保护，而是对整个文化生态的整体性保护，是自然生态与人文古迹、风土人情的整体的和谐的保护。这是保护文化生态的一个新模式，甚至可以说是一种新的发展观和新的保护理念。

3. 传承、传播

传承，就是要充分发挥传承人的作用。浙江省注重大力提升传承人的地位，每年的元旦至元宵节期间被设定为“服务传承人月”，要求各地做好“看望一次传承人，送一份慰问津贴，落实一批徒弟，进行一次采访报道”等“八个一”工作，并制定了“三必报、五必访”制度(传承人家中大事必报、严重阻碍传承活动的必报、传承人有重点艺术成果的必报等)。传承，就是通过社会教育和学校教育等途径，使优秀非物质文化遗产项目的传承后继有人，能够继续作为活的文化传统在相关社区尤其是青少年当中得到继承和发扬。省文化厅公布了一批省级非遗传承基地和传承教学基地，促进保护传承。

传播，就是充分运用传统节日、非遗节庆、展会、观摩、培训、专业性研讨等形式，通过大众传媒和互联网的宣传，加深公众对该项遗产的了解和认识。传播，就是利用媒体优势，在文化遗产日、传统节日等进行大力宣传。我们组织开展了“非遗普查十大新发现”评选活动，每年组织开展“非遗保护十件大事”评选活动，每两年组织开展“非遗保护十大新闻人物”“精神家园守护者”评选活动，开展非遗宣传报道“三好”评选，从而达到非物质文化遗产传播的目的，促进社会共享。

4. 展演、展示

非遗成果要让人民群众共享。传统表演艺术重在展演。省文化厅公布了重点培育的120个传统表演艺术精品项目和重点培育的项目，涵盖传统音乐、传统舞蹈、传统戏剧、传统曲艺和传统体育等门类。着力运用丰厚的传统表演艺术资源，丰富人民群众精神文化生活，提升地方文化影响力，推进演出市场的活跃。

传统手工技艺项目重在展示。展示分为临时性展示(包括各种形式的博览会)和固定展示(大批的非遗展示馆建设)。近年来，我省着力培育和打造一批具有鲜明地域文化特色和较大影响力的非物质文化遗产展会。省有关部门举办的中国(浙江)非遗博览会、中国浙江工艺美术大师精品博览会、中华老字号博览会，已连续举办多届，形成品牌效应。西湖博览会、义乌文博会等我省重要的文化产品博览会，都将非遗项目的展示展销作为重要板块，作为诠释地域文化内涵的、最具有吸引力的载体。中国龙泉青瓷宝剑节、青田石雕文化节、东阳木雕节等专题性展会，进一步凸显非遗项目的文化辐射，拓展市场空间。各类各层次的非遗展会，集中展示了非遗传承人的代表作和高超技艺，生动体现了非遗活态传承的特点，促进了手工技艺项目的市场开发。

5. 生产、生活

要推进非遗生产性方式保护。主要包括文化产品的开发，使非物质文化遗产成为新的经济增长点，成为人民群众脱贫致富奔小康的有效途径，成为拉动内需促发展的有效途径。现有非遗项目的产业发展前景良好，2010年年底省文化厅将公布一批非遗生产性保护基地，在继承传统技艺的基础上，促进非遗项目扩大生产规模，扩大经济效益。

要推进非遗资源“融入社会，融入群众，融入生活”。省文化厅会同省旅游局评选公布了“浙江省十大非遗旅游经典景区”，包括宋城、横店、乌镇、龙泉青瓷博览园等。在知名旅游景区、景点引入非遗项目，丰富景区文化内涵，提高文化品位；对于非遗资源比较集中的地方，把旅游团队引进来，扩大非遗的影响力和知名度。

6.“外交”、外宣

这里的“外交”，指对外文化交流。2008北京奥运会、2010上海世博会，非遗展演、展示成为热点，展现中国元素，彰显中国气派。近年来，我国加大对外文化交流力度，每年在不同的国家举办“中国文化年”活动，大力弘扬中华优秀传统文化。浙江的长兴百叶龙、奉化布龙、海宁花灯、永康九狮图等一批优秀传统表演艺术节目，在对外文化交流中精彩亮相，唱响主旋律，打好主动仗，宣传和展示中华传统文化的魅力。

在即将到来的“十二五”发展时期，我省将进一步夯实基础，转型升级，提升水平。我用六个关键词来进行概括。

1.规划、规范

2010年是全面落实“十一五”目标任务的关键一年，也是构想“十二五”发展规划的重要一年。规划是个纲，纲举目张，不谋全局，不足以谋一域。事业的发展，要通体构思、整体设计，要谋篇布局，要长计划短安排，有计划有步骤，有重点有序地推进。“十二五”期间，浙江将对一系列工作进行规范，先发展再规范，逐步健全政策措施，逐步完善规章制度，依法行政，依规办事。

2.基层、基础

“抓基层，打基础”是个老话题。基层是一切工作的出发点和落脚点。基础则着重于人、财物、建设，要有机构办事、要有人办差、要有地方办公。要加强薄弱环节，进一步健全非遗保护工作机构，全省各市县都要建立非物质文化遗产保护中心，并在未来几年中逐步争取在文化行政部门增设非遗处、非遗科。要建立一批非遗馆，非遗保护中心要实体化，以确保非遗事业可持续发展。

3.活态、生态

活态，即摆脱原本僵化的展示模式，动态地呈现非遗成果。李长春强调，非遗的活态展示，要把握“四个注重”：注重介绍文化遗产发掘过程、历史背景、相关历史人物故事等信息，注重再现传统生产技术和工艺流程，注重运用声光电等现代科技手段提高震撼力和视觉效果，注重增强参与性、互动性、体验性和趣味性，帮助人们深入了解和亲身体验中华文明的丰富内涵和独特魅力。非遗馆与博物馆有很大的不同，博物馆只单纯地陈列文化碎片，而非遗馆则应该注重非遗活态传承，要见物，还要见人，通过传承人的现场演绎和现场表达，向参观者传达非遗精神。生态，则指的是整体性地、理性地对文化生态环境进行保护。对传统文化生态保持较完整并具有特殊价值的村落或特定区域，要研究探索动态的整体性保护的方式。

4. 名牌、品牌

浙江省始终致力于打造非遗精品。2010年年底，我省将公布100个传统表演艺术精品项目，涵盖音乐、舞蹈、戏曲、曲艺、杂技等各个门类。传统文化要有现代表达，非遗项目要在继承传统的基础上有新的发展，既要讲原真性原生态，还要讲好看好听，要讲艺术性、观赏性，要打造名片，打响品牌。传统节日和传统节庆，要全面恢复和活跃，要吐故纳新、推陈出新，要与旅游结合，提高当地知名度，扩大影响力。此外，浙江非遗工作将逐步营造和呈现“一县一品牌，一乡一亮点，一村一特色”的景象，星罗棋布，精彩纷呈，让非遗项目个个出彩，个个出色。

5. 创业、创新

浙江省的非遗工作在全国名列前茅，“全国看浙江”，浙江怎么办？我省非遗工作面临第二次创业，面临着转型升级，要有新举措，要有新作为，要再接再厉，再立新功。因为浙江走在前列，遇到了许多兄弟省份还没有遇到的问题，我们没有多少经验可以借鉴，没有多少模式可以参照，没有多少样板可以遵循，必须破难攻坚。发展中的问题，要继续在发展中解决。我们要继续解放思想，实事求是，与时俱进，开拓创新。

6. 共识、共享

非遗活动的开展离不开社会各界的共同参与。《浙江省非物质文化遗产保护条例》指出，“任何单位和个人都有保护非物质文化遗产的义务。”“人人参与，人人共享”，这是我们的目标。通过各级、各类、各种形式的非遗展示宣传活动，普及非遗知识，增强人民群众的抢救保护意识，凝聚社会共识。浙江省社会力量参与非遗保护形成了态势，非遗志愿者队伍迅速扩大。省级已成立了六七个非遗保护社团，包括浙江民间艺术研究会、浙江民俗文化促进会、浙江姿剧文化促进会、浙江老字号企业协会、浙江非遗保护协会和浙江企业家民间文化遗产保护促进会等。只有全社会的文化自觉，人民群众自觉、自愿地行动，才能真正保护好我们珍贵的非物质文化遗产。我们不但要将保护工作做好，更应该让文化遗产与全社会共享。

（此文根据王淼2010年12月9日在浙江师范大学的讲座整理）

原载于2011年8月学苑出版社出版的《非物质文化遗产研究集刊》第四辑

守护精神家园

——全面小康社会的精神家园建设研究

精神家园，是人类古往今来的一种理想，是人们孜孜以求的一个目标。

中国共产党第一个一百年奋斗目标，是全面建成小康社会。也就是说，2020年我国实现全面建成小康社会宏伟目标，这是到本世纪中叶实现第二个一百年奋斗目标，把我国建设成富强民主文明和谐美丽的社会主义现代化强国的重要步骤。

孔老夫子2500多年前在《礼记·礼运篇》提出的“老有所终，壮有所用，幼有所长，鳏寡孤独废疾者，皆有所养”，在今天即将成为现实。

全面小康社会，有几个重要理念：

第一，“没有农村的小康，就没有全面小康。”小康社会，贫困县统统摘帽。全面小康，不仅是物质小康，也是精神小康，是物质富裕精神富有的两富中国。精神小康，就是精神家园建设。

第二，“没有全民健康，就没有全面小康。”全民健康包括身心健康、社会心态的健康。心理健康、社会心态健康就是精神健康，精神健康，就是精神家园建设。

第三，“没有绿色的小康，必然是短命的小康。”金山银山换不来绿水青山！绿色小康包括自然生态，也包括文化生态。文化部门两件事，一是宣传生态文化，二是保护文化生态。文化生态，就是精神家园建设。

第四，“没有文化小康，就不是真正意义上的小康。”文化是民族的血脉，是人民的精神家园。文化小康，就是精神家园建设。

这里的“精神家园”，是对文化历史影响和现实意义的高度概括。最主要的，也是最重要的，是要把它理解为一种共同的核心价值体系。

全面建成小康社会决胜阶段，强调精神家园建设，这是时代的重大命题。是关系社会主义核心价值体系建设的兴国之魂，决定着中国特色社会主义发展方向。

物质家园建设，大家都很明白，是造房子，是建设一座城市。精神家园是什么东西？理论上讲它不是物质的，它不是具体的东西。精神家园，大致则有，具体则无，说也说不清楚。

省里征文，主题“传统文化与精神家园”，收到征文136篇，电脑检索只有两篇题目有“精神家园”，这说明了这个时代重大命题，在学术研究上还是个空缺，是个难点。

我试着从身边人士的抽样调查开始，从全面小康社会精神家园的含义、特征着手，对精神家园建设重点、怎么建设，对精神家园这个命题进行粗浅答卷。

一、精神家园的基本含义

什么是精神家园？精神家园是什么？这两个题目答案是不一样的。譬如，问什么是非物质文化遗产？会告诉你舞龙舞狮等表演、木雕竹编等工艺、清明端午等节日，都是非物质文化遗产。问非物质文化遗产是什么？会告诉你，它是民族文化的精华，是民族智慧的象征，是民族精神的结晶。

精神家园务虚，是形而上的，是意识形态的，抓不住摸不着，本来就有点讲不清楚，而且每个人心中的精神家园各有不同，而且在人们心中精神家园是变化着的，不同的阶段，不同的场合，不同的对象，将是不同的憧憬。

人有精神家园，族群、社区各有精神家园，国家、民族也有精神家园，微小的宏大的，个体的集体的，近期的长期的，混在一起，讲不明白，剥离开讲，也扯不清爽。

有首歌叫《糊涂的爱》，歌手唱“这就是爱，说也说不清楚，这就是爱，糊里又糊涂……”精神家园何尝不是如此？只可意会，不可言传哪！

但是，我们政府工作部门，搞行政的，不能以己昏昏使人昭昭，必须要把它抽象出来，进行理性概括。

我问身边的人，也算是“抽样调查”：

1.问我的爱人，她说：一家人在一起，享有天伦之乐。我问就这么简单？她说是的。我住在医院两年多，她陪我住院，女儿还没成家一个人生活，老母亲80岁了在家乡也是一个人生活，全家人要回家聚一起还真不是容易的事。

2.问医生，她说：她觉得是幸福快乐的地方，她说她公公婆婆很恩爱，相濡以沫，应该他们相互之间就是精神家园。

3.问一个初中女孩，她想了想说：她感觉有两个自己，一个是现实中的自己，碰到难题时会有退缩，但是感觉到还有一个自己，在自己有退缩的时候，想逃避的时候，总会鼓励自己、激励自己，如果不努力怎么会有更好的成绩呢？逃避，同学会怎么看老师会怎么看？她的精神家园里还有一个更好的自己，要求自己成为最好的自己。

4.问滴滴司机，他说是一个好的结果。问他是一件事情，一个人生阶段，还是人生终极结果。他说一个事情的结果太小，他认为是终极结果。只要人生最终结果是好的，他今天什么苦都能吃得，都能坚持。

5.问一个专家，他说：精神家园是一个虚拟的概念，西方有个伊甸园，东方有个桃花源，都是想象中的世界，美好但不可及。但这种想象，能给人向上的能量。

6.另一位专家有不同意见，他认为：精神家园虽然是形而上的、抽象的，但需要物质化来印证它的存在。精神家园的家园也是借用物质家园的概念。要把精神家园具体化、具象化，就像今天的美丽乡村和文化礼堂建设，否则虚的你怎么去建设？你没办法去建设。

7.问同事，他说传统节日、传统戏曲等传统文化就是精神家园。

8.问非遗信息办的小伙子，他说是一个社会理想，譬如小康社会，譬如中国梦。我问，中国梦是要奋斗努力的，精神家园是讲心灵宁静的，不觉得有点矛盾吗？他说，不奋斗不努力哪来的心灵宁静？说得好，这小伙子有大情怀，讲的是社会的精神家园。

每个人心中都有个精神家园，大家说的各有不同，但抽象概括有一个共同点，一言以蔽之，精神家园核心要义：这是人人向往的地方，里边是家国情怀，是正能量，是满满的幸福感。

二、精神家园的主要特征

(一)每个人心中都藏有一个精神家园

抽样调查，范围很小，就在我那两天身边的人士中进行。但各位的回答，对精神家园的憧憬，却是体现了情感性与审美性的结合，既有宏大的民族情，又有深切的故乡情，既有立足自我的奋斗激情，又有关注现实的博大胸襟，既有自我的格调趣味，又有家国奉献的壮志情怀。这些情怀，让我们看到美好，看到希望，看到梦想就在前方。

幸福绽放在每个人的心里，精神家园也绽放在每个人的心里。

(二)传统文化是精神家园的命脉

中华民族在五千年的发展进程中，创造了博大精深的中华文化。古城古镇古村，展示着完整缕晰的历史文脉；经史子集，承载着深厚丰富的国学符号；民间发掘不尽的传统工艺、表演艺术、风俗民情，表现出祖先超凡的智慧，寄托着天人感应的意象；中华民族修身齐家治国平天下的伦理道德，蕴含着太多建设现代文明应该遵循的准则。传统文化，使我们的精神家园具有超凡的气象和魅力；家国天下，使一个民族具有整体向上的超越性的精神力量。

(三)精神家园是多元的

精神家园，可以是个人的，也可以是集体的；可以是社区的，也可以是族群的；民族有精神家园，国家也有精神家园。

还有，追求天下大同，建构人类命运共同体。无限的地方，无数的人群，都与我有关。

精神家园可以是实的，也可以是虚的。

精神家园可以是理想是梦想，精神家园还可以是种种可能。

(四)精神家园是个动态的概念

精神家园有大有小，有虚有实，有高有低，有远有近，有方有圆，有动有静……这是什么呢？我想起一个字“道”，道可道，非常道。

精神家园是有层级的。马斯洛需求层次理论，将人类需求像阶梯一样从低到高按层次分为五种，分别是生理需求、安全需求、社交需求、尊重需求和自我实现需求。我个人觉得，这五种之上还有一种无我的境界，大公无私或者公而忘私！

人的各阶段，追求的精神家园不一样，是与时俱进的。

各社会阶层，追求的精神家园也不是一成不变的，是进步发展的。

精神家园应该是各种形态，丰富多彩的。

（五）中国的每一寸土地都是中国人的精神家园

城市居民的家园，可以是望得见山、看得见水，记得住乡愁的古村。

出门在外的游子，是对家乡老母亲的思念和牵挂，唐代诗人孟郊在我们德清留下了《游子吟》。

老人的精神家园，可以在文化礼堂看看戏听听评书，更盼望儿女常回家看看，一家人团团圆圆过春节。

孩子们，盼望过年过节，等待全城万人空巷闹元宵。

知识分子的精神家园，在读书教书写书，在穷则独善其身，达则兼济天下。

一件事一辈子，非遗传承人的精神家园在他的绝技绝艺绝活中。

精神家园无处不在，就好像幸福一样无处不在，“如果感到幸福你就拍拍手”。

三、精神家园建设重点

（一）精神家园要有物质基础

物质第一性，意识第二性，是辩证唯物主义的一个基础性的观点。物质决定意识，意识是物质的反映。

恩格斯的《在马克思墓前的讲话》中说：“正像达尔文发现有机界的发展规律一样，马克思发现了人类历史的发展规律，即历来为繁芜丛杂的意识形态所掩盖着的一个简单事实：人们首先必须吃、喝、住、穿，然后才能从事政治、科学、艺术、宗教等等。”

在人民温饱问题没有解决的情况下，讲精神家园，有点“客里空”；在今天我们进入决胜全面小康阶段，提出精神家园建设，是人心所向、大势所趋。全面小康社会，应当既包括殷实的物质家园建设，也包括作用于人的意识形态、心灵、文化艺术、民间风俗的美丽的精神家园建设。

精神家园是意识形态的概念，是形而上的精神文化，无形文化也要有形化，精神家园也要有硬支撑。文化生态保护区、非遗馆、文化礼堂等等，历史文化名城、名镇、名村等等，要虚功实做，软件硬抓。

（二）人是精神家园的核心

人是传统文化最主要的载体，而非秦砖汉瓦。传统文化滋养“六气”：

1.传统文化让人有底气，就是有文化自信。

2.传统文化让人有骨气，骨气就是民族大义、民族气节。

3.传统文化让人有正气，仁义礼智信，内化于心，外化于形。

4.传统文化让人有灵气，就是有智慧。

5.传统文化让人大气，大胸怀，大情怀，胸怀祖国，放眼世界。

6.传统文化让人更有朝气，就像早晨八九点钟的太阳。

精神家园，让你成为吾国吾乡人而不是他国他乡人，让你成为中国人而不是外国人。

精神家园，使我们成为一棵根深蒂固枝繁叶茂大树的绿叶，而不是现代化浪潮中随波逐流的飘萍。

精神家园的建设离不开人，精神家园的建设也是为了人。精神家园归根结底是人的精神家园，是为了塑造人、培育人、发展人。

五千年中华文明积淀下来的文化，塑造了中国人的精神品格和精神世界。我们要从传承弘扬优秀传统文化中传承精气神，弘扬真善美，让每一个中国人发扬传统文化的基本气质和潜能，让每一个中国人都更有底气骨气正气灵气朝气，意气风发、斗志昂扬地走在中国特色社会主义大道上，为实现中华民族伟大复兴的中国梦而奋斗！

（三）传统文化是精神家园的能源

习总书记说：“中华优秀传统文化是中华民族的精神家园”，并指出，“抛弃传统、丢掉根本，就等于割断了自己的精神命脉”。

中央文件强调，“文化是民族的血脉，是人民的精神家园。”中华文明延续着我们国家和民族的精神血脉，中华优秀传统文化是中华民族的集体记忆和精神家园，是我们民族生命力、向心力、凝聚力的重要载体。

丰富多彩的非物质文化遗产，是人民群众世代相承、与日常生活密切相关的各种传统文化表现形式和文化空间。非物质文化遗产既是历史发展的见证，又是珍贵的、具有重要价值的文化资源。传统文化代代守护，薪火相传，是国家和民族发展的需要，是人类社会可持续发展的需要。

要加强对中华优秀传统文化的挖掘和阐发，与时俱进、推陈出新，改造和发展具有浓郁民族特色的民间风俗礼仪，开展丰富多样、健康有益的民间民俗文化活动，让传统文化不仅存在于旅游景点、珍藏在博物馆非遗馆里，而且重新融入传统生产方式，融入百姓的日常生活，保持中华民族共有的精神记忆和文化传承。

要推动中华文明创造性转化、创新性发展，激活其生命力，使中华民族最基本的文化基因与当代文化相适应、与现代社会相协调，把跨越时空、超越国界、富有永恒魅力、具有当代价值的文化精神弘扬起来。让中华文明同各国人民创造的多彩文明一道，为人类提供正确的精神指引。

（四）社会主义核心价值观是精神家园的内核

文化是表现形式，但是透过现象看本质，文化是灵魂！诸如传统戏剧、曲艺、民俗项目中所体现的，表面看多是反映帝王将相、才子佳人，讲的是爱恨情仇、风花雪月，但实际上它的主题都是忠孝节义、礼义廉耻，体现的是真善美和正能量，与我们当今的社会主义核心价值观是一脉相承的。

中华民族和中国人民在修齐治平、尊时守位、知常达变、开物成务、建功立业过程中培育和形成的核心思想理念，如革故鼎新、与时俱进的思想，脚踏实地、实事求是的思想，惠民利民、安民富民的思想，道法自然、天人合一的思想等，天下兴亡、匹夫有责的担当意识，精忠报国、振兴中华的爱国情怀，崇德向善、见贤思齐的社会风尚，孝悌忠信、礼义廉耻的荣辱观念，求同存异、和而不同的处世方法，文以载道、以文化人的教化思想，形神兼备、情景交融的美学追求，俭约自守、中和泰和的生活理念等，是中国人民思想观念、风俗习惯、生活方式、情感样式的集中表达，体现了崇高的理想追求，蕴含着丰富的道德理念和规范，积淀着多样、珍贵的精神财富，至今仍然具有深刻影响。

我们当前所面对的是一个“三千年未有之大变局”的转型时期，城市化、现代化、工业化，社会结构发生急剧巨大变化。在一个功利性的社会环境中，要如何保有正确的三观，保有自己的精神追求，是一个需要解决的迫切问题。

优秀传统文化，体现了中华民族一脉相承的精神追求、精神特质、精神脉络，它是中国人精神上的灵魂和血脉。要将我国最美好的传统文化融入到每个人的血液里，让每一个中国人受优秀传统文化滋养培育熏染，有高尚的灵魂。

（五）建设精神家园就是营造一个文化生态环境

生态就是指一切生物的生存状态，以及它们之间和它与环境之间环环相扣的关系。生态的产生最早是从研究生物个体开始的，“生态”一词涉及的范畴也越来越广，人们常常用“生态”来定义许多美好的事物，如健康的、美的、和谐的等事物均可冠以“生态”修饰。

有位专家说得好，文化生态就像端午节一样，到过节那天，从南到北，从东到西，从早晨起来采艾草、插菖蒲开始，包粽子，赛龙舟。这样过节，不用政府部门通知，不用下命令，老百姓自己有自己过节的一整套程序，文化生态保护所要保护的正是这些千百年流传下来的、融入到百姓生活中的东西。

在嵊州，男女老幼随口哼唱的就是越剧；在金华，扯出嗓子就是耳熟能详的婺剧；在湖州善琏，家家户户做毛笔；临海岭根我的家乡，家家户户会草编，女人人人编扇子……这些文化生态不是我们一两天能“打造”出来的，那都是那里的百姓祖祖辈辈“打造”出来的，是当地家家户户的老百姓“打造”出来的。要保护这些文化生态，靠的是当地的老百姓，靠的是祖祖辈辈生活在那里的老婆婆、老公公们。

文化部一直在推进全国文化生态保护实验区建设，其中浙江的象山列入国家级海洋渔文化生态保护实验区。浙江省已公布10个省级文化生态保护区试点，如杭嘉湖蚕桑丝织文化、绍兴越文化、金华婺文化、景宁畲族文化、江山廿八都文化、乐清传统工艺美术、龙泉青瓷文化、浙东海洋渔俗文化、普陀山佛教文化（观音文化）、嵊州越剧文化。

这些文化生态区有以下特点，1.它是某一特定文化类型资源中的杰出典型；2.它在解释某一文化或自然遗产主题方面具有极高价值；3.它为文化传承、公众利用、科学研究提供了最佳机会；4.处于濒危状态，但它保留下了高度完整的具备真实性、准确性和相对破坏小的资源典型。

浙江地理风貌很丰富，拥有水乡、平原、山区、丘陵、海岛等，一方水土一方文化，浙江的文化形态“十里不同风，百里不同俗”，横看成岭侧成峰，远近高低各不同，可以产生许多的各种状态的文化生态区。

文化浙江，就像一幅色彩斑斓的文化地图，文化多样性是基本，文化生态区是底色，丰富多彩，形式多样，千姿百态，万紫千红，有如精神家园。

要传承传统文化，营造精神家园，就必须保持中华民族共有的精神记忆和文化传承，也要从民族节日和文化遗产等传统文化中，让人民群众能够深切感受到中华文化的多姿多彩。

（六）建设中华民族共有的精神家园

每一个中国人都有中国梦，中国的每一寸土地都是中国人的精神家园。

实现中华民族伟大复兴的中国梦，则需要努力建设中华民族共有精神家园。

《共产党宣言》说："各民族的精神产品成了公共的财产。民族的片面性和局限性日益成为不可能，于是由许多种民族的和地方的文学形成了一种世界的文学。"

建立于各民族文化之上的中华民族精神家园，是中华各民族民族文化的交集（集合体），它是由众多民族文化组成的，是具有浓郁民族性特色的优秀文化共同筑造的，同时又是在所有民族文化的基础上实现的自我超越，是对各民族优秀文化的统一和升华。

对个体来说，精神家园将能给其安全、温暖以及幸福的感觉；对民族而言，精神家园能增强民族生命力、创造力以及凝聚力，为民族团结奋斗提供精神动力。一个民族的精神家园是根植于民族文化之上的，是一个民族在文化认同的基础上产生的文化寄托和精神归宿。

中华民族共有的精神家园，不是13亿人民精神家园的普通叠合，也不是56个民族精神家园的简单相加，而是所有民族精神家园中最核心精神内涵的概括和统一。

"人民群众对美好生活的向往，就是我们的奋斗目标。"建设中华民族共有的精神家园，要"在落细、落小、落实上下功夫"，使精神家园建设内化于心、外化于形。不抓落实，再美好的蓝图也只是空中楼阁。

（七）"一带一路"引领人类命运共同体

2017年5月14日，举世瞩目的"一带一路"国际合作高峰论坛在北京启幕，这是中国政府又一主场外交盛会。习近平主席出席发表了激情澎湃的主旨演讲，系统地阐述了"一带一路"发展战略和路径，描绘了一幅全球经济一体化和人类命运共同体的宏伟蓝图和美丽愿景。

如果把北京峰会达成的共识凝聚成一个字，那就是“共”：共商、共建、共享、共赢，就是构建“人类命运共同体”。

佛教有个概念，无远弗届，即不管多远之处，没有到不了的地方。当今世界日益扁平化，地球日益成为一个小小的村落。全球经济一体化，日益成为绝大多数国家的共识。

2013年，中国提出了“一带一路”发展战略，迅速得到世界大多数国家的认可和欢迎。“一带一路”提出近5年来，已呈星火燎原之势，对世界产生了多重影响。当今世界，许多人把美好期望寄托在中国，寄托在“一带一路”上。

今天的“一带一路”不是历史上丝绸之路的重建再造。“一带一路”更在于“精神”，成为引领打造人类命运共同体的重要桥梁；要把跨越时空、超越国界、富有永恒魅力、具有当代价值的文化精神弘扬起来；要推动中华文明创造性转化、创新性发展，激活其生命力，让中华文明同各国人民创造的多彩文明一道，为人类提供正确精神指引。

人类社会追求的最高境界是“天下大同”，不是一花独放，而是百花齐放；是“各美其美，美人之美，美美与共，天下大同”。“一带一路”让世界更加美好，世界因为“一带一路”而更美好。

中国的东方智慧告诉世界“不同民族，不同的文化要交而通，而不是交而恶”“不是要营造自己的后花园，而是要建设各国共享的百花园”。因此受到世界欢迎和认可。

纵观人类历史，凡是开放包容的国家都会迎来盛世和繁荣！

四、精神家园的建设途径

（一）习近平总书记关于传统文化与精神家园建设的新理念新思想，是建设精神家园最重要的思想依据和遵循

“要认识今天的中国、今天的中国人，就要深入了解中国的文化血脉，准确把握滋养中国人的文化土壤。”“中华文化积淀着中华民族最深沉的精神追求，包含着中华民族最根本的精神基因，代表着中华民族特有的精神标识。”“中国优秀传统文化的丰富哲学思想、人文精神、教化思想、道德理念

等，可以为人们认识和改造世界提供有益启迪，可以为治国理政提供有益启示，也可以为道德建设提供有益启发。”

（二）社会主义核心价值观，是建设精神家园的基本要素和特质

社会主义核心价值观三个“倡导”24个字，从个人品德、社会公德、国家大德三个层面，培育知荣辱、讲正气、做奉献、促和谐的良好社会风尚，让人民的精神有归宿感、自豪感，增强凝聚力、向心力！这是核心价值体系的具体化，是民族精神传统的时代化，也是精神家园构建的大众化，适应时代要求、引领时代发展。

（三）中华优秀传统文化，是中华民族精神家园培根塑魂的丰美沃土和依托

在全面小康社会建设中，传统是巨大的参照，也是巨大的资源。弘扬传统文化，就是要用中华民族文化精华武装我们的头脑；用传统文化的形式来活跃我们的精神生活；用流传几千年的传统节日来寄托我们的民族情感；用传统的伦理道德来规范我们的行为；用古人的智慧和现代的文明成果，来构建我们的新生活。建设中华民族共有的精神家园，是传统文化的伟大复兴，是培根塑魂的伟大工程，我们躬逢其盛，理当不辱使命同心协力。

（四）传统文化创造性转化、创新性发展，是其激发活力焕发魅力的必然途径和选择

中华文明延续着我们国家和民族的精神血脉，既需要薪火相传、代代守护，也需要与时俱进、推陈出新。要加强对中华优秀传统文化的挖掘和阐发，让陈列在广阔大地的遗产活起来，把跨越时空、超越国界、富有永恒魅力、具有当代价值的文化精神弘扬起来。要推动中华文明创造性转化、创新性发展，激活其生命力，使中华民族最基本的文化基因与当代文化相适应、与现代社会相协调。

（五）“各美其美，美人之美，美美与共，天下大同”，是建设中华民族精神家园的基本理念和原则

作为中华文明重要体现的优秀传统文化，历史上就已经为人类确认了坐标，不仅是中华民族精神家园建设的依托，而且可以为构建人类命运共同体、促进世界文明进步提供智慧和丰富滋养。文明因交流而多彩，因互鉴而丰富，让中华文明同各国人民创造的多彩文明一道，为人类提供精神指引。

文运同国运相牵，文脉同国脉相连。习总书记充满豪情地指出，“当高楼大厦在我国大地上遍地林立时，中华民族的精神大厦也应该巍然耸立。”让我们在以习近平同志为核心的党中央领导下，为实现中华民族伟大复兴的中国梦，共同撸起袖子加油干，奋发有为向前看！

2017年10月17日

原载《非物质文化遗产研究集刊》第十一辑

民间信仰与社会治理研究

——在浙江省民宗委召开的“民间信仰与社会治理”研讨会上的发言

感谢省民宗委的邀请，我有机会聆听各位专家学者的高人高见，也让我对民间信仰这个话题做一番思考。我们推进非遗保护工作，推进传统节日和民俗保护，但还没有从民间信仰上做深层次的思考。这次会议，规模不大，但专家的规格层次很高；人不多，但讨论的论题很重要。听了各位专家学者的精彩发言，我很受教育，很受启发。

这次会议设定的五个议题很好，基本上都与非遗相关。我主要围绕议题四“今天我们对民间信仰怎么看？怎么办？”谈点初步的思考。对于民间信仰与社会治理，我不揣浅陋、不揣冒昧，提出十六字方针，这十六字为“尊重信俗、发掘精华、倡导文明、融入发展”。

一、尊重信俗

对民间信仰怎么看，它的意义所在，我的认知和理解有五点：

（一）民间信仰，体现了生态文明朴素思想。实际上，所有的民间信仰，都体现了民众对大自然的敬畏，是底层民众的精神寄托，是老百姓千百年来精神世界的一种外在的反映和表现。探讨和研究农民思想意识的基点，要从民间信仰的源起来思考。在漫长的历史长河中，老百姓对天灾人祸的无奈，对自然现象的不理解，对生老病死不能把握，对自己的命运不可预测，需要寻找精神的依托。实际上，我们今天依然不能预测和把握自然现象和人生命运。马克思主义的创始人在《自然辩证法》一书中曾经警告：“我们不要过分陶醉于我们人类对自然的胜利。对于每一次这样的胜利，自然界都对我们进行了报复。”民间信仰，反映了老百姓对超自然神灵的敬拜和超自然力量的推崇，是一种朴素的生态文明思想。民间信仰，为老百姓撑起了一把精神归宿的“大伞”，百姓们在“伞”下能遮风避雨，感受到温暖，感受到一种保护。

（二）民间信仰，是传统文化的重要组成部分。民间信仰是民俗的核心内容，民俗是民间信仰的外在表现。汉民族是一个多神崇拜的民族，神灵体系庞杂。刚才台州民宗局的同志介绍，有个村有18个小庙小庵，拆了16座，留下了2座；有些地方，儒、释、道诸神共处一室，和谐相处，“共同享用着人间的香火，关怀着人间的冷暖”。民间信仰，是底层民众的集体创造，总体上说，体现了民众对先人先贤的纪念，对英雄人物的崇敬，对真善美的追求，对美好生活的向往，没有一个民间信仰是教你学坏的，都是让你学好的！民间信仰，是一个庞杂的文化体系，也体现了地域文化的特色，体现了非遗的丰富多彩。所谓“无庙不成村”，所谓“十里不同风，百里不同俗”。一定意义上说，保护民间信仰，也就是保护非遗，也就是弘扬传统文化。

（三）民间信仰，促进社会和谐。没信仰是很可怕的。一个人没信仰，缺乏道德约束，可能为非作歹，无法无天。一个社会没有信仰，是一个蒙昧的社会，是一个物欲横流的社会，是一个道德沦丧的社会。一个没有信仰的民族，是一个没有希望的民族，是可悲的民族。一个人有敬畏，有信念信仰，不会做坏事，不可能做坏事。前两天我们在绍兴看了目连戏专场演出，目连戏的每一出剧目，都贯注了因果报应的思想，好人有好报，恶人有恶报，不是不报，时候未到。各类民间信仰，都蕴含了一种教人敬畏、感恩、有度、为忠、为善、为孝、惩恶的总体精神目标和理念，有自我约束的功能，有道德教化作用。各类民间信仰的祭神和游神活动，也促进和改善了人际关系，增进了社会和睦、和谐。

（四）民间信仰，是国家文化安全的天然屏障。我省有些地方，村村有教堂，而且周周有活动。马克思主义不去占领，非“马”的、反“马”的，就要去占领。基督教、天主教，这些外来思想文化价值观的侵入，它所带来的连锁反应、所带来的结果和后果，必须警惕！为什么一些老年人，还有一些年轻人，乐于接受外来文化，就是因为思想太空虚，灵魂太空虚了。所以，我们不能压制民间信仰，要尊重我们的民间信仰，否则给外来文化侵入可乘之机。我们各地各种各类的民间信仰和知识体系，是抵御境外宗教的天然屏障，也是国家文化安全的天然屏障。

（五）民间信仰，是中华民族凝聚力、向心力的重要纽带。民间信仰有祖先崇拜，譬如我省的缙云轩辕氏祭典、绍兴大禹祭典、衢州南宗祭孔，还有杭州的钱王祭祀、兰溪诸葛亮后裔祭祖、文成刘伯温祭典、嘉兴秀洲的网船会祭刘王爷、永康方岩胡公庙会等等。每年或清明、或重阳、或生辰日、或诞辰多少周年，当地都要举行祭祀活动，不单是宗亲参加，不单是当地的各行各业各界人士参加，不单是当地百姓民众参加，甚至海外的华人都会赶过来参加。还有，舟山的观音香会、象山的妈祖巡游、金华的黄大仙祭祀大典、温州地区的陈十四信俗等等，海内外香客云集祭拜。民间信仰，是追根溯源的根本所在，是乡音乡情的情结所在，对于增强中华民族包括海外游子的向心力、凝聚力，起到了不可替代的作用。

民间信仰，是历史的创造，老百姓的创造，是崇尚英雄的情感表达，是精神世界的艺术表达。民间信仰是一种客观存在，存在必有道理，要尊重。

二、发掘精华

民间信仰在发展过程中有精华亦有糟粕，我们需要区别对待。在新时期，我们要大力挖掘民间信仰积极内涵，弘扬精华部分，传导正能量。

（一）精神层面。民间信仰的神明，大都是历史上真有其人。老百姓对这些神明的顶礼膜拜，也是对历史人物人格的崇拜。譬如秀洲网船会，供奉和祭拜的刘王爷，是个灭蝗英雄。江南一带发生蝗灾，蝗虫飞过，颗粒无收，朝廷派刘将军带着大军过来灭蝗，传说把蝗虫赶到太湖喂鱼了。蝗虫灭了，但百姓还是没饭吃，刘将军带着这批“旱鸭子”北方兵捕鱼作业，不识水性加上积劳成疾，最终鞠躬尽瘁了。老百姓感念他祭拜他给他塑了庙，太湖流域、运河流域的船民和百姓都来祭拜他，刘将军成了水神，跟妈祖一样成了水神。各地供奉的譬如关公、吴公、刘王爷、杨府爷、妈祖、陈十四娘娘等等神明，大慈大悲，救苦救难，大德大义，保国安民，忠孝节义、忠孝廉悌、匡扶正义、积德行善，体现着对民生的满腔情怀和社会担当，体现着英雄主义和献身精神，中华民族的优良传统美德都在这里面，几千年的精神都在这里面。所谓民间信仰，是民众以自己的方式与信仰对象对话。

民间信仰，积淀着中华民族最深层的精神追求，包含着中华民族最根本的精神基因，代表着中华民族独特的精神标志，是中华民族自强不息、生生不息的丰厚滋养。民间信仰，体现着民众崇拜先贤、崇拜英雄的情结，体现着民众心灵深处、精神深处的需求和寄托。民间信仰，是民众自我教育教化的特殊方式，这种信仰的力量也是凝聚民族精神、激励人民奋发向上的重要支撑。我们要善于挖掘民间信仰中优秀的思想价值和思想精华，发掘和弘扬它们所蕴含的精神力量。

（二）文化层面。民间信仰，是民俗的重要组成部分，是民俗的灵魂和核心，也是民俗的最基本的表现和表达。民俗离不开信仰，信仰的维系也离不开民俗。我国各地方、各民族都有不同的民间信仰形式，它们与当地的民族传统文化关系密切，无论是民间文学、传统音乐、传统舞蹈、地方戏曲、工艺美术、传统建筑、地方风物，都不同程度地同民间信仰发生联系。何况，各地的神灵体系庞杂，相关的民俗是一个大杂烩，文化形态浩瀚多样，是当地历史文化发展繁荣的标记，也是当地民俗风情深厚浓郁的印记。

任何民间信仰都是有其历史文化价值的，民间信仰有利于弘扬民族传统文化，民间信仰是民族文化不可分割的重要组成部分，我们应当深入挖掘民间信仰的当代文化价值，选择其中对今天有益的成分来继承和发展。

（三）社会层面。民间信仰具有很强的随意性，比较松散，但是民间信仰在广大底层民众中具有很强的生命力和影响力，具有很强的道德约束力和社会软控力。所以，从社会治理的角度讨论民间信仰，很有必要。

民间信仰，有许许多多积极的因素，体现着正面的能量。譬如祖先崇拜，这是中国传统宗教信仰的基础，也是民间信仰的根本。各地兴起祭祖活动，兴起修族谱、家谱，还有各地宗庙祠堂都供奉着祖宗牌位，这表达了对于孝道的尊崇。“百善孝为先”，这是中国传统道德的核心，家庭以孝齐家，朝廷以孝治国。所谓家国天下，孝道推而广之，就是对国家尽大忠、对民族尽大孝。再如因果报应，这是民间信仰中的核心观念。“因果报应”的观念，好像是迷信，但我认为是科学。有什么因就有什么果，种什么树就开什么花，就结什么果。推而广之，就是提醒和告诫我们做任何事情，都要从长计议，特别要考虑到行为的后果。作为政府官员也一样，在做计划、做出决策之前，都要认真考虑到你的任何决定和实践都将会产生一定的后果。所以，你必须慎重，慎思慎行，三思而后行。

在民间信仰中，包含了这个社会和百姓群众对道义的坚守，对责任的担当，对精神的需求，对忠孝的推崇，对智慧的尊重，对自然的敬畏等等。民间信仰，包含着“惩恶扬善”的良性社会功能，展现了“兼容并蓄”的特征，彰显着“厚德载物”的道德教化力量，体现着“崇德向善”的精神纽带作用。我们应当大力挖掘民间信仰中体现着中华民族永恒价值的积极因素，宣扬这种“向上”的力量和“向善”的力量。一个人不能没有信仰，一个社会不能没有信仰。

三、倡导文明

我认为，主要应当从四个方面去引导和倡导：

(一)内容上的文明。我们不能否认，民间信仰中有优秀的传统文化，也有愚昧、落后甚至迷信的东西。譬如秀洲网船会，民间班社的“船民祭祀活动”、民间文艺表演，还有传统的“踏白船”表演赛等活动，总体都很好。但是，其中的“扎肉提香”表演，不但不文明，而且有点吓人，有点血腥，虽然看不到血。民间信仰的活动内容，要把关。内容为王、内容为魂，民间信仰优秀的积极的方面，要保护要倡导；那些消极的落后的，要杜绝要引导。对于民间信仰，要取其精华、去其糟粕，有些还要古为今用、推陈出新，还要与时俱进，具有当地地域特色、民俗特点、时代特征的那些健康向上的文化艺术形式，要植入和融入民间信仰的活动，形成与历史文化传统相承接，与时代发展相一致的新民俗。

(二)组织形式上的文明。民俗本来意义上就是民间的习俗活动，民间信仰的生命力在民间。所以，民俗要民办，民间信仰要回归民间，民俗不要搞成官俗，要尊重民意。这是前提。同时，政府以及相关主管部门应当强化对民间信仰活动和民间信仰场所的管理。当年，海宁一座小庙烧香失火，烧死了三十四个烧香老太，这一事件影响很大，这个事件问题在哪里？一方面，这个小庙年久失修；另一方面，对于香客活动放任自流。在民间信仰活动中，政府应当有所作为，包括活动场所安全隐患的排查，活动秩序上的维护，活动内容的引导，还有对信众集资资金财务上的监督管理等。政府看得见的手与看不见的手，要综合运用、辩证运用、科学运用。

(三)参与者的行为文明。庙会是一个承袭传统文化的载体，也是民众百姓集聚欢度节庆的地方，往往每个庙会都有成千上万人参加，四乡八村的民众蜂拥而来。有些庙会上，民众在禁烟区抽烟，践踏草坪，把树枝折断，随地扔垃圾，让孩子随地大小便，有的在公共场合打架，等等。媒体对于重要旅游场所游客的不文明行为频频曝光，有人在长城刻字“到此一游”，有中国人在法国卢浮宫喷水池洗脚，这些大家都很关注很愤慨。但是，对于广袤大地上的农村庙会活动存在的种种的不文明行为，大家习以为常了。我们这个有着悠久历史的礼仪之邦，文明守礼本应该流淌在每一个人的血脉里。但是现实很让人受伤，让人遗憾。为此，政府在公民的卫生环保、行为守则等方面，要加强教育引导和治理。

（四）管理上的文明。总的来讲，民间信仰具有渊源长、种类杂、分布广、民众多的特点。对于民间信仰的治理，要有现代理念和科学的方式。治理不等于管制，引导和倡导也是一种治理。有位专家说得好，对于民间信仰，政府应当包容一点，要有最低干预的理念。“三改一拆”，是党委、政府的决策，是重点工作，要贯彻好落实好，这没问题。但是，哪些该拆，哪些不该拆，必须有准绳，必须有底线。否则，不该拆的拆了，你今天是“三改一拆”的功臣，若干年后回过头来看，你可能是历史的罪人！不少地方在城镇化进程中，把老街拆没了，把一个地方的历史拆没了。习总书记说：“要像爱惜自己的生命一样保护好城市历史文化遗产。”我们要保护历史文脉，包括许多民众精神所系、祭祀先贤英雄、具有教育教化功能的民间信仰场所，包括那些有历史人文价值的小庙小庵。

我们既要从社会治理看民间信仰，也要从民间信仰看社会治理。对民间信仰引导、管理得当，注意尊重和保护民众的健康信仰和文化权益，社会的凝聚力、向心力就会大为增强，社会就会更加和谐稳定。

四、融入发展

民间信仰蕴含的正面的、健康的、积极的力量，如何转化。民间信仰所体现的礼的精神，如何为当代社会服务，如何加强对民间信仰中优秀思想价值的挖掘梳理，赋予新的时代内涵，使它与社会主义相适应，在新的时代条件下不断发扬光大，这是一个重要的时代命题。

（一）融入政治环境。民间信仰，要为构建社会主义核心价值体系服务。有人说，一个民族没有英雄人物是悲哀的，有英雄先贤，后人不去祭奠、缅怀和追随，那就更为悲哀。民间信仰，体现着后人和民众对先人先贤的纪念，对英雄人物的崇拜崇敬，在老百姓的心灵里形成了“向上”的力量和“向善”的力量。民间信仰，体现了忠孝节义的传统美德，体现了礼义廉耻的价值观，体现了仁义礼智信，体现了真善美，体现了正能量。如何对待民间信仰问题，绝不单纯是个文化问题，而是一个关系到传承弘扬民族精神的问题。民族精神，是民族之魂，是传统文化的结晶，是传统文化长期熏陶与培育的结果。许多历史事实证明，一个民族陷入任何困境都不可怕，可怕的是失去民族精神支柱，精神上无所依托。民间信仰，历来是广大民众现实生活中的精神寄托和支柱。否定扼杀民间信仰，也必然抹煞民族精神。民间信仰，形成了我们民间百姓朴素的价值观，这种价值观与我们国家倡导的主流价值观是一致的。

（二）融入经济建设。在传统社会中，各个地方都有庙会，少则几种，多则几十甚至上百种，年节赶庙会成为老百姓生活的重头戏。庙会一般由庙宇、信仰、娱乐和商贸4个构成要素组成，并且每个要素都在庙会期间得以充分表现。庙会期间，都会有大量香客、游客前来进香、旅游。因此，民间庙会，不单具有深厚的文化底蕴，也蕴含着文化旅游的巨大商机，对拉动当地经济发展、增加民众收入，促进社会和谐，具有相当大的现实意义。

我“百度”了一下，秀洲网船会，2011年列入国家级非物质文化遗产名录后，莲泗荡作为“网船会”的发源地，2013年年底晋升为国家AAA级风景区，景区年接待游客数超40万人次，收入超1000万元。嘉兴湖州一带的桐乡蚕花水会、南浔轧蚕花庙会、德清扫蚕花地、海宁祭潮神、平湖迎大蜡烛、秀洲七夕香桥会等民间信俗活动，都有类似的效应，或者有更显著的旅游经济效应。我们要积极发掘民间信仰信俗这一传统文化资源的现代价值，促进文化与旅游的融合发展，发挥促进消费、拉动经济的作用。

（三）融入文化发展。民间信仰作为传统文化的一部分，它不仅是民间传统意识形态的集中反映，也是民间传统文化形态的特殊表现形式。永康方岩的胡公庙会，庙会到来时节，岩顶岩下热闹非凡。当地乡村盛行六年一次轮流接送“胡公大帝”习俗。凡轮到这年，即大吉大喜，要组织庞大的朝山进香队伍。鼓乐声声、旌旗招展，十八罗汉、十八蝴蝶、十八狐狸、高跷、莲花落、九曲珠、三十六行等娱神表演队伍，浩浩荡荡，颇为壮观。这一独特的庙会习俗，既祭神又娱人，丰富了当地老百姓的精神文化生活，也让十八罗汉、十八蝴蝶等传统文化表现形式得到了很好的传承，为民间艺术的保留、展现提供了重要载体和平台。

在客观性质上，民间信仰就是一种文化遗产。至于这一文化遗产中的精华与糟粕的区别，则是另外一个价值判断的问题。民间信仰的存在有几千年的历史，它代表一个丰富的文化史。如何挖掘和利用民间信仰的文化内涵和文化价值，使其成为推动文化发展繁荣的基本元素和重要资源，这是传统文化再传衍的重大社会话题，也是构建当代先进文化的重要根基和底色。

（四）融入社会治理。为什么在现代化的进程中，有许多所谓“旧”的礼俗会得以再生？古人说：“礼失，求诸野。”这是说，当主流文化形态因经济社会发展变迁而发生变化的时候，官方已经不再流行的礼仪秩序，还可以在民间找到。原因在于民间文化和民间信仰，和过去连接得更紧密，传统文化的密码在这里埋藏得更深邃。

秀洲网船会等民俗活动中，在场面上，我们几乎看不到所谓的“组织”，也分不清谁是负责人，但整个活动却是井然有序，或者说乱中有序。按照当地民众的说法，“人人都是负责人”。老百姓有钱的出钱，有力的出力，有粮的出粮，有主意的出主意，发挥各自所长，不计较日常隔阂，热情投入，为的是一个共同的目的——敬神，活动也就这样年复一年地持续开展，年复一年热闹非凡。一个民间信仰庙会活动如此，一个社会同样如此。

民间信仰，强化地区的心理认同感和凝聚力、融洽乡里关系、调整人际关系、调适社会矛盾，维护正气，维护治安，推动社会风气改善和矛盾缓解，是促进社会和谐的润滑剂和助力器。各级政府要创造条件更好地利用民间信仰活动中的积极、健康因素，更加有效地发挥民间信仰的社会作用，为提倡和构建和谐社会更好地服务。

（五）融入生态文明。生态文明，既包括自然生态，也包括文化生态。文化部门的任务，一要宣传生态文明，二要保护文化生态。自然生态，是文化生态的基础和条件。皮之不存，毛将焉附？有专家讲到，省委、省政府部署“五水共治”，这与江南水网的生态保护也是密切相关的。渔民都上岸了，网船会也就失去本来的意义了。中央城镇化工作会议提出，要让居民“望得见山、看得见水、记得住乡愁”。党的十八大提出了建设“美丽中国”的美好憧憬。美丽中国，包括自然之美，也包括人文之美，美丽中国也离不开民众表情，民间信仰让百姓有精神寄托，有助于百姓提高幸福指数，有精神寄托的笑脸最美，民间信仰让中国人更美。

我相信，随着社会的不断发展和思想水平的不断提高，对民间信仰的认识也会不断提高。我们今天的人可以对其进行评判，但是不要轻易地全盘否定，也不要浅薄地嘲笑。政府和民众对民间信仰会不断地进行扬弃，挖掘内涵，发掘精华，发扬其中有助于社会发展的积极成分，这样就会对促进社会的和谐与安宁起到很大的帮助作用。

民族宗教部门与文化遗产保护部门，拆墙了是一家，不拆墙也是一家。可以资源共享，优势互补，互促互进，共同提高。我们两家，工作一起做，成绩各自报，花开两朵，各表一枝。共同为“两富”现代化浙江建设，为营造中华民族共有的精神家园做出努力和贡献！

2014年4月27日

弘扬中华传统文化　促进人类文明传承

2009年1月24日，浙江省委书记赵洪祝在省文化厅有关汇报材料上作出重要批示："应该首先感谢全省文化系统的同志们围绕'非遗'保护做了大量的卓有成效的工作。它不仅是全省、全国的工作，而且是世界人类文明的传承工作，意义十分重大。要继续深入抓好。"赵洪祝书记从世界人类文明传承的高度认识非遗保护工作的重要意义，高瞻远瞩，深谋远虑，给我们指明了方向。

我们面临着全球化的时代，全球化作为一种内涵丰富的历史发展趋势，发端于经济领域，同时也导致文化冲突的不断加剧，文化融合的趋势也越来越明显。在当今以网络和数字技术为核心影响力的世界经济全球化的进程中，文化早已改变了一国、一地之封闭生存发展的单一态势。随着世界范围内传播、交流速度的加快，每个国家和民族文化的发展，成为世界多元文化发展的一个有机组成部分。在全球化一体化进程中，民族文化只有自觉地融入其中，才能有发展的机会。

一、全球化带来文化的同质化、殖民化、濒危化

世界不同国家之间，围绕着文化的传播与封锁、扩张与抵制、竞争与融合、消亡与保护等等，展开着复杂的较量，呈现着一种复杂的状态。

伴随着综合国力的竞争，以美国为代表的西方国家，通过自由经济进行跨国资本运作，通过电子技术进行全球媒介传播，通过文化资本输出将本土文化渗透到世界上的各个国家，甚至渗透到世界各地的各个角落。美国文化的全球化，被形象地概括为"三片"，即代表美国饮食文化的"薯片"、代表美国电影文化的好莱坞"大片"、代表美国信息文化的硅谷"芯片"。反映出美国文化产业在全世界的强势存在，愈益显示出咄咄逼人的气势。无可否认，当今世界上一些强国的强势文化，借助于经济力量和先进的传播手段，运用文化商品和服

务单向流通和扩张，利用文化优势，大力进行以核心价值观为主的文化扩张和渗透，将其文化观念推向其他国家，影响、改变和侵蚀着一些发展中国家的文化主体，对其他文化造成不同程度的威胁，造成对世界文化多样化的损害。

面对美国文化的大举入侵，许多国家忧心忡忡。小国弱国，面对强势文化的扩张无能为力。有一定实力的国家，则以不同方式捍卫自己的文化。文化的竞争已成为综合国力竞争愈益突出的一个方面。文化是软实力，但其作用并不"软"。一定的文化，对于一个国家的核心价值观的形成和维护，对于一个国家的精神状态和凝聚力，对于一个国家国民的素质及其能力，都起着十分重要的作用。因此，现在人们已普遍使用"文化力"的概念，意在强调文化也是一种力量。有专家分析认为"中国对外文化传播的严重赤字和入超，并不是某一个或几个部门的问题，而是因为我们文化这个软实力本身包含的文化对外传播能力还不够强大"造成的。

各国各民族都在努力保护自己的传统文化，保持本民族的特征，保持发扬光大本民族文化。我国同样面临着西方文化霸权主义的威胁，西方文化的消极影响越来越广泛深入，如果我们没有文化自觉，不高度重视文化建设，不高度重视民族优秀传统文化的弘扬，不高度重视中华文化走向现代化、走向世界，近代中国文化的悲剧会以另一种形式重演。对此，必须保持清醒的头脑，并采取相应的对策。

二、大力保护和传承民族文化遗产

全球一体化的过程中，每个民族为了保持本民族的特征，延续民族文化命脉，就必须想尽一切办法努力保持和弘扬本民族文化。

我国是一个有着悠久历史、灿烂文化的资源大国，56个民族在长期的历史发展进程中，不仅创造了大量的物质文化遗产，也创造了丰富的非物质文化遗产，包括各种神话、史诗、音乐、舞蹈、戏曲、曲艺、皮影、剪纸、绘画、雕刻、印染等艺术和技艺及各种礼仪、习俗等。这是中华民族世代相传的文化财富，是我们发展先进文化的民族根基和重要的精神资源，也是国家、民族生存和发展的内在动力。

以浙江为例，浙江有着丰富、优秀的文化遗产，以浦江上山文化、嘉兴马家浜文化、宁波河姆渡文化、杭州良渚文化为代表的古越文化，以衢州南孔文化、普陀山观音文化、天台山佛教文化、缙云皇帝文化、金华黄大仙文化、岱山徐福文化等为代表的儒释道文化，以绍兴黄酒、金华黄酒、义乌红曲酒、景宁畲族山哈酒等为代表的酒文化，以西湖龙井、开化龙顶、临安蟠毫、畲乡惠明茶、安吉白茶、普陀佛茶、磐安苦丁茶等名优浙茶及其茶馆为代表的茶文化，以越剧、甬剧、绍剧、婺剧、京剧、昆曲、高腔等为代表的戏剧文化，以东阳木雕、黄杨木雕、青田石雕、瓯塑等为代表的传统手工技艺，以白蛇传、梁祝传说、济公传说、西施传说等为代表的民间传说，以景宁畲族为代表的风俗、语言、民居、饮食和服饰构成的畲文化等，都极具民族文化的特色，这些文化既体现着浙江悠久灿烂的历史，又展示着当代浙江文化蓬勃发展的繁荣景象。

中国的经济发展势头强劲，但仍然是一个发展中国家．中国的文化底蕴深厚，但目前在全世界的影响力仍然较弱。与发达国家比，我国文化产业的发展还很不充分，总量规模偏小，质量档次不高，这些文化资源都没有得到很好的开发，甚至于至今仍然没有被开发。有人论证之后断言，中国五千年的文化博大精深，所开发的尚不足万分之一。这与中国目前经济的快速发展是极不适应的，与中国这个文化大国的形象也是极为不吻合的。我们的文化产业，在产业规模、产品质量、资源绩效、市场竞争力上和美国、日本、韩国等历史文化资源相对缺少的国家相比存在很大的差距。这证明了一个现实：文化资源大国并不等于文化产业强国。文化资源的存有量不论多大，不能直接带来文化产品的丰富，不能直接促成文化产业的规模发展，更不能获得国家强盛且持续发展的力量。

近年来，中国的传统文化越来越在国际上受欢迎，得到广泛的赞誉和推广。这说明，经过开发的中国传统文化必然会走向世界，为世界的文化产业发展提供重要的文化资源。在文化产业化过程中，如何充分挖掘丰富的文化资源，同时又保持中华民族优秀文化的灿烂辉煌，是一个十分重要的课题。文化产业化也必然走向文化的国际化，但国际化不等于消除民族文化的特色，文化走出国门不能以牺牲民族特色为代价。实际上，越是具有鲜明的民族特色，越是能够走向国际，文化的民族特色是文化走向国际化的持久生命力，只有真正的民族化才能走向有效的国际化。

三、走出去，弘扬主旋律

人类文明的历程最早是向东还是向西传播？回顾历史不难发现，中国文明在晚清以前，几乎是一面倒的，通过阿拉伯和印度等国向西方和世界范围传播东方文明和文化。中国文化不仅影响了西方的农业文明和商业文明，影响了其不同内涵文化的形成，而且也影响了其走向工业文明的进程。而西方对中国文明的影响，只是在近代，通过坚船利炮的开道，才传入中国。显而易见的事实表明，历史上中国文化曾经影响过世界。不仅仅是在东方，而且远达西方，最终为世界文明的形成和发展做出了不可磨灭的贡献。

在当今改革开放条件下，中华民族丰厚的文化资源，不再为中华民族所独有，应该成为世界人民共同的金银财富，满足世界人民的文化消费。随着中国文化市场对外开放，中国的资源不断被国外利用。新西兰自2000年到浙江挑选民间艺术表演获得成功后，连续8年出资邀请金华的民间表演艺术《九狮图》、舞蹈《十八蝴蝶》以及海宁硖石灯彩、长兴百叶龙赴当地参加新春系列表演。近年来，不论是“俄罗斯·中国浙江周”“台湾·浙江文化节”等重大文化交流活动，还是在俄罗斯、中国澳门等地举办的“丝绸精品展”“浙江手工艺绝活展”等，都在当地反响热烈。而浙江民乐团赴荷兰、德国、丹麦、瑞典、芬兰、俄罗斯六国举办的“中国春节民族音乐会”，更是被文化部列入对外文化交流的“春节品牌”。

浙江省对外文化交流日趋频繁。仅2007年一年，浙江省共实施对外对港澳台文化交流项目412起，6063人次；其中对外文化交流项目262起，3989人次，对港澳台的交流项目150起，2074人次。

面对当前的国际形势，我们必须及时把握世界经济、文化发展的大趋向，实施“中华文化走出去”战略，大力推进对外文化交流，进一步做强文化外贸。充分合理地配置与开发我省的文化资源，加快发展我省的文化产业，使我省的对外文化工作真正走在前列。

四、引进来，吸取有益成分

改革开放以来，中国通过“引进来”，积极参与经济全球化，在新一轮全球产业分工中赢得一席之地，成为经济全球化的一个受益者。在对外文化交流中，同样要实施“引进来”的战略，广泛吸收和借鉴人类社会创造的一切优秀的文化成果，只有通过这种交流，吸收异族文化的积极因素，才能获得繁荣发展。这是当代文化建构和不断丰富发展的重要源泉。

近年来，浙江省大力引进规模大、档次高的文化艺术名牌产品，如意大利大型文物考古展《庞贝末日——源自火山喷发的故事》，百老汇音乐剧《42街》等展示展演项目。2008年在杭州举办的“世界手工艺大会”，36个国家的民间艺术家及上万种各具风情的各国传统手工技艺精品汇聚展会。这些活动，既促进了各国民族民间文化的交流与交融，又极大地满足了我省人民群众的文化需求，促进了浙江文化市场的繁荣与发展。自2008年起，浙江省启动每两年举办一届的“浙江国际文化艺术(博览)年”、2010年世界合唱比赛等重大活动，进一步形成国外优秀文化艺术走进浙江的态势。

国外在文化遗产保护方面，积累了丰厚经验，应该充分吸收和借鉴。我省连续举办中外文化遗产保护学术论坛。如2008年一年间，举行了中法文化遗产保护·桐乡论坛、中日非物质文化遗产保护·鄞州论坛、中韩非物质文化遗产保护·金华论坛，就本国非物质文化遗产申报制度、地方非物质文化遗产保护、民族文化传统的维护与弘扬等议题进行深入交流与探讨。2008年11月，来华参加第三期东盟10 + 3(中日韩)文化人力资源开发合作研讨班的各国文化官员一行20多人，专程来浙江进行非物质文化遗产保护实地考察，对我省通过立法及政府补助等形式实施非遗保护表示赞赏。

中华民族当代文化应是开放的文化，应该理智地、有针对性地吸收对方文化中的有益养料，为我所用，滋润、丰富和发展自己。

五、促进人类文明多样化，促进世界人类文明传承工作

全球一体化进程，是一个多元文化不断融合的过程，这个文化的融合，并不是简单的文化累加，而是各民族文化之间的相互渗透。我们要充分利用国际国内两个市场、两种资源，加强对外文化交流，拓展文化发展空间。

一是把对外文化工作纳入文化工作全局中，高度重视，精心规划。《浙江省对外对港澳台文化工作“十一五”规划》，对全省的对外对港澳台文化交流

工作的指导思想、总体目标、工作计划和保障措施提出了明确的意见，有重点、有序地推进我省文化交流工作的开展。

二是把加强文化外事工作的队伍建设落到实处。要建设和培养一支政治素质高、业务能力强、组织纪律严、经得起风浪考验的外事干部队伍。文化外事干部要在提高自身思想政治素质的同时，努力提高涉外工作的基本素养、业务素质和工作能力，认真学习政策法规、管理知识和市场经济知识，努力成为全面发展的既懂外事政策又通外语的高素质的文化外事干部。

三是要加大经费投入。必须想方设法增加文化外事的经费投入，确保外事经费在整个文化事业经费预算中的比例。对重点项目的生产、加工、包装、出访必需的费用给予资助。发挥企业和民间团体的积极性，开展民间文化交流。积极鼓励文化企业通过符合国际惯例的市场运作，统筹和拓宽对外文化交流渠道。

四是把艺术生产和文化交流更紧密地结合起来。我们要选好项目，有重点地组织好对外文化交流活动，形成品牌和系列，打造和推出更多有鲜明中国特色又有海外市场的文化产品和品牌。我们在进行对外艺术产品生产时，一定要充分考虑国外观众的生活方式、欣赏习惯、审美情趣。在进行文化交流时，要积极利用对外交往的机会、海外艺术机构、艺术人才的优势，完善我们的艺术作品，扩大交流项目的影响力。努力改进、提高对外文化交流宣传品的制作质量，有效吸引世界的目光。

五是大力促进文化外贸的发展。我们要具有强烈的使命感，集中各方优势，大力发展文化外贸，扶持文化产品的出口，打造真正能够吸引人、能占领国际市场的文化精品，要善于把中华优秀传统文化资源转化成对外文化贸易的产品。

全球化背景下的当代世界文化景观，气象恢宏、包罗万千，既有传统的、多元文化的千姿百态，又有新文化的翩翩起舞，更有文化霸权主义的舞枪弄棒。这种复杂的文化现象导致了空前的世界范围的文化冲突。我们要构建全方位、多层次、宽领域的对外文化交流新格局，形成与我国国际地位相适应的对外文化工作机制，更好地维护世界文化多样性，为共建和谐美好的世界作出新的贡献。

2009年7月12日

第三编

读好书

读书明志

读书明理

费孝通心中的宏大战略与布局落子

——《全球化与文化自觉——费孝通晚年文选》读后感

近些年，传统文化复兴再度成为社会热点，费孝通先生提出的“文化自觉”“各美其美，美人之美，美美与共，天下大同”等重要思想和理念，国家领导人多次在有关场合予以肯定和强调。

费孝通先生是在什么背景下，提出了文化自觉，提出了美美与共的？我开始阅读《全球化与文化自觉——费孝通晚年文选》。要深入了解费老的晚年思想，应当首先了解费老的生平经历以及思想发展轨迹。

我“百度”了一下费孝通，阅读有关介绍，很震惊。一个人，可以有这么高远的志向，可以有这么宏大的作为，可以有这么恢宏的著述，可以有如此坚毅的精神，堪称伟大，我心底升起由衷的敬仰之情！

一、志在富民，江村钉钉子六十年

“心中为念农桑苦，耳里如闻饥冻声。”费孝通早年就树立了“志在富民”的理想，一生孜孜以求。他1936年在江苏省吴江县开弦弓村进行社会调查，认真倾听农民的需求和反映，目睹农民真实的生存状态和生存环境，详细了解当地农民的消费、生产、分配和交易等体系，之后整理资料出版了《江村经济》一书。这本著作资料详尽、描述客观系统，被誉为人类学实地调查和理论工作发展中的一个里程碑。

费孝通在《江村经济》一书中，提出了人多地少农工相辅的问题。在《重访江村》《三访江村》《九访江村》和《江村五十年》等文章中，继续阐述了农民致富的重要途径是发展适宜农村的多种多样的副业和乡村工业、乡镇工业，对草根工业的性质及其发展趋势做了精辟的论述。

费孝通先生看到了国家的兴亡根基在农村，国家建设的根本推动力是开发农村的脑矿。为此，费孝通要解剖麻雀，一生中对江村这个首先由他开辟的农村社区研究进行了20余次访问，时间跨度达60余年，为追踪研究所未见，其矢志不渝、终生不渝的追求和执着，令人敬佩！

什么叫钉钉子精神？什么是拳拳寸草心，浓浓赤子情？费孝通以及江村调查，已成为人类学、社会学实地调查和理论工作发展中的一个里程碑。

二、志在发展，山高水长情更长

江村研究是费孝通人类学、社会学研究的起点，他关注的不仅是江村一地的变迁历程，而是亿万中国农民怎样才能富裕起来的问题。

《小城镇四记》，是费老小镇研究的力作。小镇研究是费孝通1982年三访江村后提出的。当时苏南太湖一带的农村正在兴办乡镇工业。这地区的农民采取了发展工业这条路子来解决农村中多余劳动力的出路问题，他们一只脚踏入了工业王国。费孝通1984年发表了《小城镇大问题》《小城镇再探索》《小城镇苏北初探》《小城镇新开拓》等文章，宣传小城镇这个新生事物。今天，在中国的江南已然星罗棋布的小城镇，已经成为具有中国特色的城市化模式之一。

1986年2月，费孝通写了《小商品，大市场》文章，使得温州人的形象在全国范围内引起关注。1994年，费孝通第二次考察温州，再次发表《家底实创新业》。1998年，费孝通就温州第三次发文《筑码头闯天下》。三篇文章重塑温州形象，温州从一个资本主义泛滥的场所转化为社会主义商品经济发展的前哨阵地，温州模式不是洪水猛兽而是富民发展的一种创造。费孝通的论断，不但对温州意义重大，其寓意更为深远。

费孝通实地调查，追踪研究，考察并总结中国农村经济发展的各种模式。他三访温州、三访民权、四访贵州、五上瑶山、六访河南、七访山东、八访甘肃、27次回访家乡江村。他研究中国的穷人主要是农民，如何摆脱贫困走向富裕之路。他关心中国农村和少数民族的经济发展，关心农产品流通和农民增收问题，为中国农业和农村经济发展做出了重要贡献。他以“没有比人更高的山，没有比脚更长的路”的气魄，为中国农民找一条出路，让人民群众的获得感落在实处。

三、志在报国，壮怀激烈看世界

费孝通先生以敏锐的目光和洞察力抓住了中国社会变革中主脉，继四访江村之后更上一层楼开展了由村庄到小城镇的研究（1988—）、由沿海到边区的研究（1984—）、由经济区域发展到全国一盘棋的研究。

1984年，费老开始边区研究，在内蒙古和大西北进行社会调查，始终关注这一有关大局的东西差距问题，提出了“以东支西、以西资东、互惠互利、共同繁荣”的意见。“支”是指资金、技术上的支持，“资”是指原材料和能源的供应。

1990年，费老在建立长江三角洲开发区的建议基础上，更具体地提出了以上海为龙头，江浙为两翼、长江为脊梁，以南丝绸之路和西出阳关的欧亚大陆桥为尾闾的宏观设想。

费老以天下兴亡、匹夫有责的高度社会责任感，自觉地投身于不断变动中的社会，以“理论联系实际的研究为社会改革服务”。

四、启迪人生自觉，引导国民观念

费孝通先生没有直接提出“人生自觉”这个词，但是作为人类学家，始终关怀人这个根本。费老说：“我一生的目标，唯一的目标，就是了解中国和中国人。”他一生的出发点和落脚点，都在于引导乡土中国人的观念，在于改造国民性。

费老以他对中国社会生活的观感，写作了《江村经济》，介绍中国农耕文明；此后，写作了《生育制度》，用通俗简单的语言和贴近生活的实例对与种族延续有关的一整套体系做了生动的论述；以《中国士绅》介绍中国士大夫阶层；以《乡土中国》介绍乡土中国人的观念。

《乡土中国》是费老的经典著作之一，在此书对中国传统乡土社会基本特点的描述中，我们也可以从中窥视出中国人典型的国民性格，如因循守旧、有私无公、以和为贵等等。他认为，生活在这些乡土的这些农民，是中国现代化的出发点。

在《人的研究在中国》，费老认为，乡土中国的改变，全凭自觉的力量，在于国民积极的人生，有一种自觉进取的精神。这种自觉的力量，是从我们自己民族的根性里找出来的，同时又连结传统与现代、东方与西方，“这个家园可以有现代化的东西，但一定有我们自己的文化根性在”。

五、启迪社会自觉，寻求治国良方

从实际出发进行研究来促进实际的发展是我行之有效的工作方针。费孝通自上世纪30年代始，不断为解决社会问题、医治社会疾病寻求良方，不断探索乡土社会转向现代社会的发展规律，为解决中国社会问题而研究。

《乡土中国》和《生育制度》，确立了中国社会学的实证风格。从文集中可以看到，作为一名现代中国知识分子对所在社会的细致入微的观察研究和严肃思考。《小城镇四记》《沿海六行》，所行所思，都旨在进一步解放思想、解放和发展社会生产力、解放和增强社会活力。

费老说，工业下乡，发展乡镇企业都不是我的创造，而是中国历史上发生的事实。我作为一个研究工作者只是抓住这个历史事实进行分析、表达和传播，分析利弊，从而通过对社会舆论影响，对社会客观进程发生作用。

从《江村经济》提出合作经济，到考察温州肯定股份合作制改革，再到建言献策我国东西部“以东支西、以西资东”，到今天中国实施美美与共的“一带一路”发展战略，费孝通倡导的互惠互助、共建共享、合作共赢理念，推动着社会文明和人类文明进步的进程。

六、启迪文化自觉，君子和而不同

什么叫文化自觉？文化自觉最重要的是要讲清楚自己文化的来龙去脉，要有自知之明，在世界坐标里找准自己的位置、了解到底有什么样的优势。

改革开放后，费孝通与港台知名学者共同倡导举办了八届“现代化与中国文化”研讨会。他提倡重新认识中国传统文化，并通过“文化自觉”融入世界，为人类文明共存发展开辟新路。他提出了“各美其美，美人之美，美美与共，天下大同”16字箴言，与他的文化自觉思想，他在晚年几乎花了所有时间讨论这个问题。

每一个民族都有自身的历史与地理位置，形成了独特的价值观。大家可以关起门来各行各事，各美其美。但是现在不一样了，现在整个互联网把世界连成了一片，地球开始变成小小的地球村，大家都成了抬头不见低头见的邻居，如果没有统一的认识就会发生战争。在全球化高度发展的时代，各种不同文明如何相处?

与亨廷顿的“文明冲突论”不同，费孝通提出通过“文化自觉”达到“天下大同”的理想图景。费孝通认为这是“更高层次的文化走向”。这个世界光是冲突是不够的，强制别人承认你也是不行的，必须要对话，互相理解，互相尊重，这就叫美人之美。只有达到互相尊重，互相对话，互相沟通，那么人类才能够共同的有包容性，这个时候才能美美与共，天下大同。

正如费孝通所说:“只有当不同族群、民族、国家以及各种不同文明，达到了某些新的共识，世界才可能出现一个相对安定祥和的局面，这是全球化进程中不可回避的一个挑战。”

七、坚持顶层设计，全国山河一盘棋

改革开放以后，费孝通通过开展区域发展战略研究，参政议政，进行“国是咨询”，参与国家战略的总体设计，勾画现代化中国的发展蓝图。

1988年，费孝通当选为第七届全国人大副委员长，此后费孝通先后对中国西北地区、西南地区、黄河三角洲、长江三角洲、珠江三角洲、环渤海地区、中原经济协作区、淮海经济协作区、东北地区、京九铁路沿线地区等进行实地调查，代表民盟中央就所调查的每个区域向党中央、国务院提出既符合当地实际，又具有全局意义的重要发展思路与具体建议，为改善中国的生产力布局、形成全国一盘棋的协调发展提供智力支持，提出整体设想。

如今，中国区域发展的新棋局徐徐展开，由东向西、由沿海向内地，沿大江大河和陆路交通干线，梯度发展的局面正在形成。

八、坚持问题导向，发展布局慎重落子

费孝通从来不在书斋里讲道理，而是到现场、到实践洪流里去蹲点调查，坚持把所见所闻如实记录下来，根据历史唯物主义观点去分析探讨。

他不辞辛劳，悉心考察了大江南北一处又一处的城市乡村、海岛山区，以发现问题作为突破口和主抓手，以解决问题为方向，着力于掌握翔实的第一手资料，从人民群众自主实践中捕捉新鲜的信息，为国家解决当前迫切的建设课题提供科学基础。

费老跳动的是一颗忧患的灵魂，他热切情怀、冷静观察、慎重思考，撰写了系列文章,《小城镇研究十年反思》《工业文明进程中的思考》《文化生态失衡问题》《文化论中人与自然关系的再认识》《人文价值再思考》等。我们不知费老对于发展棋局是否落子有悔，但这些“思考”“反思”“再思考”“再认识”，不仅让我们见证了费老坚持真理、勇于创新的精神，更让我们感受到费老可贵的科学态度和实事求是精神！

上世纪90年代中后期，费老在继续进行实地调查的同时，也开始进行一生学术工作的总结，对自己耗费过的笔墨“结结账”。并结集出版《学术自述与反思》，他在60年的学术生涯里，以自己的智慧，为历史写下了迷人的一章。

九、坚持不忘初心，永葆赤子之心

“先天下之忧而忧，后天下之乐而乐。”费孝通先生是以知识报国、学以致用的一个典范。

“把使命放在心上、把责任扛在肩上。”费孝通扑下身子，从一个村子连续持续蹲点调研，时间跨度60年，唯愿百姓越来越幸福，国家越来越强盛。

“为天地立心，为生民立命，为往圣继绝学，为万世开太平。”费孝通从一个村“出发”，从小城镇到城市到“老少边远贫”地区，再到全国一盘棋、人类文明共享，费老跨越时空而始终不变的价值追求，启迪着我们不忘初心、执着韧劲，继续前进。

《全球化与文化自觉》收录了费孝通晚年论述文化自觉思想的相关论文、

演讲及对话，有《创建一个和而不同的全球社会》《对“美好社会”的思考》《“美美与共”和人类文明》等文章。尝试回答“不同文明之间该如何相处”这一“全人类都要共同解决的问题”。

胸中几云梦，余地多恢宏。费孝通先生追寻的“美好社会”建设“只有进行时没有完成时”，他伟岸的身影，指引着我们追随着他的步伐。

2017年4月28日

中国传统的创造性转化
——梁漱溟《中国文化要义》读后感

最近想读点书，梁漱溟这最后一位大儒的书总要读。找来梁公的《中国文化要义》，怀着尊重的心认真阅读。这本书梁公于1942年着手撰写，1949年6月完稿。民国年代所特有的混合着文言文的简练与白话文的直白的青涩的味道，读起来有点生涩，品起来又很有滋味。

该书从20世纪初叶思想急剧碰撞的年代的背景出发，系统分析了中国的社会状况、文化精神及其产生的要素和发展的历程。文中最引人注目的是对几千年来儒家思想的细致分析，对中国文化实质的深层次揭示，深邃、独特、中肯，旁征博引、通达文笔，充分彰显了梁公的横溢才华，令我对其钦佩不已，也使我的眼界大为开阔，用醍醐灌顶一词来形容亦不为过。

用时下流行的一个说法，梁公的《中国文化要义》与他的其他著述一样，充满着“问题意识”。梁漱溟一生问两个问题：人为什么活着？中国向何处去？在梁漱溟看来，中国文化既是这两大问题的根源，也是这两大问题的解答，关键在于如何来认识这种文化。

我在读这本《中国文化要义》，也在思考着几个问题：

一、中国文化的要义是什么，有哪几点体现？

在绪论中，梁公说道：“文化，就是吾人生活所依靠的一切。文化是极其实在的东西，文化之本义，应在经济、政治，乃至一切无所不包。”接着，他讲了中国文化的七大特点：1.中国文化独自创发，慢慢形成，非从他受。2.中国文化自具特征。3.中国文化能以其自创之文化绵永其独立之民族生命。4.中国文化同化他人之力量最伟大。5.由中国文化形成之一大单位社会，占世界人口之极大数字。6.中国文化自身内部具有高度之妥当性、调和性。7.中国文化放射于四周之影响，既远且大。

梁公认为中国社会有：1.广土众民；2. 偌大民族之同化融合；3.历史长久，并世中莫与之比；4.知识、经济、军事、政治皆非中国长处，而又有不知为何的力量使中国有以上之成功；5.历久不变的社会，停滞不进的文化；6.几乎没有宗教的人生；7.中国人的家在其社会组织中、实际生活中，特见重要；8.中国学术不向着科学前进；9.即以民主、自由、平等一类要求不见提出，及其法制之不见形成；10.道德气氛特重，“孝”在中国文化中具有特别重要的地位；11.中国非一般国家类型中之一国家，而是超国家类型的……以及其他等十四大特征。

中国是一个古老而又现代的文明国家，中国文化历史悠久、博大精深，但要谈其要义，却是不大容易的事。梁公将中国文化概括为七大特点，将中国社会概括为十四大特征，这些特点、特征即为中国文化的要义之所在。一方水土一方文化，一方文化滋养一方人，人与社会的问题也就是文化问题。梁公的概括字字珠玑，句句经典，将中国文化的特征一一寻求而罗列起来，把大中华的经脉梳理得清清爽爽，不得了，了不得。

梁公以一位智者对中国历史与文化的领悟，不时给我们以启迪与思路。

二、对于人生，文化的意义在哪里？

梁公问：人生态度，或对于人生意义的价值判断，在西方和印度都与宗教密不可分，而宗教观念淡薄的中国人，却是靠什么提供人生意义、统摄众人思想的呢？

梁公以为，是以道德代替宗教在社会中的作用。“宗教在中国卒于被替代下来之故，大约由于二者：1.安排伦理名分以组织社会；2.设为礼乐揖让以涵养理性。”

梁公认为，儒家提倡家庭关系，甚而把父子兄弟的感情关系推到社会上去，如朋友如兄弟，百姓为子民，以伦理关系来组织社会。把家庭关系由内而外推展开去，把社会关系由外往里拉，使得社会也富于平等气息和亲切意味，社会冲突是以不强。另设礼乐揖让，大家相处互相尊重，凡事以理性为先，不尚冲动，更反感争斗。民谚“一争两丑，一让两有”正指此。这一方面组织了社会秩序，另一方面又使社会平和。

文化对人的影响，无论表现在交往方式、思维方式上，还是表现在生活方式的其他各个方面，都是深远持久的。文化由人创造，却又影响着人的方方面面。当文化对人的影响深化到价值观、信念、信仰等方面，从而影响人的整个性格乃至改变人生轨迹时，就可以理解为文化对人生的塑造了。梁公认为，“没有信仰的社会必然崩溃变形”，这对今天的人们是一种有力的警醒。只有以儒家思想为基本价值取向的生活，才能使人们尝到“人生的真味”，才能形成美好的社会生活。

同时，梁公也洞见到：中国文化教人向内用力，学习反省、克己、自责、让人、吃亏等，而非向外抗争，这其实也早已成为中国的民族性格，虽然有利于社会的稳定，但是却使每个个体陷于自己的视野，难以觉察自身之外的问题。

三、对于中国，文化的意义在哪里？

梁公恰逢生于中国多事之秋，封建社会的没落和资产阶级革命及新民主主义革命的兴起时期，他为中国问题所困扰。在书中，梁公详细分析了中国精神文化和社会文化而弃艺术文化不谈，批判了中国文化的病诟。

他指出：中国文化早熟，从心出发，用力于人事，则长于理性而短于理智，科学之用力于物之事被忽略。中国文化早熟之病，病象有五：①幼稚，原实为一成熟文化，但由于早熟儿不免间或显露幼稚，如个人自由之不立，缺乏科学等；②老衰，历史太久，到后来，生趣渐薄；③不落实，相对西方之现实，多理想；④落于消极亦再没有前途，利与力地位降低；⑤暧昧而不明朗——以中国文化与其他文化相对照，令人特有“看不清楚”“疑莫能明”之感。

在梁公看来，解读中国文化的关键在于认识到中国文化的“早熟”，先贤们没有稳定的哲学与科学思想的发展，在先秦险恶的政治局势中，只有重人事关心社会的学派获得了长足的发展，进化至成熟的中国文化的核心，即儒家思想。

梁公认为，中国人早期的“理想思想”，突出表现在孔子“未能事人，焉能事鬼”的反宗教意识和以人为本的道德观点上，儒家崇尚的天地、家国、君王等都作为理性的化身，在价值选择上崇尚中庸的哲学，最终奠定了中国文化的基础。

梁公指出，中国以伦理代替了宗教，并且使儒家思想成为了民族信仰。可以说，儒家思想是纵贯中国发展全局的关键要素，它的快速健全规范了中国的社会格局，在道德伦理和思想文化上获得了压倒性的优势。

四、传统文化对于现代社会，它的积极价值在哪里？

梁公的《中国文化要义》写于1949年之前，书中的说法均是基于古代中国而言，而成书的时间早于中华人民共和国的成立。梁公有一句口号：认识老中国，建设新中国。这位智者的领悟，至今仍可以给我们很多启迪，我们只有真正认识了老中国才能找到建设中国特色的社会主义的必由之路。

（一）增强文化自信

国人在文化领域经常有点不自信，不敢正视自己的民族文化，不时要闹出全盘西化、反对国学等闹剧。然而梁公在那个新文化运动大肆批判传统文化的时代，敢于为儒家文化正名，并告诫国人要恪守自己的信仰，这种“不合时宜”的确需要有足够勇气。

我们生为中国人，生来接受中国文化的熏陶，我们不能盲目地追崇西方的文化和宗教，应该看到中国文化的理性所在。我们为何不能放弃传统，为何在强大的现代化潮流的席卷下传统文化依然坚强地留存？因为那是我们的根，我们铭记不能失却自信力去做没有根的飘萍。

增强文化自信，就要加强对中华优秀传统文化的挖掘和开发，传承和弘扬中华民族精神，展示中华民族的性格、气节和气魄，增强中华民族的骨气和底气。

（二）要创造性转化

梁公指出，若把全人类历史作一整体看，可能次第演出几个阶段来，也可以说有恒进步的趋势，……而人类文化更是时时可有创新，时时可以变更。梁公又告诫那些因循守旧的人，我们越是重视传统文化越应该继承之并且发展之，而不是泥古不化拒绝外来文化和新式文化。

现代新儒家自梁漱溟始，就确立并坚定了开新还须返本，“老根发新芽”的信念。善于继承才能善于创新，传统文化要返本开新、推陈出新、吐故纳新，对至今仍有借鉴价值的内容和形式加以改造，赋予其新的内涵和表达方式，增强其影响力和感召力，

我们的文化是活的文化，是经过淘汰和选择受到历史和人民检阅的文化，也只有这样的文化才经得起各式各样的冲击，顽强地存活至今并且依然迸发出强大的生机。

（三）认定东方文化将走向世界

《中国文化要义》在东西文化观上，把人类文化划分为西洋、印度和中国三种类型，称“中国文化是以意欲自为调和、持中国其根本精神的”，与向前看和向后看的西方和印度文化有别。

梁漱溟认定，中国文化以孔子为代表，以儒家学说为根本，以伦理为本位，它是人类文化的理想归宿，比西洋文化要来得“高妙”，中国文化不仅不应该断绝、也不会断绝；不仅会在中国复兴，实现中国的富强，更是会走向世界——“世界未来的文化就是中国文化复兴”。

在新的历史起点上，我国大力推动民族文化复兴，推动中华文化与世界文化的交融，中华优秀传统文化将会重新焕发出耀目的光彩，璀璨世界。

（四）知行合一

儒家的义理不是在课堂谈谈就可以，而是要在生活中特别是乡村生活里去实践的。如永嘉学派亦称“事功学派”，提倡功利之学，反对虚谈性命；王阳明思想核心为“知行合一”。梁漱溟自言“是一个有思想，又且本着他的思想而行动的人”。甚至如他期望的把他当作“一个思想家，同时又是一个社会改造运动者”。

梁漱溟把解决中国问题的重点，落实在社会改造上，他想出的办法是“乡治”。他放着北大教授不做，去进行乡村建设。1928年，梁漱溟在河南进行过短期的村治实验；1931年，到山东邹平进行了长达七年的乡村建设运动，并取得可以借鉴的经验。后来，乡村实验逐步扩大到全省十几个县，在海内外产生了深远影响。

儒学与宗教的出世不同，中国人肯定人生而主入世哲学。“儒家认为人生的意义价值，在不断自觉地向上实践他所看到的理。”

（五）以天下为己任的担当

梁公穷其一生，执着地追问人生的问题、中国的问题。即使在上世纪80年代后期，他已九十多岁高龄，依然发起建立中国文化书院，依然著文、演讲，继续宣传复兴中国传统文化的思想。

梁公一生留下诸多传奇，他人生中一些不幸的遭遇并不在于他的守旧而在于他的超前，也就是所谓“先觉有常刑”。他目光深邃，穿透历史，以新思维引领知识界思想。他穷其一生所探讨的问题引起了许多人的思考，也给后来的寻找答案的人带来了许多的启发。

《中国文化要义》一书让我受益匪浅，深有感触。在旧时代，梁公虽付出“一生心血、全副肝胆”的努力，仍没有条件也不可能实现他的宿愿。在新时期中华民族伟大复兴的号角中，我们应当秉承梁公的精神，怀着同样的理想，振兴我们的文化、强大我们的国家、完善我们的社会，让世界看到我们自豪的理性和激情。

中国社会仍然处在转型期，我们还需要梁漱溟式的人物。

2017年4月7日

中国非遗保护公开的“武林秘籍”

——王文章《非物质文化遗产保护研究》读后感

进入新世纪以来，非物质文化遗产保护风生水起，风起云涌，如火如荼，高歌猛进，这与王文章先生的极力倡导和大力推动是分不开的。王文章先生曾担任文化部分管非遗保护的副部长，并长期出任中国艺术研究院院长、中国非遗保护中心主任，恰好我国非遗保护事业启动和勃兴，既是恰逢其会，更是引领其盛。

我们经常在重要媒介上看到王文章先生的文章，或者全国“两会”记者对他的访谈，或者全国性会议、论坛上他的讲话，时有新见，每有卓识，指点迷津，指引方向。每每我阅读这些文章，总有醍醐灌顶、豁然开朗的感受。他的非遗保护理念与观点，有些已成为我国非遗保护的准则与原则，成为全国非遗保护的圭臬；有些体现到我们省级非遗保护顶层设计相关文件中来，应用到具体的工作实践中去。

王文章先生将他散见于各报章杂志的文章汇集成册，以朴实无华的书名《非物质文化遗产保护研究》出版。这本书，含金量很高，贯穿了新世纪以来我国非遗保护历程以及各重要阶段，荟萃了全国各地创造的非遗保护经验，凝聚了作者在非遗保护领域的理论探索和思想结晶，表达了作者对国家文化安全的深切忧患，抒发了作者强烈的爱国情结和文化情怀。王文章先生的《非物质文化遗产保护研究》，是公开的“武林秘籍”，我再次认真拜读。

作为在先生引领下从事非遗事业并跬步以随的学生，不揣浅陋，结合先生的论著，对先生在非遗保护的贡献作一评论。

一、坚持世界性和民族性立场的统一

王文章先生提出了非遗保护世界性立场、民族性立场两个概念。他在2007年第17期《求是》杂志发表文章《非物质文化遗产保护与国家文化发展战略》，强调："从国家文化战略的角度来看，我们强调保护非物质文化遗产的世界性立场，与坚持保护非物质文化遗产的民族性立场并不冲突。在保护非物质文化遗产方面，我们坚持世界性和民族性立场的统一。"

"非遗，需要全人类共同守护。"王文章先生指出，保护非物质文化遗产，是国际社会一项重大的文化战略举措，是维护世界文化多样性的重要战略手段，是促进特定文化权利实现的重要战略措施。他于2006年文化遗产日前夕在北京举行的"中国非物质文化遗产保护论坛"上，以"人类社会发展的重要课题：保护和传承非物质文化遗产"为题发表讲演。他指出，非遗保护，是"保护人类独特的文化记忆"，是"守护人类共同的精神家园"。他认为，非遗保护不单是中国的工作，而且是世界人类文明的传承工作，意义重大。我国非遗保护虽然起步迟，但起点高，成为国际《保护非物质文化遗产公约》的缔约国，在国家层面上加强顶层设计和强力推进，为人类非遗保护事业贡献出中国经验、中国智慧。

王文章先生有着强烈的民族忧患意识。他指出，非物质文化遗产是一个与民族、国家紧密联系的概念，保护非物质文化遗产对我国文化发展具有重要的战略意义。他将保护非遗的重要作用概括为四个"有利于"：有利于保护我国传统文化和民族文化的多样性，有利于促进我国的文化创新和发展先进文化，有利于促进我国和谐文化建设，有利于促进我国文化事业和文化产业的发展。

王文章先生提出的非遗保护要有世界性立场、民族性立场"两个立场"的理念，很重要。世界性立场，让我们以具有国际视野的眼光，借鉴国外一切有益的经验，进一步完善我国法律法规和相关制度建设，积极探寻适合中国国情的非遗保护和管理制度，采取一系列切实措施提高保护和管理水平；民族性立场，让我们在世界文化多样化中，保持民族文化个性、独特的精神禀赋、气质、形象，扩大中华文化在国际交往中的话语权。越是民族的越是世界的，中国也因此为人类文明做出更大的贡献。

二、开创中国非物质文化遗产学科体系

非遗保护，是个古老话题，全新工作，是个新生事物。王文章先生担负全国非遗保护组织领导以及非遗教学、研究管理工作，他的高瞻远瞩、深思熟虑，对促进我国非遗保护的科学化、创新性发展有相当重要的现实意义。

各种学问都有它自己的体系。“非物质文化遗产”是一个新概念，同样有自己的知识体系。王文章先生主编的《非物质文化遗产概论》，是从基础理论方面系统研究非物质文化遗产及其保护的拓荒之作。本书从国际、国内两个视角，从古今流变，全方位地、系统而深入地回答了大家对非物质文化遗产所关心的问题，什么是非物质文化遗产？如何进行科学的分类？它有哪些特征？它有什么样的价值？如何进行科学、合理的保护？保护的规律、原则和措施是什么？中国和国外保护非物质文化遗产的历史与现状如何？等等，做了要义辨析，切实地为非物质文化遗产抢救和保护工作提供了宏观的解决问题的思路。他开创的中国非物质文化遗产学科体系，既包括非遗知识本体论，也包括非遗保护方法论，重源流性和知识性，更重指导性和操作性。

非物质文化遗产概念几经反复，从民族民间文化到人类口头和非物质文化遗产，再到非物质文化遗产。各种遗产，更是像绕口令一样。王文章先生主编的《非物质文化遗产概论》中，就怎样区分非物质文化遗产与物质文化遗产以及自然遗产、文化景观遗产、自然与文化双重遗产等多种遗产类型的关系做了辨析。《非物质文化遗产保护研究》一书收录了王文章先生为系列丛书所撰的总序或序言，其中有《中国世界文化和自然遗产历史文献丛书》序、《中国非物质文化遗产代表作丛书》总序、《中国传统节日》前言、《中国民间艺术传承人口述史丛书》总序等。这些序言，从一个方面反映了王文章先生为推动各类遗产保护所倡导和所努力的业绩，另一方面也从这些既相联系又有区别的概念中可以看出，王文章先生对这些关乎文化遗产的基础理论问题，经历了递进思辨的过程。

三、立法保护，依法保护

随着全球化趋势的加强和现代化进程的加快，我国的文化生态发生了巨

大变化，非物质文化遗产受到越来越大的冲击，传统民俗不断消失，许多传统技艺濒临消亡，非物质文化遗产遭到随意滥用、过度开发。王文章先生为此忧心忡忡，心急如焚。作为全国政协委员，他不断呼吁“非遗保护立法迫在眉睫”，强调“立法保护是最根本的保护”。他在全国政协会议上先后提出了“关于加快我国《非物质文化遗产保护法》立法进程的提案”“关于进一步加快《非物质文化遗产保护法》立法进程的提案”；作为文化部分管副部长，他协调各方，具体推进《中华人民共和国非物质文化遗产法》（以下简称“非遗法”）（草案）起草和修改、完善工作。

2011年2月，《非遗法》在全国人大常委会第十一届十九次会议通过，自2011年6月1日起施行。《非遗法》出台，为我国非遗保护提供了根本性的依据。王文章指出，《非遗法》出台，是非物质文化遗产保护的重要里程碑。“此前，我们都是单向的选择性的项目保护，如对少数民族、中药等，从2003年开始，我们将所有的非遗都纳入保护范围，真正采取一个科学的态度对待非遗保护。该法通过，我们国家的非物质文化遗产立法体系进一步完善。”

王文章表示，将非物质文化遗产的保护上升到法律层次，就带有一定的强制性，各地在法律的要求之下必须坚决地来推进保护，同时立法还有保障性的保护措施在里面。

王文章指出，重申报轻保护，重开发轻保护，这些实际上在我们的保护工作中产生了不少的问题，这些问题也需要通过立法来加以匡正。

王文章强调，保护非物质文化遗产是持久战，需要一代一代的人来做，仅靠调动积极性和应急性措施是不够的，必须有坚实的法律和政策的规约和保障。

四、推进非物质文化遗产科学保护

王文章先生认为，我国非物质文化遗产内容丰富、形式多样，我们倡导的保护也是以全方位、多层次的方式来反映和保存文化的多样性和丰富性。除对非物质文化遗产进行田野考察、采集、立档、保存、研究等，对列入各级名录的非遗项目采取抢救性保护、生产性保护、整体性保护等保护方式。

对于那些濒危的国家级非物质文化遗产项目，进行抢救性保护。组织专业人员，采用录音、录像及文字记录等方式，将该项目的表演、技艺展示过程等记录下来，整理分类并建立翔实的视频档案或数据库，同时做好资料的编辑和出版工作。此外，抢救征集其珍贵实物和资料，用于研究和展示。

非物质文化遗产中部分具有生产性质和特点的项目，可以生产性方式保护。王文章先生发表文章《简谈传统手工技艺的生产性保护》，在全国政协会议上提出提案，呼吁“国家要对非物质文化遗产生产性保护实行税收优惠等扶持政策”。文化部开展国家级非物质文化遗产生产性保护示范基地建设工作，在全国范围内先行试点，总结经验后再逐步推开。鼓励在具体的生产实践中使这些非遗项目得到活态的传承和保护，同时在为提高和改善人民的生活方面发挥积极作用。

他强调，要“创造非遗整体性保护的社会环境”。文化部在全国开展文化生态保护实验区建设，这是推进整体性保护的重要举措，既对无形的非物质文化遗产进行有效保护，也重视有形的民居、古建筑、历史街区和古村镇、重要文物等物质文化遗产的保护，又兼顾自然和文化生态环境。

王文章先生结合我国国情，结合非遗保护特点，提出的非遗三大保护方式，具有重要的现实意义。

五、保护的灵魂是传承

王文章先生指出：非物质文化遗产是以活态形式传承的文化遗产，主要依靠传承人口传心授而世代相传。因此，“保护的灵魂是传承”“传承人保护是非物质文化遗产保护工作的重点和核心”。

随着城市化、现代化进程的加快和人们生活方式、生产方式的改变，不少非物质文化遗产项目面临着后继乏人的问题。各地对保护传承人重要性的认识不断深化，并因地制宜采取了多种保护措施，如命名非遗代表性传承人，建立传承人档案，为生活困难的传承人提供基本生活保障，对传承人授徒传艺、开展传习活动给予扶持，提供必要的传承场所，改善传承人的工作环境，支持其参与社会公益性活动，以及支持其开展传承传播活动等。

《非遗法》的颁布实施，对建立完善传承人保护的长效机制提出了更高的要求。王文章先生指出，我们要正确认识和把握非物质文化遗产的传承规律，继续彰显代表性传承人的重要地位。王文章先生在“中国当代工艺美术双年展学术论坛”上做题为《建设队伍，继承创新，推动发展》的讲演，强调非遗传承需奋力。

王文章先生指出，非物质文化遗产大多是表现为人们的生产方式和生活方式，保护它，就要让它与人民的日常生活联系起来，让它在人民现实的活动中传承，让鱼在水里游，才会水欢鱼跃。要让它按照自身发展演变的内在规律去演变，不要人为地去改变这种自然演变的进程。只有尊重和把握好非物质文化遗产原来的自然传承规律，才会让它在发展的社会进程中，以形神兼备的状态传之久远。

六、及时匡正非遗保护出现的问题和倾向

非遗保护，问题何在？

王文章先生说，目前非遗保护工作中，面临的主要问题是一些地方仍然缺乏科学保护意识，重申报、重开发，轻保护、轻管理，保护措施不落实，甚至出现超负荷利用和破坏性开发，背离了实施非物质文化遗产保护工作的根本出发点。“申报成功不能一劳永逸”。重申报轻保护，重开发轻管理，这些问题需要通过立法来加以匡正。

随着现代化和城市化进程的加快，文化遗产，特别是非物质文化遗产的保护受到越来越严峻的挑战。王文章先生敏锐地指出，在非遗保护工作存在的问题中，有两种倾向尤其应引起我们的注意：一种是建设性破坏，一种是保护性破坏。

现在，中国新农村建设正在全国农村展开，对农村进行新的建设，这本身是件好事，但是由于非物质文化遗产大部分都保存在农村地区，如果建设不当，很容易对其造成不可挽回的损失。拆旧村建新村，对蕴含历史文化内容的有形遗存不加以认真保护，承载这个村庄历史文化记忆的载体也就荡然无存。过去几十年来，这一方面已经造成了很大的损失。

保护性破坏的危害也很明显。一些项目被确定为保护对象后，一些人片面地去开发它的经济价值，如对古老村落的过度旅游开发和一些手工艺项目的大量机械复制，使这些项目显现的某种人类文明以及这种文明成长的过程，因我

们的“保护”而中断。在服务于旅游开发的目的下，原生态的歌舞，按照当代肤浅时尚的审美趣味加以改造；古老村落成了喧嚣的闹市。从表面上看，似乎是被保护项目的繁荣，实际上是对非物质文化遗产的一种本质性伤害。

王文章先生指出，非遗保护正在全社会范围内引起人们广泛参与的兴趣，由于认识不正确，或出于良好愿望，或出于经济目的，建设性破坏和保护性破坏，常常是在加强保护和开发利用的名义下进行，更具有危害性。

七、推动非遗的创造性转化

王文章先生有篇文章发表于2007年《求是》杂志，题目为《非物质文化遗产保护与国家文化发展战略》。这篇文章明确提出了传统文化和非物质文化遗产的创造性转化。

文章指出，我国的文化遗产是中华民族优秀文化的重要体现，也是我们时代进行文化创新的重要前提。文化的创造空间获得了前所未有的拓展。我们对传统文化和非物质文化遗产的保护实质上是一种创造性的转化。具体地说，就是用中国特色社会主义文化所具有的价值取向、思维方式、道德观念和行为方式来改造、更新传统文化，使之符合现代化的要求，使之在自我超越中获得新的生命力。因此，为了中华文化的发展，为了在世界多元文化格局中保持中华文化的竞争力，为了文化创新和发展先进文化，我们必须重视对文化遗产的保护和创造性转化。

王文章先生于2007年提出“传统文化的创造性转化”这一重要理念和观点，无疑具有超前性和创新性。2017年1月，中央办公厅、国务院办公厅印发了《关于实施中华优秀传统文化传承发展工程的指导意见》，提出了“坚持创造性转化和创新性发展”的原则，要求不复古泥古，不简单否定，扬弃继承、转化创新，不断赋予传统文化新的时代内涵和现代表达形式。

王文章先生强调，要“尊重科学规律创造性地保护非物质文化遗产”“保护的目的是为了创新，创新是为了更好地保护”“文化的本质是创新，文化创新是判断一个民族是否充满活力的重要标志，也是决定一个国家强弱兴衰的关键因素，而文化创新的核心在于精神创造”“传承人有责任把前辈的传统和技艺传授给下一辈，并在传承过程中把自己新的创造赋予其中”“我们当代的文化创造，应该成为一种驱动社会发展的精神力量”。

理念是行动的先导，一定的发展实践都是由一定的发展理念来引领的。发展理念搞对了，目标任务就好定了，政策举措也就跟着好定了。新世纪的这十多年来，我国非遗保护发展方向、发展思路、发展着力点对头，取得了卓越的举世瞩目的成就，其中毋庸置疑也在于王文章先生正确的理念引领和呕心沥血的努力。

新世纪开启了中国非遗保护大门，翻开了中国传统文化传承史上重彩浓墨的一页。忽如一夜春风来，千树万树梨花开。今天的非遗百花园俨然已是百花争艳、万紫千红。在建设优秀传统文化传承发展体系的进程中，我们殷切期待王文章先生继续做出新的引领性贡献！

2017年3月2日

中国非遗保护的启蒙与开山之作

——王文章主编《非物质文化遗产概论》读后感

我国官方提出"非物质文化遗产"这个词还只有一年多点时间，但这个词已经很热了，社会公众普遍觉得保护非物质文化遗产很重要。但对于非物质文化遗产到底是什么，真的没有多少人搞得清楚，至于保护什么、怎么保护等等，更是普遍心中没数，缺少科学的规范的指导。

我在省文化厅社文处分管非遗工作，接触这个时间不长，对于非遗只能说个大概，对于非遗保护工作也只能说个大概。布置和部署工作，还真有点以其昏昏使人昭昭，人家说半桶水晃来晃去，在非遗这个码头，我是一分水的底气也没有。

在书店里看到中国艺术研究院王文章院长主编的《非物质文化遗产概论》，我是喜出望外，好像看到了指引航向的明灯。回到家，手不释卷，一翻到底，解渴。原先对于非遗，只知其然而不知其所以然，现在看了这本书，感觉有了这碗酒垫底景阳冈能打虎了！

我学习《非物质文化遗产概论》(以下简称《概论》)，有这么几点心得和体会：

一、感受到《概论》编著者强烈的忧患意识

我注意到，这本书只有八章，居然有四章多相对务虚：导语，热切强调"非遗保护的重要性与紧迫性"，言近旨远呼唤社会共识；第三章，全章深入阐述"非遗的价值"，不厌其烦告诉大家非遗很有用要珍惜；第四章，全章大讲"保护非遗的意义"，语重心长阐述保护非遗事关重大；第五章，全章讲中国保

护非遗的历史与现状，谆谆告诫保护非遗在中国有优良历史传统；第六章，全章讲国外保护非遗的历史与现状，意味深长让人醒悟。拳拳爱国心，殷殷赤子情，让人深切感怀！

二、《概论》涉及内容丰富，很有实用价值

非物质文化遗产涉及面广，老祖宗留下来的除了物质文化遗产，其他的都属于非物质文化遗产。要以一本书概述非物质文化遗产以及抢救保护工作，对书的结构以及表述等提出了更高要求。

书中专设一章讲“什么是非物质文化遗产”，非遗的概念有点复杂，要说明白也的确不大容易。但是这本书，不仅讲清了什么是非物质文化遗产，包含哪些内容，主要特点等，也厘清了非遗与自然遗产、物质文化遗产、传统民族民间文化遗产、文化景观遗产等容易混淆的概念的异同，还丰富了读者对于遗产立体的多元的认识。

非遗要保护什么？重点在哪里？谁来保护？怎么保护？有没有规律可循？保护要达到一个什么目标、什么标准？等等。这些都是我们要学习掌握、思考研究和妥切解决的问题。《概论》对非遗的基本特点和鉴定、分类做了深入研究，对非遗保护的原则和保护方式方法、规律做了概括提炼，对非遗保护理念、非遗的价值、传承和保护主体做了认真阐述。《概论》尊重客观存在着的一切事物或事实，从中去探讨其内部联系和规律性。

《概论》从古今中外全方位、多层次地展现非遗保护的历史和现状。前人之事，后人之鉴，历史虽然成为过去，但是读历史的人应该能从历史当中懂得什么，记住什么。《概论》对国外非遗保护有效做法做了介绍。大胆吸收和借鉴资本主义先进文明成果，是邓小平同志对外开放思想的一个重要方面。法国、意大利等国非遗保护先行经验，对于我国新形势下非遗抢救保护工作具有借鉴价值。

书中还附录了国务院关于非遗保护的两个重要文件和联合国教科文组织关于非遗保护的系列文件。让我们非遗工作从理念上、制度上和方法途径上都有遵循和参照。

三、《概论》积极介绍国外先行经验，开拓视野

《概论》介绍了国外古希腊、古印度，二战以后日本、韩国、法国、意大利对非物质文化遗产的抢救与保护。日本立法保护，早在1950年，日本颁布了综合性的《文化财保护法》，在这部法律第一次提出了“无形文化财”的概念；韩国1964年启动了人间国宝工程，认定人间国宝，韩国全民参与保护，推动商业和旅游业的发展；法国设立“文化遗产日”，形成和建立非遗整套评价标准和管理办法；意大利提出“反发展”的整体性保护新概念。这些做法，很值得我们认真研究和借鉴。

《概论》中提到，日本明治维新，门户大开，在“脱亚入欧”社会思潮的巨大冲撞和影响下，激进的改革思潮把日本的传统文化视为封建糟粕，当作垃圾，予以抛弃或者给以毁灭。明治四年（1871），日本颁布了《古器旧物保存法》，这是日本第一部关于保护文化财的法律，在不到10年的时间里登记和抢救了21万件文化财。1919年日本出台了《史迹名胜、天然纪念物保存法》，这部法律规定：“在紧急情况下，地方长官可对文物进行临时性指定。”这一法律条文使不少日本名胜古迹从推土机的推铲下抢救和保护下来。这段关于日本保护文化财的典型案例，我们似曾相识，曾有深刻教训。发展是硬道理，乱发展没道理，有的时候不发展也许是最大的发展。历史的经验教训不可以忘记。

保护非物质文化遗产必须有相应的机构，这是保护非物质文化遗产重要的组织保证。《概论》专门对国外保护非遗的机构设置做了介绍，从日韩法意的情况来看，他们一开始就非常注意保护机构的设置并在实践中不断完善。这是应当、必须和必然的，我们当参照！

四、《概论》注重生动和可读性

概论就是概括的论述，一般相对较为抽象。但是，本《概论》读来饶有情趣。《概论》站在历史和文化的总体高度，从国际、国内两个视角，撷取古今中外相关保护非遗的最灿烂的片段、最精华的材质、最鲜活的镜头、最主要的成果，精心构思，清新简明、意蕴深长，体现了选题策划的匠心。《概论》既有很高的学术含量、专业水平，又能贴近工作、贴近现实；既有知识性、资料性、

工具性，又有阅读性和趣味性。在我国非遗通俗化、普及化中所做的努力，也有开拓之功。

《概论》在我国非遗保护上起到了启蒙和开山的作用，给我们以许多启迪启发。

《概论》指出“亚洲——太平洋地区出现保护非遗的热潮”，并指出“非遗的抢救保护在当代中国形成高潮”。我国非遗保护工作刚起步，非遗事业刚开局，等待着全国上下共同去开拓，开疆拓土，播山耕海。

2006年11月23日

甘愿做一个吐血而死的“精卫”

——《冯骥才》文化保护三卷读后感

冯骥才是中国当代文学史上一位重量级作家，他写知识分子生活、市井文化、近代历史的故事都很经典。往往表现匠心独运，开掘生活的底蕴，咀嚼人生的回味。他有许多篇文章选入不同年级、不同版本的语文课本，连小学生都对他很熟悉。冯骥才牛！

新世纪初，冯骥才先生以天下文化兴亡为己任，“把书桌搬到了田野”，和时间赛跑，投身于祖国城市历史文化保护和民间文化抢救，奔走呼号，倡导与主持中国民间文化遗产抢救工程，会集各路仁人志士，寻找民族精神的依存。他的文化自觉、忧患意识和切实的行动引起社会的热切关注。十多年来，冯骥才以文化人的情怀、担当和对当下文化现状的关切及忧思，经常成为舆论焦点。

我对冯骥才先生非常敬佩，也一直关注着媒体对他的追踪和报道，关注着他的动态。他出的书很多，但凡我在书店里看到他的关于文化遗产保护的著作，一般就会买上一本，譬如《思想者独行》《中国传统村落拔打120》等等，但很遗憾，一直囿于工作忙乱顾不上认真拜读，往往只是先翻翻目录，读读前言后记，等待有相对充裕的时间再认真领略和品读。

2016年青岛出版社出版了六卷本的《冯骥才》，洋洋300万字。其中分两个部分：一为“诗文书画”，三卷；二为“文化保护”，分为《思想》《行动》《田野散文》三卷。冯骥才先生说，这三卷“具有现实意义的最新的东西，也是这套书的最大价值”。

冯骥才先生作为当代民间文化抢救和保护的倡导者，提出了一系列文化保护的思想理念，对中国社会转型期文化的保护与传承，对唤起全社会的文化自觉起到了重要作用。《冯骥才》“文化保护”三卷，将冯先生文化遗产保护的思想、观点、理论、言论及行动，进行了梳理整理，系统地展示了作者对当代文化遗产重大问题的思考和研究，许多篇什是新作、近作、力作，并在社会上引起过热烈反响。丛书的出版对中国当代文化遗产保护具有重要的指导意义和参考价值。

一、“民间文化在田野不在书斋”

身高1米92的冯骥才始终站在抢救民间文化第一线，多年来一直奔走于全国乡间田野实地调查寻访民间文化遗存，辗转联系散佚各地的老艺人，并不断提出抢救、保护、利用的建设性意见。

已届古稀的冯骥才，带动着更多人加入到民间文化抢救和保护工作中。承担起民间文化遗产抢救工程的那天，他就一直在马不停蹄地工作，奔走呼喊。他从过去的单枪匹马到民间抢救工程队伍的逐渐壮大。行动是最好的证明，他用行动说服了那些过去冷眼旁观者，也带动了一批一批的民间文化保护队伍。

凭着那份韧性和激情，他却整天往农村跑，投入文化遗产的抢救与保护工作，先后组织多次大型文化抢救行动，掀起了一股全国范围内的乡土文化热潮。现在，“冯骥才”不仅是一个人的名字，更成为一项文化行动的标识。

他全身心投入对中国民族民间文化的保护，对现代社会进程中濒临灭绝的中国民间文化发出了呼吁。从2002年开始到2011年结束的近十年的中国木版年画抢救工程，作为中国民间文化遗产抢救工程的龙头，十年的历程其中的艰难和辛酸只有冯骥才自己知道。在最困难的时候他卖画筹集经费从事他热爱的事业。

二、“我特别痛恨‘旧城改造’这个词”

综观中国大地，5000年文明孕育出一座座风貌各异的历史文化名城，其深厚的文化积淀和凝重的历史沧桑，每时每刻都在向人们述说着中华民族在世界文化史上的地位和骄傲。

但是，日益加快的城市化进程对于城市历史文化的保护造成了巨大的冲击。冯骥才是著名的城市文化保护者，他特别强调城市文化的历史性和空间性相统一，要重视城市文化的时间意义和空间价值。冯骥才对于天津这座城市有着极为深厚的情感，天津历史文化在他看来是东西方文化交融和碰撞而构成的一种“奇异的创造”。冯骥才痛惜天津旧城遭遇“建设”性破坏，他将信念化为行动，通过文化“抢救”和文学创作来记录和描述天津的历史文化，彰显了当代中国文人的智慧、良心和使命。

冯骥才先生忧心忡忡地问：现代化究竟是什么？在大规模的城市改造和建设中，仅仅是将“老房子”拆掉换之以高速公路、五星级饭店和高楼大厦这么简单吗？冯骥才对“旧城改造”这个口号提出了激烈的批评。他说：“我特别痛恨‘旧城改造’这个词！”

冯先生说：文化是时间和心灵酿造出来的；是一代代人共同的精神创造的成果，是自然积淀而成的。你可以奋战一年打造出一座五星级酒店，甚至打造出一个豪华的剧场，却无法制造一种文化。“文化可以打造吗？”正像我们所说，使一个人富起来是容易的，使一个人有文化——哪怕是有点文化气质可就难了。

冯先生批评说：趋同化已成为当今中国城市建设的一个令人担忧的现实。我们把几百年上千年形成的千姿百态的具有个性特征的城市都变成了千城一面，搞得似曾相识。千城一面是中国城市的悲剧。“千城一面”会让后代以为我们没文化，他们会说我们无知。

冯骥才先生强调：为了不失却传统和保证传承，必须抢先对各个城市和地域的文化遗存进行盘点，以认清自己的家底，从中找到城市个性化的文化基因，不使自己迷失于全球化的斑斓又芜杂的洪流中。

三、“中国传统村落正在拨打120”

近些年，冯骥才先生一年中有多半时间都在中国那些濒临消失的古村落间奔走，出现在媒体和公众面前谈论的也都是古村落保护。冯骥才认为，古村落的价值绝不小于万里长城，抢救古村落就是和时间赛跑。

冯骥才觉得，中国社会正在从农耕文明步入工业文化，在传统村落里，有我们的民族记忆和精神传统，有民族的终极价值观，有民族的DNA和特有的审美，有我们丰富多样的文化创造，这些东西必须保留，必须传承，不能失去。

2000年统计，中国共有371万个自然村，2010年剩下263万个。大约每年消失9万个，平均每天消减80到100个村落。传统村落被称为中华民族的

DNA。村落若没有了，乡土文化赖以生存的生态环境和空间就没了，这是国家的重大问题。

2012年4月，在冯骥才的倡议下，住房和城乡建设部、文化部、国家文物局、财政部联合启动中国传统村落的调查与认定，颁布了第一批646个中国传统村落的名单，将保护传统村落列入国家重点项目。至今已经评了四批，一共4153个传统村落入选。这是从全国200多万个自然村里挑出来的各地传统村落的代表，可以说，这是传统村落现有的精华。

冯骥才大声疾呼，每座古村落都是一部厚重的书，但在城镇化大潮中，历史留给我们的千姿万态的古村落正迅速消亡，保护刻不容缓！

冯骥才先生呼吁，传统村落并不只是供这代人消费，还要留给后代，不能让积淀了数千年的传统村落在我们这代人手里被破坏。千万不要把“新农村”变为“洋农村”。请珍惜古村落的每一片羽毛，呵护文化根脉，延续古村历史。“古民居必须是活化的，不能让它空着”。他认为，传统村落若没有人了，空巢了，也就死了，而古民居保护也要有生活气息。

四、“‘非遗开发’一词必须反对”

这些年，非遗保护如火如荼，但是非遗热中也需要冷思考。对于非遗产业化、非遗进入市场、非遗开发等调子，冯骥才先生直言要慎提，并直言反对“非遗开发”，强调不应把非遗推向市场。他说，“开发”这个概念是绝对不能使用在文化遗产上的。国际上对文化遗产使用的概念是保护和利用，利用是能获得经济利益的，但利用的主要目的是发挥遗产良性的文化作用和精神影响，而开发是粗鄙的态度和做法。文化遗产一旦进入开发，就要追求利润最大化，从而被扭曲、改造，使其面目全非或名存实亡，这其实是非遗当前面临的最大破坏。

冯骥才先生说，开发的目的往往是为了经济，不是为了精神、文化的传承。理想的非遗保护方式，要遵循三个原则：第一，要保护地域性，也就是保护文化的多样性，天津杨柳青年画做得跟苏州桃花坞年画一样了，那就不是杨柳青年画了。各地的刺绣、剪纸全都一窝蜂复制《清明上河图》，就完全丧失了自己的地域特征。第二，要保护它的手工性。一些手工技艺项目，为了追求经济效益大批量生产，嫌手工慢，就不用手工做了，开始用机器，这等于从农业文明变成了工业文明，把自己的文化符号全弄丢了。第三，要保持它的艺术特征，基本元素不能丢，像民间音乐里加了好多电子配器是不行的。

中央强调要加大保护力度，让农村看得见山，望得见水，记得住乡愁，这是给社会的一个极大的触动。冯骥才说，在无度的旅游开发中，许多原生态的东西正在退出我们的视野。我们的城市建筑风格与个性已荡然无存，能否守住古村落这个最后的家底，现在看来，还是个未知数。冯骥才说："可以开展旅游，但前提是不能破坏它。"他认为，从旅游本身的利益来讲，越保持原真性、越保持原来的历史财富，得到的旅游价值越高，保持的时间就越长。"这些积淀了千百年的古村落，不能让我们一二十年就给糟蹋了！"

五、"守护文化是知识分子的天职"

在当代社会发展中，文化的责任和文化的危机同时成为知识分子关注的目标。"在这样一个时代，当人们没有自觉的时候，知识界一定要有先觉的思想，有我们的理念，有我们的思考，有我们的行动，有我们的方法。"

冯骥才先生兼有作家的激情、学者的深刻和社会活动家的感召力。冯骥才说：我们这一代人的命运是与国家联系在一起，有与生俱来的责任感。"对社会责任性的关切和思考，是我主要的工作，也是我每天最重要的生命内容。在我对社会的思考中，无疑是专注的、执着的，当然也是坚强的。"

知识分子要有"先觉性"。我们所做的一切就是要唤起人们对文化的情感、对文化的情怀。一个思想一个行动持续十多年不肯更改，让他的文化遗产保护终于获得了更广泛的支持和帮助。行动支持了他的理想，《冯骥才》的300万文字所体现和塑造的，正是这样一个时刻肩负使命的永无止息的冯骥才。

文明的传承就像火炬传递一样，每一代人接过火炬，都要尽力不让火炬灭掉，还应加倍地让它发光，交到下一代的手里，这才能放心。冯骥才先生说："为了保护祖国的民族文化遗产，我甘愿做一个吐血而死的'精卫'。"

冯先生的话有点悲壮。精卫鸟是因填海而吐血累死的鸟，就是说呕心沥血死了，死后还要继续血花溅作红心草，就如树根在地下一切的努力都是为了树冠的辉煌。

2017年3月20日

但看那一树繁花
——兼评《刘魁立民俗学论集》

“传承人就是站在今天坚实的土地上，左手拉着历史，右手又伸向未来。”我觉得这话有点不一般，能讲出这样话的人不是一般的人。他也许是随口一说，也许是长期积累偶然得之，但能说出这番话，说明内力深厚，功力非同一般。

说这句话的是刘魁立先生，一位80岁老人，有着一头有点飘逸的白发，智慧、谦和、严谨，他是中国社会科学院荣誉学部委员、中国民俗学会荣誉会长、国家非遗保护专家委员会副主任委员。在我辈看来有点“显赫”的头衔下，是一位谦谦君子，是一位真绅士。

刘老的代表作《民间叙事的生命树》《刘魁立民俗学论集》。他早年毕业于苏联莫斯科大学文学系。民间文学、民俗、非物质文化遗产，是他人生的生命树。

一、“他们研究精英，我研究世俗”

刘老说，非物质文化遗产不是精英文化，而是我们广大民众日常生活须臾不可离开的，是我们普通老百姓的生活方式。但对于这些生活方式，虽然我们天天都在经历，对它们也非常熟悉，大家却往往熟视无睹，没有保护的意识。

刘老举例：“一个人成为了作家，大家都会说了不起。但是一个人会讲故事，就不会有人说很了不起。所以今天非物质文化遗产的保护，实际上具有划时代的意义。”

刘老继续阐述，非物质文化遗产不仅能够调节我们的自身生活，让我们有更丰富的生活内容，提升我们生活的幸福感，还对我们民族身份的认同、彼此之间关系的协调，以及与其他民族的文化交流，有着非常重要的意义。所以对非遗的保护不只是我们自己的事，同时也是整个人类的事。假定我们今天不再关注自己的传统文化，也许我们真的就会失掉自己。

刘老说，我们重视精英文化，关注世界名人，这些精英文化当然非常重要，但是我们却忽略了平常的这种文化。刘老又举例："比如在烹调中，满汉全席固然代表着烹调的一种最高技术，可是人类的成长依赖的却是我们的父母每天在家里做的那个最普通的饭，这种方法我们关注不够。"所以，普通的、日常的、最广泛的和最基础性的非物质文化，才真正是整个人类也是我们每一个人赖以生存发展的最基本的非物质文化。这种情况下，提出非物质文化遗产保护，就显得特别重要了，它带有一定的划时代意义。

记得有一篇报道写刘魁立先生，在俄罗斯选择研究生专业时，其他中国留学生往往选择研究普希金、高尔基、果戈理，刘魁立说了句"他们研究精英，我研究世俗"，毅然选择了民间文学。

有人选择诗和远方，刘魁立先生选择了大地和母亲！

二、非物质文化遗产具有"共享性"特征

长期以来，我们对于文化的认识有一个偏差，这个偏差就是我们过分地把物质看重了，而对物质内在的那些精神方面的、我们称之为非物质的内核，反倒重视得不够、注意得不够。

这个世界给我们的远远不只是物质，更多的是非物质的精神方面的一些文化成果。物质仅仅提供给我们作为生物体的一个最基本的生存条件，可是人不断地生长，人称其为人，是依靠非物质文化在我们身上的体现。这样看来，非物质的东西对于我们来说，远远要比物质的东西重要。

刘老特别指出，从某种特性上说，任何物质都是唯一的，因此不可以共享。非物质文化遗产的一个重要特点，就是它是可以共享的，而且这种共享不受时空的限制。

刘老举例，当我们说，我们大家共同干一杯，你只是喝你那一口，而你那一口喝完了，我就喝不到了。有些亲兄弟为遗产打架，是因为它是唯一的，祖上留下来的一个古董，哥哥占有了，弟弟就不能再有。祖先留下的一个思想，

是兄弟几个都可以领悟的。上一代人的发明，我们到今天还可以继续把它传承下去。

过去很多人都很愤慨，韩国人申报了所谓端午祭，好像是把我们的东西偷过去了，大家都对此口诛笔伐。暂且不说它的端午祭和我们的端午节完全不是一回事，即使是一回事，这种非物质文化的共享性不正彰显了文化本身的力量吗？不正说明我们中华文化的强大威力吗？

一个国家的发明，可以全世界享用。法国的一个发明可以在中国传承，中国的一个非物质文化的贡献，一个结晶，同样在英国、法国、德国都可以传承。

刘老说，这种非物质文化的共享，实际上是推进整个人类文化发展的非常重要的因素。没有这个因素，人类的文化就发展不到今天这样的程度，人类发展的历史不仅是每一个民族文化创造的历史，同时也是人类的非物质文化共享的历史。

三、推进四大传统节日列入法定假日

一生从事民间文化研究的刘魁立先生，一直在寻找继承和弘扬中国传统文化的突破口。他给出的答案是：传统节日。

"元旦是不是新年？"刘老问。"100多年前我们就管1月1日叫元旦，但你看，那天商人照样出摊卖货，他们没把元旦当回事；可是，大年初一你再出门看看，大家早已收摊回家阖家过新年。"

"传统节日集中体现了中国人的时间系统和文化观念，它是文化认同、民族认同、国家认同的重要标志。"刘老说，所有的民族传统节日都是以协调人和自然的关系为核心而建立的，假如既有传统又有深厚文化积淀的传统节日没有在法定假日体系中得以体现，那是个巨大的缺憾。

2006年12月至2007年2月，受国家发展改革委员会、文化部委托，刘魁立先生率领中国民俗学会完成了"民族传统节日与国家法定假日"课题，他亲自执笔主体论证报告，对我国传统节日的起源、流变和文化内涵、功能作用进行阐释，对节假日体系改革问题提出建议。

努力有了结果。2007年12月，《国务院关于修改〈全国年节及纪念日放假办法〉的决定》公布：除春节长假之外，清明、端午、中秋增设为国家法定假日，各放假一天。

“这是群体的力量与历史的必然，我们只是在必然中起了偶然的作用。”刘老平静地说，又添上一句，“消息传来时，内心感受真是分外强烈。”

刘老说，春节、端午、清明、中秋，我们借由传统节日展示民族民间的服饰、美食、工艺、才艺和情感，展示民间的生活形态。年轻人要表达自己的情感，总要找到时间和空间，如果我们本国的传统无法提供这个时间和空间的话，他们就会把目光投向国外。于是情人节、愚人节都跟着进来了，但实际上这些节日对年轻人并没有特殊的意义。

刘老认为，传统节日这种历史积淀的群体性的庆祝活动，居于非物质文化遗产框架的核心地位。这些节日具有悠远的渊源和丰富的内涵，深入人心，长盛不衰。做好传统节日传承发展，是社区和人群加强认同、涵养情愫、展示才艺、增进和谐的大事。

刘老这些年来，倾注了很大的心力，深入传统节日这一重大而宽阔的文化领域，阐发传统节日的现实社会意义和功能，挖掘、提炼和发扬传统节日的象征符号体系，使蕴藏在民众当中的大量优良的节日习俗成为共享的节日元素，从而让大家向往传统节日、热爱传统节日，使人民在这些节日中过得好，过得有情趣，过得有意义。

四、推进二十四节气列入人类非物质文化遗产

二十四节气是中国人通过观察太阳周年运动，认知一年中时令、气候、物候等方面变化规律所形成的知识体系和社会实践。

2016年11月，联合国教科文组织保护非物质文化遗产政府间委员会第十一届常委会通过审议，批准中国申报的二十四节气列入联合国教科文组织人类非物质文化遗产代表作名录。这个项目，由中国农业博物馆、中国民俗学会和浙江等地联合申报。刘老时任中国民俗学会会长、名誉会长，积极发挥了民俗学家智力支持和学术支撑作用。

城市里的人与农业相距遥远，那么我们还需要节气吗？刘老说：“遵循什么样的时间框架，就会有什么样的生活，我们现在按星期来安排工作和生活，其实这是工业化的产物，是一种机械而单调的生活节奏。”

刘老认为，节气是依据大自然的变化制定的，会更加丰富多彩。人们要回归自然，要与自然和谐相处，就需要在生活中加入像节气这样的时间框架。现代人生活在钢筋水泥森林中，漠视自然已经太久，而要了解自然，节气作为一个时间尺度是必不可少的。

刘老认为，节气的美是太阳赐予的。大雁南飞、燕子归来、布谷鸟叫、杨柳发芽、桃李开花，我们祖先对时间制度的总结诞生了二十四节气。“现代社会物质更丰富了，但生活却一成不变，以至于人们往往感慨不知不觉一年就过去了，而和着节气的节拍，生活的变化和时间的流转会更清晰地呈现在人们面前。”

二十四节气，中国人关于时间制度的这一发明，成为整个人类知识宝库中受到普遍关注的珍贵遗产。它作为人类认知自然、顺应自然和利用自然的一个历史性高度，必将被世界各国民众所尊重、所关爱、所保护。

五、非遗保护要树立“契约精神”

刘老借用经济领域的概念，提出了非物质文化遗产保护要树立“契约精神”。这个概念让人耳目一新，也很有针对性。

在传统中国，人与人之间的交易靠的是个人的品德、诚信，有一诺千金之说。当说一个人一个商号诚实、守信，就是在说这个人这个商号有“契约精神”。杭州胡庆余堂，招牌、匾额很多，大都是朝外挂的，唯独有块横匾“戒欺”却是朝里挂的。“戒欺”两个大字是胡雪岩亲自所写，是胡庆余堂制药的铁定规则。百余年来，胡庆余堂的“戒欺”信条，一直有两个最为坚实的支柱，即“采办务真”和“修制务精”。

现代社会是一个契约社会。契约将一个人的权利、责任、义务进行明确划分。“契约即允诺”，签约者双方彼此互相承诺，诺言必须兑现，契约必须履行。

刘老指出，非遗传承人在申报各级非物质文化遗产代表性传承人时，以及申请非物质文化遗产项目经费时，对保护传承这项非遗会有所承诺，譬如开展传承活动，培养后继人才；妥善保存相关的实物、资料；配合文化主管部门进行非遗调查记录；参与非遗公益性宣传展示活动等。

各级文化主管部门在制定非遗保护传承规划以及实施规划计划的过程中，

将履行责任和义务，为代表性传承人开展传承传播活动，提供必要的传承场所；提供必要的经费资助其开展授徒、传艺、交流等活动；支持其开展传承、传播活动等其他措施。

这是国家和政府保障非遗传承人保护传承优秀文化传统权利的一种体现，也是非遗传承人对国家负责任的体现。这也是一种“契约精神”。刘老认为，这种“契约精神”需要从两个方面继续加强：一是非遗传承人在非遗保护的过程中要重视履约；二是有关行政部门要按时把非遗实践活动及保护措施100%完成。

契约精神，是一种自由、平等、守信的精神；契约精神，也是人与人合作的基础。

全社会尤其公权力带头尊重契约，履行契约，维护契约，契约意识和规则意识方可得以孵化、培育和成长。

六、非遗保护的“公产意识”

刘老说，非物质文化遗产的传承，靠口传心授、言传身教，非遗体现在大师们的身上、手上、头脑里。传承人的问题，是非物质文化遗产保护的核心，保护住了传承人就保护住了非物质文化遗产。

刘老又话锋一转，在非遗传承这个问题上，正发生着巨大的变化。以前是传男不传女，传内不传外，非遗是独门才艺，是“私有财产”；但今天，曾经属于传承人的才艺、绝技，如今已变成了整个民族的，甚至与全人类文明传承都有关联。所以，传承人不仅是在守护独门才艺，也是在守护“公产”——在守护国家的历史文脉，守护民族的精神家园。传承人要有这样的意识，政府文化主管部门也应当有这样的意识。

刘老强调，对许多非遗项目的命运来说，比传承人去世更关键的是观众的消失。与其说传承人代表了那个传统，不如说观众代表了那个传统。民间文学、表演艺术等非遗为人们所需要、所选择，才能存在、发展、口口相传，失去观众就意味着失去生命。

刘魁立拿乒乓球作比方，“乒乓球冠军自然是我们的骄傲，但是托举乒乓球冠军的运动员队伍以及千千万万热爱乒乓球的普通人，更能代表乒乓球的生命力。”

为此，刘老强调，非遗保护要树立“公产意识”，这是非遗人和全社会树立文化自觉的体现。刘老说，现在各地的许多非遗传承基地、传习所的建立，就是非遗传承人把自己的技艺绝活在一定意义上看成是“公产”的体现。对于公众来说，做好非遗这份“公产”的保护传承，是共同的责任，责无旁贷，理所应当！

七、内外兼修，增强文化话语权

现在整个世界变成了一个地球村，彼此之间文化的交流变得特别频繁，强势国家通过不断地推行自己的文化，有意压制其他民族的文化，这个时候强势文化就常常成为标准，就变成一种时尚，而时尚持续的时间久了，就会改变人们的价值观。这种价值观的改变常常使人们忘掉了自己祖先留下的传统。

刘老举例，年轻人要表达自己的情感，总要找到时间和空间，如果我们本国的传统无法提供这个时间和空间的话，他们就会把目光投向国外。于是情人节、愚人节都跟着进来了，但实际上这些节日对年轻人并没有特殊的意义。正是在这样的背景下，我们才提出了非物质文化遗产的保护，才在世界范围里提倡民族文化的复兴。

历史上，中国文化曾以独特的分量和傲人的高度享誉世界。今天，我国优秀传统文化不断加大走出国门的力度，但从数量、质量、种类和展示其魅力上还相去甚远。放在一种世界的语境里，我们尚需思考如何让中国文化在世界舞台上拥有更多的话语权，以及应有的影响力。

刘老分析，传统文化在教育中的缺失、创新性挖掘以及国人传播意识的欠缺是导致这一状况产生的主要内因；西方缺乏中国语言和文化常识、不了解中国文化而对中国的误读，是主要外因。对此，对内需提高公众特别是青少年优秀传统文化教育普及，提高国民道德素养和人文精神，注重优秀文化的创新性挖掘；对外则需推进多层级的中外文化交流，更有效地在世界范围内传播我们非物质文化的精粹，向世界更好地展示中国。

中国正在走近世界舞台中央。我们今天有非同一般的文化自信放眼世界，从中吸纳所有人类文明创造成果。不忘本来、吸收外来、面向未来，这比以往任何时候都更为重要。

八、用专业精神、诗意表达普及非遗

刘老有一些经典名言会脱口而出，这些经典的话语是他自己的创造，他只是随意率性表达，但听众却视之为名言，奉之为经典。这在本文中已有所摘录，以下再列举数条。

“老百姓的习俗和文化就像风，来无影去无踪，但人人都可以感受风的喜悦。”

“我们看到月亮会想到嫦娥奔月，到了七夕会想到鹊桥，难道这不是传统的延续吗？”

“如果生活是一棵常青树，那么，淡雅而辛劳的平日就是繁密的树叶，逢年过节便是树上美丽的花。”

“人们为什么用茶杯喝水，而不用手捧着喝，这就是一种美的创意。传承人的实践、物化，就是手工艺品。”

“不能把祖先留下的东西带到棺材中去，传承人身上这种文化自觉意识值得钦佩。”

“现实中，非遗无处不在，中国人按二十四节气生活，说中国话，都是在和非遗打交道，只是有时身在其中而不自知。我们都是非遗传承人。”

“我们不是为了古人，虽然我们对古人怀着一种崇敬的心情，但我们所做的这些事情都是为了我们今天的现实生活，为了我们的后代子孙。”

这位可敬的一流的前辈学者，实实在在地做了很多文化积累和普及工作。

刘老的这些经典又通俗的句子，表面上看起来好像蛮简单的，但一琢磨是很有味的。越是通俗易懂的表达，越需要有历史的积淀，实际上可能是融会贯通、积累了一辈子才会有的提炼和凝练。从这些美丽、诗意、有情趣的句子可以窥见，一位大家时刻把公众装在心中，尽心普及非遗知识的用心之深和对语言美感的追求。

刘老说：“于我而言，对民间文化的关注和吸纳是一种幸运，这是历史对我的眷爱；当你进入民间文化这一领域后，就像有一根绳牵着你不由自主地往前走，让你有一大堆的问题想一探究竟。”

60年来，刘魁立先生承担起民间文化、非物质文化遗产保护的责任和使命，站在时代前沿，引领风气之先，从未停歇。

2017年5月15日

中国非遗保护的思路与出路

——乌丙安《非物质文化遗产保护理论与方法》读后感

乌丙安先生这本《非物质文化遗产保护理论与方法》的论著中，有一篇文章题目为《思路与出路：保护非物质文化遗产热潮中的中国民俗学》。在新世纪初非遗保护热潮中，不单是民俗学面临着思路与出路问题，整个非遗事业的推进也都一样面临着思路与出路问题。乌老的这本论著，其所有的篇章实际上也都是在探讨和研究非物质文化遗产保护的思路与出路问题。

都说“思路决定出路”。有什么样的思路，就决定了会找到什么样的出路。要开创出一条充满生机和活力的出路，就需要独具一格、与时俱进的保护理念和思路作引领。乌老长期从事民俗学基本理论的探索，调查采录实践，研究方法的更新和学术领域的拓宽，非遗与民俗学的相通相融，让他从民俗学家迅速转换到非遗保护拓荒而得心应手，举重若轻。

一、担纲起草中国民间文化遗产总普查大纲

乌老这本书，最打动我的是附录部分他所起草的四个大纲。这四个纲，是乌老于2000年至2002年参加中国民间文艺家协会组织的中国民间文化遗产抢救工程筹备工作中写下的文字资料，那个时间节点是新世纪初，我国的民族民间文化保护工程以及之后的非遗保护工作还没有正式启动，联合国《保护非物质文化遗产公约》也还没有出台。所以，乌老的工作是开创性的贡献！

这四个纲，一个是中国民间文化遗产总普查大纲（草案，下同不赘），这是多么大的概念！第二个是中国民俗普查分类大纲，又是多么纷繁复杂；第三个

是农耕村落民俗普查提纲，是一个村民俗文化空间、文化生态、文化事象的典型剖析和调查；第四个是后沟村民俗普查提纲细目，这是要落脚要接地气要有针对性要顾及自然生态环境的普查。这四个纲是从大到小，从面到点，由表及里，由浅入深，逐步深入深化，而且都需要通体构思，整体设计，系统思考，条分缕析。乌老做出这四个纲，实属不易！

另外，乌老出生于1929年，到2000年他已是71岁，算上年纪了吧！本来牵头或者主笔民间文化遗产等诸如此类的普查大纲，应该是年富力强的干部的工作，而乌老古稀之年了，却依然要挺身而出担纲主笔，看来这项工作全中国也真的就非他莫属了！这四个纲，打动了我，也震撼了我。

二、推进非遗的科学化管理和规范化操作

我将乌老有关非遗保护工作规则方面的指导性讲演或文章，合并同类项，有六篇。其中如《“非物质文化遗产”的概念界定与分类认定》《非物质文化遗产田野作业的指导原则、方法和注意事项》，都是乌老的经验之谈。特别是在当时各方面对非物质文化遗产的定义、范围还处于似懂非懂、模糊不清、把握不准的状态下，乌老的研究和指导很有现实意义。

又如，乌老撰文《撰写非物质文化遗产项目申报文本的要领》《关于文化空间类国家级非物质文化遗产项目申报与评审的建议》。对于各级文化行政部门来说，保护项目的认定和评审是个关键性工作，指导非遗项目的申报、评审工作就显得十分重要。

再如，乌老的《非物质文化遗产的保护工作规程》《非物质文化遗产保护的科学管理及操作规程》，这两个规程有很强的针对性、指导性、科学性。科学化管理和规范化操作，已成为推进非遗科学保护和科学管理的当务之急、重中之重。“这项管理只能加强，不可草率从事”。

三、非遗保护的国际视野

乌老是世界级民俗大家，曾在十多个国家讲学讲课，他的学术视野和理论思维也是立足于学习国际先进经验，从世界角度看问题。乌老强调，要学习国

际先进经验，做好我国非物质文化遗产保护工作。

他呼吁，文化保护，立法先行，这是所有先进国家保护民族民间文化遗产首要的成功经验，也是当务之急。他举例，日本1950年就颁布了《无形文化财保护法》；过了10年，韩国也出台了《无形文化财保护法》。日韩两国现代化程度高，但是传统文化得到很好保护，而且传统风俗习惯浸淫在国民的日常生活中。日韩运用传统文化发展文化产业取得了很大成就，传统文化产业成为国家战略性支柱产业。

乌老介绍，日本建立了从县市到乡村覆盖全国的保护重要无形文化财产的专业协会，凝聚了千万民俗文化艺术的传人，从事乐舞表演和传承活动。像各地有名的狮子舞保护协会、田乐保护协会、太鼓舞保护协会、人形地戏保护协会等数以千百计，都使民间文化遗产保护得到长期有效的保证。此外，还有一系列的保护制度和做法值得借鉴。

韩国的端午祭让乌老印象深刻，原汁原味的典礼仪式和炫目的传统歌舞，彰显着韩国人对端午节的历史尊重和人文理解，同时也让他为国内的申遗进展焦急不已。乌老提醒，韩国已经对中国的“祭孔”“春节”“汉字”等表示出极大的申遗欲望。乌老说，很多文化遗产，中国有外国也有，谁都可以申报文化遗产，而我们所要做的工作就是，既要积极抢救文化遗产，也要更好地依法保护文化遗产。

乌老指出，国外值得我国学习借鉴的文化保护措施很多，只要我们认真汲取和借鉴，一定会对我国的非遗保护产生巨大的助力。

四、非遗保护中“文化细节”的重要性

非遗该怎样保护？核心问题是工作要抓落实，而且必须从细节做起。乌老书中有篇文章《非物质文化遗产保护中“文化细节”的重要性》，看过这篇文章你才知道什么是真正的做学问。

什么是“文化细节”？乌老举例说，民间皮影艺术，这个项目是由若干子项目组合成的一项体系完整的文化表达形式：有雕刻、制造皮影人形，有影戏说唱卷本，有影戏演出场景设置，有操作影人表演，有影人配音说唱（念白、唱腔），有影戏乐队伴奏（乐器、乐谱），有师承传艺学艺制度，有演出活动规范，

有影戏观众看戏的风俗习惯等，这许许多多细小的过节，就叫作“文化细节”。

这段文字我很想整个抄写，但无奈实在长了点，只好删去不少。一个皮影戏的项目调查，就要考证这么多的细节，要做到扎扎实实地一个细节接一个细节地追踪、考察、询问、摸清，直到把所有的细节都摸个清楚，都查个明白，才可能对这位老艺人的精彩技艺的特点、水平和价值有一个准确的评估。

乌老说，非物质文化遗产代表作的精华所在，往往都表现在它的“文化细节”的艺术精湛或技艺超群上。正因为众多艺人在同一种文化形式的表演中，在关键性的文化细节上有各种差异，所以才出现了不同艺人的风格和流派，或者产生了不同的艺术等级或技术等级的差别。

乌老提醒，必须牢牢记住：把握“文化细节”是进行无形文化遗产项目普查的重要法宝，是最佳技巧和手段。他强调，“文化细节，不仅在进行遗产项目普查过程中，在民族民间文化遗产代表作的认定过程中十分重要，在对文化遗产实施保护过程中，在建立非物质遗产数据库或档案资料过程中，也都是十分重要的。”

五、民俗保护研究的崇论宏议

乌老是著名民俗学家，这本文集收录了乌老关于民俗学和民俗保护的多篇著名文章。大致可分为三方面内容。

一是民俗的普遍性规律的研究。如《俗信——支配中国民俗生活的基本观念》《中国民俗文化的根基及其深刻影响》《中国民俗文物学的创新与开拓》《世纪的民俗学开端：与非物质文化遗产的结缘》等。在这些文章中，乌老有不少崇论宏议、建言献策。

二是传统节日保护研究。如何把传统节日活化是民俗文化研究的重要课题，乌老有一篇文章《民俗日历：唤醒传统节日的文化记忆》，里边有不少知识点，很值得一读。关于春节，乌老有三篇文章：《中国春节传统行事：祭典与庆典的严密组合》《唤醒记忆：重新装点年节文化空间》《烟花爆竹的文化震撼》。其中，《烟花爆竹的文化震撼》在《人民日报》上发表，引起众多共鸣。另外，关于端午、中秋，乌老发表了《文化记忆与文化反思——抢救端午节原文化形态》《唤醒记忆：中秋节民俗文化遗产的原形态》。这两篇文章中都强调了"唤醒文化记忆，抢救原文化形态"！

三是民俗项目研究。民俗文化是中华优秀传统文化的重要组成部分，也是最接地气、与广大群众生产生活息息相关的一种文化形式。乌老在著作里对孟姜女传说、传统木版年画、灵岩寺千佛殿造像艺术、妈祖祭典、天津皇会等项目的杰出价值、文化空间、保护的关键等进行研究，真知灼见，发人深省，让人深思。

乌老指出，建设富足的经济社会绝不应该以抛弃传统民族民俗文化财富为代价，因为那样做必将大大损伤民族元气和民族精神，使完成民族复兴大业变成一句空话。

六、"文化生态保护实验区"不等于"非物质文化遗产保护区"

文化生态保护区建设是一个新生事物，如何全面、深入、可持续地将这一工作向深度和广度拓展，避免其流于形式？对于这个非遗事业发展中的重点、实践中的难点问题，乌老结合闽南文化生态区、中国山岳文化生态保护，结合文化空间保护、文化整体性、文化圈理论等进行研究和探索。

乌老认为，"'文化生态保护实验区'不等于'非物质文化遗产保护区'，它至少还包括自然生态环境保护、物质文化遗产及其资源保护和其他人文精神财富保护等。"

文化生态保护区里，自然环境的保护是重要前提。那些自然生态遭到严重破坏、文物遭到严重损毁、非遗消失殆尽的地区，就没有资格申报建立保护区。

再比如，有些地区申报保护区的意图，是以建立保护区为名义，用来打造非遗旅游区，打造非遗产品的品牌效应，很少关注保护与传承，而不是把重点放在提高广大民众对自身文化生态长远保护、继承发展的全面需求和高度文化自觉上来。对于这样的地方申报文化生态保护区也不应当支持。

乌老指出，把各种非遗项目作为点，把普遍的丰富的日常文化生活作为线，串联起所有的文化链，最后形成独具特色的文化生态圈，由民众自觉保护、政府依法实施保护，这才是文化生态保护区建设的正确目标。

乌老爷子老骥伏枥，思维深邃，指点迷津，指引路径。他的这本《非物质文化遗产保护理论与方法》，有着鲜明的时代性，反映了新世纪初我国非遗保护的思考轨迹和实践特征，并总结出了一系列具有规律性的认知；体现了指导性，为当下和未来非遗事业建设与发展提供历史借鉴和理论资源；也充分体现和反映了乌老的个性，搞学术做学问干事业，它应该是一种老老实实、严谨缜密、又勇于批判和创造的精神。

正确的工作思路和方法是做好工作的关键。这思路必须切合实际，符合当下的环境条件和自身条件。非遗事业起初是这样，今后的发展更是这样。

2017年2月16日

向文化局长推荐一篇龙应台的文章

——《文化是什么》读后感

赴台北考察看到一篇龙应台的文章《文化是什么》，这是当年龙应台在任台北文化局长时写的。我做文化工作30年许，却居然如此孤陋寡闻，第一次读到这样生动形象而又透彻、酣畅淋漓的文章，有如醍醐灌顶，惭愧汗颜，受益匪浅，不敢私享，赶紧推荐给大家。

龙应台先生对于什么是文化的阐述和思考在很大程度上是以新世纪初的台湾社会为现实基础的。但是，我们或者冷静或者热切地倾听龙应台先生发自肺腑的真知灼见，对于我们今天推进文化遗产保护工作和优秀传统文化传承发展也是有极大意义的。

一、对文化的重新认识

如果有人问我：文化是什么？我可能会跟他绕，文化有大文化、中文化、小文化，大文化是人类物质文明和精神文明的总和，中文化指精神文明，是人的文明素养，小文化就是看书看戏看电影，就是唱歌跳舞书法美术，吹拉弹唱琴棋书画，就是亭台楼阁风花雪月，等等。

龙应台说，“如果你以为文化不过是唱歌跳舞、建几个音乐厅硬件，如果你以为文化只发生在音乐厅和博物馆里，如果你以为文化只是艺术家文学家少数精英的事情，对不起，你错得可真离谱。”

龙应台说，“文化在城市的任何公共空间里，在我们整个呼吸、工作、睡觉、游玩、思考的生活环境中。”“它是随便一个人迎面走来，他的举手投足，他的一颦一笑，他的整体气质。他走过一棵树，树枝低垂，他是随手把枝折断丢弃，还是弯身而过？一只长了癣的流浪狗走近他，他是怜悯地避开，还是一脚踢过去？电梯门打开，他是谦抑地让人，还是霸道地推人？一个盲人和他并肩路口，绿灯亮了，他会搀那盲者一把吗？他与别人如何擦身而过？他如何低头系上自己松了的鞋带？他怎么自卖菜小贩接过找来的零钱？”

龙应台说，文化体现在人怎么对待自己，对待他人，对待自然。“在一个文化厚实的社会里，人懂得尊重自己——他不苟且，因为不苟且所以有品位；人懂得尊重别人——他不霸道，因为不霸道所以有道德；人懂得尊重自然——他不掠夺，因为不掠夺所以有永续的生命。”

龙应台是着眼于人的素质素养。文化，就是举手投足之间，无处不是“礼”；起居进退之间，无处不是“美”。文化，就是一种生活方式。文化渗透在生活的所有层面，有如白糖融之于水。

文化是一个非常广泛和最具人文意味的概念，给文化下一个准确或精确的定义，的确是一件非常困难的事情。词典上，专家学者关于文化的定义论述据说有两百多种，往往总是在概念里边绕。龙应台讲文化讲得明白。龙应台说，“经济学家、社会学家、人类学家可能找得出一百个方式来回答‘文化为什么重要’，但是我愿意从一场戏说起。”龙应台从一个人举手投足，从一件小事，从一个小故事来切入来说事。很浅显很感性很生动，也很有智慧很有哲理，讲得很透彻。让你在阅读中随着龙先生的思路蹙着眉头思考，酣畅淋漓痛快尽致，自然而然潜移默化受到感染受到启迪。

二、文化有什么用

龙应台先生说，文化决定一个社会的整体发展方向，有如铁轨之于火车。这是龙先生的一个重要观点。

她不断提出论证，认为文化在形塑一个社会的政治和经济行为上，是一个关键元素。

她强调，文化很重要，因为它决定了一个社会如何面对现代化的挑战——与自由市场能否接轨、全球化的竞争能否适应、政府管治的清廉与否、公民意识的建立有无等等。

她问，如果我们可以相当清楚地说出科学、经济、医学、科技为什么重要，我们是否也能用同样干净利落、逻辑清朗的语言说出，文化为什么重要？

她说，“人本是散落的珠子，随地乱滚，文化就是那根柔弱又强韧的细丝，将珠子串起来成为社会。”“一个多元分歧的社会，依赖什么来凝聚？除了文化的力量，还有什么呢？”

她指出，文化表面上是音乐的流动、影像的演出、语言的传递，更深层的，其实是“生命共同体”意识的萌芽，文化认同的逐渐成形，公民社会的塑造。

龙应台先生说，文化是基础国民教育，它奠定国民的品位教养。文化是生活，它决定我们眼睛所见、耳朵所听、手所触摸、心所思虑的整体环境的美丑。文化是经济，它的产业所值——媒体、设计、建筑、音乐、电影、电子、广告、文学、体育、观光旅游……早就是先进国家的经济项目大宗。文化是外交，当政治协商触礁、军事行动不可的时候，文化是消弭敌意唯一的方法。尤其对于弱势国家，文化可以是以柔克刚的军队、温柔渗透的武器。

龙先生强调，文化更是一个国家的心灵和大脑，它的思想有多么深厚、它的想象力有多么活泼、创意有多么灿烂奔放，它自我挑战、自我超越的企图心有多么旺盛，彻底决定一个国家的真实国力和它的未来。

看出戏、看本书等等之类的文化，也许没有物质上的有用，但却能提振精神，提高修养，这才是真正的大用。“无用之用方为大用”，可今人多已不懂“无用”的“大用”了。为了争取议员的重视和支持，为了唤起官员的文化自觉，龙应台先生只好从各个侧面各个角度强调文化的重要作用。

三、制定文化政策很重要

“政策和策略是党的生命”。文化政策是一套聪明的办法去实践一个社会的文化愿景。

龙应台设问：“一个历史古城，应该让每一条深巷横渠都被温柔地保留下来，每一栋老房子老庙都被细心地修复，还是应该被当作不合时宜的腐朽、进步的障碍，摧毁夷平？百年老树挡在一条都市计划道路中间，是将老树连根拔起抛弃，还是让道路为老树转弯？街头艺人是增加了城市的魅力还是带来公共秩序的混乱？在城市最严肃、最神圣、最大的广场上，可不可以让小丑撒野、幼儿奔跑？”

“有没有全面的奖励措施引导青年进入剧院、音乐厅、美术馆，刺激他们自己创作？也就是说，有没有全套的硬件软件措施，培养下一代用美感、品位和见解，来形成一种新的生活态度？”

“怎么样让艺术渗透进入各级学校教育系统？怎么样让美感在公共工程的设计里占一个地位？怎么样让贫民和弱势族群也得到文化的权利？怎么样保护创作者的著作权、维护艺术工作者的工作权和退休保障？怎么样使文化变成外交项目？怎么样修改税制，使文化产业得以与一般商品有不同待遇？甚至于，怎么样使警察不践踏文化，使司法尊重文化，使狱吏理解文化？”

龙应台先生说，要回答这些挑战的，是文化政策！

龙先生介绍，英国规定彩票收入的28%必须用在文化上；瑞典立法严格保障知识产权，作曲家因而能够专心创作，作家因而能够有尊严地生活；德国高额补贴剧院的开支，使得低收入的国民也买得起票、看得起戏；美国通过补贴，让18岁以下的人可以低价看演出。龙先生特别指出，韩国从1998年起提出“文化立国”的施政战略，在短短几年内，已经成为世界第五大文化产业大国。

政府以及工作部门的任何行动都是实行政策。不是实行正确的政策，就是实行错误的政策。因此，政府以及工作部门必须重视研究政策。一切政策要接受实践检验，并在实践中不断完善。

四、当文化局长要顶真

不管在哪里，都会不同程度地存在本位主义。本位主义者缺乏大局观念和全局意识，考虑问题时以自我或小团体为中心，无论利弊得失都站在局部的立场上。

龙应台先生指出，如果一个政府官员是交通至上思维，可能会致力于整个城市的无限拓宽，拆掉所有狭窄的胡同和老街，拔掉所有挡路的参天大树，把整个城市变成通衢大道。因为，从交通的逻辑出发，它存在的目的就是单纯的交通运输畅通。其他价值，譬如城市的人文肌理，历史的共同记忆，社区的文化认同，邻里的小巷情趣，等等，对不起，他不懂。

为了文化事业，龙应台先生不怕得罪人，不怕翻脸。龙先生举例：譬如与交通部门格斗，让一株老树存活下来，少拓宽一条不必要拓宽的路。譬如与工程单位对抗，让某一栋作家故居保留下来，少盖一栋酒店大楼。譬如与公园处协商，让公园多留一点自然的草地，少建一点水泥硬地面。譬如与教育局沟通，减少学生上课时数，让孩子们到音乐厅、博物馆、老城区里接受一点美学的熏陶、培养一点历史的情愫。

龙应台回忆：我记得，为了保住一片即将被拆除的老旧社区，用历史记忆和人文价值的观点试图去和工程单位的首长沟通。在一切努力都被推翻的时候，我如何与长官翻脸。

我记得，在市长亲自主持的闭门会议上，我曾经如何与警察局长观点对立，认为警察荷枪实弹逮捕在酒吧里跳舞的青少年并且容许电视摄影机随行随拍，是违反人权的野蛮政府作为。

龙应台先生有强烈的“当官一任，造福一方”的意识。对那些屁股指挥脑袋，做事情，想问题，只考虑自己的“一亩三分地”的；对那些遇事推诿，不负责任的；对那些官本位，只在意短期业绩，不在乎长期事业的。龙应台先生都坚决反对，可以随时拍案而起，甚至掷下帽子辞职。这里我并不是倡导大家遇事都个性张扬，动不动拍桌子、甩帽子，但在关乎严重阻碍文化事业发展的问题上，要敢于挺身而出，针锋相对；在关乎国家利益和人民利益的大问题上，要敢于拍案而起。

龙应台先生有强烈的民本意识。她认为，“政府只是泥土。政府永远不能忘记自己是泥土，只是让人踩的泥土，民间才是花朵。土是为了花而存在，本末不可倒置。”民本观是中国传统文化中宝贵的思想资源，其内涵包含重民、敬民、惧民、爱民。倡导民本意识，具有非常重要的现实意义和作用。

五、做一个“四有”文化干部

龙应台先生的文章中有许多知识点，她好像是信手拈来，随口一说，但体现了她深厚的文化底蕴和积淀，体现了她各方面知识的融会贯通、厚积薄发。

譬如，“龚自珍所看见的19世纪上半叶的中国，就是一个因为集权控制思想到极致，整体国民创造力被侏儒化到了连盗贼都没有创意的地步。”譬如，“英格哈特所主持的‘世界价值观调查’，说明了文化对经济发展和政治制度的影响。”譬如，“我懂了为什么《伊底帕斯》能在星空下演两千年仍让人震撼，为什么《李尔王》在四百年后仍让人感动。”譬如，“历史学家黄仁宇曾经用缺乏数字管理的能力来解释中国在明朝以后落后于西方的原因。”

龙应台的演讲文章确乎阐扬尽致、酣畅淋漓，又直白激烈、发人深省。她的文章不是叫你信仰她的结论，而是要你思考。

龙应台先生是有思想的作家，有态度的学者，有灵魂的官员，有情怀的文化守护者。龙应台先生是榜样，我们也要做一个“四有”干部。

2017年3月29日

恒久而鲜活的母亲河

——童芍素编著《流淌的母亲河》读后感

文化部部长孙家正近期出版了一本名为《文化如水》的书，他比喻文化是一条永不干涸的长河。2007年年底，浙江省委宣传部常务副部长童芍素编著了一本反映浙江新农村建设中民俗文化传承，以《流淌的母亲河》命名的读本。水的力量，最柔软也最强大。孙家正、童芍素不约而同以“河”寓意民俗文化，寓意深远。

河，是人类生命之源。河，是人类文明的摇篮。世界上所有的文明古国几乎都与大江大河存在着紧密联系。尼罗河孕育了埃及文化；恒河、印度河孕育了印度文化；幼发拉底河、底格里斯河孕育了具有阿拉伯特色的巴比伦文化；黄河、长江是中国的母亲河，孕育了灿烂辉煌的中华文化。

然而，在岁月的流逝中，古埃及、印度、巴比伦三大文明不是湮灭在历史的风沙之中，就是只剩下落日残照中的断壁残垣。唯有中华文明经久不衰。

中华文化五千年历史长河，孕育出极为丰富多彩的传统文化。如果说精英文化是父亲文化，那民俗文化是母亲文化。民俗是不同民族、不同地域的人民在长期生活中逐步形成的风尚、礼节、习惯的总和。具有乡土的、草根的、民间特征的民俗文化植根于中华传统文化的沃土之中。民俗文化，滋润心田、滋养着民族精神。

但随着社会经济的转型，外来文化的侵入，大众传媒的兴起，当今社会对民俗文化日渐冷落，原先千姿百态的民俗文化已日渐式微。正如奔腾不息的黄河居然发生了萎缩、断流、枯竭的现象。

进入新世纪之后，人们终于重新认识到非物质文化遗产对于今天的意义，全国非物质文化遗产保护风生水起，浙江省非物质文化遗产保护风起云涌。

既为官员，又为学者（浙江大学教授、博导）的童芍素，意识到民俗文化对于滋养传统美德、培育人文精神的特殊重要性，对民俗文化、非物质文化保护倾注了满腔热情，利用自己的身份，发挥渊博的学识，为之鼓与呼。2007年年初，她萌生了编著一本浙江民俗文化通俗读本的构想，系统、完整而又生动形象地反映和表现丰富多彩、博大精深的民俗事象。童部长的倡议，得到全省各地宣传、文化部门的热情响应，各地结合非物质文化遗产普查，集中发掘整理民俗文化资料，各种素材源源不断汇聚。童部长亲历亲为，通体构思、整体设计、谋篇布局、提纲挈领、字斟句酌，不足短短的一年，40余万字的《流淌的母亲河》熠然面世。

《流淌的母亲河》形象、生动地描绘和展示了浙江民俗文化的多姿多彩。初读这本书的时候，就有一种非常新颖和绚烂的阅读感觉。说它新颖，是它这种叙述角度和选择的视角很特殊。一个地域有一个地域的轨迹和文脉，本书从现实的新变化和面貌中，挖掘其历史的来龙去脉，展示历史的生命存在，传递传统的基因，体现文脉的延伸，演绎醇厚的民间风情，使记忆中的灵动的情感有了现实的凭据和可触摸的质感。说它绚烂，是它视野开阔，蕴涵丰富，气韵生动，行文优美，图文并茂，情景交融，体现出非物质文化遗产的绚丽多彩、斑斓多姿，体现出编著者清晰的脉络和流畅的文笔，读起来犹如满树银花很有动感。

古老厚重而又充满活力的民俗文化，推动着社会的和谐。但民俗所具备的潜移默化的教化功能，长期以来却常常被忽视，尤其是如今的青少年，缺乏对中华民族民俗文化应有的了解，缺乏中华民族传统文化艺术的熏陶，导致了民俗观念的淡漠、民俗知识的匮乏、民俗修养的欠缺，以及整体人文素养不高的现状。

春风又绿江南岸。在经济高速增长的今天，在文化大发展、大繁荣的新时期，聪慧的浙江人应该能够智慧地处理文化传统与现代发展之间的关系。民俗是社会、集体的创造，扎根于人民生活的土壤之中，具有深厚的群众基础。民俗文化蓄积了不同历史时代的精粹，保留了最浓缩的民族和地域特色。能传承至今的民俗，经受住了时间的考验，有不少美的东西，值得我们去发现、发展和延续。

《流淌的母亲河》告诉我们，民俗就在我们身边，它是通俗的，让人亲近的；民俗是丰富的，是多姿绚烂的；民俗是生活的，它是鲜活的，有生命的，有魂魄的。它承载着过去，孕育着未来。

你要了解一方的人民，你就必须懂得一方的来龙去脉，你就必须懂这个地方留下来的历史的记忆。阅读本书，可以使读者了解浙江民族民间的风尚、礼节、习惯，并可以在此基础上充分认识浙江丰厚、璀璨的传统文化，可以使读者透过活泼、生动的民俗活动，看到浙江先民和今天的浙江人民对积极健康生活的追求。

《流淌的母亲河》，这是一种学者型与知识性的编著。特别是童芍素部长亲自撰写了一篇不短的本书序言，给人以提纲挈领、画龙点睛的感觉，使不同层次、各有所需的读者——包括专家学者，皆可从中找到自己需要的信息。

《流淌的母亲河》，可以说是浙江民俗文化的辞典，是大众阅读、认识民俗文化的生动、形象的文化读本，是引导人们走进浙江的民俗地图。这本书，打开了一条文化长河的引水渠，辟出了社会可持续发展的人生河床和出海口。相信读者们会喜爱此书，亲而近之。这本书能帮你去读懂浙江、品味浙江、热爱浙江。

我以为，作者用《流淌的母亲河》寓意民俗文化，其真正的意义正在于此。

2008年5月20日

（原载《浙江非遗工作简报》2008年第10期总第76期）

叶辉：寻找职业的辉煌

《光明日报》浙江记者站原站长叶辉老师来探望我。叶老师说，听人家说起我，有这么一位拼命三郎，是临海老乡，很受感动，所以前来探望。

其实，我30多年前就见过他。那时候我在临海城郊区文化站工作，叶老师的岳父是区委秘书。有一天，叶老师来区公所，听说他是《光明日报》记者，这让我很仰慕。那时候他大概30岁左右，风华正茂，书生意气，他很朴实，经历了许多风霜，有点不苟言笑，有点深沉，但能感觉到他很善良、诚挚。

叶老师肯定不会记得30多年前的那个瞬间，当然也不知道当年的文化站干部也进了省城，就是今天的王淼。

我从基层调到省文化厅工作已有30年，我们从事文化工作，与媒体联系较多，特别是非遗保护，新闻媒体重彩浓墨、大张旗鼓宣传。《光明日报》记者也来了，但不是叶辉。

一、“一个天才的荆棘路”

我对叶辉有所了解，不时从《光明日报》看到他撰写的人物报道，很多是头版醒目标题宣传的人物，这些先进人物都是我所尊敬和学习的榜样。

但我又对叶辉了解不多，不够。从《焦点——叶辉新闻作品集》作者的介绍和序言中得知，叶辉小时候历经磨难。他1954年出生于杭州一个知识分子家庭，1958年，他4岁时随“右派”父亲被遣送回祖籍浙江临海一个小山村；小学五年级即遇“文化大革命”，从此辍学，改入社会大学，当农民，做木匠，阅尽人间脸色。1980年参加高考，入杭州大学中文系专修班就读。1983年进入《光明日报》浙江站当记者，从此爱上了新闻工作，一直干到退休。

叶辉成名很早，他于1991年获全国优秀新闻工作者荣誉称号，1993年享受国务院政府特殊津贴，这一年他才39岁；1998年获范长江新闻奖提名奖，

2005年入选中宣部“四个一批人才”，2009年二度获得全国优秀新闻工作者称号。

叶辉撰写了许多有分量有影响的报道，其中部分稿件获得中央领导的批示，特别是在人物典型的发现、发掘上颇有成就，他撰写的上百个人物典型，在社会上产生了一定的影响。

叶辉在《光明日报》上发表的数千篇新闻作品中，一版头条就有200多篇，他是在驻省记者中头条发稿量名列前茅的记者。叶辉勤于笔耕，出版了《支点——叶辉新闻人物作品集》《焦点——叶辉新闻作品集》《从辉煌到平淡》，《走向光明——叶辉新闻作品集》，长篇报告文学《仰望星空》《灵魂的香味》，专著《见证辉煌》等。与人合作的通讯《特别老总——陶笃纯》被选入高校文科教材。

这一阶段，我逢节假日不时认真拜读叶辉的作品集，对叶辉的了解也加深了。

二、时代需要这样的记者

我翻开叶辉的新闻作品集，一篇一篇看下来，很是感动。

我觉得，我们应该记住的不止是叶辉所刻画所塑造的各类先进人物，更值得称颂的是他身上所体现出的一个记者对党的新闻事业的忠诚与担当，以及他的敬业与奉献！

作为记者，他要报道的内容肯定是全方位的，但关注改革，始终是他的重点。

在长期的新闻实践中，叶辉发掘出一批在全国产生影响的改革典型。譬如，他撰写的长篇通讯《陆立军：扎根市场沃土的经济学家》，通过陆立军的义乌三部曲，透视世界上最大的小商品市场义乌是怎么发展起来的；他撰写的长篇通讯《浙江财政改革——四两拨千斤》，国务院一位副总理作了批示，浙江经验因此得以在全国推广；他塑造了一系列各行各业的企业家形象，如《“横店市长”——记横店集团董事局主席徐文荣》《茉织华 乡镇企业的又一奇葩》《绍兴：名人商标竞高低》等等，这些报道激扬着改革开放激情奔涌的时代壮歌，舒展着浙江这方热土砥砺前行、勇立潮头的磅礴画卷。

叶辉对文化的关注较多，他往往从文化的视觉观照经济和社会发展。2006年五六月间，叶辉和一位同事深入实际，历时月余，四易其稿，从文化影响经济的独特视角透视义乌的发展经验，于6月19日、20日接连在《光明日报》头版头条配评论推出《解放思想创新再创新》《文化的见识和强力》两篇报道，时任重庆市委书记汪洋批示要求各部门认真学习这两天的《光明日报》，后中宣部将义乌列为全国重大典型，组织主流媒体集中进行报道。

浙江经济发展和社会进步中文化起了怎样的作用？叶辉连续采写了长篇通讯《浙江：从经济大省迈向文化大省》《文化的力量——从文化视角看浙江社会发展》对此进行解读。之后，他又撰写了《发散“灵魂香味”的城市——杭州创建“生活品质之城”的人文解读》，这些报道在社会上产生了较好的效果。

叶辉是一个人文记者，他的人物报道——即使是那些高深干涩的专业领域的人物，在他笔下也洋溢着人文色彩。他的新闻作品集《从辉煌到平淡》里的几个数学家：《丘成桐：站在数学之巅》里的大数学家丘成桐，《“朱熹平猜想”》里的中年数学家朱熹平，《刘克峰：另类数学家》里的刘克峰，性格不同，但都洋溢着人文情怀。丘成桐强烈的爱国情怀，朱熹平对专业的专注和对荣誉的低调平和，刘克峰的另类和可爱，都被描摹得惟妙惟肖。呈现在读者面前的从事高深数学研究的大数学家是那样的生动有趣，通过这些数学家，读者能感受到数学世界和数学家的妙趣横生。

在《焦点——叶辉新闻作品集》一书中，有四篇是讲医务人员的，《站在西医外科手术前沿的中国人》的浙二外科主任彭淑牖，他改变了外科手术方法，攻克了世界性难题；《海岛哪能分什么科，遇到什么都得看》，这个标题就用得好，一看就是以前的赤脚医生，乡土医生，全科医生；《从乡村医院走向国际医学舞台》中的叶丽萍，一个乡镇卫生院的医生，一个中专毕业生，却通过自学成为国内内窥镜方面的专家，并且是一个经常为国际学术会议做手术示范的专家，你说这人牛逼不牛逼？《乡村郎中父子演绎的传奇》，怎么传奇呢，你还是自己去读吧。能把医生写得如此引人入胜，不由得你不服帖。

在叶辉笔下，写他的同行，写他的记者朋友，那更是得心应手，妙趣横生。其作品集《支点》介绍了系列“媒体英雄”：《“西北狼”传奇》《铁肩辣手》《三湘笔侠》《真正的人民记者》；《从辉煌到平淡》一书中的《我们这一伙》《驻地记者众生相》，介绍了一批在全国新闻界有担当，有作为，有追求，也特有才华的媒体记者，文中的叶辉的同行，一个个鲜活生动，呼之欲出。

特别是《支点》中的《交椅轮流坐——丁炳昌樊云芳夫妇记趣》，介绍的是《光明日报》湖北记者站的“夫妻店”，夫妻俩交椅轮流坐，他们的才情和志趣相映成趣，妙不可言，让读者由衷喜爱。但当我读到樊云芳老师大病一场死里逃生后重返记者岗位的经历，我热泪盈眶。曾经锐气逼人光芒四射的樊老师，褪去光环，隐姓埋名，成了一名普通记者，经历了生死的考验，樊老师更加淡然超然了。

对不同行业不同领域中不同的人物，叶老师都能够驾轻就熟，深入进去，沉浸进去，他本人也成了所写领域的“行家里手”，能够把一个专业、一个行业搞透，写得头头是道，让外行人看得明白，内行人看得有味，实在不简单，不容易！

三、寻找生命的闪光点

叶辉忠诚于党的新闻事业，怀着对人民群众的深厚感情和强烈的社会责任感，深入改革建设前沿，深入基层一线，求真务实，履职担当，用清新朴实、生动鲜活的文字反映催人奋进的新时代，弘扬时代正能量。

叶辉老师政治水平高，抓的点准。他对中国社会有着较深的认识，他采访深入，善于发现细节。从叶辉的新闻作品中，你能够深切感受到，他是个特别认真、特别刻苦、特别有责任感的人，对工作始终保持严肃与认真的态度。他采访很认真、很深入，表达很细腻、很敏锐、很透彻，也因此，他的人物报道很生动、很感人。他是靠勤奋靠刻苦靠用功靠用心才成就为今天这样的记者的。

标题是文章的眼睛，好的标题能马上吸引人把文章读下去。叶辉新闻作品的标题很有特色，如《发散“灵魂香味”的城市》，罗曼罗兰说，幸福是一种灵魂的香味，他巧妙地运用这句名言作为标题，把杭州市追求生活品质、追求广大市民的幸福感作为一个城市发展的目标这一定位凸显出来了。此文发表之后反响强烈，有新闻界同行为此拍案叫绝。如《“超级农民”顾益康》，农民如何超级？《“朱熹平猜想”》，是猜想他主攻的世界数学难题庞加莱，还是猜想他朱熹平本人？《刘克峰：另类数学家》，这个数学家为何另类？《陈惠雄与快乐经济学》，经济学还有快乐与痛苦之分？《奇人翁礼华》奇在何处？《校舍不能建成镀金拖拉机》，校舍与拖拉机风马牛不相及，拖拉机还需要镀金？一看到这些标题，读者就会情不自禁被吸引。叶辉的文章中洋溢着一种人文情怀，没有情怀，写不出这么栩栩如生、血肉丰满、形象生动的人物。他笔下的人物，《蒋峰：毕生行走在光荣的荆棘路上》《雷云：水晶一样纯净的人》《陆立军：扎根市场沃土的经济学家》等等。这些人物，也是叶辉自身精神状态、精神境界的一种写照。

叶辉为什么对记者职业如此执着？只因对这份事业爱得深沉！

四、榜样的力量是无穷的

叶辉擅长写人物，多年来，他连续发掘和报道推出的先进人物，都产生了很大影响。

2006年，世界数学难题庞加莱猜想被破解，引起轰动，叶辉立即推出整版报道《“朱熹平猜想”》，介绍了“临门一脚”破解庞加莱猜想的中山大学数学教授朱熹平的事迹；他撰写的《陈寿朋：茫茫沙海上的海燕之歌》，报道了首先提出生态道德、为治理沙尘暴作出贡献的陈寿朋教授;《陈桥驿：寻山问津治郦学》，让一个板凳甘坐十年冷的历史地理学家、浙江大学陈桥驿教授“扬名四海”。

特别是在临近退休这些年，他深入挖掘浙江的人物典型，如省委宣传部原副部长兼省委讲师团团长、马克思主义理论家雷云；“超级农民”、省农办副主任顾益康；把义乌模式推向全国的省委党校陆立军教授；“浙江猪病防控第一人”、省农科院科学家王一成；“中国麻风第一村”里的年轻医疗团队等等。

叶辉的新闻作品，采访深入，描写细致，刻画生动，是真正有温度的好作品。

例一：长篇人物通讯《王一成：用生命诠释爱国为民高尚情怀》

他写道：“他是一个海归学者，他是一个科研功底深厚的科学家，他是一个爱清洁成癖的人，却能常年与死猪病猪打交道，坚持在血污恶臭的环境中工作。”

他感慨：“恶臭中的馨香，平凡中的伟大，低入尘埃的崇高，凸显的是一个无私、忘我、只知奉献、不求索取——一个把毕生精力和心血都献给农村养殖户的优秀科学家。”

例二:《仰望星空——党的杰出理论工作者雷云的传奇人生》

叶辉曾发掘出优秀理论工作者、浙江省委宣传部原副部长雷云这个典型，写了长篇人物通讯和内参，有两位中央领导在内参上做了批示，雷云被列入我国宣传思想战线的重大典型进行宣传。

叶辉的长篇人物通讯“记杰出的理论工作者雷云”，分为上、中、下三篇，题目分别为《笃行马列 老而弥坚》《坚守信仰 矢志不渝》《一身正气两袖清风》。

“一本好书确立了雷云的人生目标，一张报纸却彻底改表了他的命运。

“他与领导商榷的是理论观点，政治却来与他‘商榷’他的前途命运！

“苦闷的雷云无师自通学会了木匠和油漆，他的智慧只好在与专业毫不相干的地方流光溢彩，血液中澎湃着马恩哲学思想的学者，竟将哲学风干成一根根木料，化做一个个精准的榫头，将理性的情怀结构成一件件家具，物化成扬琴、二胡等乐器。理论工作者竟成功脱胎换骨成木匠，这也是‘史无前例’的丰功伟绩？

“受冤屈，坎坷历尽，雷云何以能坦然面对个人遭遇而毫无怨言？反右被错划为右派，‘文化大革命’被打成现行反革命，雷云何以始终保持坚定的信仰，忠诚于党的信念矢志不渝？身患癌症，命悬一线，雷云何以能生命不息，工作不止？是什么力量支持这这个瘦弱的老人？‘是信仰！’”

几段文字，就写尽了雷云思想的纯粹、心灵的干净，用简单的心境，对待复杂的人生；用坚定的信仰信念，树立起共产党人经受得住任何考验的精神支柱！

叶辉之后又进一步发掘，怀着对雷云的崇敬，用厚重而又生动的文笔，撰写了20多万字的长篇报告文学《仰望星空——党的杰出理论工作者雷云的传奇人生》。

例三:《山坳人生照样出彩——记“中国麻风第一村”里的年轻医疗团队》

这篇由叶辉老师与同事共同采写的长篇通讯，在《光明日报》头版强势推出，在全国引起热烈反响，中央多位领导同志作了批示。文中报道：

“赠人玫瑰，手有余香。麻风村里，每个医生护士都有自己的幸福感受，他们的幸福感是那样的单纯，朴实，毫无虚饰。

“其实，牺牲和奉献不也是一种幸福吗？当皮防所老书记姚建军身患肺癌，还坚守岗位为麻风病人服务时；当第一代麻风防治工作者高鲁，将含有麻风杆菌的组织液注入自己体内，把自己的身体当试验品时；当所长严丽英1982年分配到麻风村，同一批大学生全走了只留下她一个时，他们可曾痛苦、后悔？在付出和奉献的过程中，他们也品尝到一种幸福！因为自己的付出、奉献，使患者解除了痛苦！

“心有多干净，世界就有多干净！

“这是一种职业的幸福感。这些充满幸福感的年轻人，在远离县城、环境偏远、待遇偏低的麻风村孜孜不倦地努力着，用他们的默默奉献，书写着精彩的人生。”

在阅读过程中，我沉浸在一个又一个的故事里，由衷地钦佩，深情地感怀，静静地思考。

五、心中燃烧着理想的火焰

人物是叶辉报道的重点。能够得到叶辉的关注，得以报道的人，起码在某一方面有独特之处。当然，从另一个角度讲，能得到叶辉的关注和报道，也是一种幸运。

这些人物，有些本来就很有名，像丘成桐，徐文荣；有些因为叶辉的报道而出名，像“超级农民”顾益康；他还关注冷门学科，或者是平常不大让人注意的人物，比如报道“孤独的小屋”，记叙瑞安市农科所的农艺师朱伯衡，偏于一隅专心致志搞农科研究；中国核农学的开创者陈子元，以及他创造的四个“第一”；“面对死神创立的新学科”，记灰学创始人孙万鹏。对一些人物，他的笔触所及，打开了一个新的视野，也让他走向了公众的视野。

对一些人物，他是追踪连续报道，他关注这些人物的成长，关注着这些人物的贡献，他们的追求。

叶辉具有敏锐的新闻触角，善于寻找新闻，在他眼中，高价值的新闻素材到处都有。

叶辉笔下的人物，有“魂”与“神”。信仰是魂，信念是神！坚定共产主义理想信念，是共产党员的政治灵魂。有着坚强的信仰，就会历经苦难痴心不改；

有着坚强的信仰，就会追求理想、九死不悔！这些人物，因为有魂，所以有神，有着真善美，有着精气神，有着不可思议的精神力量，有着不平凡的、高超的思想境界。

我发现，叶辉笔下有“时势”。时，时代、时令、时机，时不可失，时不再来。愚者才等待机会，而智者则造就机会。要抓住时机、抓住机遇，有条件上，没有条件创造条件上！势，是一个令人着迷的词。要成事，“势”，不可或缺，不可替代！要干成大事，就要谋势、蓄势、造势，就要借势、顺势、乘势而上。时势造英雄，英雄也造时势！

我发现，叶辉笔下有“命运”。有句歌词，“三分天注定，七分靠打拼”，意思为“命为定数，运为变数”。这种观点是否科学，有待讨论。但是，就是有这么一些人，拼命、舍命，为了大地的丰收，为了“母亲”的微笑，不辱使命！也因为他们的坚强努力，改变了一方水土一方百姓的生活，推动了社会文明进步！当然也因之改变了自己的命运！

叶辉发现并塑造了一系列浙江最美人物群像，这些人物的背后，是浙江模式、浙江现象、浙江经验，是习近平新时代中国特色社会主义思想在浙江的萌发和生动实践，是浙江改革开放40年，也是中国改革开放40年的见证和缩影的生动写照。

一滴水也能反映太阳的光辉。透过叶辉和他的笔下人物，反映了跌宕起伏风起云涌的浙江潮涌，反映了新时代风貌和时代的精神！

六、党和人民信赖的记者

叶辉胸中有大局，肩上有担当，笔下求新意，事业攀高峰，追求人生高峰，事业高峰，成为党和人民信赖的记者。

他是一位理想主义者，又是一个行动派。理想主义者是精神明亮的人，为此能听到时代的召唤和时代最核心的声音；作为行动者，全部心思、全部身心投入新闻事业。他是一个表面很平静，内涵很丰富，内心澎湃，充满诗意的人。因为“口讷而不善言”，所以他积极让思想变成行动；因为历经风霜，所以他的作品呈现出生命的厚度与多面。为此，他笔下形形色色的采访对象，都是那么活灵活现，充满生机！

叶辉给我们讲述着一个个感动人心的故事，用真情实感讲述事实、讲述社会的真善美，这些报道引起社会的共鸣，为营造社会的良好风气尽了力。

《光明日报》1993年曾召开“叶辉新闻作品研讨会”；2014年6月，浙江省委宣传部和《光明日报》社共同主办了“叶辉新闻作品研讨会”。

时任中宣部副部长徐光春在《叶辉新闻作品集——走向光明》中称赞“叶辉是个好记者”，是“党和人民信赖的记者”，是“硕果累累的新时期新闻事业的难得人才”。

时任《光明日报》总编何东平在《叶辉新闻作品集——走向光明》的序言中称赞，叶辉“是一名犀利、优秀的大记者”“他的经验已对年轻的光明人产生重大影响，也必将成为我国新闻事业的宝贵财富”。

我想，新闻记者写的都是别人，也该有人来写写这样的记者！

我在想，应当有人撰写、宣传报道“党和人民信赖的记者”叶辉！

七、圆的终点也是起点

作为名记者，叶辉曾写过许多典型，写他们如何一直在寻找职业的辉煌，走向人生的“辉煌”。其实，叶辉同样一直在寻找职业的辉煌！并追求人生境界的纯粹完美。

叶辉有一本作品集以“从辉煌到平淡”作为书名，这也是其中一篇文章的标题，这篇通讯讲到一个事业巅峰的人物，怎么样从事业的高峰回归平淡，人生怎样又从平淡变得不平淡！

今天，叶辉已经不再担任《光明日报》浙江记者站的站长了，从岗位上退下来了。从辉煌到平淡，也是他心境的表达吧，但是他人生肯定依然有自己的至高追求。零是一个终点，也是一个新的起点，退休了，但是退而不休，叶辉办了退休手续以后依然关注发展着的社会，关注着浙江的改革开放，关注着新时代的新景象。

叶辉不会忘记组织的嘱托和职业的使命，依然会将讲好浙江故事，塑造浙江形象，作为一种追求，相信他将永远在路上。

2018年1月13日

为民族文化续脉

——写在“浙江省非物质文化遗产代表作丛书”第一批国遗图书出版之际

“浙江省非物质文化遗产代表作丛书”第一批图书44册（浙江省入围第一批国家级非遗名录项目），齐崭崭一排放在桌上，欣慰之情油然而生。作为这套丛书编撰事务具体负责人，回想起2007年年初启动这项工作以来的点滴，感触良多。

在丛书筹备工作开展的初期，浙江省文化厅在长兴县召开第一次丛书编撰工作会议，邀请时任中国艺术研究院院长王文章先生到会指导。王院长充分肯定这项工作的意义，提出了富有创建性的编撰工作指导意见。在第一批书目基本完成编撰工作，递交出版社编辑阶段，省文化厅厅长杨建新提请吕祖善省长为丛书作总序，吕省长欣然应允，不久即让秘书传来序言。吕省长指出，编撰这套丛书，对于增强全省人民的文化认同感和文化凝聚力，提升我省文化软实力，将产生积极的重要影响。省委常委、宣传部部长黄坤明，省委常委、副省长葛慧君，应邀担任了丛书编委会的顾问，关心丛书的编撰进度和质量，给予有力支持。

省文化厅厅长杨建新担任了这套丛书的编委会主任，对丛书的编撰工作，不仅在大的方向上给予指导，在书目封面和版式设计上，也给予具体的指导，并为丛书撰写了前言。他在前言中感言：中华民族的传统文化是如此的博大精深，而人类的生命又是如此的短暂，如果能够有幸在这座恢宏的大厦上添上一块砖一片瓦，那是我们的责任和荣耀，也是我们对先人们的告慰和对后来者的交代。这篇“前言”情真意切。

各地党委、政府的领导对地方相关书目的编撰工作，给予了充分重视。各项目所在的文化主管部门承担了具体编撰工作，财政部门给予了经费保障，参与编撰的文化工作者们为此倾注了大量心血，走村串户，调查整理，青灯黄卷，孜孜不倦，为丛书的出版奠定了良好的基础。

承担各书目审稿任务的专家学者，为我省编撰一套前所未有的非遗丛书而兴奋。这些专家造诣很深，著作等身，而且平素都很忙，但是每位专家对之都很投入、很专注，查阅资料，认真校改，贡献了多年的积累，倾注了许多的心血。而且，谁也不计较署名，谁也不讲究经济报酬。这些专家的学养令人佩服，他们的乐于奉献精神令人肃然起敬。正是有了这些既是良师、更是益友的专家学者的悉心指导指正，使每个国遗项目的精彩悉数收录，使这套丛书尽可能不留遗憾。

承担出版任务的浙江摄影出版社，有着高度的文化使命感和社会责任感，多年来，与省文化厅数度精诚合作，与省文化厅彼此投契。对于开启本丛书这一重大项目的出版工作，社长蒋恒说：出版这套书的核心价值，是追求文化的一种灵魂性，是追求真正的社会意义和一种长久持续的价值。这番话令人感佩。出版社副社长周亮、社长助理石英飞和林青松等编辑人员，不厌其烦、不辞辛苦，从初审加工、复审把关，反反复复，与各方衔接联系，体现了一种良好的职业道德和精益求精的作风。出版社特约摄影编审张望，是一位坦诚真挚、平和恬淡的文化人，参与版式设计和摄影作品的处理，使丛书体现出一种深度价值。

一套丛书的编撰，需要组织一个工作班子，省非遗办具体承担了这一重任。在大的方向上，我们毫无疑问都是坚定不移的。有厅长的高度重视，有专家的倾力支持，有非遗普查和国遗项目申报的基础，我们信心十足。但终究这套丛书是前人没有做过的，没有多少经验可以遵循，在操作层面上讲，有诸多的困难。在丛书启动后，有不少项目由于之前缺少资料积累，需要深挖细查，补充材料；有些书目写作人员文化程度较低，初稿思路较为紊乱，需重新梳理；有些书目作者对非遗的理解有偏差，书稿偏离方向，没有重点体现非遗活的表现形式，需要矫偏校正；有的照片不足或是表现内容不切题，需要调整和充实。这许许多多的工作或者说事务，需要有弄得清，负责任，做事认真仔细的人担当，省非遗办李虹出色地完成了所担任的工作。

编纂这套丛书，是功在当代，利在千秋的文化工程，我们要出有品位、有内涵、有价值的书，要将它做成一套颇为经典的书，一套能与非遗事业共存的书，增强我省非遗保护工作的竞争力和影响力。

从这套丛书编纂的大幕徐徐拉开，到今天颇具规模的第一批国遗44本书齐刷刷呈现，各方一应人等，脚踏实地地往前走，田野地头间采访采风，青灯黄卷旁撰稿审稿，我们不敢说这两三年的劳作具有神圣的意义，但我们的确怀着对历史的敬畏之心，怀着把根留住的梦想和为民族文化续脉的历史担当。这项具有开拓性的工作，让我们干劲十足，我们为能做这件事而自豪。我们也希望这套丛书的编纂体例和工作模式，能够在全国树立一个榜样。

2010年9月10日

第四编

推好书

传统靠传
生生不息

美丽浙江风

——《今日浙江》“浙江韵味”专栏开篇的话

美丽中国，诗意浪漫，含义深远。

美丽浙江，山美、水美、风情美，人意更美。

西湖之风雅，钱塘潮之澎湃，天台之幽深、神仙居之奇崛，普陀之神奇，雁荡之秀丽……浙江超乎想象的“美丽”，早就回荡在人们对这片土地的赞叹声中。

湖光山色的美是大自然的手笔，还有一种美则是浙江先人的杰作。乌镇之古朴，运河之悠远，兰亭之雅集，台州府城之雄险，人文气息很足，名人的遗迹处处散落。星罗棋布的美丽乡村，各具特色的风土人情，给了浙江多彩的面孔。浙东沿海，浙北水乡，浙中丘陵，浙西山区，各地的非物质文化遗产是一缕缕来自旷野的清新的风，带着大地与露珠的芬芳。

白蛇传说、梁祝传说、西施传说、济公传说、大禹治水传说等民间故事和传说，演绎了人民大众对于人世间真善美的理想和追求，感人至深，动人心魄，流传广远。

嘉善田歌、廿八都山歌、景宁畲歌、象山渔民号子、舟山锣鼓、嵊州吹打等传统音乐，乡情乡音，经久不衰。感怀那一份婉转与铿锵，仿佛能听到岁月的悠扬。

浦江板凳龙、长兴百叶龙、奉化布龙、余杭滚灯、临海黄沙狮子等传统舞蹈，欢腾喧闹，焕发着民间文化的活力和光彩。

昆曲、越剧、西安高腔、新昌调腔、宁海平调、台州乱弹、海宁皮影戏、泰顺药发木偶戏等传统戏剧，源远流长，多姿多彩，见证了浙江是中国戏曲的故乡。

温州鼓词、绍兴平湖调、兰溪滩簧、绍兴莲花落、杭州小热昏等曲艺，各种浓重的乡音里，吟唱着浓郁的故土乡情。

东阳木雕、青田石雕、乐清黄杨木雕、仙居无骨花灯、硖石灯彩、嵊州竹编、善琏乐清细纹刻纸、西泠印社金石篆刻等传统美术，风貌独特，精美绝伦，成为享誉海内外的文化名片。

龙泉青瓷、龙泉宝剑、张小泉剪刀、天台山干漆夹纻、绍兴黄酒、富阳竹纸、善琏湖笔等传统手工技艺，匠心独具，传承有序，技艺精湛，巧夺天工，尽显浙江"百工之乡"的聪明才智。

杭州胡庆余堂、方回春堂，武义寿仙谷，桐庐桐君山，秉承传统伦理道德和中医药文化，百年品牌，博大精深。

绍兴大禹祭典、衢州祭孔大典、缙云轩辕氏祭典、兰溪诸葛祭祖大典、杭州钱王祭祀，这些中华先祖、精英的襟怀与品格，铸就我们华夏精神的基石和精髓，彰显民族之魂。

非物质文化遗产的博大精深，难以穷尽。千百年的非物质文化遗产不因时间的流逝而失去魅力，轻轻拂去尘封的历史，便能一睹鲜活的芳容。你可以没有见识过这许许多多的非遗项目，没有领略过个中的风情，但你不能不知道它们的存在，不能不了解它们背后沉积的历史内涵。忘记它、背弃它、抛开它，你便会在现实中忘记你是谁，你从哪里来，迷失回家的路。

德国著名的存在主义哲学家海德格尔说：人要"诗意地栖居在大地上"。什么是"诗意地栖居"？海德格尔解释说就是"栖居在诗意中"。大家知道"诗""诗意""诗化"，是西方尤其是德国哲学家、美学家经常使用的一个概念，他们讲的"诗"，多指艺术或审美。所谓"诗意地栖居""栖居在诗意中"，就是说要用审美的态度对待生活，对待人生。

人间不是没有享福的天堂，只是它太神秘，躲藏在洁白的怀抱里，露一抹羞涩，它名叫精神家园。陶渊明陶醉在东篱下，是因为这一角永远是传说中的世外桃源。物质富裕了，还应当精神富有，这也是自古以来人生追求的一种极高的完美境界。我们今天的非物质文化遗产保护行动，未尝不是在传递一代又一代的接力棒，让当下的人们都能"诗意地栖居"，诗意地生活。

2500年前的《诗经》，充满诗情画意。《诗经》之"风"，记载了各地的风俗习惯和先人的行为方式，以及价值观念和思想情感。在先秦时期的书面语言及理论中，"风"实际上也就是"礼"，就是"社会行为规范"。有哪一个中华儿女，没有受惠于它的恩泽，不是在它的熏陶和浸润下成长。我们也完全有理由相信，无论今天和将来，这些充满人性美、人情美、人格美的民俗乡风，会以更完美的形式回归我们的心田。当下不断涌现的“最美浙江人”的感人事迹，无疑让我们坚信这一点。

“风”一直在吹，从未间断。它掠过河流原野，也掠过沧海桑田，伴着中华儿女生生不息。时代在进步，生活方式在改变，不变的是民族血脉的绵延与历史文脉的传递，不变的是我们构建精神家园永恒的情怀。最美浙江风，韵味常在。国风，永远飞扬在中华大地这片古老而年轻的大地上。

原载《今日浙江》2013年第1期

文脉传承　遗韵流芳

——《流芳——浙江非物质文化遗产笔记》前言

它从悠远的历史走来，历经数百年，上千年，源远流长、薪火相传、一脉相承。它多姿多彩，形式多样，斑斓多姿，百花齐放。它是乡土的文化，百姓的文化，是民众的文化创造。

它是民族文化的精华，民族智慧的象征，民族精神的结晶。它是民族身份的标志，民族历史的见证，民族基因的宝库。它是民族的根基，民族的血脉，民族的灵魂。

它是丰富的想象力，是天才的创造。它是奔放的情感，灿烂的心情。它是旺盛的生命，祥瑞的气氛。

它是未经现代洗礼的自然再生的生活和人性。它是那种平凡里的人伦里的温暖。它比王朝更迭之类的大事件更能代表久远的传统和存在。

它不仅是吹拉弹唱，唱歌跳舞看戏听曲。它不单是吃粽子吃月饼吃青团吃饺子，岁时节令的象征符号。它不只是博物馆非遗馆里的工艺美术展品。

它不仅是神话传说或历史故事在旅游中的瑰丽。它不单是闻诊把脉的中医药方，它不只是开发文化产业的物质资源。

它对矫正现代工业文明的弊病有着不可替代的价值。它是增进自我了解、增加自我信心的有用方式。它是建树核心价值，重塑道德尺度的现实途径。

它活在我们日常的生活里。它一直活在几乎每一个中国人的潜意识里。它活在我们的精神和物质生活里。

今天它活着，就要好好地活下去。只要它活着，民族就活着；文化活着，国家就活着。

保护，正是当代人应该承担的责任和担当。传承，表现了国家和民众对历史文脉的重视和尊重。弘扬，为了在新的机遇中优秀文化传承的永续传承和不断发展。

让它生根发芽，开花结果，为我们的社会撑起人文主义的浓密绿荫。让它如流淌的母亲河，源远流长，百川入海，绵延不绝。让它成为人民心灵的归宿，充满诗意和梦想的精神家园。

打开书吧，源远流长的历史文脉在我们眼前展开。迈开步吧，绝代芳华的文脉用生命和理想来继承。做点事吧，把中国的文化传统一代一代地继承下去，才是要紧。

2012年8月30日

龙是我们的图腾

——《龙腾——龙文化的浙江传奇》前言

龙在中国，有好几千年的古老传奇。

龙，卷起东海的波涛，从孕育万古的底蕴里腾空飞起，与风云雷电动感炫彩，呼风唤雨，消灾降福。

龙，具有马眼、鹿角、牛耳、驼头、蜃腹、虎掌、蛇颈、鱼鳞、鹰爪，是由九种动物多元融合而创造的形象。

龙，能大能小，能屈能伸，能现能隐，张牙舞爪的飞天模样，充满了传奇和神圣。

龙是威严、智慧、祥瑞的化身，是帝王的自称，也是中华民族的图腾。

人们对龙的好奇，有如一团迷雾。

龙在儿时星空下老人们的故事里，在传奇志怪的文字间，在电闪雷鸣的雨天下，在庙会祭神的祝福中，五花八门的神秘传说，深入我们的想象和憧憬。

精神的依托，平安和丰收的祈求，舞龙习俗便应运而生；

时光的撮合，仪式和情愫的交融，行云布雨是水到渠成。

长兴百叶龙，芳踪风流，美不胜收；

奉化布龙，演绎着沧海桑田的变幻；

浦江板凳龙，一条条硬板凳堆叠出龙的气派；

安吉竹叶龙，翠竹深处舞蹁跹；

泰顺碇步龙，石碇步上腾挪跳越见功夫；

兰溪断头龙，沧风化雨方显英雄本色；

三门杨家板龙，宛如灯彩长街，光彩照人；

浦江滚地龙，龙姿毕露，腾飞翻滚；

平湖九彩龙，色彩各异，穿梭舞动，令人眼花缭乱；

鹿城拼字龙灯，生动体现了“神龙呈祥”的瑞兆；

开化香火草龙，烟雾缭绕中寄寓着人们的美好愿望……

龙，凝聚着百年千年的艺术与智慧，演绎着穿越时光的民间精神。

龙，华夏儿女心中萦绕不息的情结，传统习俗一直贯穿着我们的生活。

二月二，龙抬头；元宵节，舞龙灯；端午节，赛龙舟；六月六，晒龙袍……

在民间，七八岁玩草龙，十五六岁耍小龙，青年壮年舞大龙。

龙，头顶川流不息的时光，徜徉在五千年的沧桑，用勤劳和善良，撑起一方水土的兴旺。

龙，中国人的图腾，人民大众将情感揉进岁月，智慧寄于双手，梦想随心而动。

祈愿风调雨顺，国泰民安！

飞龙在天，跨过千年的烟尘，把微笑留在了历史的天空；

龙行天下，腾身跃起在天地间纵横，回首眺望是美不胜收的彩虹。

我们都是龙的传人，血脉里流淌着龙的血液，骨子里蕴藏着龙的精魂，激情澎湃，神采奕奕；

我们都是龙的子孙，弘扬龙之精神，以敢为天下先的胆识与智慧，再书精彩的浙江传奇，成就更美好未来。

我是中国龙，舞起东方红！

我是中国龙，引领世界的风！

2012年12月

这一段经历令人难忘

——《亲历普查》序

本着为历史留证的精神，浙江省文化厅组织开展了“亲历普查”征文活动，应征文章如雪片样飞往省非遗办，一篇篇稿件记下了一页具有特殊意义的历史，谱写了一曲普查工作者奉献的绚丽的篇章。

阅读征文，我饶有兴趣地品味着普查成果背后的新闻和故事。我们在充分领略每个非遗项目的精彩之时，对于每一个有价值的项目的发现发掘背后的故事了解得很少。在普查中，是哪一个项目点亮了你的眼睛？哪一幕情景振奋了你的心灵？哪一声唱腔吸引了你的耳朵？哪一处民俗让你流连忘返？哪一门技艺让你惊叹？哪一次采访访谈让你受到心灵的激荡？在这些征文中，我们真切体验每一次的发现，咀嚼普查的每一个过程。作者的记忆是鲜活的，其亲身经历是生动的，情景的回忆是甜蜜的。

文稿中，不仅有对普查现场的真实记录，对传承人天才创造的感佩和惊叹，也记述了普查员在普查过程中的多彩表现。有原汁原味的写真，有深入的采风实录，有发现重要线索时的惊诧和激动，有硕果累累的欣喜。普查员们爬山涉水、走村串户的身影，他们废寝忘食、夜以继日的形象，他们乐于奉献、勇于牺牲的精神，我深深为之感动。付出多少心血、多少汗水，也就有几多欢欣、几多收获。

阅读这些文章，我不由得回想起那激情燃烧的日日夜夜，想起连接我们和基层普查员的那一份份文件、简报，那一个个标志着工作转段节点的会议。从那一篇篇征文所记叙的种种，我们看到了普查员们所拥有的高度责任心，触摸到普查员们昼夜奋战、忘我工作的动人事迹，领略到普查员们倾情投入的情怀。那一篇篇征文，真实、充分地反映了我省非遗保护的轨迹和脚步，形象、生动地记录了这场风起云涌的运动。

在普查过程中，有着看不完的景致，走不完的路途，说不完的感受。岁月如诗，收获如歌。大家在普查第一线上，在工作的探索实践中，知识领域在发现中拓展，能力水平在磨砺中提高，心灵境界在工作深化中升华。我们的心中由此有太多的喜悦，我们的工作由此而丰润，我们的人生也因此而鲜亮。

为了不让这段感人而又具有特殊意义的历史随着时间推移而淡化，我们将优秀来稿集结付梓。可以说此书的编纂，是对非遗普查集成志书的补充和延伸，是对普查工作者精神层面、情感层面、心灵层面的感知和解读，是对一个可敬群体的探踪和刻写。

让我们重新回望寻根之旅，重新体悟艰苦而美好的奋斗历程，我们说，我们无愧于历史，无愧于这个时代。

这份记忆，将超越时空……

2009年11月11日

鲜活的历史最感人

——《浙江档案》“口述历史”专栏述评

《浙江档案》杂志开辟了“口述历史”专栏，每月一期，每期一篇，每篇一个非遗项目传承人原生态的叙述，已陆续记录整理、刊发了30多位老艺人的口述史。同时，每期配套一篇相关艺术表现形式的介绍。

在这一专栏中，老艺人记忆的闸门被打开，历史的隧道被贯通，叙述他的亲身经历，对艺术的执着追求，酸甜苦辣的人生体验，还有那份“功成名就”的幸运和喜悦。岁月沧桑，风风雨雨，一生的追寻，一生的不易，伴随了一生的技艺，倾注了一生所有的那个非遗项目，有着难舍的青春追求，有着一份难以割舍的记忆和情感。许多的老艺人，可以说是一辈子窝在一个地方，就做那么一件事，也许人生的阅历和视野不是很开阔，但必定都有着坎坷的经历、生动的故事、独特的感悟。这些对于后人来说，都是无价的财富。

一位健全的老艺人，就是一部活的历史。他们每个人关于一个非遗项目传承往事的回忆，搁在一起，就是一部蔚为壮观的非遗保护的“微观史”。这样的“微观史”，以其生动的细节、特定的语境、亲历的故事，对后人有着强烈的感染力与吸引力。随着岁月的更迭，存世的老艺人越来越少，如再不抢先抓早抢救，这样的“微观史”，只怕就从此消失了。有识之士呼吁，“每一分钟都有一位老艺人去世，每一分钟都有一个民间艺术品种消亡”，这不是危言耸听。要抓紧给传承人的“百年”存档，留下一份活的档案。

近年实施的非遗保护工程，开展大普查，开展民间艺术家调查，开展传承人技艺的保护与传承，当每个健全的老艺人的技艺都被完整地用图像、声音和文字记录下来，历史就不仅有了回声和留影，而且随时都可以在时代的坐标系上与后人对话。往事可以过去，而往事在人们心中留下的印痕，留给每个人的记忆，却可永藏心坎。

感谢《浙江档案》的记者，还有各地的档案工作者，深入乡村，走进家门，走进老艺人的生活世界。采访者每每花上相当的时间，静下心来陪老人聊天，聆听老人讲那过去的事，倾听他们的叙述，记录他们的聪明睿智，对艺术的独特感悟和创造才能，感悟他们的心路历程和特有的情感世界，体验着他们的所爱所愿所想，分享着他们的快乐、烦恼和愿望。这些老艺人年事已高，有的记忆难免零乱、芜杂，采访者耐心、细心和全身心地倾听，那份深切的理解、支持和鼓励，使得这些老艺人感受到前所未有的尊重，感受到时代的期盼。

我感叹有这么一群执着的传承人，同样感叹有这么一群历史的记录者。有这么一群执着的传人，有这么一群历史的记者，我们没有理由怀疑，祖先留下的宝贵的非遗，不会依然赓续绵延、薪火相传。

2009年7月26日

为传承人立传

——《今日浙江》“匠心逐梦”征文开篇的话

泰顺廊桥诗情画意，景宁畲歌大地飘香，临海词调绝处逢生，秀洲网船会风貌独特，绍兴戏馆人潮涌动……

曾经从众人视野中黯然退隐的一项项非物质文化遗产，如今雨后春笋般从大地中生发，处处可见，丰富着人民群众的精神文化生活。它们，在浙江有着共同的名字：美丽非遗。

是谁让美丽非遗蓬勃，盎然，芳香四溢，枝繁叶茂？

又是谁，温润了浙江广袤大地的表情，孕育了这片热土的气节，赋予了高楼大厦和水泥森林所无法呈现的生动和气脉？

有这么一些人，与我们一样平凡，但做出了不平凡的事。他们平凡，却不平凡。所有的不平凡，都源于有一颗火热的心，都源于一个勇敢的开始。

有这么一些人，是一群追梦的人。因为有梦，他们坚守；因为有梦，他们担当；因为有梦，他们的人生精彩、励志。

有这么一些人，都是有故事的人。他们无悔执着，承受着常人难以想象的困难与阻力，用自己的行动证明着这样一份坚守。

有这么一些人，是智慧超群者，才华在身，技艺高超，担负着百姓的文化生活和生活文化。

有这么一些人，一辈子就做一件事，将一个事情做成一辈子的事业，将一份职业做成了终身制。成功就是将一件事情做到极致。

有这么一些人，体现了一个时代的匠心精神，传递着一种可以不断传承下去的力量。

有这么一些人，非遗是一种生活，一种态度，一生无悔，展示并传递着自己的幸福与快乐。

有这么一些人，历史璀璨的文明集萃般地表现在他们身上，并靠着他们代代相传，有的一传数百年，有的衍续上千年。

这么一些人，就是非物质文化遗产传承人。

他们就是成百上千年来一直活跃在民间的歌手、乐师、画工、舞者、戏人、武师、绣娘、说书人，各类高明的工匠以及各种民俗的主持者与祭师。

有史以来，优秀的民间文化就是凭仗着无以数计的传承人的传衍而赓续延绵。

又到了6月份第二个星期六，我国第十一个“文化遗产日”到来了，浙江省文化厅、《今日浙江》杂志社联合举办的“匠心筑梦”——浙江非遗传承人故事征文活动揭幕。这是对非遗传承人坚守文化责任生动事迹的记录和反映，是对传承人不懈追求坚忍不拔精神的彰显，是对传承优秀传统文化与守护精神家园情怀的回望，也是弘扬社会主义核心价值、弘扬正能量的追寻。

在滚滚的时代洪流中，总有一些坚实的脚印长留人们心中，总有一些闪亮的身影，在时间的磨洗下绽放出更加夺目的光芒。来吧，在这夏花绚烂的季节，让我们去寻访非遗传承人，抒写最美的故事！

2016年4月6日

保护非遗关键是保护好传承人

——《守望与传承·嘉兴市民间艺术家调查报告》序

我省历时两年的非物质文化遗产大普查，已取得丰硕成果。嘉兴市在此基础上，再深入一步，今年9月至11月，历时三个月，重点进行了嘉兴市民间艺术家专题调研，了解和掌握民间艺术家的从艺和生存、生活现状，了解他们的艺术诉求与现实诉求。

为此，这一课题组的34位调查者，走进民间艺术家的生活，倾听他们的诉说，记录他们的所思所想、所感所述，拍摄他们的制作场景和作品，分享他们的收获和快乐。28名民间艺术家的专访，一篇民间艺术家的总调研报告，形象与抽象相结合，22万字的文稿，即将交付出版，收获是沉甸甸的。嘉兴市非物质文化遗产保护工作者的这份责任意识，这种专注，这种效率，这种组织力，令人感佩。

何谓民间艺术家？

在人类的“童年”时期，艺术本是没有民间与非民间之分的，随着人类文明的不断发展，社会阶层、职能分工的出现，形成了相对于宫廷艺术、文人艺术而言的民间艺术这一概念。民间艺术，可以说是与其他艺术并列的一个门类，同时，民间艺术又是各艺术门类的基础。民间艺术，是一个具有深厚的传统，又总在发展、变化的天地。民间艺术，是民族智慧的象征，是民族精神的结晶。民间艺术，对当地的社会进步和经济发展起到了一定的作用，还具有地域名片的效应。

民间艺术，最大的特点是根植于民间，靠民间艺术家口口相传或手手相授，保存传承至今。然而，由于城市化和城乡一体化进程的加快，也因为文化形态的日趋多元和外来文化的不断冲击，原有的农业文明构架下的一应文化形态和方式，在迅速瓦解，甚或消失。新时期民间艺术的保护与发展面临着前所未有的挑战。据嘉兴市的调查，还有不少的民间艺术家依然坚持从艺，这令人欣喜，但因社会的变革、市场的萎靡，民间艺术家又因年事已高和健康原因，多数不再从艺或没有再带徒传艺，不少民间艺术已经或正在处于濒危的状态。为此，非物质文化遗产保护工作者和社会有识之士有着一种强烈的忧虑。

综观民间艺术家坚持从艺的最主要的理由或原因，在于对所从事的艺术项目的由衷热爱，从爱好到谋生手段，再到事业追求。每一个艺术家都有自己的故事，有不凡的人生，艺术人生有坦途更有曲径，但有一点是相通的，他们心中始终充满着温暖，洋溢着热情。那就是对生活的爱，对美的追求，平凡中透着美丽，历经磨砺使他们更坚强。正是这些民间艺术家的执着、热爱与痴迷，才使得这些古老的技艺能够传承至今。他们出自于纯朴的本色，却往往表现出非凡的智慧，在艺术创作中寄托了对美好事件的无限向往。他们把自己的理想、痛苦、欢乐、祝愿以及真善美的情感，尽情地在艺术创作中进行宣泄。这些民间艺术家，用他们精湛丰富的艺术创作和对人生的乐观和通达，展示了这块土地的文化意象。

调查者用颇具文采的笔触，追述了民间艺术家坎坷多彩的人生历程和故事，记录了民间艺术家的聪明睿智，对艺术的独特感悟和创作才能，描绘出民间艺术家的心路历程和他们的情感世界。这一课题成果，让我们感受到民间艺术家的理想和追求，感受到他们特殊的生活际遇和生活中的苦乐，他们艰难而坚韧的脚步，他们对现实处境的遗憾和坦然。我有幸作为这本文集的初始读者，不禁沉浸其间。

民间艺术家这一群体，以往很少成为公众社会的热点。从兴起非物质文化遗产保护的热潮以来，包括民间艺术家在内的非物质文化遗产传承人的社会地位得到了前所未有的提升。非物质文化遗产的特性决定了传承人是保护主体。近年来，我省大力加强针对传承人的相关措施，先后认定了两批省级非物质文化遗产代表性传承人，进一步明确传承人应当承担的义务和享有的权利，为国家级和省级代表性传承人颁发政府艺术津贴，开展了“服务传承人月”活动，建立了“非物质文化遗产代表性传承人访问和报告制度”，公布了一批非物质文化遗产传承基地，使关心代表性传承人成为一种常态的工作，促进对传承人的保护，促进非物质文化遗产的传承发展。

今天，我们大力提倡以人为本，构建和谐社会，关注民生。落实到非物质文化遗产的保护，说到底，就是要真正把传承人放在首位，把民间艺术家放在心上。民间艺术家等非遗传承人作为传承民间技艺、技能、技术的代表者，是社会的卓有贡献者，是特殊的先进群体，值得歌颂和宣传。这本《守望与传承——嘉兴市民间艺术家调查报告》，既有民间艺术家引人入胜的感人故事，更有值得研究的历史价值和现实的珍贵资料，无疑可以帮助我们从多个侧面了解民间艺术家生存的整体状况，留下他们的踪迹。为此，我以欣喜的心情，向大家介绍并推荐这本书。

知识源自实践，艺术来自生活，智慧出自人民。民间艺术家承载着历史经验的积淀，他们面对的和为之努力的，是发展着的今天，是比今天更美好的未来。对民间艺术家的关爱，对人民群众艺术创造的尊重，是全社会的责任。我们热切地期待更多的人关注那些民间艺术家，关注乡土的艺术、百姓的文化、草根的创造、非遗的传承！

2008年11月30日

传承人的故事很励志

——《我们的故事·嘉兴非遗项目传承人口述实录》序

数年前，嘉兴市文广新局编辑出版了一本《守望与传承·嘉兴市非遗传承人调研报告选编》，我写了个序。这次，市文广新局组织编撰出版《我们的故事·嘉兴市非遗代表性传承人口述实录》，又要我写个序。我觉得很荣幸，也责无旁贷。

我请嘉兴市非遗保护中心王晓初副主任将此书编撰的有关情况传给我，她发来了已撰就的书的“后记”。后记都好了，序言还没交账，真不好交代。尤其是看了这篇后记，我大有感慨。

做好非遗代表性传承人口述实录工作很重要。传承人讲故事，讲自己的故事，讲自己与非遗的不解之缘，文化部门通过采访非遗传承人，用文字、声音、影像等手段记录，这是记录者与讲述者合作的产物，是保存非物质文化遗产历史资料的一种重要方式。现在关于传承人的报道，更多的是用第三人称，很少有第一人称自传式的记录文字。嘉兴这本传承人故事集，以第一人称讲述传承人的亲身经历，这种直接表达，给人感觉真实、亲切和原生态。我想，传承人的口述实录，除了这本故事集来呈现，我想影像采录资料同样珍贵，编辑处理后，可通过数据库和网站等新媒体的形式传播。

实际上，这个“后记”的后半部分就介绍了组织编撰此书的意义。这一般就是这本文集序言的内容，阐述得很透彻，文字上很有情感色彩，也很有理性的思考，很打动人。

进行非遗代表性传承人的口述实录，具有紧迫性。“后记”中提到，国家级非遗项目“五芳斋粽子制作技艺”已没有市级以上的传承人，省级非遗项目“桐乡竹刻”传承人钟山隐又刚刚过世了。据我所知，“海宁皮影戏”已有两位国家级传承人去世。这还是不完全的信息。不少代表性传承人年事已高，已是风烛残年。所谓“三百六十行，行行出状元”，每个国家级传承人都是国宝，他们都是状元。他们都是传统文化的薪火，让历史文脉赓续不断。所以，嘉兴市这件事做得很有意义，也很实在。

这本书的编撰过程，体现了实事求是的态度和精益求精的作风。“后记”中写道：“这本书在成书的过程中，标准几经更改，文章也几度修改。”从开始整篇文章600字的字数要求改为不低于2000字，字多不拘；从多种文体到明确为第一人称的口述史；从讲生平到突出故事性。人的认识是有局限的，人的认识是在不断进步的，变化要比计划快。几度调整使这本故事集真正呈现了口述史的真实性、生动性、鲜活性。

“后记”中前面部分的内容，对编撰内容和入选项目的数字出入做了详细说明，初一看有点绕，细一琢磨说得很明白。外行看热闹，内行看门道。各个层级的传承人，各个项目的传承人，各地的传承人，切入点不一样，概念不一样，数字不一样，这会让人产生迷惑，为此，编辑者像剥笋一样，一层一层交代很清爽，说明了编辑者是积极认真的，是对历史负责任的，是有点学究型的让人可敬的人。

阅读这本书，你一定会感到传承人的故事很励志。俗话说，“台上十分钟，台下十年功。”“要想台前显贵，必定台后受罪。”这些话不单是针对传统表演艺术，实际上其他的非遗门类也同样如此。要想成为某一个行当、行业的代表性传承人，其间所付出的艰辛是经年累月的，要日积月累才能有所成就。宝剑锋从磨砺出，梅花香自苦寒来，阳光总在风雨后，但传承人的成功背后，有多少次重复，多少次努力，多少次执着，多少次失败，谁知道？没有一个成功是天上掉下来的，至少我们没见过。传承人的故事体现的都是正能量，读后很受教育、很受教益。

这本书，是用传承人讲故事的方式，对非遗进行宣传。这本非遗的故事，其实也是一种呼唤和期待，希望人人都成为非遗的传人。《浙江省非物质文化遗产保护条例》这个地方法规，在总则里有一句话：“任何单位和个人都有保护非物质文化遗产的义务。”任何单位和个人，也就是说包括了你、我、他，包括了整个社会各界。非物质文化遗产是草根文化、民间文化、乡土文化、百姓文化，也是生活文化。它不单是传统文化的表现形式，也是传统的生产生活方式。传统，它是当代人的心灵归宿和精神家园，也是我们今天连接未来的底蕴和底气，我们要珍爱它。传统靠传，让大家都来做非物质文化遗产的传人，做非遗保护的志愿者，传承历史文脉，传播优秀文化。

这些年来，嘉兴市非遗工作一直走在全省前列，成为浙江非遗保护的高地和具有浓郁江南水乡特色的文化生态洼地，非遗事业景象生动、生机蓬勃。这在于有一支自觉担当的传承人队伍，在于有一支奋发有为的非遗工作队伍，在于党委、政府的高度重视和着力推动，在于社会各方的广泛共识和鼎力相助。

传承人讲自己与非遗的故事告一段落了，但传承人与非遗的情缘不了，相信未来演绎的故事仍将精彩不断，嘉兴市非遗保护工作也将精彩不断。

2015年5月30日

真诚的“追问”与珍贵的“吐录”

——《东阳非遗传承人口述史》序

为了抢救、继承东阳诸多珍贵的文化遗产，在东阳市文广新局的重视下，东阳市非遗保护中心组织非遗代表性传承人特别是老艺人，成立了“吐录小组”，在一年多的时间里，非遗干部几乎天天跟老艺人泡在一起，了解他们的生平、经历、现状，倾听他们的心声，让身口相传的文化链条更加牢固。东阳非遗保护中心主任吴海刚欣喜地告诉我，《东阳非遗传承人口述史》已经编就，希望老王为之作序。

基层有要求，老王就响应。对我来说这是责无旁贷的。

我记得在2007年，我陪同省人大法工委领导去东阳，为出台浙江省非遗保护地方法规做立法调研。东阳组织了一个座谈会，当地非遗代表性传承人参加，市里人大、政府分管领导，文化局的同志也参加。东阳有几位传承人鲜明的个性和形象，因此留在了我的脑海中。

东阳木雕传承人陆光正大师，很有老大的气质和气场，形象很正，讲话很正，风趣潇洒，也很儒雅，很有艺术气质。那天陆大师具体说了什么，我也记不清了，我也不去找笔记本了。

东阳竹编传承人何福礼大师，讲话很莽撞，直截了当。我记得那天他说，东阳木雕和竹编，是东阳历史上传统工艺的两朵奇葩。但是东阳领导重视木雕，不重视竹编，为什么？因为木雕产值大、经济效益好！他说，义乌让何大师到义乌去，给他特别政策，大师想想不去，我是东阳人，还是留在东阳！大师说，东阳竹编现在传不下去，濒危，政府一点不管，他很失望！

何大师的发言，很激动，很冲动，他的发言我印象很深，大致是以上这些意思。当时，我看到东阳市里的领导有点尴尬，我赶紧接着何大师的话说了几句。

我说，何大师是爱之深，恨之切。他热爱东阳这方家乡的热土，热爱东阳竹编这项珍贵的祖国文化遗产，看到东阳竹编濒危、传承困难，有可能消失，他心里非常焦急，百感交集，所以他开门见山，刺刀见红。何大师是爱之深，情之切！

我说，哀莫大于心死。如果在这个座谈会上，何大师什么话都不说，什么话都不想说，那说明大师对市里领导彻底失望了。大师还在领导面前慷慨激昂、大声疾呼，那说明何大师对市里还充满着期待，还非常信任！

我说，听了陆大师、何大师的发言，我非常感动，感受很深，有这样的传承人和大师支持，有他们的坚守和保护传承，在市里领导的重视下，东阳的非遗保护传承工作一定会做好，一定会做得很好！

我的话，将气氛调整了回来，市里领导也接着讲话，感谢和表态。然后会议继续，气氛热烈。

后来，有机会与何福礼大师见面，我们又回想起当时的情景。何大师说，幸亏当时有王处在，否则还真把市领导“得罪”了。当然，这是玩笑话，市领导一定是开明的和虚怀如谷、闻过则喜的。

后来，我们推进传统戏剧保护，启动濒危剧种守护行动，实施浙江好腔调系列活动，我了解到东阳还有傩戏、侯阳高腔这两个珍贵的剧种。

傩戏，大家一般概念中，这是一个古老的传统的祭祀表演，一般与宗教鬼神有关，表演者头戴彩绘面具，神神叨叨，驱鬼逐疫。在古时候落后的生产条件下，这是先人敬畏天地、敬畏祖先的体现。

东阳傩戏，是祭祀蚕神的民间戏曲，而它诙谐的剧情，在娱神的同时更加娱人。东阳傩戏，也是浙江省唯一以真人当“木偶”的傀儡戏，成为当年浙江非遗普查最重要的成果之一。

东阳傩戏代表性传承人——80岁的方洪富，在巍山镇东莘桥村莘北上了年纪的村民印象中，当年戏中年轻英俊的“小和尚”，曾令围观者里三层外三层争睹为快。

侯阳高腔，在浙江八路高腔中是比较原始古朴的品种，在婺剧四种高腔中算“老大哥”。东阳本土戏剧专家陈崇仁先生考证研究，侯阳高腔是义乌腔的遗音逸响，是研究南戏的“活化石”。

陈崇仁，这位传统戏曲艺术的守望者，他的“侯阳高腔梦”：抢救梦、革新梦、研究梦，再有他的中国梦——这位83岁老人的“侯阳四梦”，让老王感叹不已！

陈老先生说："我最终所做的中国梦，是希望侯阳高腔像历史上的昆山腔一样，能有《浣纱记》这样的剧本载体，冲出吴门，盛行全国，成为四方歌者皆宗吴门的梦想。为此，83岁的我仍将努力不息。"

东阳市非遗保护工作亮点频频、精彩不断。2017年9月，在文化部指导和支持下，中央美术学院驻浙江东阳传统工艺工作站揭牌。这个工作站，将建立政府、高校、企业、学者和传承人通力合作的保护模式，整合保护力量，推动传统营造在当代的复兴，推动"百工之乡"特色发扬光大。

东阳卢宅营造技艺代表性传承人吕雄心，是当地有名的"大木匠"，他很有雄心壮志，传统工艺工作站展示基地、实训基地等，通体构思，逐步落实。

这本《东阳非遗传承人口述史》书稿，我还来不及逐篇阅读，也做不到认真阅读了。有书读，对于老王来说是一件很幸福的事情，但也是一件比较困难的事情。我现在四肢瘫痪，不能够翻书，不能够在书上圈圈画画，不能够在书头篇尾直书感言，很是遗憾。对各位传承人，说声抱歉了。

传承人，是非遗保护的主体，也是关键。国家非遗保护专家委员会副主任委员、著名学者刘魁立先生说："传承人就是站在今天坚实的土地上，左手拉着历史，右手又伸向未来。"

非遗保护传承，靠口传身授、言传身教，日积月累，日久年深，滋润滋养，渗透浸透，不是靠一招一式、一朝一夕、一蹴而就能够学得了学得会的。非遗的传承人，一辈子一件事，一招鲜吃遍天，他们把非遗看成是一个有生命、有灵性的生命体来呵护来珍爱，而且用一生的生命来传承珍爱的非遗。

传承人口述史，很珍贵。我觉得：一是口述内容肯定是传承人一生最得意的、值得骄傲的、最引以为自豪的事情，或者是终生最为遗憾的走麦城的事；二是直观的表达，不是客体的描述，真实，原汁原味，感人，生动；三是有历史价值、文化价值、科学价值，就是有真相，有知识点，有成功的技能技巧，这个就是方法论；四是传承人身上那种坚定坚韧坚持坚强，不是一般人能做到的，很励志，满满的正能量。

这些传承人，都不愿意祖先传承下来的文化遗产在他们的手中断了线，都盼望着祖宗传承下来的文化遗产在他们手中活起来，传承人身上这种文化自觉意识值得钦佩。

很希望通过《东阳非遗传承人口述史》这本书，让工匠精神、艺人风尚在东阳形成一种共识，形成一种文化自觉；更期望东阳的工匠精神和艺人风尚，成为我们文化浙江建设的重要支撑，让全社会感受优秀传统文化的永恒魅力。

2018年6月1日

（作者王淼，获2017中国非遗保护年度人物，

CSR中国文化奖杰出贡献人物奖）

56个剧种一个都不能少

——《今日浙江》"传统戏剧"专题宣传开篇的话

锣鼓一响，脚底发痒。之前看戏是老百姓最大的享受，有戏的日子就是盛大的节日。简易的戏台上，无论是城里来的专业剧团，还是乡村的草台班子，千百年来演绎着不变的爱恨情仇与悲欢离合。那些帝王将相、关乎国运民生的历史剧，让人荡气回肠；那些降魔伏妖、为民除害的故事，让人难以释怀；那些才子佳人后花园、落难弟子考状元的故事，让人唏嘘不已。

传统戏剧的唱念做打中，蕴含着礼义廉耻、忠孝节义、仁义礼智信、真善美，百姓从中享受艺术的同时，感受着思想道德潜移默化的熏陶。

在经济大潮的冲击下，传统戏剧的生存状态面临挑战，戏剧市场萎缩，戏班子越来越少，演员青黄不接，观众大量流失。曾经繁花似锦的传统戏剧传承出现困难，不少剧种甚至命悬一线。传统戏剧拉响了警报，呼唤"119""120"。

省委主要领导对传统戏剧保护高度重视，强调要像保护大熊猫一样保护传统戏剧，56个地方戏剧一个都不能少。浙江省文化厅启动了浙江省濒危剧种守护行动，浙江省新生代企业家联谊会援手支持，新闻媒体推波助澜，社会各界有识之士怀揣着传承弘扬优秀传统文化的理想，合力推进地方戏剧的振兴。

2014"浙江好腔调"传统戏剧系列展演，敲响锣鼓，好戏连台，木偶情缘、皮影戏说、高腔遏云、乱弹正传、目连传奇、滩簧悠扬、山水依旧、浙风越韵、经典流芳等十个专场，你方唱罢我登场。

"浙江好腔调"婺剧现象、新昌调腔现象、永嘉乱弹现象三个专题研讨会，总结经验，探寻规律；"天下第一团"传承发展研讨会，聚焦问题，破解难题。

"浙江好腔调"全省56个地方戏剧系列微纪录片摄制与电视展播，放大宣传效应。

"浙江好腔调"56个地方戏剧集萃编撰出版，成为了解浙江戏剧和对外宣传的精品读本。

“浙江好腔调”浙江省传统戏剧之乡授牌暨展演晚会，大小剧种汇聚建德新叶古村，尽展古韵芳华，让村民大呼过瘾。

“浙江好腔调”传统戏剧新生代人才培养，千名弟子共传承，薪火相传，后继有人。

浙江传统戏剧复兴行动以及各项政策举措，密切跟进。饱经低迷之困的传统戏剧，月落重生灯再红，迎来繁花璀璨的又一春。

老树经风劲，新花沐雨繁。岁月流转，文化建设号角中，非遗保护热浪中，传统戏剧流光溢彩的岁月绝地归来，已然满目缤纷，满耳莺声。

全省56个剧种，1800多个国有剧团和民间剧团，组成的是种类繁多的“浙江好腔调”。这些好腔调，你听说过的有几种？观赏过的有几种？

愿朋友们放下身边的喧嚣，走进城市剧场，走进乡村戏台，亲近传统戏剧醇厚、淳朴、纯真的芳华。

（原载《今日浙江》2014年第19期）

走进“浙江好腔调”的幕后

——《浙江好腔调》后记

《浙江好腔调》一书，终于将发送印刷厂了。从创意构思这本书，到完成书稿组稿、加工、编辑等工作，两个半月，紧张有序，紧锣密鼓。想起此书的编撰过程，颇有感慨。

2014年8月初，省文化厅金兴盛厅长提出了编撰一本传统戏剧普及读本的要求，希望这本书集文献性、艺术性、可看性于一体，以知识性的散文化笔法，介绍56个传统戏剧项目。通过这本通俗读本，让更多的群众了解传统戏剧，感受传统戏剧，关心传统戏剧的保护发展。省文化厅非遗处具体统筹和承担这项工作。

编书，组稿工作很关键。请谁来写？56个传统戏剧项目，每个项目一篇文章，需要有一批作者撰稿。浙江摄影出版社文化旅游编辑中心林青松主任帮助邀请了多位年轻作家加盟，省文化厅非遗处邀请了数位新闻媒体文化线的记者参加，非遗队伍中的笔杆子当仁不让共同来承担。这些作者中，有对传统戏剧颇有研究的业余专家，有戏剧票友，更多的是关心非遗保护的志愿者。大家本着一种弘扬传统文化的情怀，热心参与这项工作。各位作者，通过省文化厅非遗处提供的影像文字数据资料，网络上检索查阅相关信息，紧急恶补，充实自己，丰富知识，并取其精华，生动演绎。

传统戏剧，堪称国粹，博大精深，是文化艺术的整合体。一篇文章，如何体现传统戏剧项目的地域文化背景？如何才能在有限的篇幅和容量内充分体现和反映该戏剧项目的特长、特征和特点？如何在传统戏剧的共性上彰显戏剧项目的个性？如何体现和反映戏剧项目与人民大众和社会生活的密切关系？如何才能达到浅显易懂、普及宣传的效果？非遗处召集作者们研讨座谈，特地邀请了钱法成、徐宏图、胡小孩、郑楚生、周冠均、顾天高、蒋中崎等非遗专家予以指导，专家们提出了很好的意见和建议。王戈刚、祝晓辉、胡栗丹等新闻媒体记者提出的文章切入视角，让我们很受启发。大家觉得既要从戏剧项目的历史沿革、项目特征、表现形式、传承状况等方面来介绍，更要注重从它的特点切入，从唱腔、剧目、绝技、名角、表演或重要事件等最具有代表性、典型性的方面去体现，要有一个切口，抓住几个关键环节，有重点地写深写透。

方向明确了，要求清楚了，作者们出手很快。8月20日布置的任务，9月20日召集作者开会会稿，稿子已收齐，时间过半，任务过半，起码有56篇基础稿子了。审阅稿子，总体上看，有近三分之一的稿子很成熟，作者在并不精通传统戏剧的情况下，悟性很高，进入角色很快，找准切入点，生花妙笔，令人欣喜。但多数的文稿还不理想，或掉进书袋子里，一门探究历史；或比较概念，不够生动；或太庞杂，没有特色；或者是角度不对，扯得太远。毕竟熟悉一门艺术有个过程，毕竟作者缺少现场观摩采风和直接感受，真有点难为作者了。大家讨论得比较激烈，主要焦点在于如何使文字内容更加体现传统戏剧的精髓，表现手法上如何更加生动活泼。有些文章，编辑组要求推倒重写，这也就意味着作者之前付出的辛劳付诸东流。但使命感在鼓舞着每一位作者，于是毅然决定将前期文稿搁置一边，重建思路，重起炉灶，再反复推敲后，形成比较理想的文章。

省文化厅非遗处王淼和李虹、祝汉明、马其林等，利用国庆长假机会，集中办公三天，日夜加班，对56篇文章，逐篇过一遍，重点对部分文稿进行必要的查漏补缺和修改加工，并对各篇文章的题目，进行提炼和点题点化，力求切合戏剧项目特点和表述内容，力求生动鲜明。国庆长假过后，即报请本书主编金兴盛厅长审核，金厅长再次提出了重要指导意见，编辑班子依照要求，认真做了修正。

一本面向公众的读物，一本反映绚丽多姿的戏剧项目的书籍，插图构思和设计是十分重要的，尤其在今天的读图时代。非遗摄影专家季海波统筹书稿照片征集，各地非遗部门热情呼应，56篇文章，每一篇配上三到五幅不同视角的戏剧照片，使读者通过浏览就能大致了解该戏剧项目，通过形象直观的图片加深对传统戏剧的了解和理解。

有领导的关心，有专家的指导，有各相关方面的大力支持，通过两个多月的奋战，一本图文并茂、构思新颖的《浙江好腔调》要出版了。虽然这本书文字数只有十来万字，但它凝聚了大家的辛勤汗水，是彼此间真诚合作的结晶。

省文化厅金兴盛厅长专门撰写了序文，介绍了编撰这本书的意义，和传统戏剧对于今天人们生活的意义。我们为什么这么匆忙赶出这么一本书？为了抓住机遇，认真贯彻落实省委领导的重要指示；为了配合浙江省传统戏剧振兴计划的出台，加强传统戏剧知识的普及传播；更因为不少传统戏剧项目已经日渐远离我们的生活，抢救保护迫在眉睫！

我们深知，传统戏剧知识的宣传普及工作，特别是传统戏剧的振兴，任重而道远。我们将认真贯彻夏宝龙书记“确保全省56个传统戏剧项目一个都不能少”的重要指示精神，解放思想，实事求是，与时俱进，求真务实，着力推进传统戏剧的传承发展，着力推进优秀传统文化的传承弘扬。

谨向对本书编撰倾囊相授给予辛勤指导的各位专家，对贡献才智付出辛勤劳动的各位作者，对严谨把关本书质量而辛勤努力的出版社编辑，致以谢忱！

2014年10月11日

畅想非遗　唱响非遗

——《浙江省非物质文化遗产主题歌词选编》序言

浙江的非遗保护事业很蓬勃，非遗工作形成体系。一个系统或者说一个行业，应当有自己的主题歌曲。非遗成为社会的热门词，是正在被唱响的一首歌。非遗事业面临二次创业和二次跨越，也需要进一步凝聚力量，凝聚社会共识。

为此，我们举办浙江省非遗主题歌曲征集活动。

2012年9月，省文化厅下发了《关于浙江省非物质文化遗产主题歌曲征集词作的通知》，截至年底截稿，来稿很踊跃。短短3个多月，收到250多篇词作。不仅省内作者积极响应，全国各地的词作家也纷纷来稿；不仅基层文化干部应征来稿，而且音乐界名家也来捧场。感觉有些意外，但也在情理之中。因为非遗就是发生在老百姓身边的生活，是引发人们美好记忆和美好情愫的事物。甚至可以说，对于非遗的传承弘扬，每一个人都有着由衷的、深切的情怀。这种感情，从内心深处流泻出来、抒发出来，就是歌词。

应征词作，不但量大，而且大多数的作品主题鲜明、诠释非遗精神，有文化内涵，意境唯美。用一句官样的话，具有鲜明的时代感和较强的艺术感染力。其中许多的词作，词从心出，真心实感，又别致出新，令人寻味。

我们好中选好，选出了80多首歌词，编成一个集子，重点推荐谱曲，提请各方的作曲家和音乐爱好者谱曲。

歌词，为歌曲奠定了艺术基础。词与曲是一个不可分割的整体，歌词只有谱上曲和传唱开来，才能引起人民大众的共鸣和喜爱，才能真正产生广泛的社会效应。

我们希望从中选出一首词曲兼优的作品，作为浙江非遗主题歌曲。这首歌，开会可以唱，活动可以唱。当我们唱起这首歌，提振信心，提升精神气，振奋精神，奋发进取。

我们希望从中产生反映非遗保护工作者、志愿者形象和精神风貌的歌，如这次词作选编中的《守护者的荣光》《非遗工作者之歌》。在非遗保护的历程中，全省涌现出了许多可感可叹的先进人物，涌现出了许多可圈可点的先进事迹，非遗人的自觉担当和守护家园的情怀，值得礼赞。

我们希望从中产生反映非遗项目保护传承的作品，扩大非遗项目的知名度和社会影响力。比如已经广为传唱的《京剧脸谱》、周杰伦演唱的《青花瓷》、刘力扬演唱的《提线木偶》，还有我省的《采茶舞曲》。非遗项目种类繁多，丰富多彩，形式多样，斑斓多姿，而且每一个项目都很特别都很美，都可以精彩演绎，脍炙人口。

我们希望从中产生反映非遗传承人风采的作品，譬如这次词作征稿中的作品《高高擎起自己——舞龙传人之歌》《甜蜜春秋——致街头糖画艺人》，还有电视剧《大工匠》的主题曲。俗话说：三百六十行，行行出状元。或者笼而统之，或者各行各业，都可以有或者应当有表达传承人心声的歌，或者歌唱传承人历经艰辛历经沧桑，传承历史文脉的歌。

我们希望从中产生歌咏一个地方文化形象的歌。比如《太阳岛上》《阿里山的姑娘》《大阪城的姑娘》，唱红了唱火了一个地方。一首好歌，把生活的真实升华为艺术的真实，把现实的印象升华为艺术的形象。这些歌曲，成为一个地方最有感染力和影响力的广告歌曲。

我们希望从中产生反映非遗保护事业繁荣景象的歌，如当年孙家正部长亲自作词的《寻找与守望》、童安格演唱的《把根留住》，还有《守护精神家园》《花团锦族》等。美丽的非遗人，美丽的非遗事业，美丽的乡村和美丽的地方，一定会让我们的词作家、曲作家迸发火热的情怀，迸发诗意的情怀，催生一首首美丽的歌，催生一曲曲经典的歌。

这里要感谢景宁畲族自治县文化广电新闻出版局的特别支持。景宁县已经连续多年举办中国畲族民歌节，并积极开展“畲家飘歌”畲歌推广活动，让畲乡的村寨处处飘荡欢歌笑语，处处流淌和谐奋进的乐章。也要特别感谢省音乐家协会的大力支持，感谢《花港词刊》主编钱建隆老师的倾心付出和精心编辑。《花港词刊》专门为非遗主题歌曲编辑增刊，通过这一词界的品牌媒介，广为宣传和征集优秀的非遗歌曲。当然，更要感谢各位词作者和各位音乐家的似火热情，赋予非遗歌曲以活力四射的生命。

让我们为激情的歌词插上优美的翅膀，让优美的歌声插上灵动翅膀。

让我们畅想非遗，让我们唱响非遗。

2013年3月10日

十年回望　姹紫嫣红

——《浙江非遗这十年》后记

关于非遗十年，各省的时间节点不一致，一般从2003年算起。

2003年，联合国教科文组织第32届大会召开，并通过《保护非物质文化一次公约》，我国成为缔约国之一。当年10月24日，文化部公布中国民族民间文化保护工程第一批试点，浙江省和云南省列为综合试点省，标志着我国非遗保护进入一个新的历史阶段。同年8月，浙江省民族民间艺术保护工程工作会议在诸暨召开，全面部署和推进民族民间艺术资源普查和保护工作。为此，我省在2013年召开了以“光荣与梦想”为主题的浙江非遗十年座谈会。

2005年，在非遗保护历程上，同样具有里程碑意义。

是年3月，国务院办公厅下发《关于加强我国非物质文化遗产保护的意见》；12月，国务院下发《关于加强文化遗产保护的通知》。也是这一年，时任浙江省省委书记的习近平连续六次就非遗保护工作作出重要批示。至今已然十年。

在这非遗保护重要时间节点的十周年之际，浙江省文化厅将2005年至2014年的每年非遗保护十件大事合编，书名定为《浙江非遗这十年》。这十年，指的是这一特定时间段的十年。

每年十件大事，前面几年，每件大事两个版面，后来几年，每件大事版面不一，有的一件事五六个版面。加上原先每年的画册，责编不一，编排风格不一，质量不一。本来，也可以把十年画册重新排版，版面统一，这样整齐好看点；但为保留原味，更多同志建议按原版式复制为好。我们采纳了这一建议。

每年十件大事，有的按时间节点排序，有的按事情的重要性、影响力排序，各有道理。我们觉得，还是根据当初公布的顺序不变为妥。

每年十件大事，事情大小不一。2005年的十件大事中，有一件是宁波市民间艺术研究中心正式挂牌成立，从今天来看，与其他几件大事相比，分量不足。但这是我省民间艺术保护工作开展以来，首家正式挂牌成立的官方民间艺术研究保护机构。虽然它只是文化部门自己的挂牌，没有经过编制部门核批，但它是当时民间艺术资源和非遗保护常设机构的一种倡导和特别重视。从今天全省省、市、县三级非遗保护工作机构全覆盖，更能认识和显示它的初始意义。

把每年的非遗十件大事以画册的形式汇编，事情不复杂，但简单不等于容易做。2005年至2014年，这头尾两年的十件大事画册都没做，特别是2005年，时隔已久，档案不齐，人员走马灯一样，要点滴收集资料，要定好十件大事，要分门别类对号入座，部分照片要逐幅核实，要设计版样等，都需要人员和精力的保证。2014年，近在眼前，相对容易点，但工作过程和工作量也是不少的。

所幸，吴露生、陈南屏、朱晓明、林敏、王其全、祝汉明、许林田、严慧荣等老师，当年投身和参与非遗保护实践，也留下了不少珍贵的图片史料，为保证2005年十件大事图册的完整性起到了特殊作用。

所幸，李虹、季海波非常勤劳、尽心尽力、认真细致，在做好文化厅非遗处安排的其他要紧工作的同时，加班加点，承担了《浙江非遗这十年》画册编撰的大量具体工作，使画册顺利付印，及时亮相。

《浙江非遗这十年》画册，汇集了全省非遗保护的美丽景象。许多非遗工作者和摄影家，关切非遗保护，聚焦非遗保护，留下了诸多精彩瞬间。这里对各位无私贡献照片的朋友，表达我们诚挚的感谢！

《浙江非遗这十年》画册，是对浙江非遗这十年的历史佐证，更是对浙江非遗保护领导者、工作者、传承者、专家学者、志愿者、传播者等方方面面有文化情怀人士的热切赞歌。回望每年的非遗十件大事，心头久久不能平静。

浙江把握住了经济社会转型的重要战略机遇期，打造了为全国瞩目的非遗保护黄金十年。十年接力，薪火相传。浙江这十年所经历和所收获的，已汇成了一段非同寻常的历史跨越。

时间为我们呈现结果，却往往省略了过程。我们还原了这个过程。这本画册，既有每年十件大事、十年百件大事的成果呈现，更有生动、形象、直观的图景展现，是这十年浙江非遗保护风生水起、波澜壮阔的长卷写生。

回望是为了未来。从2005年至2014年的浙江非遗往事，对于未来的浙江，究竟意味着什么？

我们把成就留给昨天，把梦想捎给明天。

2015年5月26日

增长本领赢得未来的重要法宝

——《浙江非遗图书读书征文选编》前言

非遗是古老话题，全新工作。我总是说，非遗工作没有经验可借鉴，没有模式可参照，没有样板可遵循，对于从事这一工作的同志来说，“老革命”碰到了新问题，新同志更是遇到新领域。

毛主席说，我们队伍里边有一种恐慌，不是经济恐慌，也不是政治恐慌，而是本领恐慌。当年毛主席说这番话是在1939年，但这句话于今天也并不过时。习近平总书记指出，今日世界，一日千里，不学无从适应，不思无以应对。人的本领不是与生俱来的，它是人们在现实生活中不断从书本和社会实践中积累取得的，人获取知识和得到本领的最直接和有效的方法就是读书。在今天，如果不加强学习，不提高学习能力，不仅是能不能顺应时代发展的问题，还是能不能应对工作，甚至是能否安身立命的问题。

作为推进学习型组织建设的一项具体举措，2011年1月，浙江省文化厅下发了《关于开展非物质文化遗产干部读书活动的通知》。为引导阅读方向，邀请国家非遗保护专家委员会及省非遗保护专家委员会的各位专家推荐非遗类图书。许多专家很认真，很谦慎，或自荐或推荐他人著作，并写了推荐语。经遴选，我厅下发了《浙江省非遗干部业务阅读推荐书单》。当然，推荐书单之外，其他非遗书籍也可列入读书书目。各市、县普遍组织非遗类图书读书征文，并选送优秀征文参加省里评选。

在全省非遗干部中，变“要我学”为“我要学”，想学习、会学习、爱学习，正在成为一种风尚。学习，成为非遗人工作和生活中不可或缺的一部分，成为一种习惯。

各位非遗干部本着“干什么学什么、缺什么补什么”的精神，有针对性地学习。人的精力是有限的，我们不可能把所有的书读完。要着眼于提高理论素养来读书，着眼于做好本职工作来读书，着眼于优化知识结构来读书，着眼于提升精神境界来读书，力争在有限的时间内取得最佳的读书效果，使读书收到事半功倍的效果。

大家注重带着问题读书，联系实际思考。思考是学习的灵魂，是理论联系实际的桥梁，是知识变成力量的途径。学而不思则罔。读书学习的过程，是一个不断思考认识的过程，通过对问题的思考，深化对知识的理解，通过学习促进工作，真正在思考中读出真知，领悟真谛，提高认识问题和解决问题的能力。

同志们坚持学以致用，把所学的知识和修养，转化为坚定的理想信念，转化为正确的人生态度，转化为良好的精神状态，转化为推进工作的创造能力，转化为实实在在的非遗保护与发展成果。

在这次全省性的非遗干部读非遗图书活动中，各地积极响应，积极主动，结合自身的工作特点和工作实际，结合自身的业务特点和业务能力，认真读书，撰写读后感。有学习《中华人民共和国非物质文化遗产法》的体会文章，有对于《非物质文化遗产概论》《非物质文化遗产精要》《中国文化概论》等基础性学科理论的学习体会，有对于《把根留住》《遗产·实践与经验》等非遗保护实践探索研究文集的学习体会，有对于《浙江民间故事史》《中国民舞》《浙江戏曲史话》《中国曲艺概论》《中国传统工艺美术的保护与发展》等专业性图书的读后感，有对《中国民俗学通史》《我们的节日》《流淌的母亲河》等民俗学著作的学习文章。我厅收到各地择优推荐的非遗图书读书征文157篇，经组织专家评审组认真评选，评出一等奖10篇、二等奖25篇、三等奖40篇，以及优秀组织奖9个。我们遴选了部分优秀征文汇编成册。

阅读一本好书，好比与智者交流交谈，可以打开一个崭新的世界，可以开阔我们的视野。阅读一篇好的读书体会，好比一个有识之士把书里的闪烁着思想光芒和知识智慧的珍珠穿镶起来献给你，或是把海滩最美的贝壳捡拾起来送给你。读书要得法，才会有更多的收获；有高人指路或有人点拨，人生才有捷径。本书记录了大家读书的心得感悟，字里行间洋溢着对非遗深切的感情，散发着浓郁的爱岗敬业气息，跳动着灵动的思想火花，分享着读书的心得和快乐。

事业以人为本。只有把我们的干部队伍建设好，把这个基础打稳、打好、打扎实，我们的非遗保护事业才能焕发蓬勃生机、才能健康持续发展。人的生命有限，精力更为有限，我们无法改变其长度，唯有通过读书使其更为厚重。通过读书，增长知识，提升能力，推动工作。通过读书，不断激发和增强正能量，产生倍加效应，让科学精神和智慧才干十倍百倍地放大。

我觉得，人与人最大的区别在于是否利用好晚上的时间。如果每天自学2小时，一周14小时，一年730小时，一个人有差不多100个正常工作日可以用来学习了，3～5年也基本可以成为一个领域的“专家”了。吾生有涯而知识无涯。如果坚持终身学习，就能成为最好的自己，就能有本事和底气干成一番事业，做更多有意义的事。

好好读书，读好书，读书好。今天你读了吗？

2012年12月20日

第五编

荐好书

入乡问俗
入乡随俗

一座城市真正的品牌

——《临海非物质文化遗产名录图文集》序

临海是我的家乡，我的童年、少年和青年的大部分是在这里度过的。两千多年的建城历史和雄伟壮观的山河形胜造就出的临海台州古城，处处分布着引人入胜的景点，散发出历史文化的芬芳。青山绿水环绕的古城，富含文化气息的古城墙、古街、古刹、古塔，风情浓郁的元宵灯会、八月十六过中秋等等，古城的隽永深远，给了我们充足的养分，给我们的是挥之不去的希望和力量。

20世纪80年代初期，我在临海从事群众文化工作，对这块土地从只知其表而不知其里的粗浅情感，渐渐转变为经意文化寻踪，对这古城的文化底蕴因此有了更多更深的了解。台州府城墙始建于晋，素有“江南长城”美称；桃渚古城在明朝抗击倭寇期间经戚继光再次修筑，成为我国东南沿海保存最完好的军事卫所。临海儒、佛、道文化源远流长，孔庙、唐代龙兴寺，还有明清古街、宋明古刹、隋代古塔、道教南宗创始人张伯端故里等，曾经炫耀，令人神往。临海非物质文化遗产形式多样，大田板龙、黄沙狮子、上盘花鼓、大石车灯、台州乱弹、临海词调、临海道情等艺术奇葩，无不各具风采，韵味十足。古城的文脉千余年绵延不绝，古城的风流千余年盛行不衰。我们的故乡是大美的，值得我们自豪，值得珍惜。

进入新时期，兴起了非物质文化遗产保护热潮。临海本着对历史负责的态度，重视发掘城市的文化底蕴，守护精神财富，强化地域特色，扩展资源优势，发展先进文化，做出了许多卓有成效的努力。2005年12月，省文化厅在临海召开浙江省民族民间艺术资源普查验收工作现场讲评会，肯定了临海的做法和经验。在2006年我国首个“文化遗产日”前夕，国务院公布了第一批国家级非物质文化遗产名录，临海黄沙狮子榜上有名。今年的“文化遗产日”，浙江省政府公布了第二批省级非物质文化遗产名录，临海民间舞蹈黄沙狮子、大田板龙、上盘花鼓，传统戏剧大石车灯戏，民间美术临海泥塑、临海剪纸，传统手工技艺枧桥鼓制作技艺等7个项目上榜，为全省90个县(市、区)中入围最多的县份之一。还有，2006年10月临海崇和广场入选“全国优秀文化广场”。临海传薪续火，弘扬光大之，不断赢得荣誉，可喜可贺。

临海在深入非物质文化遗产普查的基础上，在众多的非物质文化遗产中，市政府公布了第一批非物质文化遗产名录，33个具有浓郁地方特色的项目被列为政府重点保护的对象，市文化广电新闻出版局适时编辑了《临海市非物质文化遗产名录》(卷一)画册，概要反映这些文化遗产的基本面貌与表现形态。这本画册是一扇窗户，它以精练的文字、精彩的图片，呈现了临海民间文化的绚丽多姿；它又是一面镜子，见证了临海抢救保护工作的脚步和积极的贡献；它是一本内容丰富的活的教科书，留住传统记忆，彰显历史精神；它是一座跨越时空的桥梁，促进古今文化的对话，激发文化创造，以文化声望扩大知名度，为古城注入新的活力。

非物质文化遗产，是人类文化活动的载体和承载方式，也是城市特色和灵魂的体现。时迁俗易，物有代谢，固有其然，然追根溯源，返璞归真，不仅为人之常情，发掘保护非物质文化遗产，传承文脉，乃丰富文化名市内涵的一大举措，更是任重道远的文化伟业。现代城市和新农村不应该只用技术理性、砖头瓦块来堆砌，更应该表现出有质感、有形体、有生命痕迹的精神印记，给予我们自豪感、乡土感和历史认同感，这是一座城市真正的品牌，形成一股强大的竞争力。在这方面，还有更多的工作需要我们去做，这是我们的职责，也是我们的光荣。而这一工作随着现代化城市化的推进，将愈显紧迫，愈显其价值和极端重要！当我们用自已的智慧与能力，将各种文化的魅力尽情展示的时候，这种种优势就既成为我们自身的财富，也是对构建和谐社会和促进人类文化多样化的重要贡献。

我为我的家乡、为我家乡人文的鼎盛并生生不息，深感荣誉和自傲！

2007年6月9日

嵊泗列岛是一种永远的风情

——《列岛遗风——嵊泗县非物质文化遗产大观》序

初识嵊泗，留下难忘印象。

去年仲夏，我们省非遗办的全体同志经上海从洋山深水港客轮渡口上船，一路乘风破浪，踏上了嵊泗的土地，才算是初识这座宝岛的动容风采，认识海乡人民的丰富创造。

海洋是人类的摇篮，嵊泗人爱海，世世代代辛勤劳作于波谷浪峰，耕海牧渔。海是他们永远的追求，是对他们生命的最好诠释。勤劳智慧的嵊泗人民在悠长的岁月中，在人与大自然的交融中，逐渐形成了独具特色的海岛民间文化，世代传承，使民族传统文化的底蕴得以延伸延续。这块土地从来没有因为远离大陆而变得封闭贫瘠。

在泗礁本岛游览，好看的景点让人满眼新奇，好听的故事使人陶醉其中。举个例子吧，泗礁本岛旁，有一座小岛，叫“老鼠山”，这山外形酷似一只老鼠，导游问我们像不像，我们异口同声：“像，像极了。”这老鼠山有一段奇妙的故事，叫“马郎娶龙女”，这本《列岛遗风——嵊泗县非物质文化遗产大观》（以下简称《大观》）上已有记载，我这里不复述了。故事里的主角、配角，一一可以找到印证，都有出典：与故事有关的龙女的“花轿”成了现在的“花轿礁”，鸣金开道的“大鱼”成了“大鱼岙”，保驾护轿的“黄龙太子”成了现在的“黄龙山”，从中作祟的“大黑猫”成了现在的“猫山”，可怜的“马郎”化作了“马郎礁”。这一故事奇趣妙生，这山这岙这礁造型奇特，栩栩如生，既反映了嵊泗海岛海礁的观赏性，也体现了海乡人民群众的奇思妙想和“忽悠”的本领。嵊泗岛处处有景，处处有故事，四处闲逛，处处别有一番意境。这本《大观》收集了40个民间故事，有地名传说、海洋生物传说、佛道神怪传说等等，故事很吸引人，也让人增长了许多与海相关的知识。

夜幕降临，站在临海的屋顶阳台，环视山海，月光如水，海面飘渺，潮声如歌；背后，山岗绵延叠翠，迷迷离离；空气清新绝尘，让人心旷神怡。

临海凭风，我们或举酒狂饮，或把盏品茶。非正式的联欢会也拉开了序幕，嵊泗的同行展开歌喉，悠亮的渔歌号子压过拍岸波涛。嵊泗的渔歌，是烟波茫茫的大海上海岛人民充满浪漫和性格的艺术语言。渔歌直接从渔民的劳动中诞生，从渔民的心底里喊出，淳朴直率，粗犷豪放。当年，渔民们将硕大的装满活蹦乱跳的鲜鱼活虾的渔网从海底拉上来时，大家心情舒畅，为了缓解吃重，其中有一个喊道“吭呦、吭呦”，其他的人马上响应，随着节奏“吭呦”起来。不断的劳动实践，渔歌也渐渐丰富起来，不但能统一劳动节奏，而且还能调剂精神，振奋劳动热情，更抒发着渔民兄弟对大海的热爱与深情。也许嵊泗同行唱的渔民号子、渔歌，已经有了再创作的成分，但依旧是带着原始劳动气息的咏叹，承载着渔民兄弟丰富的生活情调情感，有如从海洋深处蓬勃而出，拥有着海洋般的辽阔和深邃。那夜，清凉的海风，因为歌声而变得温暖、雄浑、悠远。

第二天，嵊泗同行带我们参观渔民画村。这个渔村的渔民画家们，不仅在纸上画画，而且将海味十足的图景展现在一幢幢房子的整个墙面上。这些画作想象丰富、构思奇巧，色彩大胆艳丽、质朴奔放，渔民们的劳动、生活习俗和礼仪，在这些夸张而又带些神秘的艺术表达中，裹挟着一股海之风潮，以强烈的视觉冲击力激荡心灵。渔民画向来夸张，嵊泗的渔民画更是夸张，居然是幅幅“顶天立地”，与天高海阔相融无间了。

参观嵊泗县青少年活动中心的海洋生物展示基地，又是一番令人惊叹的景象。首先进入眼帘的是鲸的下颌骨，长有四五米，极为罕见。据讲解员介绍，这条鲸生前体长应该在25米以上，体重超过30吨。面对呈现在面前的鲸的骨架，我们想象着它遨游在大海中也许壮硕也许美丽的身姿，想象着它曾经作为海洋主人的跋扈气势，让人不禁感叹造化的神奇，也让人遥想和赞叹当年渔业资源的丰厚。

再领略到整面墙上的形形色色形态各异的渔用绳索结，又是傻眼了。渔乡人的生活方式，亦不外乎“男耕女织”，只不过他们耕的是海，织的是网，渔乡的女人们会织网，手中的织梭和网线密密实实地编织着希望的大网。但你没想到织网有这般讲究，什么蟹钳结、朵子结、油瓶结、酒坛结等等，一百多种编织方法，可谓殚精竭虑，其数量之多，品种之丰富，形状之独特，不由让人叹为观止，不由为渔乡女人的智慧和创造所折服。

走进坐落在镇上老街的一处四合院，与渔与鱼有关的许多故事，一幕幕生动地展现在面前。这座古宅，据说原为当年渔霸所有，今天成了海洋渔业的展示馆。这个馆设有渔史室、船模室、网具室、鱼类标本室及渔俗风情室，透着浓浓的原汁原味的渔乡文化，体现了东海区域海洋渔业发展史的脉络。

海岛的民俗很有意思，也很有寓意。譬如这本《大观》在人生礼俗上记录了有关新生儿的风俗。由于特殊的环境、特殊的生存条件，海岛渔民家对新生儿，特别是对男孩的将来，寄予很大的希望。故而对新生儿的一切都非常看重，礼仪很繁，规矩很多，目的只有一个：希望孩子健康成长、茁壮成长。譬如：渔家为婴儿“开荤”，一般都用鱼。吃了鱼，象征着将来孩子走父辈下海捕鱼、养家糊口的老路，将来孩子年年有余(鱼)。又如“割脚绷”习俗，就是在孩子周岁时，父母用一条草绳将孩子的两只脚缠住，然后用刀将绳子割断，希望孩子能够经受得住人生磨难，让孩子能顺利开路。毕竟人生不是一帆风顺的，不经历风雨，又怎能见彩虹？

嵊泗渔民的一生，与大海的声息具有相同的韵律：“驶到洋地满网掏，带鱼会掏莫佬佬，拉起风篷扬起帆，满载金银回洋来。”这本《大观》里记录的歌谣《开洋鼓》，让读者实实在在地体会到渔民有滋有味的生活状态，体会到渔民兄弟对美妙捕捞生活的遐想。嵊泗渔民的生活，在起而又落的潮汐中演绎着延续着，其中许多或质朴或淳厚的人情世故凝聚成具体的符号或痕迹，用真实的情感生活，诉说着对大海的感情。所谓的民风，正是一地之民俗最集中的体现。

渔村在夕阳中守望着传统渔业的结尾，也在守望未来新的希望。在这里我们还可以看到，从木帆船到机帆船的发展史，看到嵊泗渔民的闯海史以及嵊泗渔业走向世界的历程。而这一切慢慢沉淀下来，便是历史。

时代在进步，生产在发展，渔民的生活也得到了大改善。但长时间的过度捕捞，也直接导致了渔业资源的衰退，及至枯竭。

曾几何时，每逢渔汛到来，金黄色的海水翻滚着，海洋上到处浮光耀金，把耳朵贴在船舷上，便可听到大黄鱼的咕咕鸣叫。这些现在听来如同梦幻，但在当年却是不争的事实。而如今，那数不清的大黄鱼，多得让人们像白菜萝卜一样食用的野生大黄鱼，再也不与你相见了，已在这片海域消失得无影无踪了。嵊泗同行言及当年耀眼的欢喜，不禁充溢着惆怅。

宽广浩瀚的海洋啊，显贵的大黄鱼，予以了我们巨大思考空间的暗示和警示。事实上，在广阔的海域，需要痛切呼唤的生物种群又何止是大黄鱼，又何止是生物种群。随着岁月的流逝，随着生产生活方式的变迁，渔民的歌谣、渔家的风俗也像远逝的大黄鱼一样，逐渐淡出了我们的生活。

人类作为一个最具灵性的物种，自然应有足够的聪明，对海洋生物，要休渔生息，要休生养息。近年来，嵊泗县坚持科学发展观的理念，坚持走科技兴渔之路，进一步提升海水养殖业的比重，调整渔业产业结构，着力提高休闲渔业的档次，在发展海洋经济等方面大有成效。

对海岛渔乡的非物质文化遗产资源，同样要休生养息，要抢救保护。为了传承渔乡文化，在嵊泗县委、县政府的重视下，嵊泗文化部门充分重视海洋载体的历史、民俗的挖掘整理和提炼，做了大量的卓有成效的工作，取得了明显的成效。这种针对即将消失记忆的文化自觉行动，引起了社会各界的关注，得到了领导、专家以及社会民众的大力支持。

嵊泗文化部门把劳动人民在漫长历史岁月中，源于海洋而生存而鲜活的原生态文化和原真性生活，把嵊泗渔乡曾经发生的和正在发生的一切，用“大观”的形式、文图的方式记录下来。这本《大观》，集全县非物质文化遗产普查成果之精华，集嵊泗父老乡亲的智慧和创造，组成了嵊泗渔民鲜活的历史；这本《大观》，表达了关于海洋海岛渔村渔民的所有话题，诉说人与海、人与岛、人与渔、人与人之间的和谐；这本《大观》，使读者在整体上领略嵊泗非物质文化遗产的概貌，了解嵊泗深厚而坚实的文化根基，感受嵊泗渔乡的别样魅力；这本《大观》，书香墨气中，透着大海的气息，透着浓浓海腥味，透着渔村的呼唤，抒发着对大海的热爱与深情。

当然，海洋海岛海乡的美丽是需要亲身体会的。嵊泗岛与陆地遥相远望，数不清的岛屿礁滩，浩瀚深邃的海洋奇景，特定的地理人文环境，淳朴神奇的渔家风情，构成了海乡人民的独特审美，这是穿越千年时空传承的文化积淀，只有在海边，在海风的环抱里，在渔民的生活环境中，才能真挚感受到绵延的海乡之美，才能真切品读嵊泗的历史文化，品味着海乡的民俗风情，才能真正倾听渔乡的欢歌，聆听渔乡的故事。

夜深了，我还是久久不能入睡，脑海里浮现出令人感到新奇、壮观、宁静的宝岛，感觉到一种骨子里的亲近。嵊泗的同行嘱咐我为《列岛遗风——嵊泗非物质文化遗产大观》作个序，我欣然应允，把去年仲夏考察嵊泗的所见所闻所感所想记叙下来，权充序言。在此，也期待嵊泗这枚东海明珠，将海洋文化的主题品牌擦拭得更加明亮，愿嵊泗非物质文化遗产保护高潮迭起，愿千百年来生于斯长于斯的嵊泗人民更加幸福！

2009年4月6日

让民间文化唤醒历史的记忆

——《武川记忆》序

武义可谓山川秀美，物华天宝，有“温泉之城、萤石之乡”的美誉；武义可谓历史悠久，人文荟萃，郭洞古生态村和俞源太极星象村入选全国首批历史文化名村；武义可谓人杰地灵，人才辈出，不少杰出的人都到过此地，唐朝诗人孟浩然曾夜泊武阳川，留下优美诗篇，南宋理学家吕祖谦在武义明招寺设堂讲学，新文化运动先驱潘漠华、当代经济学家千家驹都出生在这块富有诗意的土地上。

老天爷对武义不薄，老祖宗给武义子孙留下的遗产不菲。即便我为外乡人，即便我孤陋寡闻，也可对武义如数家珍，数出个一二三。

武义县文化馆馆长王群和文化馆书记唐桓臻合著《武川记忆》一书，请我审阅书稿，我翻阅这本武义民间文化集萃，充满着兴趣，欣然为之作序。

我惊诧，似乎武义的每一座山峰，每一条河流，每一个山村，都有一个优美、奇妙的故事。流传在武义境内的远古神话，就有“盘古开天”“女娲补天”“女娲造人”等，这几个神话当然是妇孺皆知的，但有趣的是，这几个神话居然都与武义相关联，都能在武义找到落脚点。武义有“刘秀逃难”“刘秀御封九龙府”“刘秀与老鼠梯”等不少有关这位草头王的历史传说。这位东汉的开国皇帝，以平民起家，依靠个人的能力，一统天下，开创了东汉近二百年的刘氏基业。品味一下他的执政历史、陈年轶事，还是有些趣味的。据称，武义温泉是大唐道士叶法善养生得道，成为四朝御医的圣泉，他在此处结庐炼丹，悬壶济民，广施仁术，在武义有“叶法善出世”“叶法善募建冲真观”“叶法善入朝”等许多有关这位道观高人的传说。元末明初的刘伯温，这位一代帝师、这位神仙一般的人物，在武义留下了“刘伯温与黄金路碑”“刘国师送礼”等数则传说。当年，刘伯温按天体星象原理规划了俞源村的布局，至今充满了神秘感。还有“汤恩伯救荒”“省长为汤恩伯父亲吊孝”等故事，这位毁誉参半的国民党著名将领，家乡人自然也是引以自豪的。本书还收集了关于“延福寺”“神仙坝”“读书洞”“熟溪桥”等许多地方风景名胜的传说，有的反映地名的来历，有的反映历史典故。这些传说故事，自然是研究武义的重要史料和佐证。

这本《武川记忆》，收集了许多的歌谣、民谚，“种山歌”“采茶歌”“梳头歌”“磨豆腐”等，这些原生态的歌谣，极其珍贵，体现了武义人民乐观向上的生活态度。书中有较大的篇幅介绍武义传统的文体技艺和手工技艺，反映出武义人民生产活动、生活经验等智慧和创造。书中整理了许多的农家菜谱、民间小吃、民间糕点制作等，反映出武义人民很会生活，就地取材，“野菜”变成了美味佳肴。本书反映出武义的乡风习俗很浓郁，独具地域特色，农事习俗、山林习俗、盖屋习俗、婚礼习俗、端午习俗、七夕习俗等，构成一个地方文化中最有生命活力的部分，我们有必要去了解它、认识它。

尽管书中的民间文化事项，看上去似乎很琐碎、很家常、很通俗，但实际上其中隐含的文化意味却很生动、很深刻、很重要。一个地方的真正的文化精神，正是溶解在大多数人这种最普通不过的日常生活之中。

每一个地方，都包含着丰富绵长的历史人文，都留存着普通百姓的共同记忆，有生活的情趣、家乡的情怀、生命的依恋、故事的延续；许多时日逝去了，许多故事失传了，许多地方消失在历史的烟尘中。作为文化工作者，有责任承担起记录历史、传承文明的使命，寻找我们的往昔，承续民族的心灵记忆。王群和唐桓臻两位同仁，不辞辛苦，不计烦琐，广泛采集和整理民间文化种种，让它流传后世，做的是一件极为有意义的事情。

民间文化像生生不息的一泓清泉，经过无数岁月的淘洗，流传到今天。民间文化既是历史的、传统的、逝去的，又是现代的、当下的、新潮的。

《武川记忆》的出版，让武义的魅力得以彰显和传播。

2009年7月2日

溯到源　找到根　寻到魂

——《遗风新韵——平湖市非物质文化遗产大观》序言

大概在2006年，受平湖市文化局邀请，我主持平湖市文化发展规划（草案）论证会，并主持这一规划（草案）的修改工作。为此，对平湖的文化事业情况做了较为充分的调研。

说起平湖，平湖人很自豪，我多次听到一句老古话，叫作"金平湖，银嘉善，铜嘉兴，铁海盐"。当然，古话里的嘉兴在清末民初大概也是个县，不同于今天的管辖平湖等县（市）的"府城"。金银铜铁，均系金属类，但价值不等，而冠于地名，喻指几个县份在富裕程度上存在的差异，"金平湖"自然是相对富庶些。后来了解到还有一首描述平湖的诗，其中有两句为"春风得意湖山美，花团锦簇尽黄金"。据说这首诗也是"金平湖"一说的出典。作为典型的江南水乡，平湖风景秀丽，物产富庶，得天独厚。

平湖这方土地，的确有点绝。平湖市的城中湖"东湖"，由九条河流汇聚而成，如果俯瞰东湖，大概犹如一幅"九龙戏珠"图。平湖的乍浦镇还有一座绵延数里的"九龙山"，犹如乍浦海滨隆起的脊梁。平湖还有一种土生土长的民间舞蹈艺术——"九彩龙"，平湖舞龙有别于其他地方的一大特点，即龙的数量及龙身颜色的丰富，"九条龙"行云流水，姿色斑斓，祥瑞风扬。据称平湖九彩龙在清朝就已名闻遐迩，乾隆皇帝看了彩龙队的表演，龙颜大悦，赞不绝口。任何民间艺术，在内容上都倾向于渲染它所处地域的名景名品，带着朴素的地域性质，"九彩龙"也不例外，与平湖的地貌形胜有关。平湖人好像对"九"这个最大的阳数和"龙"这个吉祥物情有独钟。

平湖是一座风雅的城市。平湖的莫氏庄园，从跨入它的门槛，无时不感受到那份典雅和精致，无处不领略到那份"明月清风"般的随意。白墙黛瓦，厅房廊亭，飞檐翘角，花园水池，书画楹联，这份"诗情画意"，那种"悠然生趣"，让人移情入景，凝思遐想。

莫氏庄园的风雅，值得欣赏和品味，平湖城乡星罗棋布的茶馆，又何尝不是一种风雅。前些年，平湖籍女作家王旭烽创作了长篇小说《南方有嘉木》，大概写的是种茶、制茶、喝茶、吟茶，获得“茅盾文学奖”。去茶馆饮茶是平湖人的一种传统习惯，这肯定不是简单为了解渴。按现代人的说法，茶馆是一种载体，茶馆是传播文化的最好学校。一个个茶馆，从一定意义上讲也是一个个“戏园子”，在茶馆演唱的平湖钹子书，说书人一只破钹子、一根竹筷、一方静木，不需化妆打扮更衣，上台张口就来，唐宋演义、明清小说、武侠传奇，日夜连续唱上几个章回，且听下回分解，好戏还在后头，一部书大多在半个月内唱完。苏州评弹，是雅而又雅的曲种，苏州语言的软糯，琵琶和弦子的乐感，演员的古色古香装扮，演唱中，刻画人物、情节的细腻，当然是钹子书无法相比的，但在平湖却往往也是在茶馆里表演。在茶馆演唱的还有“小热昏”和花鼓戏，因其逗乐成分较浓，吸引了不少听众，他们宁愿不泡茶，站着听，也付点费。茶客在喝茶时还获得精神享受。一位平湖的朋友跟我说，在平湖有不少大字不识几个的农民，能对古典小说倒背如流。如果找一个经常听书的农民与一个现代大学生来，考问某部古典小说中的人物情节故事，农民的成绩肯定高于这位大学生。这大概得益于茶馆。平湖的农民或居民泡茶馆，喝的是一种氛围，一种情感交流、文化交流和信息交流。

在平湖，它的城市精神有着文化的根，这不仅体现在它的风雅，还体现在它的俗文化的丰富多姿。平湖市民俗风情馆自2002年开馆，大概是新世纪以来我省最早开办的地域性的民俗民间文化专题展示馆，馆内设有生产习俗、生活习俗、文化习俗三大展区，包括农业、纺织、服饰、饮食、居住、行旅、生育、婚姻、民间舞蹈、民间戏曲、民间文学、民间美术等。这个馆不仅在重点习俗上突出过程、渲染特色，观众还能参与一些原汁原味的民俗活动。最近，平湖市民俗风情馆创新运作方式，与一家民营企业合作，在市现代农业园区设立了农耕文化展示中心，其中有农耕文化展示长廊、风情演绎广场、农田耕作园、油坊等文化旅游功能区，让以往没有条件和空间陈列的民俗文化物件，得到充分的陈列展示，使更多的民俗民间文化实景，得以生动形象地传播。

在平湖，它的城市精神，有着和谐的魂。东湖的“九龙戏珠”是一种和谐；瓜乡平湖，瓜灯梦笔如画，瓜灯碧翠如玉，瓜灯玲珑剔透，瓜灯流光溢彩，这一份恬静和甜美是一种和谐，风雅与风俗的相得益彰也是一种和谐；从西瓜灯到西瓜灯展，再到西瓜灯会，户户悬挂西瓜灯，家家提灯上大街，盏盏瓜灯照水乡，处处彩灯花似锦，这般景象更为“和谐”。这份和谐，使平湖更添一份内涵，再添一种韵味。以人为本，构建和谐生活家园，由此成为了每个平湖人的共识，为此，平湖人民不断追求着人与人、人与社会、人与自然之间的和谐相处。

在平湖，它的城市精神，有着开放的气度。东湖由九条河流汇聚而成，体现了兼容并蓄的大气；东湖八景构成了城市大公园，体现了一种开放的生活形态；平湖濒临大海，平湖与大海的呼应，使平湖人塑造出大气开放的城市精神，也注入一种积极向上的精神，因之转化为平湖人创业创新创造的热情和激情。

这方水土，孕育了众多的名人学士，名卿才俊辉映江南。祖籍平湖的弘一法师，一位才气横溢的旷世奇才，对近现代中国文化艺术、教育诸领域的贡献，可谓震古烁今。参观莲花造型的平湖李叔同纪念馆，流连于展厅，瞻仰大师清慈的面容、深邃的眼神和闲云野鹤般的风姿，崇敬之情油然而生。皇师高士奇，书画大师赵孟坚、陆维钊、吴一峰，篆刻大师陈巨来，教育家陆稼书，电影家程步高，修辞学家周振甫，他们使平湖这座城市熠熠生辉。看一个地方的历史文化品位，一个主要方面要看这一地方出了多少文化名人，在名人之中又有多少精英人物，也就是能够影响、左右一个时代的思想界、文化界的杰出人物，以及反映这些人物思想的著作。平湖众多的历史文化名人，在中国思想文化史上做出了重要的或独特的贡献，无疑将辉映千古。

平湖这座历史悠久的文化名城，留下了丰厚的文化资源。传承文化遗产，守护精神家园，成为平湖人的文化自觉。新世纪伊始的非物质文化遗产保护热潮当中，平湖市经历了从起步到奋进的发展历程，经历了从找准位置到凸显特色的显著变化，经历了从发掘历史文化资源到彰显城市魅力的转型升级。2008年，嘉兴市在平湖召开全市非物质文化遗产普查工作现场会，我应邀到会，对于平湖市清晰明确的工作思路，勤奋敬业的工作团队，声势浩大的非遗普查，异彩纷呈的展示活动，雨后春笋的展厅展馆，硕果累累的保护成果，层次分明的保护体系，区域领先的工作业绩，给予了高度评价，并期待着平湖加快步伐，不仅在嘉兴崭露头角，而且在全省走在前列，成为我省非遗保护的重要地区和示范地区。

时光荏苒，不知不觉之间，又走过了两个春夏秋冬。平湖市不负期待，在稳步发展的基础上，不断超越，精彩不断。今天，走进平湖，几乎在这座城市的每个角落，我们都能瞥见或嗅到浓郁的文化气息。平湖市对珍贵的非物质文化遗产进行的百般呵护、精心培育，使古老的文化风采重现，广为传播。发掘历史，彰显文化，观照现实，又关注未来，想来这便是编纂《遗风新韵——平湖市非物质文化遗产大观》的意义所在。

特定的历史文化和社会现实，使平湖塑造出特别的城市精神，这种精神又将深深地融进这座城市。经济是城市之“形”，文化是城市之“魂”，只有形神兼备，这个城市的发展才会有源源不断的动力。

朝着更高的愿景，平湖已经启程。

2010年2月26日

海宁非遗潮热力来袭

——《海宁风俗大观》序

风俗，也即民风习俗。常言说“十里不同风，百里不同俗”，到一个地方要“入境问俗，入乡随俗”。风俗，是一种“人相习、代相传”的生活模式，是一个社区、一个社会群体在语言、思维、心理和行为上的集体习惯，是一种无处不在的社会事象，是民间和民众生活中最有生命活力，最具历史性、稳定性、广泛性的基础部分。

翻阅《海宁风俗大观》书稿，没想到海宁文化资源这般丰富。《海宁风俗大观》里记载的传统节俗、人生礼俗、生活习俗、生产习俗等等，原原本本，原汁原味，体现了原生态、原真性，生动展现了一个生动斑驳的民俗文化场景，展示了海宁从传统社会到现代社会过程中的深刻变迁。地域风情零零散散，纷繁复杂，收集整理无疑也不是件容易的事情。这么扎实、详细和完整的采风和记录，说明了海宁民间文化和非物质文化遗产普查工作的深入扎实，说明了普查员的敬业素质，体现了田野调查的科学态度，体现了对历史的尊重。

这几年，海宁非遗工作务实求实抓落实，保护传承卓有成效，备受社会关注，也为全省所瞩目。试举几个例子：

记得在2008年，海宁市政府出台了《关于加强非物质文化遗产保护工作的意见》。这个文件，突出目标引导，突出政府责任，突出政策扶持，突出工作重点，突出品牌优势，突出实践特色，很务实，支持力度很大，含金量很高，为全省县（市）域非遗工作的推进，提供了一个极具价值的样本，提供了重要的经验。省文化厅专门转发了海宁市这个政策性文件，供各地参照，推动各地政策性措施的出台。

2009年，海宁市创造性地以签约的形式，促进非物质文化遗产项目的保护传承。市文化主管部门与传承基地、传承人签订协议书，并实施学徒补助机制，对明确与师傅签约和由基地聘用的专职学徒，连续五年给予每人每年

6000元的生活补助。通过签约，双方的责任义务明确了，松散的师徒关系稳定了，项目的传授承袭规范了，这个做法具有创造性和可操作性。省非遗办作了转发，供各地借鉴。海宁签约的“模本”，各地纷纷参照。

海宁注重非遗项目的保护和传承。针对皮影戏的特点和现状，量身订制了《皮影戏保护五年计划》，明确提出“八个一”要求，即有一套完整的皮影文字史料，有一套完整的皮影剧本、曲谱、曲牌资料，有一套完整的音像图片资料，有一套完整的道具、乐器、头饰、服装等实物，有一本关于海宁皮影戏艺术研究论文的集子，有一本反映皮影人物、动物、造型、场景的专题图集，拍摄刻制一套皮影戏VCD光碟，培养一支皮影艺术后备队伍。令人欣喜的是，这个计划不是纸上谈兵，而是铁板钉钉，真讲实干。海宁在衍芬草堂、皮革城、盐官古镇设立了三个皮影戏馆，介绍皮影戏渊源与发展，展示皮影实物资料，常年对外演出，三个馆主题一致，功能有区分。

令人感动的是，皮影戏国家级传承人沈圣标去世，市文化部门在媒体发讣告，在追悼会上，市文化部门负责人致挽辞。对传承人的这番真情意，也深深感动了各位传承人。皮影戏国家级传承人王钱松，将毕生收藏制作的1100多件皮影戏影偶捐赠给了海宁市非遗保护中心；皮影戏国家级传承人徐二男也将世代相传的皮影戏表演道具捐出。

海宁硖石灯彩，列入首批国家级非物质文化遗产名录，这是一种综合了灯彩、灯舞、灯会的综合艺术，灯彩精巧，灯舞优美，灯节热闹，充分展示了民间风俗的文化特色、艺术魅力和喜庆氛围。海宁市既注重传统灯彩制作工艺的传承发展，又进行生产性保护的探索；既保护传承花灯舞传统表演形式，又突出江南水乡舞蹈的柔美荡漾；既尽量保持迎灯行街的民间性、自发性，又着力打造硖石元宵灯会“江南第一灯市”文化旅游品牌，推陈出新，多彩呈现。

近年来，随着文化和旅游事业的发展，各地的民俗风情也逐渐成为群众游览体验的热点。海宁市文化部门有意识恢复已经濒临消失的传统婚俗。市非遗保护中心的年轻干部新婚，一改流行的奢华，用传统的质朴的又喜庆的方式，身体力行，演绎了既传统又新潮的婚礼。这场婚礼，不仅吸引了当地百姓的目光，也得到了各地非遗工作者的支持。上虞市的非遗同仁赠送了象征着四季平安的“春夏秋冬”花瓶剪纸；临海市非遗干部挑来了具有民俗含义的贺礼“女儿红”酒和“五百年团圆面”，为婚礼锦上添花。我和同事们兴趣盎然地观摩了这个传统婚俗。看到传统的婚俗在海宁现代生活中不仅没有消失，反而受到了沿街群众的热切欢迎，让我们看到了社会的新需求，也看到了恢复和开发传统婚俗的意义和价值。当然，更从一个侧面感受到海宁文化干部身体力行为恢复优良传统而付出的努力。

一个民族的真正的文化精神，正是融入到大多数人这种最普通不过的日常生活之中。尽管种种民俗事象，看上去似乎很琐碎、很肤浅、很通俗，但实际上其中隐含的文化意味却很博大、很深刻、很重要。我们应该以发展的、辨证的眼光来看待民间风俗，来对待每一个历史细节，既要有历史感，又要赋予它厚重的时代气息，为当代服务，源源不断地以各种方式加以展现，并传承弘扬。

这本《海宁风俗大观》，不仅是海宁人，不仅是希望了解海宁的人值得一读，海宁的人文地位，决定了也许每个江浙人都值得一读。它是观察和了解海宁风土人情，畅享海宁民俗文化，体验海宁丰富的历史的最直接最生动的窗口；也是普及民间风俗知识，丰富阅历，增加历史感，进行爱乡爱国教育的一种有效途径；更是继承和弘扬优秀文化传统，进行道德教化和促进社会和谐的渠道。

当下，人心浮躁，而在海宁有这么一群专心致志潜心于民俗文化发掘、整理的人，有这么多为传承历史文脉，为使这座城市丰富和深厚起来，为守护民族精神家园而勇于担当责任的人，令人感佩。去年12月，文化部非遗保护督导组莅临浙江，在考察海宁工作时，督导组评价为“认识很高、思路很清、力度很大、措施很实、效果很好”。海宁文化工作不断出成绩、出经验，我们也期待海宁犹如钱江潮般一浪推一浪，继续奋勇向前，高歌猛进。

2010年5月7日

探寻农民画做大做强背后的秘密

——《中国秀洲农民画艺术节中国现代民间绘画秀洲论坛论文集》序

赤橙黄绿青蓝紫，谁持彩练当空舞？

中国共产党第十七次代表大会胜利举行，十七大报告描绘了一幅中国特色社会主义建设的宏伟蓝图，十七大报告所包含的鲜明的时代主题，深刻的思想内涵，明确的发展目标，深切的爱民之心，在人民群众心中引起强烈共鸣。

国运兴则文运兴。自然，文运也昭示着国运。十七大报告把推动社会主义文化大发展大繁荣作为一个重要方面专题作强调。十七大报告指出，当今时代，文化越来越成为民族凝聚力和创造力的重要源泉，越来越成为综合国力竞争的重要因素，丰富精神文化生活越来越成为我国人民的热切愿望。要坚持社会主义先进文化前进方向，兴起社会主义文化建设新高潮，激发全民族文化创造活力，提高国家文化软实力，使人民基本文化权益得到更好保障，使社会文化生活更加丰富多彩，使人民精神风貌更加昂扬向上。这充分凸显了文化建设在党的建设中的重要性，也充分说明了文化建设事关党的建设、事关党的执政能力建设。

让全体人民生活更加美好，这是我们发展中国特色社会主义的根本目的。一个国家和民族有竞争力，既来自物质发展的硬实力，也来自文化繁荣的软实力。党的十七大从提高全民族文化素质，形成社会主义核心价值体系的高度出发，提出要充分发挥人民群众在文化建设中的主体作用，推动文化大发展、大繁荣。这是一个兴盛中华文化、让人民共享文化发展成果的小康。

在党的十七大胜利闭幕、普天同庆的日子里，由文化部社会文化司、浙江省文化厅联合主办的第三届中国农民画艺术节即将开幕。举行以“歌颂共产党，描绘新农村”为主题的中国百县农民画大展，集中反映全国现代民间绘画画乡近二十年来的建设成果；以“和谐世界、五彩生活”为主题的中国秀洲·国际民间绘画邀请展，来自四大洲十多个国家的国外艺术家带着丰硕的创作成果相聚秀洲；以“中国现代民间绘画与社会主义新农村建设”为主题的中国现代民间绘画秀洲论坛，对中国农民画的发展必将是一个有力的推动；秀洲中国农民画艺术中心新址举行开工典礼，体现了秀洲对文化建设的信心和决心。

秀洲深入挖掘本土文化资源，将潜力优势转化为现实优势，转化为竞争力。近年来，秀洲围绕农民画，长袖善舞，打出一套组合拳。秀洲的三个“国字号”品牌——文化部首批公布的中国现代民间绘画画乡、全国唯一的经文化部批准成立的秀洲中国农民画艺术中心、连续举办三届的中国农民画艺术节，秀洲发展的框架越来越清晰，具体路径越来越明确。我想这些牌子或者说荣誉所包含的意义，不仅仅在于秀洲本身，更因为秀洲带动了全国农民画产业链的发展，其影响是深远的。秀洲画乡建设高起点、大步伐，让我们看到秀洲培育特色文化品牌的魄力和大手笔，秀洲已成为全国农民画创作和交流的一个重要阵地和窗口。

自1988年以来，文化部社会文化司先后命名了“中国现代民间绘画画乡”“中国民间艺术（绘画）之乡”一百十多个，全国拥有近万名的现代民间绘画作者。全国民间绘画呈现出鲜明的地域特色、多样的艺术风格。如陕西户县、安塞的作品，具有浓郁的黄土风情；浙江舟山、福建龙海的作品，充满海岛气息；新疆哈密、青海湟中的作品，展示多彩的丝路风格；上海金山、浙江秀洲的作品，富有江南水乡韵味。一百个画乡有一百种风情、一百个画乡展示的是新农村多彩的画卷。全国画乡代表聚秀洲，秀洲的旋律唱响神州。

第三届中国农民画艺术节期间，来自全国25个省、直辖市、自治区的80多个画乡的代表相聚秀洲，摆开论坛，为全国民间绘画画乡的进一步发展献计献策。现代民间绘画发展的历程，所取得的骄人的成就，将载入我国文化事业发展的史册。在新形势新要求下，现代民间绘画如何进一步在建设社会主义新农村中发挥积极作用，进一步探索现代民间绘画画乡发展模式与经验，促进民间绘画产业发展，促进现代民间绘画与国际文化交流，等等。对于中国现代民间绘画的生存与发展是成败攸关的问题，对于现代民间绘画保持民族性体现时代性是一个关乎全局的问题。现代民间绘画能否在时代的高起点上保持发展活力，增强影响力，很大程度上将取决于我们的前瞻思考。

本书汇集的论文，就各篇的研究内容而言，大致可分为四类：一是对现代民间绘画的功能作用做整体研究；二是对民间绘画发展的专门性问题进行深入研究；三是对现代民间绘画画乡个案进行剖析研究；四是对推进现代民间绘画发展有效途径的探索研究。本书各篇的编排，大致也就将它们依序分列为四个部分，每个部分的各篇谈的问题各不相同，研究的视角也各有侧重，论文作者各抒己见，但我们在读稿中却发现各篇的基本精神是一致的：

在创作内容上，要反映时代气息。现代民间绘画是时代的产物，打着鲜明的时代印记。我们正处在一个历史性的伟大的民族复兴时期，现代化建设轰轰烈烈，现实生活中有很多生动创造和感人故事，我们要抓住这个时代的特征，观察时代、认识社会、反映生活。深入挖掘改革开放火热的现实生活，着力表现昂扬向上积极进取的时代精神，积极歌颂社会主义新生事物。只有这样，创作出来的作品才能受到广大群众的真正欢迎，才能在不断变革的时代大潮中获得蓬勃生机。

在风格定位上，要保持乡土本色。农民画是农民引以自豪的形象名片，是农民拥有的心灵故乡，是农民的梦想追求，是农民对人生经历的时代发言，是反映生活的理想和理想的生活。农民画创作，要深入挖掘当地历史文化资源，突出地域文化优势，以多样化的特色，以色彩缤纷的强烈的视觉冲击力，以浓郁而清新的乡村生活气息，反映农民群众的精神和风貌，把乡土文化这个品牌打响。

在发展走向上，要与市场结合。发展农民画，既是事业，也是产业。为了现代民间绘画的可持续发展，要积极探索将丰富多彩、绚丽多彩的民间绘画创作优势转化为市场优势和产业优势。要培育一批民间绘画创作和合作交流的实体，扩大规模效应，扩大市场份额，做大做强品牌，提高竞争力。要学习借鉴其他绘画门类产业发展的成功经验，吸收有效做法，探索有效途径。农民画作品是不是经得起时间的检验，能否经得起市场的检验，是衡量是不是真正的永恒的艺术精品的尺度之一。同时，农民画创作只有进入市场，才能成为脱贫致富奔小康的一种路径，才能成为新的经济增长点，才能进一步调动农民画作者的积极性和创作热情。

在功能发挥上，要倡导文明风尚。民间绘画可以反映人民群众的各种梦想、幻想、情感、情愫、愿望、审美趣味和审美理想。民间绘画作为文化建设的重要方面，对于群众素质的提升，民族文化的培育和弘扬都具有积极作用。对于一个地方文明形象的观察点有许多，有一个很重要的观察点，就是看一个地方是否有品位较高的文化现象。农民画创作和农民画创作群体的涌现，是一个地方文化品位的重要体现，是社区民众人文素质的重要体现，是地方文化发展水平的重要体现。一个地方，不仅仅需要高楼大厦拔地而起，同样也需要精神世界里绽开繁盛的花朵。

在队伍建设上，要注重人才培养。事业以人为本，民间绘画的发展关键也靠人才，关键是要有一群有理想、有文化、热爱创作、耐得住寂寞的骨干队伍，还要有一群有热情、有眼光的经营人才，为现代民间绘画的发展贡献智慧。秀洲农民画事业的发展，有不少成功的经验与因素值得认真总结，其中最关键的还在于有带头创作、富有创造性、充满活力的领军人物；同时充分发掘本土人才的资源和潜力，抓好创作群体的建设，抓好品牌的培育和打造。农民画事业的兴旺，需要各类优秀人才的共同参与和完成，这是不可或缺的必要条件和因素。

在保障机制上，要发挥政府主导作用。现代民间绘画的发展，是一个精神产品生产的系统工程，要强化宏观管理。首先是抓好规划，要着眼长远，立足当前，长计划、短安排；其次，要发挥政策导向作用，积极扶持鼓励发展，形成一套完整的包括规划、投入、创作、宣传、奖励在内的组织运作机制，形成和促进农民画生产的良性循环；再是在微观上则努力做好具体的组织协调和服务工作，认真、过细、扎实地抓落实。

在这本论文集中，辛勤耕耘在民间绘画艺术领域并颇有收获的专家学者和文化工作者，就以上问题和相关问题进行了深入研讨。其中，既有理论阐述，也有实践总结；既有宏观论述，也有微观洞察；既有对过去的反观思索，也有对未来的前瞩筹划。作者们从不同的角度和侧面反映出当前现代民间绘画与画乡建设理论研究和具体实践所取得的成果，体现出宽阔的研究视野和较高的学术水平。我们相信这本论文集的汇编，对现代民间绘画发展的研究和实践将起到积极的促进作用，对广大文化工作者开阔思路、拓展视野会大有裨益。

风好正是扬帆时。这是一个风起云涌的时代，我们生逢其时，躬逢其盛，在建设社会主义新农村的道路上，在构建和谐社会的进程中，文化工作在大局中的位置更加突出，时代赋予我们更大的舞台。今后的日子里，我们将进一步奋发有为，创造一个更加美好的未来。我们对未来充满期待，我们对未来充满信心！

2007年10月22日

神州风韵剪中来

——《天工神剪——第四届"神州风韵"全国剪纸大展优秀作品选》序

唐代诗人韦庄诗曰："钱塘江尽到桐庐，水碧山青画不如。"这句赞美桐庐的诗句，让人遐想无限。桐庐境内山清水秀，林壑幽深，溶洞奇绝，风情独具。桐庐的奇山异水，历来是人们向往的游览胜地，成为文人墨客竞相吟咏的诗章，成为画家流连忘返的佳境，也成为剪纸艺术家取之不尽的创作源泉。

桐庐的剪纸艺术家们把热爱大自然的情结，热爱生活的情感，抒发在大红纸上，倾注在剪刀之端，幻化成目不暇接的镜像。每当我看见剪纸艺术家在一张纸上飞快地挥舞着剪刀，创作出栩栩如生的作品，再现桐庐绝景风光，不由得赞叹不已。剪纸这一独特的艺术表现形式，无疑是弘扬桐庐深厚的文化积淀，推广桐庐秀丽风光的好形式。

据称，桐庐的剪纸有1000多年的历史，可谓源远流长。这些年来，桐庐剪纸更是异军突起，不仅在全省已然独占鳌头，在全国的剪纸界也有了些龙头老大的气象。桐庐的剪纸界中，有数位在全国都有举足轻重地位的代表性人物。原籍桐庐的卓越的剪纸艺术家胡家芝先生，2010年以114岁的高龄谢世，跨越三个世纪，从艺百年，堪称史上最年长的民间艺术家。她的经历，见证了我国民间剪纸自清末以来传承发展的不平坦的道路。我国著名美术史论家王伯敏先生，常年定居桐庐。他在中国画的研究上有着很高造诣，晚年却对民间剪纸倾注了全副心力，大有建树，编写了蔚为大观的《中国民间剪纸史》。桐庐的山水和文气也滋养了一大批剪纸艺术人才，一批骨干力量脱颖而出，全县20多个剪纸传承基地显现出了勃发的生机和充盈的后劲。

2004年，桐庐县被文化部命名为"中国民间艺术(剪纸)之乡"。自此以来，在中国非遗保护中心、中国文化报社、中华文化促进会与浙江省文化厅的支持下，每两年一届的"神州风韵"全国剪纸大展，已连续举办了四届，做出了品牌。全国的剪纸艺术家借此时机云集桐庐，切磋技艺，各展风采。今年，桐庐转型升级，举办了国际剪纸艺术大展，进一步弘扬传统民族民间文化，传承和发展剪纸艺术，提升中国剪纸在国际上的知名度。

特别令人耳目一新的是，桐庐县将剪纸与文化创意结合，配套举办了全国剪纸创意大赛，鼓励剪纸艺术的元素应用于社会生活的各方面，让剪纸艺术更大程度地美化生活。民间剪纸艺术具有强烈的装饰性，美化、装点生活是民间剪纸的一大功能和特点，与文化创意的结合，使剪纸艺术的应用范围更加广泛。这次应征的剪纸创意作品，覆盖了陶瓷器皿纹样、书籍装帧、商品广告、舞台美术、邮票设计、服装设计、建筑装饰、家具装饰等多方面，把剪纸的作用发挥得淋漓尽致，把剪纸的审美拓展到各个层面，似乎剪纸元素和素材可以无处不在，无处不用。

桐庐领跑全国剪纸的现象，不是偶然，是有它的必然性。除了有着悠久的历史文脉，有着独具的胜景素材，有着杰出的代表人物，更重要的还在于桐庐的党政领导有着高度的文化自觉，对于弘扬民族文化有着充分的认识，意将民间剪纸打造成对外交往的“文化名片”，提升文化软实力。还有桐庐有着一批弘扬民族文化，打造地方文化品牌，倾心剪纸事业的文化干部，和有着一大批有精神追求、有乡土情怀的创作力量，再加上社会各界的共识和支持，形成了一个良性循环的条件和氛围。桐庐剪纸的做大做强，值得总结研究推广。

剪纸是我国最为普及、最为流行、最具特色的民间艺术之一。在浙江，就有不少个剪纸之乡。乐清的细纹刻纸、浦江的戏曲剪纸、温岭的海洋剪纸、缙云的民俗剪纸、上虞的人物剪纸、桐庐的风光剪纸等，地域特色鲜明，风格各异。在全国范围来说，剪纸艺术和风格更是五彩斑斓。今年的国际剪纸艺术大展，有诸多的国外友人参展，让我们领略和感受域外的剪纸风情，也算是大开眼界。举办这次全国剪纸大展乃至国际性的剪纸大展，自然是旨在加强全国不同地区乃至世界各地不同风格剪纸艺术的交流，促进剪纸艺术水平的提高，推进剪纸艺术的传承发展。

桐庐县文化广电新闻出版局将这次国际剪纸大展、“神州风韵”全国剪纸大展、全国剪纸创意大展的作品汇集成册，嘱我作序，放胆提笔，请诸位方家教正。

2010年3月10日

为美丽中国增光添彩

——《第五届“神州风韵”全国剪纸大赛作品集》序

枫叶飘红迎盛事，富春山水秀华章。

从2004年开始，每两年一届的“神州风韵”全国剪纸大赛，已举办四届。今年，第五届全国剪纸大赛以“刻画神州风韵，描绘美丽中国”为主题，再次在桐庐拉开了序幕。全国剪纸界的艺术家和专家共聚中国画城，共襄盛举。

党的十八大提出了“努力建设美丽中国，实现中华民族永续发展”的奋斗目标，这一诗意的美好的愿景，激发了全民族的爱国爱乡情怀。美丽中国，美在江山如画，秀丽风光；美在鸟语花香，明月清风；美在人居环境，小桥流水人家；美在古树名木，古街老巷；美在衣食住行，温馨生活；美在纯净心灵，真善至美；美在美丽乡村，美丽非遗；美在千年古韵，历史文脉；美在中国精神、中国形象！美无处不在，美无时不在。

剪纸，最能刻画大千世界、社会百态；剪纸，最具有大众性和文化的多样性特征；剪纸，最具有乡土风情的元素；剪纸，最具有中国特色的表达。

第五届“神州风韵”全国剪纸大赛，得到了全国31个省、直辖市、自治区文化部门的热情支持，组织当地剪纸艺术家创作反映本地区、本民族的剪纸作品。全国的剪纸爱好者纷纷踊跃投稿，优秀作品纷至沓来，共收到剪纸作品2700多件，数量超历届剪纸大赛。这次参赛的作品，主题鲜明，内涵丰富，展现自然风光，传承历史文化，反映生活百态，贴近百姓生活，体现社会进步，讴歌时代风尚，充分表现美丽中国的神采神韵。在表现手法上，题材多样，取材广泛，琳琅满目，斑斓多姿。剪纸艺术家们的一幅幅作品，无论是小巧景致，还是恢弘场景，都自然灵动，浑然天成，美不胜收，令人回味无穷。

第五届“神州风韵”全国剪纸大赛，是对美丽中国这一宏大主题的生动反映，是对人民群众美好生活追求的彰显。

这一大赛，无疑也是对桐庐县这一中国画城、中国最美县城的宣扬。远有元朝黄公望绘就传世名画《富春山居图》，佐证了富春江畔绝美如画的山水风光。近有2012年10月，联合国人居环境发展研究会、中国城市品牌发展研究中心、中国品牌建设协会经综合现场考察和评审，授予桐庐县“中国最美县城”称号。今有2013年10月，全国改善农村人居环境工作会议在桐庐县召开，桐庐为美丽乡村代言，为新农村建设示范。桐庐是最美的，桐庐承办以“美丽中国”为主题的“神州风韵”全国剪纸大赛，不仅有底气，更有责任。

中国到处有剪纸，流布广泛，流派纷呈。浙江剪纸之乡也不少，风格各异，各具特色。桐庐剪纸，地域特征鲜明，不辜负一派秀丽的春光山色，以风光剪纸见长，从而脱颖而出。桐庐剪纸艺术家巧手运剪剪出长卷《富春山居图》，在台北展出受到盛赞热捧。桐庐以拥有剪纸艺术家胡家芝、剪纸理论家王伯敏为代表的剪纸群体，唱响浙江，走俏全国。桐庐，以连续五届的全国剪纸大赛和“十大神剪”评选活动，在全国脱颖而出，享誉海外。

第五届“神州风韵”全国剪纸大赛，由中国非遗保护中心、《中国文化报》领衔主办。中国非遗保护中心大力推动乡土艺术的全面复兴和繁荣，《中国文化报》从首届“神州风韵”剪纸大赛开始就参与主办，体现了对乡土艺术的特别关注。“神州风韵”全国剪纸大赛，已成为全国剪纸艺术交流的重要平台，成为推进剪纸艺术理论研究的重要渠道，成为推进剪纸产业发展的重要阵地。

借此机会，我诚挚表达对于剪纸艺术发展的三个愿望：

一愿桐庐县建设一座中国剪纸城，与中国画城、中国最美县城相得益彰。桐庐作为全国剪纸发展研究中心、全国剪纸产品交流集散地、剪纸文化产业总部，发扬优良传统，继续为中国剪纸的传承发展做好服务，做出贡献。

二愿全国的剪纸艺术做大做强。剪纸，祈福纳祥，喜庆吉祥，大俗大雅，雅俗共赏，深受大众喜欢，老外欢迎。希望剪纸艺术传承与发展结合，植根于传统，贴近于生活，服务于百姓，应用于社会；希望剪纸艺术，做大品牌，扩大影响，跨出国门，走向世界。

三愿剪纸艺术更好地塑造美丽心灵、培养道德情操。中国网络电视台制作的“讲文明、树新风”系列公益广告，在各大媒体广为传播。这些公益广告，许多篇幅运用剪纸宣传模范人物，弘扬爱国主义，反映时代精神，讴歌时代新风。这些作品，内涵深邃，寓意深刻，造型生动，神形兼备，朴实大方，繁简有序，亮丽抢眼，引人瞩目，体现了社会主义核心价值，顺应了百姓的审美情趣，合乎人民对美好生活的期盼和向往。这一做法值得学习和仿效。大家共同用剪纸传递正能量，构筑中国梦，为美丽中国增光添彩。

第五届“神州风韵”全国剪纸大赛获奖作品展拉开序幕了。观众是最好的评委，也是美的艺术创造者。斑斓多彩的剪纸作品，就像对美好的生活打开了一扇扇窗户。让我们从中领悟剪纸艺术之美，发现生活之美，提升精神之美，共建中国之大美！

2013年11月11日

不可忘却的刘伯温精神

——《刘伯温传说》序

我写这篇序文时，坐车打的，随口问的哥：你哪里人？的哥说衢州开化人。我问：你知道刘伯温吗？他说：他是个古人？我说：对。的哥想了想说，他帮朱元璋打天下，他们村里也有朱元璋、刘伯温的故事，村里流传朱元璋是坐着他们那里的金牛才打下天下的。他说元兵将朱元璋包围在他们那里的山上，山势险峻易守难攻，攻不上去，就决定把他们团团围困住饿死他们。刘伯温略施小计，在往山下流的溪流里不断撒下谷壳，元兵觉得他们在山上还能自己种稻子有饭吃，那困不死了，只好撤兵。

说起刘伯温，几乎无人不知。民间有许多刘伯温的传说，都说他是一个上知天文，下通地理，能掐会算，料事如神的奇人，有“前知五百年、后知五百年”之说。

刘伯温协助朱元璋打下了江山，建立了大明朝。据《明史》记载，第一次见面的时候，刘伯温塞给朱元璋一份《时务十八策》，从此以后，朱元璋的征伐、治国、纳贤、驭臣之道再也没有超出过此书的范围。在刘伯温的指引下，一介布衣的朱元璋登基称帝，并在皇帝位置上游刃有余，开创了大明盛世的百年基业。

民间有俗语“三分天下诸葛亮，一统江山刘伯温”。很多人喜欢将助刘备三分定天下的诸葛亮、兴汉四百年的张子房与灭元扶明的刘伯温相提并论，其中尤以诸葛亮与刘伯温的故事最为有趣。让刘伯温和诸葛亮比智慧，如同关公战秦琼，他们都是自己那个时代的俊杰，都是我们民族的智慧象征。由于历史条件不同，促使他们完成了不同的事业，无从比出孰强孰弱，谁优谁逊。

刘伯温是一个传奇，因其料事如神，被后人或借题发挥或凭空杜撰编出了许多“奇闻轶事”。关于刘伯温的传说，数不胜数。刘伯温出生的传说、刘伯温和朱元璋的传说、刘伯温VS诸葛亮的传说、刘伯温未卜先知的传说、刘伯温行业神传说、刘伯温清官的传说、刘伯温体恤民情的传说、刘伯温智斗奸臣的传说、刘伯温之死的传说等等。关于刘伯温的传说，其内容含量远超过《明朝那些事儿》《帝王师：刘伯温》之类的网络连载历史小说的记载，丰富多彩。虽然这些传说不是史实，但作为历史人物，它恰好是刘伯温另一面的眉批。

新世纪以来兴起的非遗保护运动，广泛深入开展非物质文化遗产大普查，其中包括收集那些没有被记载的流传在民间口头上的语言叙事形态。这本《刘伯温传说》，是文成县在全省各地广泛收集整理刘伯温传说故事的基础上精选产生的，从收集了400多篇传说到收录了300多篇传说的《刘伯温传说故事集成》再到精选了56篇传说的“文成县中小学生地方课程教材”《刘伯温传说》（简编本）。这些传说中，有千里求师、埋银造路、讨皇封、烧饼歌、百猫守鱼、母牛认犊、梨门解咒等故事性强、寓意深刻、体现正能量的经典。建议再从中遴选出10个传说故事，通过多种途径广为传播，起码做到文成县的中小学生人人会传讲。

刘伯温一生跌宕起伏。他作为政治家，在《春秋明经》中再三强调“国以民为本”“国莫大于保民”。他主张，“国不自富，民足而富”；他还主张，“生民之道，在于宽仁”。他的民本思想，光耀千秋。在中国文化史上，刘伯温更是一个凤毛麟角式的人物，留下了一道浓重的文化色彩，有着举足轻重的地位。刘伯温离开了江湖640多年，但江湖依然流传着他的传说。这个传说中的刘伯温形象有别于历史上的刘基形象，是民间的大众集体创作而成。人民群众之所以要将自己的智慧、爱憎和对幸福生活的向往不断注入刘伯温传说之中，是因为人民实在喜爱刘伯温，或者说喜爱刘伯温这个形象！

文成是刘伯温的家乡，与刘伯温相关的有三张“国”字号牌子：一是文成南田刘基庙（墓）列为国家级文物保护单位，建筑和塑像对于故事传说的稳定性流传起到重要作用；二是刘伯温传说列入第二批国家级非物质文化遗产名录，“刘伯温传说”具有神奇性的特点，其数量和种类极为丰富，有很高的文学价值、史学研究价值、认知价值和道德教化作用；三是民俗“太公祭”列入第三批国家级非物质文化遗产名录。刘伯温在文成已经演化为一种颇具影响力的民间信仰习俗。文成人民每年都要春秋二祭刘伯温，太公祭是老百姓在用他们的行为叙述着一段难忘的历史，维护着坚实的地方文化传统，世世代代传承着刘伯温的文化精神。

对刘伯温传说的口头叙事研究、文物景观研究与民俗祭祀仪式行为的研究，构成了文成刘伯温文化研究的立体结构形式。文成刘伯温文化研究得天独厚的资源优势，决定了文成在中国刘伯温文化研究中独一无二的地位。

文成在发掘和保护刘伯温文化方面做了大量的卓有成效的工作，有不少经验值得好好总结和宣传推广。但我们也要看到，当下在刘伯温文化现代价值挖掘和文化产业开发上还大有潜力和发展空间。我们期待着文成进一步保护好刘伯温文化这一中华文明的精华，讲好刘伯温故事，深入挖掘蕴含其中的价值理念、道德规范、谋略智慧，以文化人、以史资政，在溯源寻根中凝心铸魂，让优秀传统文化服务于当代，惠泽于未来。

2017年1月21日

吼一声乱弹找到了家

——《诸暨西路乱弹》序言

2013年度浙江省新农村建设带头人“金牛奖”颁奖现场，诸暨的西路乱弹精彩亮相，生旦净末丑齐登场，重彩浓墨的扮相，高亢激昂的唱腔，字正腔圆的念白，精妙无比的做功，精湛激情的表演，引来满堂喝彩。

诸暨东和乡十里坪村，是西路乱弹的传承基地。在这里，已经有300多年历史的西路乱弹重新焕发了生机，已经中断正常演出20年的西路乱弹重又鸣锣开唱。村里建立了西路乱弹剧团，复排了八个大戏，村民自觉传承，自编自导自演，你可能想不到金牛奖颁奖现场上的这些拿腔拿调、架势十足的演员竟都是业余演员，他们都是农民，靠着一腔热情，靠着一股子痴迷，将古老的乱弹唱出味道，将传统戏曲唱出精神。

据说，这个村80%的人会唱乱弹，锣鼓一响，脚底发痒，乱弹几乎成为当地老百姓生活的一部分。村里把宗氏祠堂改成文化礼堂，建了个西路乱弹展示馆，建立了西路乱弹数据库。十里坪村也因为西路乱弹，影响力大了，名誉度高了，慕名而来邀请他们进行专场演出的越来越多。

在十里坪，村民们吼一声乱弹，精神气就足了，精神风貌更好了。村里对历史文化古迹的保护，对历史文脉的传承，越来越重视了。村民们心齐劲足，建设新农村，改善人居环境的热情也更高了。这个村，生活环境好似如画风景，望得见山、看得见水、留得住乡愁，村民的幸福感也油然大大增强。村书记卓任翔，成为诸暨美丽乡村建设的典型带头人，也因此在全省基层党组织带头人候选名单中脱颖而出，喜获“金牛奖”。

十里坪村的村民以西路乱弹为骄傲，诸暨的人民也以西路乱弹为自豪。西路乱弹，已经成为诸暨重要的活的文化遗产，成为诸暨人民宝贵的精神财富，成为诸暨著名的文化品牌。

诸暨人缘何这般喜欢西路乱弹？诸暨人说，西路乱弹跟诸暨人的性格脾气很像。诸暨人的刚与柔，都在西路乱弹的唱腔里表现得淋漓尽致。诸暨曾经是吴越都城的最早所在地。本来，烟雨江南，温山软水里生长的人，讲话往往是温文尔雅。但诸暨方言却不是那么细软，而是语音铿锵，听起来特别冲，用诸暨人的话来讲就是“硬邦邦”的。

西路乱弹，原始豪放、高亢激昂。西路乱弹，就如一杯诸暨的铜山烧，喝了，你才知道魂之所系；吼一声，才能舒筋活血、欢快愉悦；听了，你才知道酣畅淋漓。诸暨人唱乱弹不是唱出来，而是吼出来的。乱弹，对村里的演员来说，是一种赤裸裸的情感的宣泄；对观众来说，是一场酣畅淋漓的精神沐浴。

据说，西路乱弹是清乾隆年间由海盐腔演变流入诸暨，它受当时诸暨地域、语言、风土人情的影响，与本土民俗文化相结合，逐步形成了自己独有的风格，进而形成了独具特色的流派。西路乱弹，曾与浦江乱弹、温州乱弹、绍兴乱弹、黄岩乱弹并驾齐驱。浙江曾是乱弹的天下，曾岌岌可危，所幸非遗保护运动的兴起，促使西路乱弹等今又复兴蓬勃。

铿铿锵锵的锣鼓声里红火的大戏拉开了，唱念做打里，有忠孝节义，有悲愁欢笑，古往今来的帝王将相、才子佳人、百姓百态都展现在舞台之上。传统戏剧曾经在人民的生活中很重要，今天在人民的生活中依然很重要。

诸暨十里坪村的村民们骨子里对西路乱弹的热爱，一定会把300年的乱弹一直唱下去，唱到老。让西路乱弹代代相传，这一定也是每个诸暨人都不会放弃的梦想。让每一个古老的戏曲永续传唱，也是我们浙江省濒危剧种守护行动的目的所在。让优秀的传统文化薪火赓续，也是当今社会的坚持和理想。

2013年12月29日

寻思岭根的拍案惊奇

——《岭根村志》序

中秋，高高的圆月升起来，忽念起一首古诗：抬头望明月，低头思故乡。搅动了思乡的情愫。

我的故乡在临海市东塍镇岭根村。这风景优美的山村，至今有700多年的历史。在交通落后的过去，山道弯弯，它无疑是个偏僻的小山村，却是一个包容开放的神美山村。如今，临海到岭根的隧道打通了，距离拉近了，更是将岭根的真实和优美展现在世人眼前。

岭根村至今依然是聚族而居，同宗同族，多数人家姓王。据说明朝永乐年间，王氏的祖先，不知从何处游历至此风水之地，很幸运地与当地一清纯的女子邂逅钟情，这位从小到大未曾开口说话的哑巴女子，居然从此开口说话了，这无疑是天赐良缘。这不可思议之事，也许只是一个美丽的传说。

若展开遐想，700年前意大利旅行家马可·波罗对杭州的惊叹：“世界上最华丽的城市。”我的先祖是否是从北方来到江南杭州府，感受这世上最华丽城市的繁华，然后沿途继续南下，来到景色清丽、城廓雄险的台州府城，然后继续寻觅一直梦想着萦绕着的桃花源。

岭根，山清水秀，民风古朴，耕读传家，谷丰文厚，是耕读社会的理想境地。岭根，比屋知学，士风日盛，人文鼎盛，人才辈出，不断涌现不可思议之人。

在清代，岭根村曾出过一位长寿老人王世芳。据现成的碑记和史料记载，王世芳生于康熙八年（1669），寿终于嘉庆十三年（1808），寿龄140岁，史载王世芳在世时便七世同堂。乾隆皇帝称他为“南亭王老先生”，世人称他为“寿星王”。107岁时，他还参与《遂昌县志》的编纂。110岁时，被乾隆皇帝赐建“升平人瑞”坊。可惜的是，这座木牌坊在1945年被日军焚烧了。2009年，王世芳去世200周年的时候，村里筹资在公路边村口重建了木牌坊，举行了隆重的牌坊落成仪式。我应乡亲邀请回岭根亲历了这一盛事，并非常荣幸代表在外的岭根游子致辞。

据家乡老人回忆，王世芳的故居，就是我从小居住长大的院子，我原来一直与迄今为止的全球最长寿者先后居住在同一座院落，却不自知。再访旧居，我总是感觉着有一位140岁高龄的老人，满目沧桑地凝视着世事变迁。王世芳的世界与我们阔别已然数百年，这位长寿老人已渐渐湮没在历史的长河中。对于他史实的发掘，对他的历史越了解，我越遗憾我们曾经对于他的冷落与忽略。在各地争抢文化名人的今天，我们放着这样的奇人异事不好好地宣传好、利用好，宛实可惜。这些年，村里在发展乡村旅游过程中，对于王世芳已略有涉及，村口恢复牌坊便是一例，但力度显然远远不够。在建设历史文化名村的今天，我们用心做好王世芳文章，打好王世芳故里牌，我想时机应该是到了。作为家乡的后人，我们但愿寿王永世流芳，但愿风雅长存。

岭根是一个被人称为“将军村”的村庄。清末民初，这里走出去过大量军政要员、社会栋梁。岭根乡亲更引以为自豪的是，岭根村曾经出了八位国民党的高级将领。王文庆，是著名的近代革命志士、辛亥革命军政首领，毕生追随孙中山，成为名满东南的“光复旧勋”，曾任浙江省临时参议会议长，并担任浙江省首任省长。现临海市区的“文庆街”，即为纪念其而命名。追随革命先驱的脚步，岭根村无数的年轻人走出了乡村，投身于大时代浪潮之中。一个村，竟然出了八位将军，也算凤毛麟角吧。据说，岭根村的女婿和外甥女婿中，还有多位国民党的将领。国民党空军总司令周至柔，也是东塍镇人，是岭根村的女婿。

岭根还是一个抗日革命老区，是一个散发着红色革命气息的地方。1941年年初，岭根革命者王梦之、李乐山夫妇调到中共台属特委，分别担任妇女部长和宣传部长。他们执行省委的指示精神，秘密地在岭根的下店实施了重组台属特委领导机关驻地的工作，在岭根村召开了几次重要会议，点燃了不息的燎原之火。

在纪念抗战胜利60周年大会上，时任总书记胡锦涛在讲话中指出，中国国民党和中国共产党领导的抗日军队，分别担负着正面战场和敌后战场的作战任务，形成了共同抗击日本侵略者的战略态势。以国民党军队为主体的正面战场，组织了一系列大战，特别是全国抗战初期的淞沪、忻口、徐州、武汉等战役，给日军以沉重打击。首次在正式场合对抗战中的国民党军队进行了正面评价，意义不同凡响。

当下的电视屏幕上，抗战剧热播，《绞杀1937》《血战长空》，都有岭根英雄儿女的身影。那中国军民团结抗战，那鲜血洗过的战场，有故乡先驱的壮怀激烈。民族大业，造就了这一弹丸之地不尽的风采。岭根，记录下了岁月抹不去的历史沧桑，故乡的长辈在一起，时时沉浸在那段历史中，带着历史的凝重与礼赞。岭根村在王文庆故居开设了"王文庆纪念馆和临海市辛亥革命纪念馆"，已经对外开放，成为爱国主义教育的重要阵地。

对于村里的历史，我并没有过多的研究。但据说，当年有女儿嫁到台州府城，不稀罕；有女儿嫁到岭根村，很光彩。对于这座古村，想当年是何等热闹的场景。作为岭根人，又是何等的自豪和荣耀。

当下还没有人全面着手写岭根的男人，但是已经有人动笔写岭根的女人。我已看到书稿的草本，洋洋洒洒，罗列了近百位值得讴歌或一书的女人。辛亥革命光复会女将领王素常、革命者王梦之等都是岭根的女儿。岭根女子对革命的觉悟和进行，甚至比男子更热烈和坚定。中国革命的成功，女子之力要占大半。当然，若要编撰岭根的"女人卷"，第一号奇女子，应当从那位哑女开始。

今年9月，岭根村被列入第二批中国传统村落榜单，并正在申报第六批国家级历史文化名村。岭根的老街古巷，深宅大院，值得探幽访古。岭根的草编，被列入省级非物质文化遗产。今天的岭根，依然是本色的，这是一种幸运。我在今年的元宵节，回到临海体验元宵灯会，在紫阳古街上正好遇上岭根村的草编现场表演和展销，有位97岁的老太，眉目甚为清爽和慈爱，应该是岭根村年龄最大的草编传人了。如此高龄，身体康健，还能亲自劳作，熟练编织，这大概也是岭根村王世芳前辈长寿基因的嫡传吧。

一方厚土，底蕴深沉。与时代同步，岭根又焕发出了新的生机与活力。在各级领导的关怀下，在如火如荼的美丽乡村建设中，"家园"二字，始终萦绕在村两委等决策者和参与者的脑海。村支书参加去年年底在桐庐召开的浙江省美丽乡村建设中非遗保护现场会，与我有一番交谈，那些关乎建村的思绪，那些未来发展的格局和情怀，已然跃出纸面。岭根开始了一段新的梦想之旅。

《岭根村志》已编就，这是一项繁复的工程，这是一项劳其筋骨、磨其心志的事业。这也是一本集历史传奇、辛亥革命风云、将军风采、古驿道风情、古民居、民俗风情之大成的长卷。编著者对于家乡的熟悉与热爱，已了然于字里行间。翻阅村志，让我感触良多，从中触摸到一条沉潜已久的历史文脉，700年的建村历史在这里凝结。这本村志，述说着700年来岭根村的历史变迁，以及对于一个未来的期许。

故乡的前辈老人，以前经常给我们讲家乡的光荣史，那时我们终日忙于自己的工作事务，没有热情也没有时间倾听。随着老人不断随风而去，那些精彩或不精彩的故事，已然让我们失去了聆听的机会。这本村志，装载着的丰厚的历史记忆，对于我们既陌生又熟悉，既神奇又亲切。关于故乡的记忆，一草一木皆有情。

岭根的历史，总归是曾经的辉煌，现今的岭根，复又灿烂了起来。不变的，应是梦里故乡，变化的，是乡村发展的活力。

故乡且近且远。遥想我的先祖，他也一定是一个人在这样的月圆之夜，在这样的月色下，寻找宁静自然的心灵故乡。像今夜的我，也在寻思我明净的故乡，寻找那些丢失了的美好回忆以及怀念。然后从这里上路，去追求自己的理想。

（于2013年9月19日中秋之夜）

第六编

评好书

有情怀

有担当

浙江非遗普查工作的一个经典样本

——郑祖平《在整理民间记忆的日子里》序

展现在读者面前的是一位基层非遗保护工作者的工作日记结集。作者虽长我几岁，但相识甚久，这位“老同志”真诚地邀我在他袒露心扉的日记前说几句话，我自然恭敬不如从命。当我阅读着这本记录一年非遗普查工作的日记，勾起关于非遗普查工作的思绪，心头不由得感叹良多。

浙江为全国非遗保护综合试点省，先于全国各省份启动非遗普查工作。2007年，我省在基本全面完成民族民间艺术资源普查的基础上，再次部署动员非遗普查。非遗的普查涉及面广，门类多、专业性强、难度大、任务重、要求高。这项工作没有先例可以借鉴和参照。为此，我省在全省11个设区市分别布点，进行非遗普查的试点工作。宁波等试点单位大胆探索，勇于实践，走出了一条具有针对性实效性的路子，突破了非遗普查的技术瓶颈。2008年1月5日，省文化厅召开了全省非遗普查试点经验交流会，推广试点经验，典型引路，示范引导，由此全省非遗普查由点及面全面铺开。这一年，寒冬腊月到春暖花开，炎炎夏日到十月金秋，全省从事非遗保护的同志们，聚精会神、全力以赴地投入紧张的大普查。又是岁末，全省非遗资源的大盘点，成果喜人，硕果累累。文化部在浙江召开了全国非遗普查现场经验交流会，引来全国同行高度评价和热烈的反响。

郑祖平老师的这本日记，时间跨度不算长，为2008年一年建德市非遗普查工作的全过程记述。建德市是杭州市所辖的一个县级市。建德不是省里的普查试点，却做出了堪比试点的业绩。建德工作发动面广，田野调查认真、扎实，普查线索、调查项目数量突出，调查表填写详细、规范，文字、音像采录全面，他们以过硬的指标和质量，通过普查验收，得到上级文化主管部门的充分肯定。建德非遗普查取得令人瞩目的成绩，归因于党委、政府的重视，归因于人民群众的真切拥护和大力支持。这里，也不容置疑凝聚着郑祖平老师等众多承担着普查具体工作的同志所付出的智慧和辛勤的劳动。

每一代人都有自己的特殊的历史使命，非遗保护是我们肩负的崇高的使命和荣誉。要担负这一使命，就要识大体、顾大局，就要善于从每天做起、从小事着手，就要甘于吃苦、锲而不舍，以主人翁的姿态担当责任。放在我眼前的这部《在整理民间记忆的日子里》的作者郑祖平老师，今年已经53岁了，他是建德文化馆的一位创作干部，在戏剧小品创作和散文创作方面屡有建树，在杭州颇有名气。这次普查，建德市文化广电新闻出版局的领导硬是把这位“闭门造车”“自我陶醉”的书生，推到了普查前沿。郑祖平还真是书卷气十足，顶真得可以，领会了上面的精神不算，还自创自编一套办法，比如利用网络开建普查博客，为各乡镇文化员提供了方法和方便；比如自编教材和普查问卷，结合实际，简便易行；比如开办“培训班”到村头地角，一竿子插到底。一个对事业有追求的人，一个有精神生活的人，他的脚步总是坚实的。

我省在普查进程中，要求普查员撰写普查日记，将每日工作情况及时地、真实地、简明扼要地进行叙事性记载。郑祖平围绕岗位职责要求和计划安排，将每天所做的工作，所采取的落实措施和具体办法，所取得的结果或工作进展情况，一一呈现。日间亲历，所思所感，工作中的酸甜苦辣、经验教训，细细记述，杂以评说。这本日记，既忠实记录了普查工作的每一步脚印，是普查工作历程和成效的累积，又不乏心灵心声心志的倾诉，也是郑祖平老师一个特殊的个人阶段轨迹和精神生活的实录。这本日记，看似朴素平淡、朴实无华，读后却令人回味无穷。

要把工作做好，就得科学安排工作，善于总结工作，而记日记就是做好工作的有效表现形式，体现了工作管理的科学思维。为何有些同志工作平庸，问题就在于缺乏对工作的自我了解和及时总结，一天之中做了哪些工作，效果如何，一本糊涂账，更不清楚明天要干的事务，自然也就难以把工作做好。有道是，方法决定效果。郑祖平告诉我：有着写日记的自我要求，就得每天用心工作，科学地思考，务实地做事，自我加压。这样的日记值得一写，值得推广和借鉴。

准确地说，这本日记并不仅属于郑祖平个人，而属于集体，属于全省。郑祖平老师只是我省23万普查员中极为普通的一员，然而郑祖平老师的日记，却是我省成千上万普查员实践的记录，是浙江普查的一个生动缩影，也许能成为研究浙江非遗保护工作的一个经典样本，成为研究当代非遗保护史的一份可贵资料。从这本日记中，可以看出我们对非遗的认知和文化自觉的过程，看到非遗保护工作的脉络和轨迹，看到风起云涌的时代背景。或许，在史学家眼里，这本日记是一份当代“史料”，不足为奇。但我相信读者依然会有所采撷，从事非遗普查的同仁们会有所共鸣。因为，一滴水可以反映太阳的光辉，窥一斑而可见全貌。

人的一生不可以虚度。有的人一生过得很伟大，有的人一生过得很充实，有的一生过得很琐碎。我们都是平凡人，但如果我们有一个理想追求，有一颗奉献的心，就一定能把很多琐碎的日子堆砌起来，变成一个也堪称“伟大”的生命历程。如果我们的生命不为自己留下一些让自己热泪盈眶的日子，那么生命可能算是白过了。

我们这一代人在非遗保护事业上，注定将写下创业的历史，留下奋斗的足迹。我们躬逢其盛，我们深以为幸，我们不辱使命。

2008年12月20日

敏于思　笃于行
——许林田《钱塘游笔》序

许林田现任职临安市非遗保护办公室主任，但其在《钱塘游笔》所著述的内容颇多记录和反映的是全省各地文化工作，乃至全省性工作。这当然不是偶然的。

我们赶上了一个好时代，这是个伟大的中华民族重新振兴的时代，是不断发生着深刻变革的时代，是新事物层出不穷、突飞猛进的时代，是充满着发展机遇的时代。在这个时代，文化事业对于人民的思维、情感、思想方式、文化生活方式，无不发生着或者巨大或者细微而深刻的变化。社会发展的现实和人民群众不断增长的精神文化需求，呼唤着文化工作者的创新实践和深化的理性思考，也为文化工作者的长袖善舞提供了良好的舞台。

作为政府文化主管部门，传统的工作领域不断强化，新的工作职能延伸拓展。加上机关机构整编，人手严重不足，我所任职的省文化厅社文处一茬茬从基层选调优秀中青年干部帮助工作，同时也为基层培养骨干力量。我们从多种途径物色人选。时任临安市文物馆副馆长的许林田老师，经临安市文化广电出版局推荐，省文化厅党组批准，自2005年至2007年上挂省文化厅社文处工作。为此，许林田老师有了一个更高的视点和展示才干的平台，参与了这三年我省群众文化和非物质文化遗产保护的许多重要工作，成为我得力的工作帮手。

许林田老师对于工作是极其勤奋和努力的。

全省部署开展非遗大普查、非遗项目申报、非遗生产性保护等等，老许结合处里工作安排，勤于下基层调研，接地气，掌握第一手材料，撰写调研报告或专题材料，供处里和厅里决策研究。眼睛盯着基层，理论创新就有了源头活水。

许老师勤于思考、善于思考。他有着良好的知识背景，视野开阔，有哲学思维和辩证思维，善于将省情与基层实践联系起来思考，善于把客观世界和主观感受联系起来思考，善于把不同的事物联系起来思考，正是在这种联系之中，事物就活起来了，矛盾症结就凸显出来了，新的主题、新的视角、新的观点就冒出来了。务实的思考，才真正是具有价值的，也是创造性地解决问题的前提。

许老师勤于履行岗位职责。非物质文化遗产保护工作涉及面广，工作量大，疑难杂症多，任务重，要求高，富有很强的挑战性。他对于所承担的工作，自觉地做，认真地做，倾注心力地做，体现出优良的思想素质、较高的人文素养、扎实的文字功力和处理事务的综合协调能力。面对繁重的工作任务，许老师乐于加班加点，乐于奉献。

许老师很有才情，而且勤于笔耕。他的书稿中，文体形式多样，工作笔记、手记、日记、调研报告、人物访谈，不一而足。所见所闻，所悟所思，日积月累，渐成“大观”。全国的、省里的征文、论坛，他乐于参加，勇于发表见解，而且往往赢得了良好反响。在学问上有所成绩成就，既靠自己的素养，也靠平时的积累，培养一种好的习惯。

我以为，作为一个有思想、有作为的文化工作者，应该将自己的工作融入党的中心点，群众的兴奋点，社会的关注点；应当善于利用自己的工作条件，经常去发现、体察和研究工作进程中出现的新情况、新问题，为领导决策提供前瞻性、预见性的信息和建议。同时，作为一个文化人，应是充满热情、富有感性的。许老师对身边的师长、对非遗代表性传承人生动形象而颇具感染力的文墨，让我们不仅感受被记述者的风采、风范，也由此对作者的思想情怀有进一步的感悟。老许是理性的，也是真性情的！

在省厅的这三年经历，许老师无疑开阔了视野，也无疑是他工作生涯中的一段相对重要或值得纪念的日子。他在紧张的工作之余，能够勤奋著述，实属难能可贵。许老师撰著的《钱塘游笔》即将付印，嘱我作序，我欣然应允。他对公共文化服务的理论研究，对非物质文化遗产保护工作的思考和造势，不仅对于我，也相信对于众多同仁都会有所收获，甚或是获益匪浅。

随着非遗保护事业的兴起，现在我与老许分别在不同的岗位专事这项工作。我们躬逢其盛，理应“因天之时、就地之势、依人之利”，理应珍惜这一时代机遇、珍惜做事的机会。在此也期待更多的同志议大事，懂全局，专本行，怀着时代赋予的工作激情，深入到火热的工作实践中，才思迸发，孜孜不倦，在不同的岗位上多干一些实事。

我们对社会和事业的价值，取决于我们的敏于思，笃于行。

2008年12月26日

一个美丽记者眼中的美丽非遗

——刘慧《美丽非遗》序

文化界有位人士说起《浙江日报》记者刘慧，是“天使的容貌，菩萨的心肠”，我们是深有同感，深以为然。

我和刘慧老师有20多年的交往。特别是新世纪启动非遗工作以来，刘慧老师密切关注，倾注了很大的热情，给予宣传鼓励，反映非遗人留住乡愁、传承文脉的使命担当，展现了浙江非遗人走在前列、勇创一流的精神风貌。

早在2006年春天，刘慧在《浙江日报》发表“新农村建设要警惕破坏‘非遗’”的“警示”报道。国家非遗保护专家委员会副主任、中国艺术研究院院长王文章出席在长兴举行的“浙江省非物质文化遗产代表作丛书”编纂工作会议，提出了这样的警告，“在新农村建设进程中，对非物质文化遗产的保护要特别警惕两种隐性破坏，即建设性破坏和保护性破坏。”

刘慧老师的新闻敏感性，让她关注到这一重要观点。

在刘慧老师身上，我们感受到她深厚的文化责任感和文化情怀，对非遗保护的深刻理解，对非遗事业发展的真挚支持。她的采访满怀热情，倾注情感，特别用心，所以凡重要的非遗工作、活动、文化现象、实施步骤，我们都希望刘慧老师来采访报道。刘慧的报道稿，既有以《浙江非遗领跑全国》《浙江“非遗”让人赞不绝口》等全视角反映浙江非遗保护成就的大作，更有《婺风吹开“非遗花”》《海洋非遗可以网上“淘”》等生动情趣的新闻小品，倾心宣传。

非遗人感念刘慧记者对我们工作的深入报道和对非遗事业的推波助澜。

一个记者要有追求、有爱心。刘慧热爱记者这个职业，热爱生活，力图用自己手中的笔去追踪记录非遗事业发展，记载时代变迁中传统文化的赓续复兴。

捧着真心采访，是她作为一名优秀记者的突出特点。她采访作风深入，采访内容细致，她的报道中细节多、故事多、知识点多、值得品味的妙语也多，让人读了有所受益。

她是一位专家型记者，或者说已经成为一位非遗专家。她可以和传承人对话，可以和专家学者一样思考，非遗领域的专门问题，她都理解得很深入，有些观点还颇有见地。因此不断发掘出有价值的新闻素材，写出的文章也经得起读者的寻味。

譬如2011年12月2日的《浙江日报》，有篇题为《磐安非遗 华丽壮观本》的报道，开头一句“如果你赶在新春来到磐安，千万别忘了去赶茶场”。尾巴一句“年末岁尾，不虚此行。看了、玩了、吃了，还补了一堂非遗大课——小小磐安，藏龙卧虎”。

这篇报道，你看有“味”否?

她是一位在写作上有鲜明特点，有追求、有风格的记者。她的文字活泼、灵动，有现场感、画面感，但不花哨，升华到位，显示出一位资深记者文字的畅达、纯熟。当然，从刘慧老师的新闻作品中还可学到许多，比如她对新闻的敏感，她的文化涵养，她的文字风格等。

在龙年，刘慧探访成功入选国遗、省遗的30条“非遗龙”，她写道：藏龙盘龙，民间瑞兆。流光溢彩的巨龙，时而游龙嬉水，排成一字长蛇阵；时而蛟龙出海，山呼海啸般飞旋于村头街巷……

刘慧以满腔热情、不怕吃苦的精神，投入到非遗的采访报道中，发挥了一个记者推动社会文明进步的特殊作用。正是因为有刘慧等新闻人的担当，重彩浓墨、大张旗鼓的宣传，使非遗成为社会热词，使非遗保护成为社会共识。

刘慧善良，感性，她用乐观的心情做事，用善良的心肠待人，她的人生一定快乐。

在我们的鼓动下，刘慧有意将这十多年来追踪、记录非遗保护的报道汇辑成册，这是我省非遗宣传的一抹亮色一个结晶。一位好记者，是一家报纸的品牌，一位好的专业记者，也是一个专业领域的品牌。刘慧是美丽的记者，也是美丽非遗人，是浙江非遗的一个品牌。

刘慧老师的“美丽非遗”，让我们走进色彩斑斓的非遗大森林，领略一路森林一路景。

2014年5月15日

新生代非遗人值得点赞
——潘昌初《澄怀观道》序

大概去年的这个时候，小潘跟我说，想把历年的研究成果做一系统整理，想请我作个序。我欣然接受。去年10月底，我摔伤后住院，许多事都放一放了，也不知小潘的文集有没有按计划做下去。

一直到今年的5月，小潘发来文稿、目录和代拟的序文。文稿，我目前没有精力细看。代拟的序文，我当然不会挂个名了事，按我的性格和作风，肯定是自行起草。这点小潘应该了解，大概是考虑到我的身体因素，精力不济吧，他好心帮我代拟稿，让我省心省力，我心领了，但重砌炉灶。

小潘是浙大化学系的硕士研究生毕业，是个理工男。但是，大概与他出生在天台县这个人文鼎盛的地方有关，很有文化情怀。在研究生期间，来到了杭州市非遗保护中心实习。当时，非遗保护刚兴起，但“非物质文化遗产”已成为一个社会热词。杭州市等地经编制管理机构批准，成立了非遗中心。小潘怎么会到一个与所学专业风马牛不相及的单位实习，这我没问过，也许是机缘巧合，也许是命运使然。

小潘一定是实习期间表现优秀，毕业后被正式录用在杭州市非遗保护中心工作的。

2011年，小潘经单位和杭州市文广新局推荐，到省文化厅非遗处挂职。我处工作节奏很快，工作转换很快，大家经常加班加点，废寝忘食工作。小潘在处有一年半光景，我们朝夕相处，也对他有了更多的了解。

《中华人民共和国非物质文化遗产法》于2011年6月1日起正式施行。我与处里的同志构思策划举行《中华人民共和国非物质文化遗产法》普法宣传月活动，在全省开展“百场非遗演出、百个非遗展览、百场非遗讲座、百题非遗知识竞赛、百篇学法体会文章、百册非遗普及读物、百位非遗先进典型宣传、百万群众签名”的“八个百”系列活动。小潘提出，到浙江大学搞启动仪式，再动员一批高校建立非遗保护志愿者社团，同时举行出征仪式。我觉得这一设想好、有新意，就把这项工作交给小潘来具体负责。

半个多月时间，小潘联系召开高校协调会，去各高校奔波，与各高校团委做好沟通，并与浙大团委具体磋商和拟定普法宣传月启动仪式暨高校非遗志愿者社团出征仪式的实施方案。在启动仪式上，有来自浙江大学、浙江工业大学、浙江理工大学、浙江工商大学、浙江青年专修学院等6所院校的1000多名大学生志愿者在现场集体宣誓，承诺将“传承中华文脉，守护精神家园”。他们中还包括部分外国留学生。

我厅将2011年度确定为浙江非遗进校园活动季。这个“季”是一年四季的季，也是一年四季举行系列活动的意思。还是在浙大，以“传统的青春，青春的传统”为主题，在紫金港校区举行了浙江省非遗进校园活动季启动仪式。同时，浙江省大学生非遗保护辩论赛，浙江省优秀传统文化教育普及活动先进单位、个人评选等，相继在全省展开，在全省各地掀起了非遗进校园的高潮，也涌现了一批以非遗传承为特征的非遗学校，推动了优秀传统文化的薪火相传。

2011年的我省非遗进校园系列活动，整体设计，系统推进，紧锣密鼓，很有声势，也很有实效。说句实话，小潘功不可没。他担任过学生团干，了解高校团委和学生会的运行。他做事满腔热情，工作肯动脑筋，有创意，组织协调能力很强，能够吃苦耐劳，肯干。所以，我让小潘具体统筹非遗进校园工作，得心应手。当然，处里各位同志各有分工，各负其责，密切协作，着力推进，确保了各项活动干得漂亮！

小潘的这本文集，有两篇相关的文章：《致大学生朋友的一份倡议》和《杭州市非物质文化遗产进高校的实践与思考》。

当然，非遗的涵盖面很广，目前非遗保护的涉及面也很广。杭州市非遗保护亮点频现、有声有色，小潘参与或见证了其中许多重要工作和活动。为此，小潘这本文集的涉猎也颇为广泛。文集中《保护文化生态，传承文化遗产——杭州市非物质文化遗产保护工作的实践和思考》《杭州市传统工艺发展现状及对策建议》《杭州市非物质文化遗产传承现状及对策建议》等综合性报告，值得重视。一个年轻的非遗工作者敢于提笔通体构思、条分缕析，将杭州市的非遗资源和保护工作全面梳理和总结，这种勇气本身就让人敬佩，何况这几篇报告有厚度，见分量，文字上也颇为老到。

文集中，对于江海文化背景下的杭州文化遗产保护传承现状及对策建议，美丽乡村视角下杭州民俗文化保护和发展的建议；对于生产性保护现状及其对策的研究，对于杭州市非遗镇级名录试点工作的实践研究；对于杭州市非遗保护政策法规建设的现状及对策建议，非遗宣传展示体系建设研究；对于杭州市非遗档案工作、数据库建设的研究；以及传统戏剧曲艺巡演的杭州经验等，都是基于实践基础上的认识和理论研究，甚至有理论上的创见。小潘关于"非物质文化遗产保护的新态势""非物质文化遗产，生活中的美丽画卷"的认知，很新鲜，也很鲜明。

小潘是新时代的非遗工作者，也可以说是我省新生代非遗工作者的一个代表。我省实现非遗保护机构全覆盖，全省各地新进了一大批有学历有热情的年轻人。全省非遗保护培训班上，以前台下大多数是一片白发苍苍的年长者，现在几乎清一色是二十多岁的年轻人。

这些新的非遗人，与老一代的非遗人有很大的不同。老一代非遗人，往往一辈子干的是非遗行当，或者一辈子业余研究乡土文化，他们真正认识到非遗是民族的根与魂，痴情痴心痴爱。而新的非遗人，因为难得有高校设立非遗专业，多数与小潘一样专业不一定对口，有些是因为非遗中心是事业单位、是铁饭碗，有些觉得非遗好玩，当然也有如小潘一样真的对非遗很热爱。

小潘，大名叫潘昌初，今年三十岁了。这本文集是小潘对三十而立最好的诠释和纪念。我希望新生代非遗人，能够和小潘一样，不但将非遗作为一个好的职业，更能把自己融入到这项美丽又美好的事业。

2015年7月23日

周锦云的人生三重境界

——读《温州瓯塑艺术》

瓯塑国家级传承人周锦云先生，寄过来一本《温州瓯塑艺术》，比16开纸还大一点的版式，比砖头薄一点的厚度，精装本，很有分量，很典雅。

周锦云先生辈分很高，很有威望，这个我早就知道，但一直以来没有更多机会交流，了解不多。从作者简介中知道，周锦云先生曾担任中国工艺美术学会副理事长，并兼中国工艺美术大师联合会会长，是国务院特殊津贴享受者，入选中央电视台东方时空《东方之子》等。这些荣誉都是了不得的！

我翻开书的目录，这本书是通体设计整体构思，对瓯塑的历史沿革、艺术特征、技艺特色、传承保护，进行全面翔实系统的整理研究。这本书图文并茂，制作精美，瓯塑艺术精品琳琅满目。我觉得，对于从事瓯塑或者工艺美术的美术专业者来说，书中关于瓯塑的构图原理、题材内容、制作技法、表现手法、工艺流程、艺术风格、代表作品等，一定大有参考和学习的价值，大饱眼福！而对于非遗工作者来说，这本书帮助我们将瓯塑的“起承转合”系统整理了出来，从瓯塑的起因、传承发展的过程、历史沿革的起伏转折，以及当代瓯塑的艺术成就，通体做了精彩表达。

初步翻阅这本很有分量的书，欣赏着瓯塑作品的“美观大方”，深有感慨。

浙江工艺美术，有“三雕一塑”之说，三雕是青田石雕、东阳木雕、乐清黄杨木雕，一塑是瓯塑。我们省里搞展览，举办中国浙江非遗博览会，经常能见到三雕，精美！但是，我一直不大认识瓯塑。大概因为瓯塑精品都是巨幅作品，搬运不便，所以难得有机会在展会上看到瓯塑。我之前甚至曾将温州米塑当成了瓯塑，真是孤闻寡陋，浅薄之至。

2013年7月，省文化厅在杭州西溪湿地蒋公祠堂举行浙江省濒危剧种守护行动，我在蒋公祠堂内两边围廊看到了一组瓯塑，描绘了西溪整治、清淤疏竣、河岸绿化、水乡生活等画面场景，就像写实的油画、立体的照片，形象生动，栩栩如生。

这是我真正仔细欣赏和感受瓯塑作品。认识之后就常常能看到了，时而会在电视新闻中看到人民大会堂、中南海等场所会议厅的背景闪出大气精美的瓯塑作品。翻阅这本《温州瓯塑艺术》，瓯塑的代表作品历历在目：西湖天下景，半山盛景图，潮涌之江，塞上江南再放异彩，运河风情图，四大名窟，海上丝绸之路等等，都是巨幅佳作，大气磅礴，又都是精雕细琢，美轮美奂，美不胜收！

这才使我对瓯塑艺术有了完整的全面的、形象的生动的、直观的真切的感受和领悟。

创作这样大作品的人，一定有着宏大心胸，又有着细腻感情。周锦云先生就是这样的人。周先生从艺近50年，他擅长山水、风景、建筑、人物等大型作品的创作，他的作品注重表现大自然意境和色彩视觉效果，含蓄中兼泼辣，细腻中兼粗犷，功底深厚，雅俗共赏。

周锦云出道很早，23岁就担任了温州瓯塑厂创作设计室主任。1972年，周恩来总理陪同美国总统尼克松到杭州视察，省政府将展示浙江传统艺术之魅力的环境艺术布置任务交给了温州瓯塑厂，老师傅谢香如、24岁的周锦云他们接受了这项任务，充分发挥高超的技艺和聪明才智，创作了一批充分体现当时瓯塑最高水平的作品。在尼克松下榻的杭州香格里拉大酒店的大堂里，瓯塑第一幅大型壁画《雁荡秋色》诞生了；在尼克松的总统套房的墙上，浙江《富春江景》通过瓯塑艺术一一展示出来。在巨作面前，尼克松总统赞赏不已。尤其是陈列在杭州飞机场的大型瓯塑屏风《韶山》，气势磅礴，色彩层次分明，给人以希望和鼓舞，受到周总理高度赞誉。

1979年周锦云31岁，他带领着数位20多岁的“毛头艺术家”接受了为北京人民大会堂浙江厅创作大型壁画《西湖天下景》的任务。时任中国美院艺术系主任、辈分很高的邓白教授，评价为这是“有史以来把西湖全景搬上画面的第一次成功尝试，作品真正达到雅俗共赏的境界”。

自投身瓯塑艺术以来，周先生一以贯之，广拜各类艺术家为师，学习姐妹艺术的特长。他考察祖国名胜古迹，吸取艺术精华；他悉心继承传统手法，大胆探索新型技法；他将瓯塑艺术与环境艺术创作结合起来，创作出很多大型装饰画，使之既具有传统文化的韵味，又符合现代人的审美情趣。

周锦云先生创立的“云艺”设计院，被业界誉为温州室内设计师的“摇篮”与“黄埔军校”。现有80多位室内设计师投师学艺。周锦云先生期望能培养更多青年艺术人才，将来能让更多瓯塑艺术品走进千家万户。

在周锦云先生和其他瓯塑艺术家的努力之下，古老的瓯塑艺术在新的历史时期达到了一个新的高度。作为温州工艺美术行业的领头人，在他的带动下，温州的工艺美术精品迭现、人才辈出，取得了令人瞩目的成就，呈现出一片蓬勃的景象。

2016年G20杭州峰会，杭州萧山国际机场新候机楼总统1号厅大型瓯塑壁画《西湖天下景》(8.4m×4.3m)，精彩亮相！这幅巨作，将西湖传统和现代、自然与人文景观融为一体，描绘西湖桃红柳绿的人间天堂美景。这是周锦云及其团队历时6个多月精心设计与制作圆满完成的佳作，受到中央主要领导、国外首脑的高度赞誉。

也是G20项目，由周锦云先生负责设计制作的杭州“望宸阁”大型瓯塑壁画《半山盛景图》(7.1m×4.5m)，闪亮登场！画面将历史文脉与时代盛景融为一体，使西湖美景与半山盛景成为杭州两道并重的城市风景线。

《温州瓯塑艺术》这本书，记录了时代发展背景下温州瓯塑乃至中国工艺美术的传承发展。特别是书中保护传承章节和附录，具有极为珍贵和重要的史料价值。单是瓯塑艺术“大事记”及“老照片”，从1957年开始，到2016年12月为止，时空跨度60年，年年岁岁，方方面面，点点滴滴，件件桩桩，要追溯到这些历史岁月，搜集整理齐这些陈年往事，要花费多少心思、多少精力？！看人挑担不吃力，局外人可能是很难充分感受和体会到的。

周锦云先生承古传今，堆泥成画，成为一代大师。他为祖国优秀传统文化的传承传扬拼搏了近50年，把自己的青春和一生交给了瓯塑艺术和工艺美术事业。功成名就了，德高望重了，古稀之年了，周先生仍然奋斗奉献在瓯塑艺术传承传播的第一线，奔波忙碌，鞠躬尽瘁。

我今年3月开设了微信公众号“非遗老王”，没想到也得到了周锦云先生的密切关注，他不时对老王的推文和努力点赞，给予鼓励。

周锦云先生来看望我，他说，文化部在浙江艺术职业学院举办蓝印花布印染技艺培训班，这是列入2018年中国非遗传承人群研培计划的培训活动，邀请他讲一天课。

周先生以一生的心力，将瓯塑发扬光大。他深厚的“学养境界”，深厚的人生体验，一定会让来自全国各省份的传承人大有收获，豁然开朗，启迪和感悟到更高的“艺术境界”和“人生境界”！

2018年9月13日

盛一原的盛世锡雕梦

我认识盛一原先生多年了，这些年来我们不时有接触，不敢说这几年来一直关注他的锡雕艺术传承振兴的过程，但是近些年他的成果，我是有所了解的，尤其他的执着追求，我是极为钦佩的。

知道盛一原这位锡雕艺术家，记得是在2008年元宵，国家文化部在北京举办中国非物质文化遗产保护成果展，我随杨建新厅长观看了展览。我省选送参展的作品就有永康锡雕。我之前印象中的锡雕都是灰头土脸的，而这次展出的永康锡雕，一件件美轮美奂，熠熠生辉，竟然是这般精致，让我大感意外。也由此开始关注永康锡雕，进而了解这位锡雕的代表性传承人。更深入了解盛一原先生和他的锡雕，是在2012年，我厅在永康举行“浙江省传统五金文化传承发展论坛”，其间安排了永康锡雕馆开馆仪式，我在论坛上致辞，也在锡雕馆开馆时致辞。特别是走进锡雕馆，里边丰富的展陈，锡雕工艺的繁复，古往今来一件件精品，使我对锡雕文化有了深切的体验，对于盛一原先生为锡雕振兴的情怀和不懈努力，有了更为深切的感受。

盛一原先生著作了《永康锡雕馆》一书，送来样稿，并托我作个序。我对锡雕专业和行业不熟悉，不敢应诺。但我翻看过书稿，又认真拜读了盛一原先生的自序《我的锡雕梦》之后，大受感动。民间有高人，乡土有奇士，我觉得盛先生是锡雕界的高人奇士，而且是一位很有性情和情怀的非遗守望者。

盛先生在自序中，记述了与锡雕的“一种天生的不解之缘”。的确，盛一原这个名字本身就与锡有缘。《我的锡雕梦》中引用了一段顺口溜，专门说锡的好处：盛水水清甜，盛酒酒醇香，储茶味不变，插花花久长。不管“盛”什么，都是让事物变得更美好、更久长；“一原”，一个本原，不管如何变化发展，其坚守的本质和目标不变。我觉得“盛一原”这个名字，天生就是给一个锡雕艺术家取的。

从他的自序中，知道他有过一段坎坷的经历，才16岁就出门学做打鑞生意，挑着“行担”，一村一寨跑码头，挨家挨户上门叫生意，无论雨雪风霜天天如此，其间的艰苦艰辛当然不用说了。但他说，这些苦累都没什么，再苦再累对锡艺的兴趣始终一点不减，对打鑞手艺一直乐在其中。

之后，他自己开店，也开始了锡雕制品的一点一滴的收藏。之后他创办了浙江荣盛达锡制品有限公司，在保留了一套传统的纯手工制作的工艺外，也引入了机器加工和数控程序，让传统锡雕与现代科技相接轨、相融合，也使锡雕从普通的日用锡器转身为高档次、高层次的艺术品。

锡雕是他的生命，他又赋予锡雕以生命。他30多年孜孜不倦地从事锡雕业，他对于锡雕及其制品的深刻理解，对锡雕作品的集大成，对锡雕创作的艺术表现能力，对于锡器的研究和开发，对锡雕业未来的发展思考和构想，体现出超常的观念和超凡的识见，也使今天的永康锡雕出现了别样的面貌，也推动了永康锡雕极为重要的发展变革。

以我这位外行的眼光，看盛一原先生的锡雕作品，觉得有三个特点，他一手伸向传统，一手伸向生活，还有一手是对其他视觉样式和表现元素的研究和借鉴。

盛一原先生在他锡雕从业的整个过程中，以至今天，他所贯穿于整个创作过程的理念、思想，都保持着传统的技术语言和精华，这种传承是必要的。传统的精华，在他的作品里得到了最充分的表现，我们从中能够看到他扎实的传统文化的功底。由于坚守传统，件件都有精心的谋划和设计，精工细琢，用情用力，在他的作品中，我们能看到他所付出的心血。这中间没有一蹴而就的作品，而是形成了一种鲜明的富有张力和生命活力的艺术品格，显示出某种厚重和气势。这在当今大量作品千篇一律的复制时代，盛一原先生的作品无疑是非常独特的。这中间也表达了一种人文情怀，一种灵魂的语境。

盛一原先生十分注重将锡雕艺术融入生活。当然，锡雕本来就是生活的组成部分。我们在永康锡雕馆，看到了锡雕与生活方方面面密不可分的关系，看到了岁时节令和四季色彩的变化，看到了时代的变迁发展。在今天这样的时代，锡雕从生活日用品向艺术品进化，是对于物质生活和精神世界丰富性的一种重新表示。

他善于向其他造型艺术学习。省里有各种手工艺博览会，以及美术展览，他总是尽量来参观取经。他也曾经认真研学美术，研习书法，不断吸收和借鉴其他艺术门类的诗情画意。正因为他有着艺术美学的追求，还有现代视角一些形式构成的特色，使得他的作品在今天显得与众不同。融会和借鉴其他艺术门类，说起来容易，但需要花费心思和精力。博学多闻，不一定有直接的应用，但至少受到潜移默化的滋养，至少能够保持一种品质和品位。

盛一原先生是一位在锡艺造诣上有很高成就的非遗传承人，也是一位成功的企业家，他善于经营，荣盛达锡制品有限公司日趋繁荣盛达。其实任何艺术都需要经营，离开了这一点，艺术作品也许可能体现不出它本来应有的价值。荣盛达的发展，也让他有更多的可能做他想做的事，做一番自己心中的事业。

盛一原先生所创作的锡艺作品越来越精彩纷呈，他的收藏也越来越多彩丰厚了，水到渠成，永康锡雕馆顺势而生。这个馆，以古往今来的锡艺为视窗，收藏的锡器数量繁多，品类丰富，其时代早到宋朝，近至民国，更是囊括当今。许多的锡雕，造型优美，构思巧妙，有许多是我们闻所未闻、见所未见的。许多的锡雕，颇具历史价值、艺术价值和科学价值。这些作品，呈现了传统中国丰富多彩的生活，反映了今天百姓对于美好生活的追求，也展示了时代的文化趋向。锡雕馆的建设，有助于唤起社会对锡雕艺术的重新审视和进一步重视。

盛一原先生在长期的锡雕艺术创作、收藏和研究的基础上，融会贯通，系统构思，撰写和出版《永康锡雕馆》一书。这本书，既从宏观层面总结锡雕器皿的铸造技术、社会功能、文化内涵；又从微观角度深入研究，以小见大。这本书，把锡雕的发展历史与个人追求相结合，把展览图录与研究成果合而为一，阐析了锡雕质与形的关系，梳理了锡艺传承和发展的脉络，深入盘点了锡雕产品创新发展与市场开拓的经验。这本书，具有原创性，立意新颖，角度独特，研究深入，文脉清晰，推陈出新。充分展现了盛一原先生深厚的学术功底和创新性，集中反映了当前锡雕领域的研究成果和所取得的丰硕成绩，也为今后的研究方向方法提供了思路。

特别是本书的图录部分，从馆藏锡雕藏品中遴选了一批精品，用高清晰彩照和基本信息，以精准的图片，简练的文字，多维的视角，展示了这批稽古作新的艺术瑰宝。这本书，集资料性和研究性于一体，既精美，又富有学术性；既有艺术观赏价值，又有社会教育功能；既可以照顾专家的需求，又可以满足普通读者的艺术欣赏需要。

作为行业的领军人物，盛一原先生对于锡雕业的发展，倾注了满腔情怀和心血智慧，更倾注了他的人生追求和梦想。特别是新世纪兴起非物质文化遗产保护热潮，锡雕业的振兴得到了当地政府及文化主管部门的高度重视，使他有机会有了一个更大的平台。永康锡雕列入了第二批国家级非物质文化遗产名录，使盛一原保护好这一民族瑰宝的使命意识和责任感更加焕发。永康被列为中国总部经济发展实践研究基地，这个五金之乡、百工之乡的天地将更为广阔，也使盛一原先生追逐和实现中国的锡雕梦有了更为宽广的舞台。未来的锡雕艺术、锡雕产业、锡雕行业将是一个什么样的新面貌，他不断憧憬，他甚至畅想，应该为全国的锡制品行业标准和标准化管理做出示范，要为争取成为国家级非遗生产性保护基地而不断努力，要把永康锡雕馆发展成为中国锡雕馆，甚至他期待将锡雕艺术推向世界，他为这些美丽梦想不懈奋斗。

我们躬逢盛世，每一个中国人都有梦想实现的机会。盛一原先生的诸多梦想，似乎是天马行空的幻想，但我们相信，只要为梦想全力以赴，缤纷的美丽梦想一定能够实现。

2014年2月20日

朴而真 拙而雅

——杨思好《苍南夹缬》序言

民间文化肥沃的土壤，需要有识之士作各种各样的耕耘。杨思好是个勤恳的耕耘者。

我认识思好已有五六年。2003年，杨思好从苍南县文广新局选调上挂省文化厅社会文化处工作，协助我分管农村文化事业，为此我们共事一年多。处里的工作极为忙碌，经常夜以继日加班加点，思好几乎是以办公室为家，大致一个月才回家一次，我们戏称他是“月刊”。思好属于“讷于言、敏于思、笃于行”的那种类型，讲起话来口音很重，声音不响，听他讲话有点累，感觉不出他的才华；起草公文、讲话稿，速度不快，却质量很高，从谋篇布局到咬文嚼字，颇见功力。思好不浮躁，做事踏实，办事既遵守规程，又不失灵活，既务实又有独立思考，我对思好颇为欣赏。思好从基层上挂至省文化主管机关，转换角色快，进入角色快，与他长期的基层磨炼，注重学习提高，做事的认真态度，对学问的执着，是分不开的。我深信他会有所成就。

思好回苍南后，我们多有联系。大概一年半前，在一次会议上遇到思好，他跟我提起要写一本《苍南夹缬》的书。我认为这个选题很好。苍南久远的历史传统孕育了深厚的文化内涵，留下了凝重的文化积淀。这种文化底蕴有些是有形的，有些是无形的，它们富含的文化信息时时都给人以真切的感受。思好设想在苍南丰富的文化遗存中采撷最具代表性的夹缬，较典型地反映传统生活的变迁，反映苍南人民的情感和精神，这一心愿实属可贵。但鉴于当前已有众多的专家学者关注和参与了夹缬的研究，报刊、网络上不时见到研究夹缬的文章，也已有相关著作面世，思好对夹缬工艺不怎么熟悉，能否在夹缬研究方面推出新的成果，我有些怀疑，也有所期待。

大概半年前，又在一次会议上碰到思好，他在电脑上把《苍南夹缬》的书稿让我过目，我浏览了一遍，有些吃惊。这是一本图文并茂、富有一定民俗学价值的专著。思好以蓝夹缬的今昔变化，以现场采访、目击的真实材料为基础，不仅多侧面、立体式地对苍南夹缬的艺术形态、生产流程、传承体系、不同时期的代表染坊等作了形象而详细的介绍，还深入地分析了夹缬工艺之所以在苍南得以活态保存的原因，大胆地对有关辞书、专家对“夹缬”的定义进行了分析和补正。尤为可贵的是，书稿在充分尊重民间艺术真实面貌的前提下，以在民间征集到的生产于不同时期的夹缬图案为事实依据，对夹缬图案进行梳理和分析，在学术上进一步论述了苍南夹缬的艺术特征和文化内涵。这是作者多年田野调查和深入探索的结果，绝不是“文抄公”的二三手材料，所以十分难得。从这些沉甸甸的字里行间，我看到了杨思好的辛勤劳动，也看到了杨思好的聪慧和才智，也让我更深入地了解了杨思好。

几天前，思好给我打了个电话，说他这本《苍南夹缬》已修改完稿，请我为之写序。我说这本书专业性太强，提议他找一位专家。他说大专家没时间，小专家缺高度，还是要我写。为此，我将对思好的了解和对这本《苍南夹缬》的关注，作如上记叙。

当然，思好毕竟不是专职的研究者，掌握的纵向和横向的资料也不齐备，要提升到相当的理论高度有一定的困难。但作为一种实践的归结，即使尚有可斟酌处，也属正常范畴，应该给予充分的鼓励与相应的肯定。

按接受美学的观点，一部作品，只有当它传到读者手中，认真读了以后才算完成创作，那时见仁见智，并不用服从一个人的评说。但不管怎样，我以为，《苍南夹缬》这类地方文化之介绍，虽朴而真，虽拙而雅，既是本地人“在乡知俗”的导引，也是对外地人“入乡问俗”的若干提示，有助于加深读者对往昔的一种认识，对这方沃土的风土人情的留恋。因此，无论欣赏其长，还是发现其短，都是有益的事情。

当前，对非物质文化遗产的保护和研究，在各级党委、政府的高度重视下，已不断掀起热潮，形成风尚，取得了丰硕的成果。但是，非物质文化遗产的保护和研究工作还需要更多的社会力量踊跃参与，更需要不断地发扬求真、务实的精神。从这个意义上说，杨思好的新著《苍南夹缬》，虚实融合，古今结合，实属不易。如果没有深厚的民间文化涵养，是断然写不出来的。已经有了厚积，有了好的开端，希望思好老弟在民间文化的园地里耕耘不辍，收获不断。民间文化是一块值得有识之士问津、耕耘的园地，我们希望有更多的中青年来问津和耕耘这块园地。大家共同努力，把非物质文化遗产的保护和研究事业推向新的高潮。

2008年3月5日

吹过麦田的风
——《蒋云花麦秆贴画》序

浙江省民俗文化促进会在浦江召开传统表演艺术保护发展高端论坛，北京、上海来了多位对浙江非遗工作支持很大的专家学者，我专门赴浦江参加会议，听取专家学者的高见。会议期间，安排考察浦江的非物质文化遗产，板凳龙、迎会等几项表演艺术项目的考察，我没来得及赶上。参观蒋云花大师创办的浦江民间工艺馆，让我感触颇深。

浦江民间工艺馆陈列的展品很丰富，有麦秆画、剪纸、竹编、草编、花边，这五样民间工艺曾经是浦江家喻户晓的“五朵金花”。但现如今，即便是在浦江民间也已不多见了。值得庆幸的是，在这个民间工艺馆内“五朵金花”却争奇斗艳、琳琅满目，让人大开眼界。这其中，有蒋云花自己创作的，也有她多年收藏的。特别是满墙的麦秆贴画，花鸟禽兽、山水风光、肖像人物等，琳琅满目。这些作品，或来自日常生活中的事物和场景，或来自传说和想象中的事物和现象。这些作品，或野趣盎然，浸透着扑面而来的麦田的气息，或清丽秀雅，散发着新时代百花的芬芳。蒋云花的麦秆贴画创作，视野很开，题材很广，这些大小不一，风格各异的精美作品，无不体现着她的巧手匠心，渗透着她对美好生活的理解与艺术诠释，体现着这位老人的兰心蕙质。

她说，一个人只要喜欢观察，善于思考，就会发现有许多素材。她的创作题材取自大自然，而她的创作又使大自然更加多彩，使大自然更加生机勃勃。

浦江历史上做麦秆贴就很出名，但由于农村妇女受教育所限，在做什么、怎么做方面，都是按照祖辈的老方子老套路老程式，这自然无法适应现代人生活和审美的要求，无法提高作品的艺术价值。而蒋云花有着大胆尝试、勇于创新的精神，在继承传统的基础上，不断在工艺上革新，发展自己的技术。甚至可以说，她对麦秆贴的发展和突破，有着独创性和原创性。

整整挂满一面墙的一幅麦秆贴画巨作《百鸽图》，让人惊叹。这是蒋云花根据浦江籍著名画家张书旂先生的同名画作，于1990年为迎接北京亚运会而进行再创作的。这幅麦秆贴画中，百只和平鸽惟妙惟肖，活灵活现，栩栩如生。甚至有专家评论，用麦秆剪贴体现的鸽子，立体感更强，形态更逼真，造型更生动，比原画层次更分明。这幅寓意和平和繁荣的麦秆贴画，为北京亚运会组委会收藏。

2008年，浦江麦秆剪贴列为国家级非物质文化遗产名录项目，继而蒋云花被认定为该项目的代表性传承人。蒋云花再攀艺术高峰，决定用麦秆贴画进行《清明上河图》再创作。制作这幅大型麦秆贴画，不仅要有对传统绘画的深刻理解和准确把握，还要有娴熟的技艺和非凡的耐力，极具挑战性和创造性。一年半以来，她与八个女徒弟一直吃住在工场作坊，把所有的精力都投放在了这幅巨作上。这幅《清明上河图》，长23.8米、宽1.2米，比原作放大了4倍多，光麦秆就用了100多万根。这幅麦秆贴画，再现了张择端《清明上河图》人烟稠密，货物云集，事象繁多的场景。由于麦秆的质感丰富，光泽自然，使人物神态、画面景观更加形象与逼真，具有独特的艺术韵味。

这幅浦江麦秆版《清明上河图》，是麦秆剪贴技法的集大成之作，是对浦江麦秆剪贴工艺的一个总结，更是对麦秆剪贴工艺的一种突破，在麦秆剪贴工艺史上起到里程碑的作用。

在别人眼中，对麦秆贴画也许只是从市场价值来衡量。但她充盈和灌注在作品中的价值，更多的是她心目中的自我价值的实现，这是无法衡量的，也是弥足珍贵的。

一个人最重要的是，要不断挑战自我，要不断超越传统。认真倾听蒋云花的介绍，了解到她艺术生涯中的苦乐，她的理想和追求，她对现实处境的遗憾与坦然，她的韧性、执着、坚守的情怀。

蒋云花是位老党员，对一种信念的坚守，对美好事物的向往，这影响了她的一生，并持续地反映在她的生活态度上。她一生经历了太多的磨难和坎坷，但她不畏坎坷，坚毅自强，她没有怨天尤人，没有被命运压垮，在拮据、辛劳的生活中，她始终坚持不懈追求，在任何情况下也不放弃。复杂的经历把她造就成了一个传统性与现代性兼具的女性，执着于理想的她，总想冲到天空中自由飞翔。

她孜孜以求、孜孜不倦，在这种追求中，她的事业得到了扩展，技艺得到了提升，心灵得到了净化，也终于开拓出属于自己的特有的艺术和人生，并从中享受到不可替代的劳动和创造的快乐。在她身上，我颇为深切地体会到创业的不易，也体会到那份执着追求的精神。

她是一位有着很强社会责任感的女性。当当代工业文明改变了传统的生活状态，也使得曾经代代伴随我们的文化传统一并失去。蒋云花为传承文脉自觉担当。早在1982年，蒋云花特地编写了《剪纸、剪贴》教案，先后成为浦江县、金华市指定的中小学美术课、手工制作课的配套教材。1989年，这份教材由浙江科学技术出版社出版，并为省教育厅列入浙江省劳技地方教材。二十多年来，这份教材不断修订，不断再版，至今已向全省中小学发行了110万套。这意味着这一传统技艺的保护传承，有着深厚的根基，有着颇为巨大的阵容！

如今，蒋云花仍然担任浦江县中小学劳技课配件厂的厂长。这个类似于校办工厂的地方，已成为中小学课外传承教学基地，培养了一批又一批的麦秆剪贴专业人才和爱好者。

蒋云花今年70岁了，岁月的风霜，在她脸上留下了明显的痕迹。她的个头本来就不高，一种压力和负担面前，更显得瘦小。但与这位瘦小的老太交谈，你会感觉到一种生命的张力。虽然她还面临着许多困难，但你能感受着她的坚强。她仍在努力，为了她所钟爱的事业，为了麦秆剪贴的发展寻求着更广阔的空间。

蒋云花老师把她正在编写的《蒋云花麦秆贴画》一书样稿，拿给我看，请我为她的这本还在修改之中的书拟个序，我觉得我应该应允。这本书稿并不是纯文本性质的，不但对麦秆剪贴的传承脉络、制作技艺、手法创新等做了梳理，而且既有创作的流程图，又有具体剪贴的图例，所耗费的时间和精力，可想而知。听着她娓娓道来的艺术梦想和追求，翻看着这本倾注了她一生积累的书稿，我的心绪难以平静。

她的坚忍自立，她对高尚和美好的不懈追求，她的开拓创新意识和对事业发展所做出的悉心努力，给我留下了深刻的印象，我觉得很值得学习和宣扬。

2011年3月8日

君自故乡来　应识故乡谜

——《临海民间谜语》序

牛年新春上班第一天，我的老师叶泽诚先生来访，带来一本《括苍商灯录》，告诉我这是一位他的好友、临海谜家李忠芳前两年出版的谜文集。叶老师说，那本《括苍商灯录》，是他作的序。李忠芳新的谜集《临海民间谜语》也已编辑就绪，这次想让我这位现在在省里从事非物质文化遗产保护的故乡人为之作个序。

猜谜的"游戏"，小时候谁都喜欢。记得当年家乡临海每逢元宵节，沿街都是兔子灯，沿街张挂灯谜。但是猜灯谜我不在行，十猜九不中。今天社会多元化，吸引人的活动项目太丰富了，猜谜的活动也不大有人组织，也难得看到谜语。我对谜语实在是外行，让我给谜集作序实在让我发怵。怕有负厚望，我再三推托。但叶老师一再坚持，师命不可违，我只好承担起这本谜集的第一读者的荣幸和责任。

对李忠芳先生原先我不熟悉。为此，我请他寄来一些有关他的个人资料。我阅读了《台州晚报》刊发的《一个误入"谜"途的谜家》这篇介绍他的文章，十分认真地翻阅了他的第一本谜集，拜读了李忠芳先生撰写的《临海民间谜语》的后记。我为李忠芳对家乡乡土文化的饱含深情，为李忠芳的执着所感动，对他的才华很敬佩。

临海历史悠久、人民聪慧，是文化积淀深厚、文采斐然之地。家乡人民在历史的长河中，在劳动和生活的过程中，创造出美不胜收的口头文学，展开想象的翅膀，离奇的幻想，创作出或美妙、或谐趣、或发噱、或动情、或含蓄、或哲理的民间谜语。它运用比喻、双关、谐音等传统手法，生动形象的传情达意，它通俗、形象、顺口，这些民间谜语有话即长，无话则短，文趣每见，个中精义读者自品之。看似小打小闹小儿科的临海谜语，也真可谓斑斓多彩。民间谜语是人民群众语言宝库中的精品之一，在人民群众中广泛流传，这是一笔散落在民间的精神财富，是人民群众喜闻乐道的教育、劝诫和传授生活经验的介质。

民间谜语流传于民间，发展于民间，历经千年不衰，已成为中华文明的重要组成部分。对民间谜语进行深层次的调查、发掘、整理，以及进行综合的、专题的研究，去芜存菁，进一步传承弘扬，这无疑是十分有意义的。

李忠芳从谜十余年，对谜事的痴迷和执着，实在是上了境界。他首先从查阅地方史料开始，在前人的著述中寻找蛛丝马迹，居然“即便是有关民间谜语的只字片语，也未能发现”。在漫长的岁月中，民间谜语靠的是百姓的口口相传、转辗流传，散布在民间，收集不易。他凡遇见上了年纪的熟人，便主动向他们征集，在灯谜协会的谜友中，在老年大学的学友中，在亲戚朋友中，广为撒网，广种薄收，其辛劳是可以想见的。加上绝大多数的临海话与普通话的发音都不相同，灯谜多是方言化的词语，谜面或谜底又多有涉及已退出日常生活的物品，为使读者看得明白，李忠芳对此尽可能做必要的解释、注释。许多方言惯用语，尽管人云亦云，司空见惯，耳熟能详，所指含义也大致“有数”，而要真正把它写出来并讲出个所以然，却非易事，相当吃力。在这方面没有多少现成饭可吃，甚至可以说，前无所本、旁无所参，尤其需要有自己的功力。忠芳充分照顾到不同层面的读者，可谓之用心良苦。

忠芳对于出版这本谜集是“慢慢来，不着急”。对于一些在临海既有流传，而又出现在外地谜书中的谜语，采取“三不收”原则，即：非本地方言押韵者不收，谜面出现非本地词语者不收，谜底非本地常见之物者不收；对于可确认为临海当地的民间谜语，在选编的时候，依然采取“三不收”的原则：太难的不收，太直白的不收，太“荤”的不收。忠芳先生如是细致深入，对每一个谜语都寻根究底，进行考证，盖亦求慎求精矣。我想读者诸君在阅读此书时，一定会发现这本谜集的编撰思路颇多作者创见，颇富个性。

忠芳先生在谜友的支持下，进行了大量的采访收集整理工作，经过数年的努力和辛劳，采录谜语数千条，这本谜集就是在这个基础上选编的。“积学以储宝”。忠芳这上千条谜语绝非一日之功，集子虽小，成之不易。这本书内容丰富、考据严谨、见解独到、颇具功力，这需要比对大量的谜书，花费大量的时间和精力。若没有严肃认真的“治学”态度，坚韧不拔的意志和毅力，是绝对办不到的。这本谜集，凝聚着忠芳先生一份对乡土文化的深情厚爱。

看到忠芳先生的两本谜集，我是极为高兴的，我认为此举不仅是他个人的事，也是临海非物质文化遗产保护工作部门的事。这些谜语堪称临海民间文学中的活化石，这本谜集的问世，为今天的群众提供了一份充满乡土味的精神食粮，为绚丽多彩的家乡非物质文化遗产园地又增添了一朵小花。花虽小，芳香却浓，相信能得到广大读者的喜爱。这本书的面世，不仅对临海人民是一件很有意义的事，对于每一位来临海的朋友来说，也是一笔不小的收获。

作为家乡人对自己生养之地的民间谜语是不该不甚了了的，小小谜语，不仅保持着厚重的地方文化底蕴，还保持着最富特色的方言惯用语。待李忠芳先生这本谜集付梓出版，我自然将认真拜读，并让我的女儿也好好看一看、猜一猜。情趣盎然、寓意奇妙的灯谜，带给了儿时的我们无穷的乐趣，也将带给今天的我们走进一个奇妙的世界。

李忠芳先生是谜界的一位难得的奇才。这本集子，实乃忠芳先生集谜语研究20余年的历史和造诣的水到渠成之作。我衷心希望忠芳及其他谜友能够继续把这件事做下去，更盼望有关部门的领导能给予支持，将临海的谜语挖掘整理和继承发展，推向新的高度。

2009年2月5日

精耕自有丰收日

——《佛堂古镇的民间故事》序

义乌市佛堂镇的贾沧斌老先生因看了本人的拙作《把根留住》，给我写了封信，云其收集整理了40万字的民间历史故事，要出一本故事集，望我能给他写个序言。我感到十分荣幸，但为人写序实在是件难事，不仅要研读其作品，而且要揣摩其精粹，所以唯恐稍有疏漏，点评不当，掩人之美。因之不敢贸然答应。

贾先生信中陈述，他从1968年开始，历经40年努力，撰写了上百万字关于佛堂历史传说、民风民俗、名人轶事、地方特产等材料，并出版了《千年佛堂》《佛堂古镇的民风民俗》等书。据了解，贾先生已年近花甲，他在20来岁的时候就开始收集民间故事，在“文革”初期“破四旧”的时候居然有这么大的胆子，冒着大不韪收集当时所谓“封建迷信”的东西，也许是他初生牛犊的“无知”与无畏吧！他坚持几十年如一日，经年累月不放弃，收集整理了上百万字的资料，从中可见要付出多少艰辛！我深为贾沧斌的执着所感动，也为有像他这样的民间有识之士对民间文化的坚守而感慨。于是，便觉得不能辞却贾先生的信托，便“义不容辞”地承担起为贾先生著作作序的任务。这本《佛堂古镇的民间故事》的书稿便陈列在了我的面前。

打开书稿，一股纯朴的乡土情愫扑面而来。作品分上、中、下三篇，共十个章节，内容有关佛堂山水形胜、历史掌故、人文轶事、佛门高僧等。贾沧斌把家乡的故事，一一如数道来。也许，正因为他是一位“草根”，土生土长，生活在民间，为此他整理的故事是那么原汁原味，那么富有乡土气息。对于民间故事来说，纯朴自然自然是优点。

据贾先生说，他对民间传说和故事一直很入迷。佛堂的民间故事资源很丰富。从前，来佛堂古镇上经商、游历的外地人，外出经商、游历的佛堂人，带来了天南地北的故事，天长日久，这里逐渐成为了商品集散地和民间文学传播地，积淀了丰厚的民俗文化，尤其是村民中讲故事、听故事的传统，一直很兴盛。历史上，由于各种条件的制约，群众文化生活极为贫乏，生动有趣的民间故事、幽默诙谐的笑话，却如鱼得水，因为易记易传，为劳动人民所喜爱，成为群众的主要精神食粮。

故事不是历史，但故事中包含着历史的痕迹。虽然不是如实地反映历史事实，却是艺术地反映了历史的本质方面，传达出先民对于历史、对于历史人物的评判，因而具有极高的文化史价值。阅读这本书，不仅能被书中离奇的故事情节所吸引，还能帮助我们了解当地的风土人情，不仅受到劳动人民优秀品质的影响，而且还学到了劳动人民用艺术来反映生活的本领。民间故事表现出的审美观、价值观以及科学认识、道德教化和娱乐功能，对于丰富群众文化生活、建设精神文明、构建和谐社会有着积极的现实意义。

民间故事不同于作家的书面创作，它是讲出来的，当年会讲故事的人现在大多年事已高，而青年人中擅长讲故事的已成了凤毛麟角，新一代对故事的兴趣日趋淡漠，佛堂民间故事面临传承断代的危险，急需抢救保护。从这个意义上说，民间故事作为一种弥足珍贵的非物质文化遗产，正需要我们花大力气去保护。

贾沧斌自谓是“佛堂古镇的一位普通农民”，对有“千年古镇、百年商埠”之誉的家乡佛堂是情深深、意切切。一位农民兄弟，有这般识见，有这般功力，有这般毅力，令人敬佩。精耕自有丰收日，只有付出真情和汗水，才能有殷实的收获。这里，我对贾先生又一本关于佛堂古镇的成果的出版，表示我由衷的祝贺。

“佛光透彩传万代，堂烛生辉照四方。”这副当地渡磬寺里的对联，据说是佛堂这一地名的出典。佛堂，历史有诗文以记其盛，更当深度挖掘其丰富的文化内涵。我相信,《佛堂古镇的民间故事》的出版，可以使大家更加了解、关注和喜爱佛堂。

当前，我国已进入新的发展时期，“小商品之都”义乌正昂首迈向新的历史进程。我们应该更进一步挖掘义乌深厚的人文历史，融合世界小商品城和中国文化产品交易博览会所带来的现代文明，让千年义乌绽放出新的魅力。

2008年5月1日夜于杭州

第七编

缘好书

豆腐渣身体
钢铁般意志

钢铁意志钢铁心

——《钢铁是怎样炼成的》读后感

记得我在读高中的时候，在大队俱乐部图书室借来《钢铁是怎样炼成的》，如饥似渴、废寝忘食地一口气读完。保尔·柯察金，这个削瘦却一脸坚定，历经磨难但不屈不挠的年轻人，成为我的人生榜样。

保尔说："人最宝贵的是生命，生命对于每个人只有一次。人的一生应该这样度过：当他回首往事的时候，不因虚度年华而悔恨，也不因碌碌无为而羞愧；这样，在临死的时候他就能够说：'我的整个生命和全部精力都献给了世界上最壮丽的事业——为人类的解放而斗争。'"

在我们那个年代，保尔用他钢铁般的意志和钢铁般的心感染了每个读者。保尔在家乡烈士墓前的这段独白，成为了千百万青年的座右铭。这段话，我也是记在笔记本上，更是记在心里铭刻在脑海里。

这两天重读《钢铁是怎样炼成的》，更是一番感慨在心头！

保尔有着坚定的信仰信念。他为追求真理，不顾一切，随时准备牺牲自己的生命。如果你是普通人，那就活着，为自己活着；如果不想做普通人，那就为别人为大家而活，为实现社会理想而活。保尔为人类的解放而活着！

小说中有个情节。为了供应木材，保尔带领共青团员修筑铁路，有的团员承受不了恶劣的条件、疾病的威胁、饥饿的煎熬，还有土匪的袭击，要退团退出劳动，掏出团员证扔在地上说"这张小卡片我不要了"。保尔愤怒质问："共青团证难道是一张小小的卡片吗？入团难道是想得到什么好处吗？"他坚定地说，"想走的走，愿留的留！"坚定的共青团员们不畏艰险，克服重重困难，终于修通了铁路。

书中这样的例子有许多。通过记叙保尔·柯察金的成长道路告诉我们，一个人只有在革命的艰难困苦中战胜敌人也战胜自己，只有把自己的追求和祖国、人民的利益联系在一起的时候，才会创造出奇迹，才会成长为钢铁战士。

保尔有着纯粹的品质。他善良质朴、正直正气，爱憎分明、疾恶如仇，血气方刚、无所畏惧。他冒着生命危险从匪徒手中救下布尔什维克朱赫来，教训欺负女战士的团政委，救护匪徒头目的小女儿，为工作中不慎损坏钻头的共青团员辩护，“惩治”莫斯科派来的一个嚣张跋扈的官僚。保尔的正义感，令人感佩。

保尔是一个自觉的无私的革命战士。他总是把党和祖国的利益放在第一位，随时准备冲锋陷阵，不怕流尽最后一滴血。在那血与火的战争年代，保尔和战友们一起驰骋疆场，为保卫苏维埃政权而斗争，同外国武装干涉者和白匪军浴血奋战，为革命事业不怕牺牲勇于献身。在医治战争创伤、恢复国民经济的艰难岁月，他以全部热情投入到和平劳动之中。虽然他曾经金戈铁马，血染疆场，但他不居功自傲，也没有考虑个人的名利地位，只想多为党和人民做点事情。党叫他修铁路，党调他当团干部，他都是豁出命来干。在全身瘫痪、双目失明后，他生命的全部需要，仍然是能够继续为党工作。

保尔的战友说，他像一团火，倒在雪地里，雪都会燃烧。革命的火焰把他的心烧得炽热，同时，那烈火一样的病痛也炼就了他那钢铁一般的意志。

保尔年轻的一生中有三次与死神相遇，在一次残酷的激战中，他的头部受了重伤，一只眼睛失明；第二次，保尔在艰苦的修建铁路工地因为伤寒得了肺炎，昏迷了24天；第三次，医生发现他头上一处弹片留下致命的暗伤，导致了保尔双目失明，并完全瘫痪。保尔也曾经灰心丧气过，甚至有想自杀的念头，但坚强的革命信念支撑他度过一次次艰难险阻。他责问自己：“为挣脱疾病的锁链，你竭尽全力了吗？你应该奋斗到生命的最后一刻。”

命运是不公平的，但他依然执着，强忍病痛，紧紧地握住笔艰难地写作，用惊人的毅力以另一种方式实践他生命的誓言。“保尔又拿起了新的武器，开始了新的生活”，在病榻上历时三年，最终赢得了成功，表现了一个革命战士钢铁般的意志所能达到的最高境界。

冬妮娅对保尔说：“你会写完的，只要你还活着，只要你真的想把它写出来，就不会有任何困难可以阻挡你。你不是普通的人，你是一块钢铁，任何人都动摇不了你的意志。”还是冬妮娅了解保尔！

世上没有绝望的处境，只有对处境绝望的人。少年时穷苦的生活练就了保尔不屈不挠的性格。虽然历经磨难，甚至几次处在生死边缘，但他与命运拼搏，用自己有限的生命，去创造更多。钢铁的锻造需要意志力，含泪播种的人一定能含笑收获。

《钢铁是怎样炼成的》，让我们见证了从一个天真无邪的孩子到一个满腔热火的青年到一个刚毅坚强的革命战士再到身残志坚的作家的蜕变过程。正如保尔所说:“我的整个生命和全部精力，都献给了世界上最壮丽的事业——为人类的解放而斗争。”

这是一部自传体小说。作者奥斯特洛夫斯基，1904年9月22日出生于工人家庭。因家境贫寒，11岁开始当童工，15岁上战场，16岁在战斗中身受重伤，23岁双目失明，25岁身体瘫痪，1936年12月22日去世，年仅32岁。他历时三载，克服难以想象的困难，创作了《钢铁是怎样炼成的》这部不朽的杰作。

小说充满了革命的理想主义色彩和英雄主义的格调。通过揭示保尔为了党和人民的事业，敢于战胜任何艰难困苦的刚毅性格，形象地告诉青年一代，什么是共产主义理想，如何为共产主义理想去努力奋斗。革命战士应当有一个什么样的人生，这是小说的主题。

这几天，保尔·柯察金(奥斯特洛夫斯基)一直萦绕在我的心间，他的人生遭遇揪着我的心，难以释怀。我的身体现状与保尔有点近似，我一生中也是三次送去急救死里逃生，现在依然肺功能衰弱、四肢瘫痪。保尔比我还要惨，还双目失明。保尔非常艰难，肢体上和精神上承受着怎样的巨大的苦痛，我觉得我多少有点共同的感受。即使身体坏了，保尔“不要抱怨战争，是战争让我有美好时候”“我要出院，我要工作”，我和保尔的心境是一样的！工作是美好的，工作让人生有价值有意义。

《钢铁是怎样炼成的》带给我太多的思考。人生可以说是一段曲折而坎坷不平的路，面对重重的困难，我们应该向保尔学习，像保尔那样有着自我献身的精神，坚定不移的信念，顽强坚忍的意志，用钢铁般的意志和毅力冲破困难。一个革命者要具备这样的品质：下定决心，不怕牺牲，排除万难，争取胜利！

2017年3月18日

他是一位超级英雄

——《与万物对话：霍金传》读后感

仰望星空

当今中国，对环保越来越重视，杭州的天空也变好了，白天可以看到蓝天白云，夜晚仰望天空，可以看到繁星闪烁。大概南京军区杭州疗养院在西湖杨公堤边上，周边没有商业灯火，很宁静。

我正在看《与万物对话：霍金传》（以下简称《霍金传》），我想起霍金思考的问题，浩瀚的宇宙到底有多么大？是无边无际还是有边缘的？它是永恒存在的，或者仅仅是年代久远的呢？当然，霍金的宇宙世界要比我们这些普通人想得深奥。

霍金说，宇宙来自于一次大爆炸。极早期宇宙发生过的暴胀：宇宙尺度在一秒的极微小的部分时间内至少增加了100万亿亿亿倍。大爆炸创生了宇宙中的万物。

我们看得见的，有1000亿个星系，银河系只是其中一个。

地球只是绕着一颗非常平凡的恒星运转的行星。我们不能声称在宇宙中有任何特殊的地位。

再过50亿年以后，太阳将耗尽它的核燃料，它会肿胀成一颗所谓的红巨星，直到它把邻近的地球和其他行星吞没。

时间本身在大约150亿年前有一个开端，而且他在将来的某点会到达终结。然而在另一种时间里，宇宙没有边界。它既不能创生，也不被消灭。它就是存在。

霍金说，在空间旅行老了几年的人，再返回时会发现当时留下的每一个人都已经死亡几千年了。霍金的“推测”，让我想起浙江的“烂柯山传说”：烂柯山上，有个砍柴的小伙，观看两位老人下棋，太阳西下时他也赶紧下山，却发现早已物是人非，他熟悉的人，皆已离开这个世界上百年。

看来，有时传说却是真实。

我们有限的思维何以理解无限的宇宙？霍金的思想绽放出了动人的花朵，在黑暗的宇宙边缘点亮了一盏明灯。

向命运宣战

读《霍金传》，我为他的天才和巨大成就而感慨，也为他或者说更为他的强大的内心和精神所感动。

霍金这位研究天体物理学的教授，全身瘫痪，被禁锢在轮椅上50多年，不能说话，唯一能动的是他的双眼和3根手指。在漫长的岁月中，他靠借助语音合成器与人交流，他50年来的所有惊人成就，都是在轮椅上做出的。

在大学期间，霍金收获了自己的爱情，然而几乎是在同时，他被检查出患了绝症。那是一种肌肉慢慢萎缩，可以致人瘫痪和失声的可怕疾病，这样的患者被称作“渐冻人”，他们的寿命不会很长，而当时医生预言霍金的生命只剩下两年。这可以说是一个晴天霹雳，当生命不再长久，爱情又该何去何从？

霍金向命运宣战，他要让自己的生命战胜残酷的命运，在霍金的大半生中，他经历过好几次大手术，多次与死神擦肩而过。时至今日，他已经70多岁，创造了“渐冻人”寿命的最高纪录。

高端大气的霍金，在几十年的生活中，过得很不容易，每一天，他都在同疾病搏斗，但是，他面对疾病，却是乐观向上的。

在品读霍金人生经历，了解霍金学术成就的同时，我们可以感受到霍金那永不服输的高傲姿态，那是不屈服于命运的顽强心志。

霍金成为很多年轻人的偶像，他的传记更成为励志图书，大家为他的科学成就所赞叹，更为他的顽强所打动。

时空的穿越

中国有句话：祸兮福之所倚，福兮祸之所伏。长年坐在轮椅上是痛苦的，但也因为身体不能运动，所有的思想、精神和时间都用于研究宇宙，才让他不断有新成果，不断有突破。霍金说，如果他能到处行走的话，他要上课，要做导师，不可能专心研究想要研究的东西。

塞翁失马，焉知非福。失之东隅，受之桑榆。你说这是阿Q精神也没错，人有时候需要一个给自己合理的解释。就好像有人对我说，上苍这么安排，总有它的道理。

从17岁考入牛津大学，开始接触自然科学，霍金考取了剑桥大学宇宙学的研究生，正式接触他所向往的宇宙世界。后来又成为凯斯学院的研究员，一些举世震惊的理论便接踵而来。一直到73岁，还在研究宇宙。在长达56年的科学研究中，霍金取得的成绩是巨大的，他发现了引力波，发现了黑洞，提出时间旅行的说法，还用通俗易懂的语言写出一本畅销书《时间简史》。

提起霍金，大家一定会想到穿越未来和黑洞。

霍金说："黑洞其实并不黑""黑洞会吞噬一切，包括它自己""外星人真的存在""想不想进行一场时间旅行？"……

这样的奇思妙想，带给人的都是惊喜和欢乐。

从《时间简史》，到《果壳里的宇宙》，到《大设计》，再到《我的简史》，他的每一部著作，带给读者的都是震撼。

这些理论在科学的基础上存在强烈的科幻性，诚如霍金所说："宇宙，是一个充满神秘色彩的空间，这也值得我们一起去探寻研究。"

他在统一20世纪物理学的两大基础理论——爱因斯坦的相对论和普朗克的量子论——方面迈出了重要的一步。他的著作《时间简史：从大爆炸到黑洞》发行了数百万册，解答了人类有史以来一直探索的问题：时间有没有开端，空间有没有边界。他从研究黑洞出发，探索了宇宙的起源和归宿，描绘出一幅璀璨的宇宙之景。

他是强者，也是超人。他用大脑计算宇宙方程，更是成为前无古人的天才。

如果把霍金比喻成科学界的星星的话，他不是流星，也不是彗星，他是恒星，永远闪烁在科学的星空中。

精神的瑰丽

几十年来，斯蒂芬·霍金一直被看作科学的化身，他那些颠覆性的研究成果改变了我们看待宇宙的方式。同时，他与病魔的搏斗激荡人心，也使他成为全球残障人士的杰出代表。

我追寻，到底是哪些理念和因素塑造了他的世界观和个性？

好奇。我们中的大多数人在大部分时间里不会去忧虑时间和空间，不管它们为何物，不过我们所有人有时会很想知道时间是什么，它如何开始，并且把我们导向何方？

霍金告诉我们，虽然我们人类的身体受到许多限制，但是我们的精神却能自由地探索整个宇宙。

对万物热情。霍金有着年轻的心，即使今天已是70多岁高龄，依然徜徉在时间的隧道里，永远澎湃而又有激情！

勇敢。有时候，活着，需要勇气。霍金告诉我们，永远不要绝望就是希望。

别让不幸左右人生，别限制你的雄心壮志。身残志坚的他活出了不一样的人生。

超人。霍金用自己的不屈和毅力谱写了一曲传奇，特别是他战胜疾病探索科学真理的拼搏精神。他是一位超级英雄。

乐观。你们有没有看见霍金的微笑很灿烂？他在古稀之年，在两部电视剧里客串演出，他的乐观精神，感染了无数人。

霍金的成功既有自身的努力，也有天赋，还有他身边一直关心他，支持他的家人、朋友和学生。

英国的一家报纸评价霍金，“童真好奇与天才智慧的结合，当我们领略霍金宇宙之际，为他精神的瑰丽所惊异。”

读《霍金传》，跟着霍金，脑子里暂时不想俗事，想想宇宙，思想和心灵也变得空灵许多。

2018年1月22日

轮椅上生命的怒放

——张海迪《轮椅上的梦》读后感

张海迪是时代楷模，是我们的榜样。年轻的时候是，现在是，以后也是。

张海迪跟我属于同时代人，她比我年长一点。记得上世纪80年代初，我参加工作不久，张海迪成为全国的先进典型，党中央号召向她学习，邓小平等老一辈革命家做出题词，海迪姐姐是那一代人的偶像，全国人民成为粉丝，大家传颂的张海迪的事迹，为她身残志坚，奋勇学习，为民服务，忘我创作和坚强的信念深深感动。记得我也是捧读着报道，心中怀着敬佩。海迪她给所有的人，也包括我，给大家精神的力量。

一个重残病人，一个女孩、姑娘，生命的能量能焕发出如此的光华，那一个健全的人又该如何呢？

生命的能量

春天，春雨滋润，绿色回归，让心灵之门向着一望无际的绿色敞开。

我重读张海迪《轮椅上的梦》，这是一本自传体小说，这本书有25个章节，都没有小标题，我看的时候，无从选择，就从头看到底，好像看电视连续剧。书写了一个坐轮椅的少女成长过程中所经历的压抑，挣扎，追求，升华。这本书写得细致细腻，让读者有种现场感、画面感。这本书不是囿于个人的所思所想，所做所经历，而是以时代风云为大背景，描写和塑造了一群青年人的理想，奋斗，迷茫和追求，反映了社会的波澜和波浪式发展进步，显示海迪的胸怀和情怀。

张海迪这个羸弱的残疾女孩，在当时这么艰难的条件下，是怎样成长为一个自强者，成为一个有理想、有情怀的人？我在书中寻找影响她人生历程的关键节点。

书中说，女孩喜欢画画，而且喜欢画楼房，画的楼房里很热闹，每一层都有很多人。可她的四周平时却没有人，只有一只白猫。她很想跟人们说话，可实际上却只能跟自己说话。

女孩做梦，经常梦到自己不坐轮椅了，在不停地跑，不顾一切地跑，追着小鸟，追着小鸟的欢唱。河水喧哗着，世界开满了花，女孩儿永远不停地奔跑，奔跑……

女孩不愿老师、同学对自己另眼相看，她刻苦学习，渴望进步，各方面都不肯落在伙伴们后面。她期待让所有的一切重新开始，就像蛹变成美丽的蝴蝶……

在一个不寻常的日子，班里的红领巾小队为这位高位截瘫的女孩举行入队仪式。红领巾是红旗的一角，是用烈士的鲜血染成的，戴上它，就要像刘胡兰、卓娅那样，英勇地为共产主义事业而奋斗！红领巾系在胸前，女孩五指并拢，高举过头，向队旗宣誓，时刻准备着！

班里的红领巾小队举行一个特别的朗诵会——朗诵烈士遗书。这是烈士活着的时候在铁窗里偷偷写下的几句话，还有铁镣在青石板的街道上留下的叮叮当当的回声。女孩说，我为这些字句，这些情感、信念和理想，为这些人，这些曾经和我们一样的人流下热泪……虽然我从没有见过铁窗、刑场，我甚至想象不出那是什么样子，可我知道，他们失去了最宝贵的自由。

书里那些宁死不屈，大义凛然的形象，如同一团团模糊的，但却跳动的火焰在女孩的眼前闪烁。女孩说，认识书里的牺牲者，觉得自己的病痛算不了什么。她为那些烈士的壮志豪情感染着。

女孩说，读着书里的故事，我就忘了周围的一切。从《在人间》这本书里，我看到了主人公怎样历尽坎坷，饱尝了人世间的痛苦。在《热爱生命》这本书里，我看到了一种力量。在那个骨瘦如柴、奄奄一息的人的体内，有一种看不见的力量，它是不能用坚韧顽强这样的字眼来形容的，但它却使这个垂死的人挣扎着通过了荒无人烟的冰天雪地。这个力量就是信念和意志。

书中描写道，那天，爸爸看着报纸，清清嗓子，大声地念出了文章的标题：

《烈火中的青春——记一位年轻的烧伤英雄》。爸爸读了一段，停下来说，你们看，这位烧伤英雄的故事是不是很感人？他全身都被这么严重地烧伤了，可他想到的不是自己眼前的伤痛，而是将来还要回到舰艇上去继续战斗。我们要向这位英雄学习，勇敢地和疾病做斗争。

多好的爸爸，你总是鼓励我勇敢坚强，克服困难，努力学习。你给我讲过多少激动人心的故事，你让我认识了一个又一个平凡而伟大的英雄……

生命的追问

小燕子，春天，当你摔伤了翅膀，衰弱地躺在小纸盒里，谁会想到你能在秋天的原野上勇敢地展翅高飞呢？

记得在改革开放初期，1980年5月，《中国青年报》发表了一封读者来信，署名为潘晓的读者问：人生的路怎么越走越窄？

这封信，当时影响很大，引发了全社会特别是年轻人的人生观价值观大讨论。

1983年，《中国青年报》发表《是颗流星，就要把光留给人间》，张海迪名誉全国。

张海迪在残酷的命运挑战面前，以顽强的毅力与疾病做斗争，自学了小学、中学课程，攻读了大学和硕士研究生的课程，自学了大学英语、日语、德语，并执着地进行文学创作，先后翻译了《海边诊所》《丽贝卡在新学校》《小米勒旅行记》《莫多克——一头大象的真实故事》等十多本的英语小说；出版了长篇小说《轮椅上的梦》《绝顶》；出版了散文集《鸿雁快快飞》《向天空敞开的窗口》《生命的追问》等。其中，《生命的追问》出版不到半年，重印4次，获得全国“五个一工程”图书奖。

上面这段文字，我是根据百度百科介绍记录的。海迪翻译的小说，创作的小说、散文集的书名，我照录下来，是我觉得这些书名都很有韵味，意味深长。

张海迪并不是生下来就是一个超人，而是后来才变成一个心理非常强大的超人。书中女孩说，那时候我经常想到死。又过了好多年，我还活着。我那时活着，现在依然活着。而我那时的确是想死了。

她把人生中遭遇的艰难困苦化作生命的养料，将人生中感受到的美丽美好化作生命的能量，她在成长的过程中，不断树立和强化人生的信念，不断追求人生的美好。

女孩又在一次作文中写道，我是借着透进窗口的月光给你写最后一封信的，从此以后你再也收不到我的信了。如果我写一百封信，就像一百只鸽子向你飞去，一百只鸽子该是多大一群啊！可这是我给你的最后一只鸽子了，我就要死了，就在明天早晨。死了就什么也没有了，没有一切了，假如我没有了一切，别人还有，我愿用我的死为人们换来幸福……

你是谁，你有什么特长，你能为这个世界做什么？

张海迪怀着"或者就要做个对社会有益的人"的信念，以保尔为榜样，勇于把自己的光和热献给人民，她以自己的言行，回答了亿万青年非常关心的人生观、价值观。

张海迪以自己的演讲和歌声，鼓舞着无数青少年奋发向上，呼唤全社会都来关心支持残疾人事业。

张海迪在本职岗位和社会工作中，自强不息，以满腔热情和高尚品格奉献人民，服务社会，唱出一首生命的赞歌，在人民群众中有很高声誉和威望。

《轮椅上的梦》中有句话：我不是没有觉得艰苦，我只是把它忘了，因为还有别的东西吸引着我的注意力，它比我体味艰苦更重要。

张海迪以自身的勇气证实着生命的力量，正像她所说的："像所有矢志不渝的人一样，我把艰苦的探询本身当作真正的幸福。"她以一个残疾人的英勇不屈，开拓人生的富矿，开拓知识的海洋，并不断收获稀罕的珍宝。

《轮椅上的梦》中有一段感悟：乐曲的演奏有高潮，也有低潮，就像我们的生活一样。其实，音乐的跌宕起伏，激越和舒缓，爆发和沉闷正是从生活中来的，是从一个人，或者很多人的生活经历和情感的变迁中汲取的，作品充满曲折和跌宕才有生命力……

张海迪的成功，有必然也有偶然，跟张海迪一样，有梦想有追求，就会让平凡的人生变得不平凡。榜样的力量是无穷的，人生需要有偶像。

生命的传递

泉水叮咚，泉水叮咚响，跳下了山岗，流过了草地，来到我身旁。清泉滋养着大地。

我在追寻张海迪这位重残的女孩的精神力量来自哪里，这种力量可以传承和传染吗？

1989年，我在28岁时，患颈椎血管膜瘤，在上海华山医院开刀，颈一到颈七，主刀的徐医生让我的生命和生命的质量维持了20多年。作为残疾青年，我对海迪姐姐的坚强和英勇，还有博学和成就，敬佩得无以言表。我心里只是默默以她为榜样，要求自己自强不息！

时间飞逝，转眼快30年过去了。与海迪姐姐一样，我们从青葱年华到早已年近花甲。张海迪始终是个影子，时隐时现，不时会在必要的时候出现在脑海、出现在心里，给我教导，给我力量。

不承想，2014年10月底，我因为超负荷工作，终于扛不住了，昏死在会议室前。醒来后，已经是四肢瘫痪。这时候，我的脑海里，是张海迪，是保尔，是霍金。我觉得，我在哪里跌倒，就要从哪里站起来，回到岗位，继续工作，为党的事业倾尽所有。我翅膀折断了，但我心里也要长出翅膀，我要飞翔。

2015年，我在北京博爱医院住了7个多月，这是中残联下属的中国残疾人康复中心所管辖的。脊髓神经病区一个病房6个病人，先后有3个残疾女孩与我一个病房。一个11岁，患血管瘤，下肢瘫痪；第二个刚读小学，站在小桌上往高处拿书摔下来，下肢瘫痪；第三个也是血管瘤，在当地处理不当，造成偏瘫。

看见这样的女孩，我总是很心疼。这些孩子，生命都刚刚开始，还是蓓蕾，都还没有绽放，没有享受人生的美好，却要承受和感受这样沉重的艰辛的人生。我觉得如果真有老天爷，这太不公平。不该让孩子接受这么残酷的人生！不像我们，人生该经历的也都经历过了，再多点苦难也不怕，不过是让暴风雨来得更猛烈些吧！

11岁的女孩很聪明，大概经历苦难早，很早熟，也有点油腔滑调。她爸妈又生了个儿子，对女孩已经不大待见。她爸来北京，今天看她，明天就打算回去。我找她爸认真谈了一次，我跟他说，孩子的天资很好，不要浪费，女孩的病在北京治疗也不见得会有改变，建议回广东中山老家，中山的康复条件不错，这样可以让孩子边读书边康复。我与他们讲张海迪，女孩要有志向，要化艰难为力量，家里要支持。

8岁的女孩很懂礼貌，父母亲也都是知识分子。她爸老是骂她妈妈，她妈从不还口。据说，有天女孩妈妈把女孩的课外书藏了起来，女孩爬上小桌，手伸到顶柜找书，一不小心摔倒，造成截瘫。我与女孩的爸爸说，女孩受伤，也是她妈妈心里永远的痛，不要再提这件事了，面对这一劫难，关键在于现在和今后怎么办。我建议她爸要给女儿讲张海迪的故事，要让她学唱歌，要激发与疾病斗争的斗志。

3岁的女孩，哭声特别响亮，在病房里哭，离得老远的护士站都听得清晰。而且，这女孩一哭一通宵，一般想想，哭久了嗓子总会哑的，哭不动了，但奇了怪了，这孩子有天赋的嗓音和能量。我与她爸说，我管过群众文艺多年，管过唱歌，这孩子有音乐天赋，而且非常难得，长大让她学唱歌，会有出息。我跟她爸说，唱歌的孩子会变得快乐，会变得自信自强。我让她爸以后给女孩讲张海迪。

《轮椅上的梦》有一段描写：一个残疾少女，她的心灵世界是什么样的呢？残疾少女也许是孤独自卑、失望无助的，然而被禁锢的心灵往往又是更加向往自由的。高远的天空，风牵着白云缓缓飘过，悄无声息，它也许并不知道，有一双眼睛正从一个窗口注视着它。这个心灵充满认知的激情，创造的欲望，还有对爱的渴望……

我们住的医院，是中残联管的，我们大家都知道张海迪，是全国残联主席，是残疾人的榜样。所以，以张海迪为例来激励女孩、激励大家，大家听得进去。我也是个残疾人，四肢瘫痪，但我很乐观，在医院里还忙点单位里的事，还每天记日记，貌似很坚强，我对大家说的励志的话，大家也听得进去。

2015年全国助残日，张海迪主席来北京博爱医院视察。大家不知道考察路线，但听说大PT室是要来看的，就蜂拥围在门口周边。我站在稍远处，也在等待。海迪主席过来时，我只看到一个侧面，就被她身边的随员、病友们遮住了。粉丝终于见到偶像了，虽然只看到侧影，虽然只是瞬间，但那一刻铭记在心里了。

作为残疾人，不时会有人与我提起张海迪。在大家心目中，张海迪是身残志坚的典范，是励志教育的最好教材，是全国人民的榜样，是人类顽强的精神象征，张海迪精神永不过时，心中有张海迪，你就不垮！

《轮椅上的梦》中写道，任何化学物质产生的火焰，最终都会熄灭，而用生命点燃的火焰将永远燃烧！

2018年1月16日

一个社会学教授的临终告白

——《相约星期二》读后感

我住在浙江省人民医院康复，康复科余老师跟我说，有个美国老人叫莫里，是个大学教授，晚年患了神经系统疾病，行动艰难，在告别人生前，他与一位学生米奇相约星期二，每周一堂课，死亡、金钱、事业、爱情、家庭等等啥都讲，有计划有备课，讲完就翘了。

余老师说，莫里教授去世后，这位学生把听课笔记整理后交付出版，题目就叫《相约星期二》，这本书在美国引起了轰动。

听了后，我找来这本书，先看过《相约星期二》中文版的序言，是余秋雨先生写的，题目叫“最后的课程”，写得很煽情。一页页翻开，跟着米奇听课，米奇在那边很受感动，心灵受到震撼等等，但在我这个四肢瘫痪、与莫里有点近似经历的人看来，与莫里有太多的共同感受。

第一点感受，莫里是个强人，死亡一步步向他逼近，他不怕，他乐观。

正因病情恶化，莫里逐渐失去了生活自理能力。翻个身，不时地调整他坐着的姿势，喂他吃一些打碎了的食物，甚至是擦屁股，都需要家人为他做。他的手抬不过胸部，他的头不能动弹，他全身的肌肉正一点一点地萎缩。在最后的那段时刻，他几乎是逼视着自己的肌体如何一部分一部分衰亡的，这天到哪儿，明天到哪儿，这是一个等待死亡的过程，比直接死亡更为可怕。

莫里说：“在早上，那是我最悲哀的时刻。我触摸自己的身体，移动手和手指——一切还能动弹的部位——然后为自己失去的感到悲哀。我悲哀这种缓慢、不知不觉的死法，但随后我便停止了哀叹。”

莫里所经历的、所经受的，是健康人正常人平常人所难以感受和体会的。常人平常抬个脚，就能说走就走，但莫里只能困在轮椅上；常人说“举手之劳，无足挂齿”，但莫里只能望而兴叹，举不了手。莫里说，他像婴儿一样，学会了享受别人为他洗脸、擦屁股等等的服务。莫里说，“人生最重要的是学会如何施爱于人，并去接受爱。”

我平常也是开着玩笑说，现在坐轮椅多好，走路都不用亲自走；“饭来张口，衣来伸手”，现在饭有人喂，穿衣都不用伸手，就跟慈禧太后一样享受。但是，这是因为有爱，有亲人照料着你！

莫里是个瘦小的病重的老人，当身体机能明显一天天看得见地衰退，死亡一步步靠近再靠近，莫里也怕，但是有爱，就有力量支撑，有了爱的力量，最弱小的人也会是个强者。

莫里在病入膏肓的时候，能够超脱于身体的伤痛，超越哀叹，超然于尘世之外，是真正的强者！

第二点感受，莫里是个神人，推算出死亡时间，认真排课备课，课讲完了，告别人生。

教授莫里患了不可救药的脊髓神经方面的病，这种病毁了他的肢体，可是他的思想依旧闪光活跃如昔。莫里知道自己时日无多，他必须将自己关于“人生意义”的思想留在世间，以免随人而去，悔之晚矣。他突然有了一个念头，为什么不把自己的所思所想和更多的人分享。于是，他开了一门课程，只有一个学期，从世界、遗憾、死亡、恐惧、永恒、自我、怜悯、真爱……14节课，学生只有一个。这门课只有一个规定：星期二上课。

14周后，课程学完了，老师也如流星般消逝了，留下来的却是一本近200页的畅销书，名字叫——《相约星期二》。

每节课的话题，总体上离不开人的七情六欲，既世俗，又有点高深莫测。看到这些主题，你说它简单也好，说它不寻常也对。

学生米奇充当了这样一种媒介：他不仅自己理解了这种思想，而且在教授辞世后，通过该书来间接地将其思想广为传扬。

“一个老人，一个年轻人，一堂人生课，一本畅销书”，四个一，说明什么？说明人生需要导师，释疑解惑，指点迷津，指引方向。

中国有句俗语：读万卷书不如行万里路，行万里路不如阅人无数，阅人无数不如高人指路，高人指路不如自己去悟。

第三点感受，莫里是个达人，他对人生的豁达态度，照亮了米奇，也照亮了世人。

余秋雨先生在序里说，我曾设想过，什么样的人谈人生才合适。想来想去，应该是老人，不必非常成功，却一生大节无亏，受人尊敬，而且很抱歉，更希望是来日无多的老人，已经产生了强烈的告别意识，因而又会对人生增添一种更超然的鸟瞰方位。

我们所在的社会告诉我们，什么都是越多越好。可一个人，要分清楚什么是需要的，什么是想要的。真正的所需其实很少，而欲望的雪球却会越滚越大。

莫里教授站在自己生命的终点，通过与学生米奇对人生的本质与人类精神家园中诸多要素——社会、文化、金钱、情感等的讨论，俯瞰人生的价值与意义，将自己最后的体验与这个世界分享。文句似是随口而出，却内涵深厚。

生活是艰难的，也许生命中有太多的不能承受，应对它们，我们该怎样办呢？莫里教授给出他的答案：人生欲与求，犹如云聚散；世间病与痛，尽付笑谈中。

莫里，让我们知道怎样在平凡中寻找快乐，让我们知道如何在缤纷的世界里永远持续一颗纯洁而宁静的心。

把人生遭遇的一切都当作享受，需要勇气、智慧、达观！

莫里看待人生的态度是和别人不一样的。那是一种更为健康的态度，更为明智的态度。他用智慧把生活打磨得有点发亮。

莫里用自己生命的残烛照亮了米奇，光亮照进了米奇的心里。

14堂课的旅程，不就是我们人生的主题吗？

第四点感受：莫里是个幸运的人。

余秋雨先生在序里说，像莫里这样的老人，与俗世若近若远，既了解俗世又超脱于俗世，能够系统表达思想和准确表达含义，这样的人，机缘巧合，就这么一个。

我倒觉得，像这样的老头也许很少，但也许有很多。这三年，我在各家医院住院，见多了太多的苦难，也见识到各种面对苦难时的坚强。

老人在与死亡近距离对峙的时候很可能会有超常的思维迸发，这种迸发集中了他一生的热量又提纯为青蓝色的烟霞，飘忽如缕，断断续续，却极其珍贵，人们只在挽救着他衰弱的肢体而不知道还有更重要的东西需要被挽救。余秋雨先生的表达真准！

老人的最后岁月往往过得很具体，沉溺在医疗的程序，后事的嘱托，遗产的分割等实际事务上。老人是否曾眼睛一亮，想讲一些超越实际事务的话？没人理会。为此，这个社会也很少留下老人们谢世前的人生感言。

多少老人也有感慨感叹，没人去理他记录他，莫里能够以上课的方式倾诉衷肠，娓娓道来。你的心思有人愿意听，并记下来，而且米奇妙笔生花记下现场感受，补充历史记忆，并整理出版。有这样的学生，作为老师，莫里也是够幸运的！

人一生匆匆而过，所经历的太多太多，想要铭记的却不是很多。莫里生命最后的14周中给米奇讲的课可谓字字珠玑，正因这些都是从死神那边一点一滴地抢过来的。

第五点感受，莫里是个老人，每位老人都是一本大书。

莫里问，难道世界仍是那么的无动于衷？难道没人知道我的厄运？然而地球并没有停转，它丝毫也没在意。我们中国有句话，“缺了谁，地球照样转”。

但莫里教授的最后14堂课，让他名垂青史。

其实，每一位老人都是这样吧，像是一本有些发黄的大书，有着不怎么炫目的封皮，有些页面是脱落下来藏匿在书里。可是除了特殊人物，普通的老人，只属于家人，甚至没有人愿意读这本发黄的书。

老人，他们的一举手一投足，是洗尽铅华的从容，我们只需轻轻握住他们的手，用心倾听，用心陪伴。

和很多老书一般，它考验着你的耐性和好奇心。可往往我们，总是要等到它们快要遗失的时候，才怀念起那些错过，有多遗憾。

莫里教授是幸运的，米奇也是幸运的，他很幸运地翻开了一本神奇又温暖的书。

俗话说，“家有一老，如有一宝”，但我们往往只是从家里需要有老人照应这个角度来认识，并不是从人生经验角度来认识这是个“宝”。

对于国家，又何尝不是如此？老人，也是国家的宝贵财富。

这个道理又是具有普适性的。老人的家人、后人，弟子、社会志愿者可否愿意帮助？

第六点感受，假设生命中只剩下一天，你该如何度过？

很多人都读过《假如给我三天光明》，海伦说，第一天，我要看人，他们的善良、温厚与友谊使我的生活值得一过。第二天，我要在黎明起身，看太阳唤醒了沉睡的大地。第三天，将再一次迎接黎明，寻找新的喜悦。

《相约星期二》，米奇问莫里教授，“假设生命中只剩下一天，你该如何度过？”莫里说，早晨起床，进行晨练，吃一顿可口的，有甜面包卷和茶的早餐。然后去游泳……

在这纷纷扰扰的世界中，海伦的心，很宁静，又充满着热情；很质朴，又充满着壮丽！莫里的生活，是一种很知足的享受，没有我们当代人焦躁的心境。

海伦洋溢着理想主义，莫里寻求平常得不能再平常的生活，适合自己的就好，这就是所谓幸福的本质！生老病死，我们每个人都会面对，面对不期而至的老去，面对突如其来的死亡，我们该如何面对？如何让内心充盈力量来面对生死？

圣雄甘地说，每天晚上，当我睡着时，我便死去了，第二天早晨，当我醒来时，我又复活了。

三毛说：“我们不能仅仅为了活着而活着，更是要是活着的每一天都散发出光和热来。”

莫里说，“一旦学会了怎样去死，你也就学会了怎样去活。”“意识到自己会死，并时刻做好准备，这样你活着的时候就会更珍惜生活，你会因此而活得更好。”

别走得太快，但也别拖得太久。

不为生存太久，只为给世界留下完美的印象。

这些话很经典！你能明白这些话，也是一种智慧！

第七点感受，假如明天你去见马克思，墓碑上写什么？

我是彻底的唯物主义者，不怕死，也不忌讳谈论死。你呢？

我们都有同样的开始——诞生，我们也会有同样的结局——死亡。每一个人，总有一天，都会死去。

一天，莫里教授对学生米奇说，他已经拟定自己墓碑的碑文。碑文是：“一个终身的教师。”

我在想，如果我去见马克思，我的碑文上写什么？

我干了一辈子文化，前八年从大队俱乐部到文化站，到文化馆，到中央文化管理干部学院学习，再到省文化厅，我开玩笑，从基层到中央，再回到地方；后三十年在省文化厅一二一，原地踏步踏。我想碑文可以写“一个文化人”。

再一想，不对，虽然谁都可以随口说两句文化，但多少文化大家都没人说自己是文化人。据说文化的解释有200多种，你说得明白吗？那我将碑文改为“一个有文化的人”。

再一想，也不对，省文化厅就我一个是大专文凭，其他同事都是本科以上的，我敢说自己有文化吗？那我改为“一个有点文化的人”，行吗？

想想，还是不妥，满大街都是有文化的人，我住医院里，医生护士都插有3支以上的笔，有小实习生插了6支笔。你有点文化，也敢标榜吗？

那我咋办？写什么？诺妈说，你就写“一个爱文化的人”。

我觉得好，太好了，对，对，我是爱文化的人！

我虽然干了一辈子文化，不等于我有文化，我是为文化人服务，为人民服务。

当然，如果允许，我更愿意墓碑上署上“一个共产党人”。我是一个虔诚的马克思主义信徒，是革命的理想主义和浪漫主义者。《国际歌》唱道：满腔的热血已经沸腾，要为真理而斗争。要奋斗，就会有牺牲，我为了信仰，不怕牺牲！

死亡，让人生归于纯净；境界，让死亡充满韵味。

一个人一生，不同人生阶段，定位要找准，即使翘了，也要找准适合自己的定位，这样好。我们无法预知未来，却能够把握此刻。

年华似水，而我却追赶而上。

2017年11月14日

附录

充好书

行成于思
行胜于思
知行合一

一个“非遗”保护示范省的秘诀

——读《把根留住——浙江省非物质文化遗产保护的前列思考》

陈彬斌

尽管浙江是一个具有悠久文明、灿烂文化的省份，文化遗产包括非物质文化遗产资源十分丰富，但与陕西、河南、山东等省份相比，浙江历史文化资源的丰厚程度并不突出，在一些方面甚至还远远不及。但是，在首批国家级非物质文化遗产保护名录上，浙江却以37个项目（42个子项目）成为入选数量最多的省份。其保护工作的机制、制度、方法等引起广泛关注，尤其是各省从事非物质文化遗产保护的有关部门，更是不断与浙江联系，希望能够寻找到浙江省在保护方面领先的秘密。近日，由浙江大学出版社出版的《把根留住——浙江省非物质文化遗产保护的前列思考》，把浙江的种种做法和经验和盘托出。

突出规划是当今文化遗产保护中我国亟须加强的内容，由于无规划或虽有规划而几年一改的现象不断出现，文化遗产保护难以正常地延续进行。浙江以规划为保护工作的起点，保证了保护的循序渐进。据《把根留住》一书介绍，早于全国其他省份，浙江省根据保护工作的需要，制定了保护工程规划，由省委办公厅、省政府办公厅联合印发，并与该省文化大省建设规划、生态省建设规划相衔接、相配套，提出了每个阶段的目标、任务和要求。在规划的硬性规定下，从2002年开始就由省财政安排每年500万元的专项资金用于保护工作。

细微之处见功夫。非物质文化遗产保护是一项与时间赛跑的工作，为了确定保护的规模、数量、层次，以保证政府有关部门合理安排人力、财力和物力，必须进行基础性的普查工作。《把根留住》一书重视实践，突出介绍了普查的具体措施和做法。从2003年到2005年，浙江进行了全面、系统的非物质文化遗产资源的普查和抢救性保护。他们提出了不漏村镇、不漏线索、不漏项目的"三不漏"要求，对全省进行地毯式、拉网式的普查。具体而言，分为前期准备（组建机构、落实经费、配备设备）、发动培训（制订方案、宣传发动、建立队伍、技能培训）、组织实施（实地调查、采访采风、立体记录、填写表格）、评估审核及总结表彰五个阶段，整个过程如同一个高明的琴师演奏，一招一式，一板一眼，都是清清楚楚。

试点是保护工作开展的重点之一，通过试点才能寻找出保护的基本规律和主要做法。《把根留住》介绍了浙江省从2004年开始的试点工作，就如何处理好综合试点和单项试点、全省试点和市县试点、试点工作与面上工作等的关系，进行了阐述，并对余杭、临安、乐清、诸暨、嘉兴等地的做法做了具体分析。

这是一本从实践中产生的、具有较强参考借鉴性的非物质文化遗产保护著作，不仅提供了大量保护工作中的细节，可为后来研究者所用；更重要的，这是一本几乎拿来就能在保护工作中发挥实际作用的指导著作。作者王淼是一位勤奋的保护者，他曾向记者叙述出版该书的冲动，是由于非物质文化遗产保护是一项全新的工作，一开始连最基本的参考资料也难以寻见，只好依靠上级部门和专家，逐步摸索出来，既然已经先行一步，不妨公之于众，也能发挥一定的启发作用。

2007年1月24日《中国文化报》

一本生动的非遗保护指导书

——读《把根留住——浙江省非物质文化遗产保护的前列思考》

天台县文化广电新闻出版局 孙明辉

就全国来说，浙江省的文化遗产算不上是最丰富的，可是自2006年以来，在国务院公布的国家级“非遗”代表作名录上，浙江省却遥遥领先，连续获得“三连冠”，为什么浙江在申报项目上，会取得这么不斐的成绩？

乐清的象阳镇是“中国民间艺术之乡”，就是这样一个小镇，却拥有黄杨木雕、细纹刻纸两大“国遗”项目，它又是如何做好保护工作的呢？

新昌调腔是首批“国遗”项目，对于这一古老剧种，将如何从培养新人、拓展市场、社会化运作做好保护呢？

……

这些问题都能在《把根留住》这部书里找到答案。

把根留住，顾名思义，就是留住我们民族文化的根脉，也就是保护和传承我们民族“DNA”的非物质文化遗产。自2005年国务院下发《关于加强文化遗产保护的通知》，我国的非物质文化遗产保护工作全面展开。可是做好“非遗”的传承与保护工作，是一个严峻而有些陌生的话题，如何做好传承与保护？在认识上和措施上如何到位？如何挖掘项目的文化价值，做好申报工作？浙江作为全国先行启动保护工程的地区，做了许多大胆而有益尝试，取得了可喜的成绩。丰硕的成果在于辛勤的耕作，作为浙江省的“非遗”保护的领军人物，作者将在自己在耕耘中做过许多突破性的思考，都凝聚在这部书中。

在“非遗”传承与保护工作日益完善，《非物质文化遗产保护法》已经实施的今天，读这部书有深远的现实意义。

《把根留住》全书分四个部分，共有36篇文章。第一部分是综合报告，收录的5篇文章都是极其有分量的，从宏观的角度、前瞻性的视角，回顾“非遗”保护工作实践，探究其发展规律。第二部分是专题探索，共有19篇文章，对“非遗”保护一些具体的问题进行了深入的探讨，从民族民间艺术资源普查，到第一批国家级“非遗”代表作申报；从浙江省民间工艺美术大展，到民族民间艺术普查保护成果展，从江南丝竹、新昌调腔的保护到乐清象阳镇的“非遗”保护；从宏观到具体，从点到面，从局部到整体，探讨了在非物质文化遗产保护中出现的一系列问题。第三部分是典型剖析，收录了7篇文章，总结了浙江省“非遗”保护工作具有典型意义的几个地区，如诸暨、临安、余杭、临海、嘉兴等地的经验。第四部分是报道选录，总结了浙江省“非遗”保护从政策、措施、机制、前瞻等方面进行了全面的总结。

读了《把根留住》，有四个方面感触颇深。

一是作者站在一定的高度，审视浙江省非物质文化遗产保护发展轨迹，提出了许多战略性的思考。

该书的副标题是“浙江省非物质文化遗产保护的前列思考”。我国的非物质文化遗产保护工作起步不久，浙江作为全国领先地区，没有模式可效仿，没有样板可遵循，对非遗的传承与保护的工作方法和工作经验，都要靠自己一点一点去摸索，要有一种“敢为天下先”的探索精神领先思考与采取措施。《把根留住》成书于2006年10月，收录了2003年至2006年作者的工作报告和经验总结，可以说是“非常时期”的非常杰作，书中涉及的“非遗”保护的方法与经验，至今读起来，仍有许多帮助和启迪，堪称“非遗”保护的“教科书”。

二是书中涉及的“非遗”保护内容丰富。

本书从浙江省“非遗”保护总体的思考和局部的分析，从民族民间艺术普查到个案的传承与保护，洋洋洒洒，蔚为壮观。2003年浙江省民族民间艺术普查，实际上是非物质文化遗产普查的前奏，其中涉及的诸多类别，也是“非遗”的重要组成部分，书中的如《浙江省非物质文化遗产保护与前瞻》《浙江省民间艺术调查报告》等，均是站在一定的高度对全省的“非遗”保护进行宏观和系统的思索。而《在民族民间文化中寻根开源》一文中，对浙江省的民间美术从它历史与现状以及重新开发，做了全面的思考，夹叙夹议，文中列举了许多突出的保护项目，具有典型的意义。而对一些区域如杭州、临海、乐清象阳镇、温州、诸暨、嘉兴、余杭、临安等地在保护上取得的经验以及面临问题等进行深入的分析和总结。第一批国家级“非遗”公布之后，作为“国遗”项目最多省份，作者有三篇有分量的文章，分别是两篇讲话，一篇总结，从文章中，可以看出浙江省在“非遗”申报的主要做法、体会、存在问题以及设想，也就为浙江为什么会在后几批“国遗”申报会“一枝独秀”找到答案。

三是个案分析生动具体，对于我们在“非遗”的传承与保护有很大的借鉴作用。

书中涉及的具体项目有江南丝竹、新昌调腔、永嘉永昆、越剧等，涉及的地区有大城市，有中等城市，也有小城镇，而且作者站在一定的角度对某一项目、某一地区的保护总结出经验和存在的问题，如在“江南丝竹”总结出的“立足五个依靠”，在“新昌调腔”总结出的“注重五个结合”，对乐清象阳镇“非遗”保护总结出的“把握五个重点”，对临安工作的基本经验总结出“一个目标、两个并举、三个结合、四项制度、五大平台、六大作用”等，都是切中保护的要点，它不仅是对一个音乐、一个剧种、一个地域的总结，对于各地的保护工作起到引导和示范作用。

四是语言轻松流畅，文风活泼清新。

书中虽然许多是会议报告，但并不是“官样文章”，它将“非遗”保护这样一个沉重的话题，如同拉家常一般，文章大都是开门见山论述某一话题。如在《突出申报科学性，提高申报含金量》一文中一开头就是“对于本次会议精神，我用‘加减乘除’四个字来概括。……”在《秉承文化传统，力求有所作为》一文的开关便是“临海是我的家乡，在座的有些同志是我的老师，有些是我曾经的同事”。简单明了，引人入胜。

《把根留住》不仅使我们回顾2006年之前浙江省“非遗”的保护的工作，也为我们今后的保护工作提出指导性的意见，我们不仅从中看出浙江在“非遗”保护所走过的轨迹，也看到浙江省在“非遗”保护上将来的发展前景。虽然，该书对我们的“非遗”保护指导的类别上还不是很全面，但它的借鉴作用是明显的。近年来，有关“非遗”保护的图书也是遍地开花，大都是理论性较强而可操作性较弱，有的是内容看似全面实则空洞，而这本书是作者在亲身的实践中总结出来的经验，这也是此书的价值所在。

我的非遗人生刚起步

绍兴市柯桥区非物质文化遗产保护中心 沈 莹

一

作为年轻的“老非遗人”，毫无疑问,《把根留住》是我从事非遗保护工作的启蒙书，也是我后来的必备工具书之一，随时随地都能拿出来翻阅。

2006年以前，当我们还在努力地将“民族民间艺术资源”转换成拗口的“非物质文化遗产”，当我们还在努力地理解“非物质文化”这个新名词的真正含义，当我们懵懂地模糊地似是而非地却又努力地做着后来改成“非物质文化遗产普查”的“民族民间艺术资源普查”工作，对于新知识的模棱让我们惴惴不安，甚至一度停下来，长时间地驻足观望。

那时候的自己，还是进文化馆没几年的新人，在前辈的带领下，跟随他们的足迹，渐渐地踏入这既定的命运。走街串巷、上山下乡，当前辈们叩响每一扇古老的民间艺术大门时，我稚嫩地举着一个小小的DV机，忠实地记录着他们与之对话的场景，并为大家每一次的新发现而小小欢欣。

那时候对于民族民间艺术资源的划分和归类都是摸索着进行的，常常是将某些文物或者自然景观也放在了普查中，但是它们至少都是承载着某一种历史文化的元素，与民族民间文艺资源同根，于是便也纳入了我们查找的镜头。

那时候的目光是浅陋的，那时候的视野是局限的，那时候才堪堪将半只脚险险地踏入，正如幼儿牙牙学语，好奇兴奋囫囵吞枣，小小的一些成绩就能高兴半天。2005年正逢县文化馆新馆落成，借此机会“绍兴县民族民间艺术资源普查保护部分成果展”在新馆大厅中央展出，获得了一致好评。时任浙江省委书记的习近平参观了本次展览，并对我县的民族民间艺术资源普查与保护工作给予了充分肯定。这是对我们普查工作阶段性成果的一种动力和鼓舞，作为曾经参与并见证这一历史时刻的我，有着小小的自豪，也因此让我开始重新认识我正在做的这份工作，在那时还不是事业。

迟钝的我真正开窍，是直到那个契机的到来：馆里推荐我参加2007年4月在北京举办的“第一期浙江省非物质文化遗产保护培训班”。此时，我将非遗保护工作不仅仅当作一份工作，而是成为我的人生的一部分，成为我的事业的全部。

在京城的高等文化学府中央文化干部学院，我接受了系统的非遗普查与保护的理论知识培训，并有幸读到了当时还是省民族民间艺术保护工程办公室主任王淼老师的《把根留住 —— 浙江省非物质文化遗产保护的前列思考》一书，才对非遗保护工作真正豁然开朗，初窥门庭。

二

“每一分钟都有一个老艺人去世，每一分钟都有一种民间绝技在消失。”

初读《把根留住》，这里不仅有一个文人对于即将流逝或正在流逝的古老文化传统的深深的痛，也有一个国人对于民族祖宗留下的宝贵文化资源逐渐消亡的沉沉的恨，更多的则是一个智者对于在这个大的时代背景下、文化自觉越来越缺失的现今社会如何做好文化遗产保护工作的紧迫感、使命感和责任感。

“不容乐观”“刻不容缓”“义不容辞”“责无旁贷”“时不我待”等词汇在书中出现的频率之高，可见作者是恨不得时时振臂高呼，提醒自己、提醒有识之士、提醒全社会一个中心思想：保护现存的文化资源，别让遗产真的变成遗产。

每次读到非物质文化遗产保护面临的严峻形势，我的心总是揪得紧紧的，虽然政府已经在主导，我们的文化主管部门已经在主抓，我们基层文化单位已经在具体实施，可是总觉得时间不够用，人手不够多，恨不得一天当两天、双拳抵四手来干。

震撼于综合报告中点点滴滴的真实数据和事实依据，会让人生出想要迫切投身非遗保护事业的热血、激情、冲动和干劲，似乎是只有彻底地投身其中才能知晓生命的意义、才能实现人生的价值。“要本着对当代、对子孙负责的态度，对历史负责、对时代负责、对未来负责的态度做好保护工作。”“做事就要做这样的事，做人就要做这样的人。”这样的文字对于调动人的积极性有着非凡的作用。

但是我们又必须冷静，不能被一腔热血冲昏了头脑，非遗保护工作需要冷静的思考、探索、总结和创新。第二编的专题探讨应运而生。基本上涵盖了我省非遗保护工作的各个时间段和各个层次，从普查，到申报；从名录体系的建立，到非遗代表作丛书的编撰；从各种民间艺术成果展，到针对各市县具体的非遗保护工作，都有着犀利的言辞、独到的见解和具体的建议，那一个个精短的小标题更是让人印象深刻，不得不佩服作者清晰的思路和层出不穷的新点子。尤其是对于我这种不会取题目和小标题的人，简直就是鞭策。记得此后每次我写文章想不出题目，就会拿起这本书，光是翻翻目录，有时候就能灵机一动，茅塞顿开地想出点什么来，这是后话。

第三编几个试点县市的典型剖析是对我们今后的非遗普查和保护工作的导航仪和指向灯，对先进经验的借鉴能使我们少走许多的弯路，虽然对于我县没有入选试点县一直有着小小的遗憾。当摩拳擦掌地想要做点什么的时候，却发现你只能原地待着观望别人的前进，这是一种怎样的痛苦，但在一定程度上却也是一种量的积累，知识的积累、经验的积累、积极性的积累、责任感的积累、使命感的积累、激情的积累、干劲的积累，当最后爆发出来时一定是绚烂的，一定能拔地而起、一飞冲天。

最后一编是华丽的报道选录，原载于《中国文化报》。对于我省非物质文化遗产保护的政策、措施、机制等做了全面、完整的推荐，是浙江非遗保护工作走在全国前列的一次高调的亮相和宣传，是对过去和今后工作的承前启后，深刻的前瞻性对我们今后的非遗保护工作依然具有重要的指导意义。而最近几年我省非遗保护工作的发展也见证了这些设想，全面普查工作的收尾，非遗普查汇编本的集齐，名录保护体系的建立，传承人、传承教学基地、生产性保护基地、生态保护区的认定和保护制度的完善，等等。事实上，虽然还有着这样那样的不足，我省非遗保护的美好蓝图已在渐渐实现，并更加趋于完满。

但是满足现状迟早是要被三振出局的，作者清醒的头脑时刻不忘提醒自己：“非物质文化遗产保护，还有许多未被认识的必然王国需要我们去探索、去发展，”只有不断奋发进取，不断开拓创新，居安思危，才能真正地实现一个非遗人的文化自觉。

三

读完本书的很长一段时间内，我都没有再完整地重看一遍，因为有些东西已经镌刻在脑海之中，书上提到的大部分有关非遗普查、有关非遗保护的内容我们正在逐渐地付诸实施，并进展顺利，虽步履有些姗姗来迟，但冲劲和努力却是从不缺少，所以只在有需之时翻阅其中一二页。一直到2008年全国范围内的非物质文化遗产普查的来临。

绍兴县把这次非物质文化遗产普查称为全县第二次非遗普查，因为第一次的民族民间艺术资源普查，我们及时地改成了非物质文化遗产普查，为了解开下面镇（街）的疑虑，在这次全国范围内系统的非遗普查前加上了"第二次"，用以明确与第一次的区别。

普查是艰难的，"涉及面广，门类多，专业性强，要求高，难度大"，尤其是收集上来的普查表，那真是参差不齐，光是编码这一栏的填报，就基本上每个乡镇都退回去重填了一次，别说具体的内容了。最后汇总的时候光是线索就有几万条，项目有一千六百多条，看看都来不及，何况短时间内要汇编成册。

幸而在普查前期还不是那么忙碌的时候，我又将《把根留住》这本启蒙书翻了一遍。我明确知道自己在做什么，在为谁而做，以及做这一切的意义。我为书中普查工作时涌现的那些动人事迹而默默感动，平阳县文化馆的退休老馆长、平湖的某文化站站长等等这些平凡而伟大的普查员，是文化遗产保护的英雄，是值得我们学习的榜样。

以书为鉴，我耐住了寂寞。

无论是前期的普查小组的下乡督查还是后期的资料汇编整理。尤其是在做汇编本的时候，我很庆幸自己没有被那么艰巨的任务所打倒，因为人手的稀缺，全县非遗调查项目分类一览表的汇总我一个人就扛了下来，那个时候加班加点是经常性的。但是，当最后眼见我县20本非遗汇编本及时成书的那一刻，我觉得我们全体普查人员流下的所有汗水都是值得的，而自己的那一点点累早已烟消云散。

根据我县第二次非物质文化遗产普查所奠定的基础，在各项硬件、软件条件成熟的情形下，我县非遗保护的独立的专业的专门性机构“绍兴县非物质文化遗产保护中心”于2009年7月正式挂牌成立。因本人在前几年非遗普查、申报、保护等相关工作中的认真努力被上级领导看在了眼里，也同时调入其中成为了非遗保护中心的一分子。

在这一刻，我真正坚定了自己，决心将非遗保护工作作为一项事业来全力以赴。

四

时光真的很神奇，当年的文化馆馆长变成了现在的非遗保护中心主任，而我有幸在这最年轻的领导手下工作，看着老领导在新岗位上刻苦钻研新知识的狠劲，我悄悄地对自己说绝不能落后。

2009年，思维很活跃，工作很活泼，我们一起为开拓绍兴县的非遗保护新局面而努力。省文化厅非遗处一年连发130个抄告单，平均不到3天就有一个，对于我们一个新成立的单位并且成员只有寥寥3名的前提下，我们干得很吃力，但是我们很努力，坚决保证完成每一个任务通告，决不拖后腿，甚至主动开拓新的工作任务。

2010年，我们重点做了十件大事，主动要求承办省一级的非遗展示展演活动，不断扩大非遗中心的影响力，全县的非遗保护工作井然有序、大放异彩，渐渐地追上并争取赶超其他的先进县市，为绍兴县的非遗保护事业贡献一份绵薄之力。

2011年，我们终于要开始建造绍兴县自己的非遗展示馆，这是我县非遗保护历史上浓重的一笔，我们惶恐又兴奋，我们紧张而坚定，我们谨慎且细致，设计方案几易其稿，反复推敲，既突出非遗的特性以与博物馆相区别，又尽量包含全县非遗项目的精华部分，力争建设一个独一无二的有绍兴县特色的全省前列并具有示范作用的展示馆。

疲惫的时候，瓶颈的时候，迷茫的时候，翻翻案头已经作为工具书之一《把根留住》，读读那几句铿锵有力的话，“保护非物质文化遗产，人人有责。我们作为保护工作者，作为炎黄子孙，责无旁贷，理所应当，在所不辞！”慢慢地就会恢复精力，慢慢地就会精神饱满，睡一觉第二天又是活蹦乱跳。

调入非遗保护中心工作后，每一年的总结我都会写上这一句：为后人留下些什么。

因为这是我作为非遗保护工作者责无旁贷、理所应当、在所不辞的责任和使命。

五

2011年年初的非遗读书活动，促使我再次通读了《把根留住》，忆起初次接触此书并一口气读下来的那个最初的我，不由会心一笑。

最近重读，仍是觉得字字珠玑，许多见地拿到如今也还是非常中肯，简明扼要，一针见血，具有纲要性和指导性，值得借鉴。回想每次写消息、总结、论文等卡壳的时候都会翻翻，经常性地还能获得一点灵感，就觉得写书人的勤奋和智慧真的很给力啊。

从2005年民族民间艺术资源普查算起，到2009年我正式加入非遗保护中心，我在非遗保护工作岗位上已经呆了整6个年头，可以说非遗龄并不算短，但是非遗保护工作任重道远，我们现在才只是轻轻撩起了她面纱的一角，未来的保护新局面还需要我们去继续努力和创造，所以，我也想振臂高呼一声：

我的非遗人生刚起步！

理论的系统化 实践的具体化

永康市非遗保护中心 吕美丽

《把根留住》作为理论专著，既是全省非物质文化遗产保护工作的实践总结，又反过来指导全省乃至全国的非物质文化遗产保护实践。反复阅读本书，获益匪浅，心得多多。

我首先在理论认识上，明确了非遗保护的重要意义。《把根留住》首先对于非遗保护的重要意义，从全球范围考量，从全国范围、全省范围的重要性上作了全面系统、深入细致的论述。《把根留住》中所言："自20世纪90年代以来，非物质文化遗产保护观念的酝酿和形成，被认为是人类发展史上一个划时代的事件，受到了全世界的普遍关注。目前，非物质文化遗产保护的思想和观念，已经融入到许多国家具体的发展行动，成为指导不同文化背景国家的共同纲领和基本战略。"非物质文化遗产保护也成为了我国的大主题。文化乃民族生存发展之根，我们必须"把根留住"，把非物质文化保护好，并使其发扬光大。只有充分认识到非遗保护的重要意义，才能有行动的指南和动力，也才能有行动的智力支撑。

《把根留住》经过系统化的调查、分析、研究，对浙江省非物质文化保护的内容，做出了全面而又明确的阐述。把握这些主要内容，对于开展全省非物质文化遗产保护工作，具有十分重要的作用。

阅读《把根留住》，我感受最深的是全书充分凸显了"实践是检验真理的唯一标准"的重要思想。全书根据浙江省几年来非物质文化遗产保护工作的具体做法与实践经验，总结出一系列具体举措，为我们提供了完整、科学、实用、实效的参照系，体现了尊重客观规律导向，尊重群众的首创精神导向；体现出理论研究服务实践、指导实践，以实践为出发点和归宿的治学精神，这也是我最大的读书心得。

总而言之，读罢《把根留住》，深刻体会到这部专著堪称非物质文化遗产保护的指导性著作，也是在保护实践中管用的好书。

学无止境

仙居县文化广电新闻出版局　秦　钧

《把根留住》一书自2007年7月起，一直在我案头，伴随我走过了许多个春秋。今天，看着这都有点翻破了的大16开本书，往日的点点滴滴：普查、挖掘、整理、申报、活动、保护等工作过程中的困难、艰辛、欢乐、欢笑，再次涌上心头，正是有了这个非遗读书活动，让我可以在忙碌的工作中给自己留一点时间回顾、留一点空间梳理。

《把根留住》共36篇文章，分四编，分别是综合报告，专题探讨、典型剖析、报告选录。从不同方面、不同角度、不同层次对非物质文化遗产保护工作进行了阐述细化。可以说是《把根留住》给了我开展非物质文化遗产保护工作的思路、方法，是它，我懂得了非物质文化遗产的相关知识；是它，指导着我如何开展非遗普查工作；是它，引领着我走上正确的申遗之路；是它，教我如何深化非物质文化遗产保护工作……

刚接触非物质文化遗产普查工作时，浅显地以为普查就是摸排出几个将来可以申报省级或国家级名录的项目。在工作后的一两年里，有幸多次聆听《把根留住》作者王淼处长的讲话，当真正明白“非物质文化遗产”是民族文化的精华，民族精神的象征，民族智慧的结晶，民族身份的标志时，才真正地认识到：保护好非物质文化遗产，关系到文化血脉的传承、精神家园的维护、先进文化的建设、和谐社会的构建，关系到民族文化身份和国家文化产权的维护，关系到民族文化多样性及可持续发展。此时，在感受肩上担子沉重的同时，工作自豪感增强了，工作积极性与自觉性也出来了。工作觉悟与动力来源于认识，只有认识提高了，才能心甘情愿、全身心地投入到工作中去。

仙居经济相对欠发达，但文化资源很富有，非遗保护的任务很重。在这场输不起的民族民间文化遗产抢救攻坚战中，我们文化部门发挥了应有的担当，广泛挖掘当地的文化资源，扶持非遗项目代表性传承人，培育特色文化产业带头人，让他们的手艺不仅成为事业，而且还带动贫困群众有了职业。不断探索非遗保护和非遗扶贫的模式和路径，促进文化与旅游融合发展，实现保护与利用双赢，非遗保护在文化扶贫中正在大显身手，显示出了特殊的作用。

近日，再次系统地把《把根留住》看了一遍，又有不少新的感悟和启发，感受到学无止境。回想当初囫囵吞枣地翻阅、专题针对地查阅，真的是汗颜得很。“学而知不足”，才明白原来的自己真的是“夜郎自大”。

王淼老师说，相对于浩瀚的自然界，一个普通人的生命过程及生命能力的释放实在是太渺小了，太微不足道了。当面对庞大而又繁杂的非物质文化遗产时又何尝不是如此。此刻，作为非遗保护工作者，唯一可以做的就是学习、学习、再学习，苦干、苦干、再苦干。

请允许我引用王淼老师书中的一句话以自勉：人的一辈子能做好几件事，甚至一件事，都是很不容易的，要珍惜给你做事的机会。

学以致用　学有所成

嵊州市文化馆　钱增芳

我是在2007年得到王淼老师著的《把根留住》这本书的，当时就匆匆浏览了一遍，后来由于工作的需要，再有重点地细细阅读。其间，感受王淼老师对非物质文化遗产情况的洞察、全局的把握、分析的透彻、论证的严谨，在令人钦佩之余，深深感到这本书能对我们从事非遗保护工作起到指导和推进作用。

一、把根留住，前提是要对非遗保护的重要意义有正确的认识。《把根留住》书中对此作了较大篇幅的阐述，让我们充分认识到非遗保护是提升文化软实力的宝贵资源，是增强凝聚力的精神纽带，是提高创新能力的重要源泉，具有重大的现实意义和战略价值，从而增强做好这项工作的使命感和责任心。

二、把根留住，基础是摸清“根”的分布和走向。《把根留住》中指出：普查，是摸清非遗家底的重要手段，通过普查，了解和掌握非物质文化遗产变化、发展的特点、种类、分布，为抢救、保护提供可靠资料和基础依据，为制定保护规则、做好决策提供科学依据，为揭示非遗抢救保护规律提供客观依据。

三、把根留住，关键是采用科学的方法和措施。非遗保护是一项新的工作，没有现成的模式。《把根留住》为我们提供了实行一般号召和个别指导相结合，实行分类指导、阶段推进的工作指导和典型剖析的经验，就余杭、诸暨、临安等地成功经验和调腔、越剧等非物质文化遗产项目的保护做法，为我们开展非遗保护工作提供了参考和借鉴。

四、把根留住，实效是检验能否“留住”的唯一标准。《把根留住》在非遗普查、申报名录、落地保护、传承发展、成果展示、资料保存等方面给我们设置了工作的目标。我们嵊州市参照要求通过几年来的非遗保护工作，收到了显著的成效，既节约工作成本，又大大提高了工作效率。

五、把根留住，要处理好保护与利用关系。《把根留住》对非遗的展示、研究、品牌建设、对外交流、培育产业等开发利用举措进行了深入的探索。嵊州市的实践证明，保护和开发利用是整个保护工作的两个重要方面，保护为开发利用奠定了良好的基础，开发利用能进一步促进保护的成效。

《把根留住》一书，不仅提供非遗保护工作政策的解读、形势的分析，还为我们开展保护工作传授科学、有效的方法，为我们提供了许多值得参考和借鉴的经验，对于我们开展非遗保护工作起了很大的作用。

读书增才干　文化遗产放光彩

杭州市余杭区百丈镇文体服务中心　王明煜

好书是良师益友，读一本好书，就是和许多高尚的人谈话，帮助我们不断地增长各种知识。我在历史文化保护传承实际工作中，认真学习了王淼著的《把根留住——浙江省非物质文化遗产保护的前列思考》等，真正体会到读书“补脑”“补骨”“补心”，获益匪浅。

读书“补脑”。作者王淼在省文化厅非遗处领导岗位上公务繁忙，能在百忙中利用业余时间努力探索和把握工作规律，启发我们弄清楚为什么要开展非物质文化遗产保护工作，干什么，怎么干。每个乡镇都面临着不同地理环境、乡风民俗、经济历史文化背景，这就要求我们要向作者学习，结合本地实际，勤思考、多探索，用科学、理性的方式去破译这个前沿课题。

读书“补骨”。《把根留住》作者告诉我们，现在是知识经济时代，对知识更新要求越来越高，任何人不能一劳永逸地拥有足够的知识，只有重视和善于读书学习，才能始终跟得上时代。打铁先要自身硬，没有金刚钻别揽瓷器活。非物质文化遗产保护工作要求我们加强自身建设，做到本职工作精，周围业务通，不仅想干事，而且能干得成，干得好事。

读书“补心”。《把根留住》作者告诉我们，人无论在什么位置，工作有多忙，都要有一颗火热的心，热爱自己的事业，努力学习，努力探索，努力拼搏，就会克服各种艰难险阻，事业有成。只要有一颗热爱文化遗产的心，再苦再累也觉得甜。

文化站应在非遗保护传承中发挥作用

上虞市百官街道文化站 葛佐铨

《把根留住》一书，没有看过的人马上会联想到童安格的流行音乐《把根留住》:“多少脸孔，茫然随波逐流，他们在追寻什么，为了生活，人们四处奔波，却在命运中交错，多少岁月，凝聚成这一刻，期待着旧梦重圆……”作者王淼写这本书的宗旨确实也是在追寻和期待着一个梦，追寻着如何把散落在祖国大地上的许许多多的非物质文化遗产发掘出来，期待着许许多多的乡村民间艺术能好好地保护和传承下来。

《把根留住》一书阐述了非物质文化遗产保护是当今社会的热门话题，各个领域都在此方面做着有益的尝试。乡镇文化站在整个非物质文化遗产保护工作体系中，直接面向着最基层的农村，站在整个保护工程的最前沿。在新农村建设的大潮中如何发挥文化站在非物质文化遗产保护中的特殊作用，已经成为基层文化工作者正在探讨和研究的一个新课题。

非物质文化遗产保护是文化工作中的一个热点，处于初始阶段，没有现成的经验可循，这给我们的基层文化站工作带来了机遇和挑战。乡镇文化站可凭借非物质文化遗产保护之平台，以执着的工作热情，不断总结经验，探求工作方法，发挥职能效应，把散落在民间的非物质文化遗产的根留住！再留住！

我又想起了童安格的《把根留住》里面唱的:“万涓成水，终究汇流成河，像一首澎湃的歌，一年过了一年，一生只为这一天，让血脉再相连，擦干心中的血和泪痕，留住我们的根。”人生有之根源，艺术有之根源，我们所追寻的目标是一致的。

用心守护民族之魂

上虞市非物质文化遗产保护中心　杜留阳

读罢王淼老师的《把根留住——浙江省非物质文化遗产的前列思考》，不禁让人思绪万千。一个长期坚守第一线的资深非遗工作者，用亲身体会告诫我们：非遗保护传承，责任重于泰山；保护非遗，时不我待；但同时也告诉我们：做好非遗工作，有章可循，有据可依。

浙江的非物质文化遗产工作一直走在全国前列，也备受大家关注。正因为如此，广大非遗工作者的责任也越来越重。对我们来说，任何非遗保护传承工作中出现的问题都无经验可循，只有坚持不懈地探索和创新，才能长久保持非遗工作的先进性和战斗力。

细读《把根留住》，收获颇丰。书中的观点和见解对我们做好非遗保护传承工作大有裨益。首先，综合性的理论报告给我们提供了把握全局的科学思维和方向；其次，专题性的特色探讨给我们提供了善于创新的工作思路和途径；再次，典型性的区域剖析给我们提供了力争上游的有益经验和策略；最后，代表性的报道选录给我们提供了非遗保护传承的政策、机制、措施等多角度的思考。其中《珍惜文化资本　推进持续发展》《机遇与挑战同在　压力与动力并存》《秉承文化传统　力求有所作为》等文章，可谓字字珠玑。细细品读，让人由衷地迸发出一种神圣的使命感和高度的责任感。

正如王淼老师所说："一棵小树苗可以长成参天大树，由两片嫩叶变得枝繁叶茂，郁郁葱葱的，透射出勃勃生机的光彩，那是根对绿叶的恩赐。"非物质文化遗产，源远流长，非遗事业，任重道远。让我们携起手来，认认真真去保护非遗，踏踏实实去传承非遗，用心留住民族之根，用爱坚守民族之魂。

怎样才能把根留住

宁波市海曙区文化馆 张大健

读《把根留住》，不仅令我精神焕发，还感动于作者其实承担了许许多多人应该承担却没承担的文化责任，我惭愧莫名，仿佛作者已经挑了千斤，而我却将我应该担当起来的几斤也推给他一样。

毋庸讳言，如今好多人为了写而写，只停留在文字上，很少写在心头里。而作者炽热的爱国情怀所支撑起来的前列思考，无形中为大众，尤其是为有些文化从业者寻找在中国已经迷失了多年的信仰，并从全省实践及理论的高度，从不同视角及层面回答了怎样才能把根留住的问题。我相信，这种前列思考将在较长的历史时期里，对浙江省非物质文化遗产保护工作具有指导意义。

怎样才能把根留住？答案是肯定的：前提必须是炽热的爱国情怀，其次才是宏观性的政策法规及扎扎实实的组织实施、微观性的工作或技术层面的东西。

正因为如此，作者情难自已地将论述性文集的正标题起为《把根留住》，并在后记里又情不自禁地写道“在本书付梓之际，正临近国庆，杭州满城尽是中国红，五星红旗飘满大街小巷，注目国旗，感受着充盈心田的力量。我们倾注热情、智慧和汗水，为了亲爱的祖国”！

《把根留住》一书从宏观及微观两大方面，从“综合报告”“专题探讨”“典型剖析”“报道选录”四编多视角表述了这些东西。我特别喜欢第三、四编，因为“典型剖析”，以小见大，并在较长时期内能保持典型的先进性和示范性，榜样的力量是无穷的，也是可学的；“报道选录”，形式轻松，要言不烦，可读性强，不仅富有内在张力，更富有明确的导向性和指导作用。

从作者简介，了解到王淼先生是脚踏实地从基层磨砺上去的学者型官员。作者既有宏观眼光，前瞻思维，又熟悉基层，深深了解基层工作出成绩的不易。《把根留住》论述深入浅出，发现基层工作稍有成绩就不遗余力地总结宣传，这无疑将大大激发做出优异成绩的基层文化工作者更上一层楼的力量，还将大大激励其他区域的基层文化工作者研究典型并向榜样学习的积极性，使全省非遗保护工作，从开始的“数花绽放”，到呈现出“万紫千红”的景象！

做好护“根”的工作

绍兴莲花落研究所　倪齐全

近段时间，笔者收到了县非遗保护中心发给的《非物质文化遗产精要》（段宝林著）、《遗产：实践与经验》（方李莉著）、《把根留住》（王淼著）三本书，这些“非遗”专著，细细读来，颇受感触，认识深刻或顿觉心玥眼亮。

王淼的《把根留住——浙江省非物质文化遗产保护的前列思考》，以一个非物质文化遗产保护工作的组织者、实践者的角度，深谈了他对非遗保护传承中的思考与体会，这是他对我省非遗保护工作实践的全面总结和系统提炼，也为我们如何开展好非遗保护工作提供了理论依据和可操作方法。

通过学习，笔者深刻地认识到非物质文化遗产是我国优秀民族文化的根基。马克思在《政治经济学批判》导言中明确指出：希腊神话、史话、歌舞等民间艺术，正是希腊悲剧和喜剧作家创作的“土壤和武库”。这个“土壤和武库”就是根基。

王淼同志说：“一棵小树可以长成参天大树，由两片嫩叶变成枝繁叶茂，郁郁葱葱的，透射出勃勃生机的光彩，那是根对绿叶的恩赐！”可见根壮枝繁，枝叶和根基共同构成着真相，它们同呼吸、共命运。如此说来，没有非物质文化遗产这个根基，中国文化万里长城无法构建，没有非物质文化遗产这个根基，中国优秀传统文化的高楼大厦难以崛起。只有更好地保护好非物质文化遗产这个根基，才能使中华民族文化屹立于世界文化之林，才有我们精神驻留的家园。

为了确保中华民族文化具有强盛的生命力，使其薪火相传，大放异彩，我们必须做好护“根”的工作。进一步对非遗这个根基进行修理、施肥、培土，使这棵古老的非遗之树根更深，叶更茂，凉荫于后。

风生水起扬大帆

——《风生水起》读后感

苏　晓

看到浙江大学出版社出版的王淼新作《风生水起》，即被封底折页上的作者感言深深打动："世界上最远的距离是：说与做。""我们的责任是，缩短愿景与使命、理想与现实、思考与行动、说与做的距离。"这本近40万字的书，正是浙江省非物质文化遗产保护十年生动实践的真实写照。而这，也是处于非遗保护工作前沿的作者本人在说与做、在实践中创造的新鲜经验和对各种问题的发现与感受。不难看出，总结这些经验并找出解决问题的思路、措施和办法，早就成了非遗保护工作管理者王淼的责任与使命。

正如中国艺术研究院院长、时任文化部副部长王文章在序言中的评价："王淼的讲话不是泛泛而谈的空论，很实际，有针对性，是一位站在保护工作第一线的实践者的有感而发。从这些文稿可以看到，王淼是以高度的责任感和敬业精神，以全部的热情，投入到了浙江的非物质文化遗产保护工作进程。这些文稿的价值不在学术性，而在它对实际保护工作的指导和推动。"对事物的认识没有止境，非物质文化遗产的科学保护仍然需要在保护实践中不断探索，王淼同志的这些文字从这一方面也给我们以启示。从事非遗保护管理工作的同志们应该像王淼同志一样，从多元的角度，以科学的方式，在深入实践中对非遗保护工作进行总结……

作者在前言中自述道：非遗的学问，是实践的学问。非遗实践的过程，不仅是社会阅历和经验的不断积累与丰富，同时也是理论上的真切感悟与升华。多年非遗工作的经验，使我体会到，要善于实践和创新，善于总结和思考，努力实现实践—理论—再实践的互动与循环。《风生水起》以全省的实践为基础，从不同侧面和角度反映了非遗工作的成就和经验，并力求把这些经验系统化和理论化。

通览全书，该文集既属于作者个人的思考和创作成果，也是浙江庞大的非遗保护团队和集体的生动实践的反映，更属于非遗十年激情燃烧岁月奋斗的凝炼和结晶。王淼在序言中写道："我是全省23万非遗普查员中的一分子。万涓成水，终究汇流成河，像一首澎湃的歌。我以我这点'水'，融入非遗保护的洪流，也为之深感荣幸，深感自豪。今天的实践，只是我们探索的开始，而不是探索的终点。既然选择了远方，便只顾风雨兼程。"

顺风扬大帆，远航或可期。每个有志于非遗保护的人都应认真读一读这本书，从非遗保护的深入实践中汲取创新的智慧和真谛，从非遗保护的生动实践中探寻中华民族优秀传统文化的传承和振兴之路。

原载《浙江文化月刊》2014年第1期

向着理想进发

——《金声玉振》编后感

李 虹

“未来，我们谈谈理想”，这是王淼老师在《金声玉振》一书中“后记”的题目。

每个人都有未来，每个人都有理想。习近平总书记说：“每个人都有对美好生活的追求，都有梦想成真的机会。”大家都为未来而努力，都为理想而奋斗。

但如果我告诉你，这是一个四肢瘫痪的人，是一个连喝水都会喘不过气的人，是一个脖子经常会支撑不住头颅的人。是这样的人写的一本书，是这样的人阐发的精神追求，你会有何感想？

熟悉王淼老师的人都知道，他长期以来行动不方便，手举不过肩，脚迈不过槛，但是工作却是比谁都拼命，“白加黑”“5加2”是常态，他告诉我们非遗保护时不我待，刻不容缓，没有保护好非遗，我们这代人将成为历史的罪人；保护传承好非遗，我们将成为历史的功臣。我们要做功臣不能当罪人，在他的带领下，我们浙江非遗保护工作领跑全国，成绩喜人。

可不幸的是，2014年10月底，王淼老师因为连续超负荷工作，昏倒在会议室前，送医院抢救，人是救回来了，但他的四肢不听使唤，瘫痪了，医生诊断是高位颈椎神经受伤；并且，还导致主管呼吸的膈肌不听使唤，呼吸也成为问题了。几年来，王淼老师辗转了多家医院康复治疗，包括在北京住院7个多月，但发现好不了了，王淼老师决定边康复边工作，他说要抓住生命的尾巴，做点有价值有意义的事。

王淼老师回单位后，主要精力放在非遗理论研究和文献资料的整理，其中一项是他从事非遗工作以来撰写的大量非遗时评的收集汇编。这些非遗时评，多数发表在浙江非遗工作简报上，简报是半月刊，一年下来也有二三十篇，数年下来百来篇。《金声玉振——浙江省非物质文化遗产保护的热点评说》，收录了140多篇时评，见证了浙江非遗保护的不凡历程，也见证了王淼老师的思想和情怀，以及坚强的信念和顽强的意志力。

王淼老师是一位非常认真的人，虽然这些时评当时多数刊发过，但他对这140多篇文章全部重新校对和梳理。他说，这些稿子，文字表达上尽量不动，保留历史痕迹，反映当时的思想认识水平；对于有些时过境迁的，就不收录了。对一些重要节点、重要事件当时没有评述的，有一些他认为还是要讲几句的，就做了补充评论，他说马后炮也有必要。为了更能体现文章的意义，我们对每一个板块如何划分也是动足了脑筋。就这样，在王淼老师半天康复半天工作的情况下，用了近半年的时间，书稿整理完毕，我记得后记的落款时间为2016年6月15日。

王淼老师让我把《金声玉振》的拟定稿交给出版社，他也大大舒了一口气，结果在7月1日，一早接到师母电话说王淼老师叫不醒了，我急忙赶到他一直住的慈爱医院，随救护车将王淼老师送进浙医二院抢救，他已经无法自主呼吸了。医生说，要想保命必须要插管，就这样他依靠喉咙里插入呼吸机维持生命体征，但是他一直处于昏迷状态。经医生特许，我可以进入重症监护室与他交流，我知道他是意志力特别坚强的人，两年来他身体的苦痛是常人无法体会到的，他完全是靠精神支撑活着的，这时候需要找到一种能让他坚持下去的理由，家庭？母亲？工作？每个话题都激不起他的生命意识，偶尔有点知觉，就用眼睛盯着我，还不断要把呼吸机的管子吐出来，示意我们不要抢救。

我思来想去，现在也许最让他牵挂的是《金声玉振》这本书了，我连忙打电话给出版社李海燕老师，无论如何要先把样书印出来，也许这可以救他一命。7月3日，我捧着样书来到他床前，他像突然接通了电源的灯一般，眼睛一亮，呼吸机上的生命体征指数显示有自主呼吸了，我好兴奋，我含着泪告诉他，两个序言都落实了，金厅长欣然答应，徐涟总编还说要亲自从北京赶过来采访，为这书作序，他向我点点头，我把书一页一页翻开给他看，他盯着看着，一直舍不得移开，直到我把书翻完，手都举酸了，他眼里闪着泪花，他有意识了，我根据他的表情和眼神猜着他要表达的意思，他会点头和摇头示意，那一刻，我感觉，我就像天使一般，我想我一定要把这书编好，要让王淼老师满意。

由于口腔内插管容易感染，不能放很久，医生决定给他做切气管插管手术。切开再插入气管套管，这样嘴巴解放出来了，后来他可以靠变化嘴型来与我们交流，病房也从重症监护室的重点保护区域转移到了周围加床，但根据他的身体状况，医生估计他很难拔掉管子，下半辈子也许要拖着各种管子各种电线，戴着呼吸机生活了！没想到，他的生命力特别顽强，竟然战胜了种种最坏的可能，身体状况一点一点变好。

王淼老师说他昏迷了半个月，脑子一直处于缺氧状态，醒来时发现脑子还好用，这就心满意足了。他立马让我拿出样书，再一篇一篇看下去改下去，包括里面的文字表达，排版式样，就连错别字都改出来了，就这样我们打着“哑语”改着书稿，有时候为一句话要表述半天，他很努力表达，我们很努力猜，可是却怎么也对不上，说得口干舌燥，躺着的他还不能一口气补充水分，怕呛着。

王淼老师一直用他的精神鼓舞着我们，在这么艰难的条件下，他还是那么乐观，在他的身体里充满着正能量。他在后记中有一段话：今天，作为一个重度残疾的公务员，我珍惜还活着的生命，珍惜让我继续工作的机会，珍惜组织上给我的关怀和荣誉，我的目标是把自己的智慧榨光，在有限的人生多做有价值的事，把自己有限的生命融入到无限的为人民服务中去。他这样说，也这样做了。

一个四肢残疾的人，一个知道自己也许时日无多的人，每天面对的是病痛折磨，面临的是艰辛困苦，却是那么坚强，那么乐观，珍惜未来，憧憬理想，依然时不我待，分秒必争，这对于我们健全的人该是有怎样的激励？

明天和灾难不知道谁先到，我们要向王淼老师学习，在活着的时候我们要珍惜每一天，把该做的事情做好，努力做最好的自己，争取做最好的人。

让我们向着理想进发！

2016年10月1日

后记

有书看，很幸福

我这辈子读书太少，工作以后几乎没有认真把一本书从头到尾仔仔细细读完，借口总是工作太忙，没时间。现在我最后悔的就是当初或者包括工作以后读书太少。

在2014年10月倒下前，我在岗位上思考写作、开会讲话，脑子里装的东西多，心里想的事情多，即使是走马观花，基层的东西、外边的东西接触多、了解多，随处捡来都是风情，信口开河都是道理，好像没读多少书也没有把我的浅薄无知暴露出来，还赢得学者型领导、专家型领导的美誉。

现在上班，一年到头基本上闭门不出，虽然中央开会的新闻都一竿子到底昭告社会，网上各类知识信息“百度”一下都在，但是我已经忘性很大记性不好了。眼面前的事一点也记不住，几十年前的事还是清清楚楚。现在写东西，没有童子功，没有往年的知识积累，捉襟见肘，有点跟挤牙膏一样了。

我这辈子买书很多，总有成千上万本。书没时间读，但我爱书，珍爱一切写有字的纸张。老是想等以后有点闲暇的时候或者退休的时候读。

我不断买书，特别是青年时期在北京读书的两年，省吃俭用，节省每一个铜板去王府井书店买书。浙江图书馆有个周末书市，有段时期我几乎每个周末都去逛逛，唯恐遗漏掉什么，每次都会拎回来好几个塑料袋，重重的。

不同的人生阶段会买不同的书，少年的时候喜欢诗歌，年轻的时候关心国家的前途和命运，对于中西比较文化研究、中国国情研究的书籍比较关切。30多岁时候，购买了不少哲学社会学方面的著作。40多岁时候全身心投入非遗工作，买的都是非遗专业非遗业务范畴的书。在浙图周末书市买的旧书，不少也是属于各地非遗大观集成之类的。从浪漫幻想到求真务实，也算是我的阅读轨迹。

算算我搬家搬过7次，家里几次简单装修都是搞成顶天立地的书柜，而且家里四壁都被我逐步侵蚀“四边三化”了。办公室也搬过多次，最多的还是书，一箱一箱好重，难为搬家工人。最新一次办公室调整，我下决心整理清理出来十数箱书，分门别类转给感兴趣的同事，另外还有十多箱转给省非遗文献馆。

说了半天说明自己书很多看得少。人不能做书柜，要做书虫。读书多的人，人生有积淀有厚度有底气，用句时髦话这是有文化自信；做起学问来也是挥洒自如游刃有余举重若轻，即使为人导师也是当之无愧心安理得坦然自若。

我这辈子最大的遗憾，就是书看不了了。我两手丧失功能，已经无法翻书，无法享有在书上画条线做个杠杠加几个批注之类的快乐了，也享受不了在书上夹一页书签一片树叶的乐趣了，遗憾！我只能通过电脑看书，看电子书，李虹老师说现在流行看电子书，没想到我还赶了个时髦。唉，看书翻书还是要那种纸质的甚至有点泛黄的书，然后点上一炷香享有那份烟雾缭绕云里云外。

互联网时代，让你变得没有耐心追踪那些深刻的东西。我们从事传统文化传承传播的，尤其要去遵奉伟大的传统，去阅读经典。经典作品会超拔你，提升你。读经典，你会深深进入到文本当中，被它深深地感动，与它共呼吸、同命运。

李虹老师给我买了一个曲谱架，可以放上书，眼睛平视就能看。我颈椎受伤，平常低着头不爽。有天，一位领导来看我，问我放个谱架干什么，我回答：“看书”，并脱口补了一句“有书看，很幸福”。

盯着曲谱架看书，虽然自己不能亲自翻书，但总能感受到书页书本散发出的书香味。书香是什么味呢？有书看，很幸福。读者诸君，你有这份感受吗？

2017年7月19日